清华经济学系列教材

高级应用计量经济学

Advanced Applied Econometrics

李子奈　叶阿忠◎编著

清华大学出版社
北京

内 容 简 介

这是一本专门为一个学期的研究生高级计量经济学课程编著的教科书，内容全面，简明扼要，思路清晰，突出应用。本书涵盖现代计量经济学模型的所有分支，包括现代时间序列分析模型、微观计量模型、面板数据模型、非参数模型和空间计量模型，以及适用的估计方法，包括最大似然估计、广义矩估计和分位数回归估计等；突出各类模型的适用对象、建模思路和应用中常见问题的诠释，淡化理论方法的数学推导和证明。本书既是经济学、管理学硕士研究生和非计量经济学专业博士研究生学习现代计量经济学的适用教材，也是进行现代计量经济学应用研究的基础参考书。

图书在版编目(CIP)数据

高级应用计量经济学/李子奈，叶阿忠编著. —北京：清华大学出版社，2012.2（2025.1重印）
（清华经济学系列教材）
ISBN 978-7-302-27841-2

Ⅰ.①高… Ⅱ.①李… ②叶… Ⅲ.①计量经济学－高等学校－教材 Ⅳ.①F224.0

中国版本图书馆 CIP 数据核字(2012)第 003223 号

责任编辑：梁云慈
封面设计：杜　群
责任校对：王凤芝
责任印制：杨　艳
出版发行：清华大学出版社

网　　址：https://www.tup.com.cn，https://www.wqxuetang.com
地　　址：北京清华大学学研大厦 A 座　　**邮　　编**：100084
社 总 机：010-83470000　　**邮　　购**：010-62786544
投稿与读者服务：010-62776969，c-service@tup.tsinghua.edu.cn
质量反馈：010-62772015，zhiliang@tup.tsinghua.edu.cn
课件下载：https://www.tup.com.cn，010-83470332

印 装 者：三河市春园印刷有限公司
经　　销：全国新华书店
开　　本：185mm×230mm　　**印　　张**：16.75　　**字　　数**：345 千字
版　　次：2012 年 2 月第 1 版　　**印　　次**：2025 年 1 月第13次印刷
定　　价：42.00 元

产品编号：042211-02

PREFACE 序言

（一）

1998 年 7 月，教育部高等学校经济类学科专业教学指导委员会将《计量经济学》确定为高等学校经济学门类各专业本科生的共同核心课程。本科生计量经济学课程的普及，为研究生计量经济学高级课程的开设创造了条件。20 世纪 90 年代后期，真正意义的计量经济学高级课程在我国高校经济学科研究生中开始开设。经过 10 多年的推广，现在几乎所有的经济学研究生和大部分管理学研究生都将高级计量经济学视为不能不学的课程。但是，由于学制的限制和培养目标的差异，对于所有硕士研究生和非计量经济学专业的博士研究生，在他们的培养计划中一般只能安排一个学期的计量经济学高级课程。

计量经济学自 20 世纪 20 年代末 30 年代初诞生以来，已经形成了十分丰富的内容体系。一般认为，可以以 20 世纪 70 年代为界将计量经济学分为经典计量经济学和现代计量经济学，而现代计量经济学又可以分为相对完整的几个分支，包括时间序列计量经济学(time series econometrics)、微观计量经济学(microeconometrics)、非参数计量经济学(nonparametric econometrics)、面板数据计量经济学(panel data econometrics)和空间计量经济学(spatial econometrics)，以及模型设定检验、模型估计、数据诊断等专题。如此丰富的内容，只设置一门课程，只有一个学期的时间，教什么？怎么教？

要回答这两个问题，首先必须明确教学对象以及课程的教学目的。第一，经济学、管理学硕士研究生和非计量经济学专业的博士研究生学习现代计量经济学的目的是为了应用，而不是为了从事计量经济学理论方法研究；第二，这些学生来自不同的专业，将从事不同领域的研究工作，面对不同的研究对象，应用不同类型的计量经济学模型方法。鉴于这两点，课程必须尽可能包括现代计量经济学的所有模型类型，但有重点和非重点之分；在有限的时间内让学生着重掌握的应该是思路，而不是详尽的数学推导过程。这就构成了课程教学内容设计的指导原则。

（二）

2000 年 9 月，由我们编著的普通高等教育“九五”国家教委重点教材《高等计量经济学》由清华大学出版社出版，是国内学者较早编著的计量经济学高级课程教科书。时隔10年，尽管多本国外优秀的计量经济学高级课程教科书被引进或者翻译出版，但是《高等计量经济学》仍然被不少学校采用。为什么？引进的教科书大体分为两类。一类只涉及现代计量经济学的某一个分支，例如《微观计量经济学——方法与应用》(*Microeconometrics: Methods and Applications*)、《应用时间序列计量经济学》(*Applied Time Series Econometrics*)、《面板数据计量经济分析》(*Econometrics Analysis of Panel Data*)等。一类包括现代计量经济学的多个甚至全部分支，但是侧重于模型理论方法，内容全面，分量较重。例如《计量经济分析》(*Econometric Analysis*)、《截面数据和面板数据计量经济分析》(*Econometric Analysis of Cross Section and Panel Data*)等。这些教科书适用于经济学专业，特别是计量经济学专业的博士研究生，因为在他们的教学计划中至少安排了2门，甚至多达5～6门的计量经济学高级课程。而对于硕士研究生和非计量经济学专业的博士研究生的一个学期的高级计量经济学课程，则很难适用。

近几年来，国内学者编著出版了若干本各具特色的高级计量经济学教科书，虽然数量不多，却可以分为四类：一类书中一半左右属于初、中级教科书的内容，致使现代计量经济学内容不完整；一类偏重于现代计量经济学理论，适合于经济学博士研究生一年级采用；一类只涉及现代计量经济学的某个分支，适合于博士研究生专题课程采用；一类篇幅过长，适合于一年的高级计量经济学课程。同样，对于硕士研究生和非计量经济学专业的博士研究生的一个学期的高级计量经济学课程，这些教科书的适用性也存在一定问题。

虽然2000年出版的《高等计量经济学》仍然具有一定的适用性，但是也存在许多问题。一是受作者12年前的水平所限，一些重要的现代计量经济学模型方法没有包含其中；二是“重在思路而不是详尽的数学推导过程”的指导原则没有贯彻全书，致使各部分内容简繁不一；三是缺少足够的与模型方法配合得当的应用实例；四是章节结构安排不甚合理，过于注重从经典到现代的发展与衔接，而忽视了现代计量经济学内容体系的合理结构。鉴于此，我们放弃了修订《高等计量经济学》的计划，决定重新编著一本适合于一个学期的高级计量经济学课程教学的教科书，并将它定名为《高级应用计量经济学》。

（三）

本书分7章，除第1、第2章外，按照现代计量经济学模型的5个分支独立成章。

第1章为绪论，包括“计量经济学应用研究的若干方法论问题”和“现代计量经济学内容体系”2节。计量经济学模型方法作为一种主流的实证经济研究方法，在广泛应用的同时，错误也屡屡发生，对计量经济学方法论基础缺少深入研究和正确理解是重要原因之一。在“计量经济学应用研究的若干方法论问题”一节中，通过对计量经济学模型的检验功能与发现功能、计量经济学模型的归纳推理与演绎推理、计量经济学应用研究的总体回归模型设定和计量经济学应用模型对数据的依赖性等几个问题的讨论，阐述在计量经济学应用研究中如何真正实现经济理论、数学和统计学的科学结合。本节讨论的问题，对经典计量经济学模型和现代计量经济学模型的应用研究，具有普遍适用性。“现代计量经济学内容体系”一节，对现代计量经济学模型体系进行了系统的解析，指出了现代计量经济学的各个分支是以问题为导向，在经典计量经济学模型理论的基础上，发展成为几个相对独立的模型理论体系，包括基于研究对象和数据特征而发展的微观计量经济学、基于充分利用数据信息而发展的面板数据计量经济学、基于计量经济学模型的数学基础而发展的现代时间序列计量经济学、基于非设定的模型结构而发展的非参数计量经济学。最后在“交叉与综合”的方向上提出了现代计量经济学模型理论的研究前沿领域。本节的方法论意义在于指出了模型理论方法发展与创新的动力和方向，对于学习全书也具有指导意义。

第 2 章专门讨论非经典计量经济学模型估计方法，包括非线性最大似然估计、广义矩估计、贝叶斯估计和分位数回归估计方法。相对于经典计量经济学模型主要采用从最小二乘原理出发的估计方法，由于被解释变量观测值数据的特殊性和分布的特殊性，现代计量经济学模型更多地采用最大似然估计和广义矩估计。本章对这两类估计方法进行专门、集中的讨论，以服务于后续章节的应用。讨论仍然以方法的思路和应用中的实际问题为主，并不进行详细的数学推导和证明。另外，为了读者阅读文献和特殊情况下应用的需要，本章对贝叶斯估计和分位数回归估计方法的概念和原理进行简要的介绍。

第 3 章介绍现代计量经济学的一个重要分支——现代时间序列计量经济学模型。经典计量经济学模型的数学基础是极限法则，即大数定律和中心极限定理。以独立随机抽样的截面数据为样本，如果模型设定是正确的，模型随机扰动项满足极限法则和由极限法则导出的基本假设，继而进行的参数估计和统计推断是可靠的。以时间序列数据为样本，时间序列性破坏了随机抽样的假定，但是如果模型设定是正确的，并且所有时间序列是平稳的，时间序列的平稳性替代了随机抽样假定，模型随机扰动项仍然满足极限法则。问题在于，用统计数据构造的时间序列大都是非平稳的，那么采用经典计量经济学模型方法的数学基础被破坏。于是，如何以非平稳时间序列为样本，构建揭示宏观经济变量之间结构关系的计量经济学模型，以此为导向，现代时间序列计量经济学应运而生。时间序列的平稳性与单位根检验，以及非平稳时间序列之间的协整检验，构成了本章的核心内容。

第 4 章介绍现代计量经济学的另一个重要分支——微观计量经济学模型。随着经济、社会的发展，人们越来越关注家庭、个人等微观主体的决策问题，计量经济学由宏观领域向微观领域扩张，是一个必然趋势。微观计量经济学模型依赖于微观数据，而微观数据的来源主要不是统计，而是调查。微观数据表征家庭、个人等微观主体的决策行为，问题多种多样，数据的特征也各不相同，很难满足经典计量经济学模型对数据的要求，所以就必然要发展不同于经典计量经济学模型的模型理论与方法。另外，微观主体数量众多，只有依赖于大样本建立的计量经济学模型才能够揭示微观主体决策行为的一般规律，而大样本对计算技术和计算机的运算能力提出了新的要求。微观计量经济学模型理论正是在这些问题的导向下产生与发展的。或者更简明地说，微观计量经济学是基于研究对象和表征研究对象的数据特征而发展的。本章主要介绍理论方法已经成熟，并被广泛应用的二元离散选择模型、多元离散选择模型、离散计数数据模型、选择性样本模型和持续时间数据模型。

第5章介绍现代计量经济学应用广泛的分支——面板数据计量经济学模型。任何计量经济学模型研究，都将经验信息的充分利用作为一个基本原则。面板数据(Panel Data)综合了横截面数据和时间序列数据，同时反映了空间和时间两个维度的经验信息，如果以它们为样本构建计量经济学模型，其功能和质量必然会超过单独的横截面样本和单独的时间序列样本。面板数据计量经济学正是基于数据信息的充分利用而产生和发展的。本章主要讨论理论方法已经成熟，并被广泛应用的变截距面板数据模型、变系数面板数据模型和变截距动态面板数据模型。

第6章介绍现代计量经济学的分支——非参数计量经济学模型。经典计量经济学模型的常参数假设与实际经济现象经常产生冲突，也是引起人们批评的一个主要问题。另外，参数模型虽然简明而易于处理，用途广泛，但是普遍存在设定误差问题，且估计效果经常不理想。于是，非参数计量经济学模型应运而生，主要适用于人们对于待估参数分布了解较少、变量的数量较少并且拥有大量的观察数据集合的计量经济学问题。本章主要讨论完全非参数模型的局部逼近估计方法，关于完全非参数模型的全局逼近估计方法，以及半参数计量经济学模型，只作简单介绍。

第7章介绍现代计量经济学最新发展的一个分支——空间计量经济学模型。以截面数据为样本构建的经典计量经济学模型以独立随机抽样为假设，不考虑截面个体之间的相关性，即空间相关。而在实际经济、社会活动中，空间相关性是客观存在的。揭示并在模型中正确引入空间相关性，发展了空间计量经济学模型理论与方法。本章主要讨论空间相关性和空间计量经济学模型的假设检验，以及空间滞后模型和空间误差模型的估计方法。

(四)

按照研究方向，可以将计量经济学分为理论计量经济学和应用计量经济学，前者重在理论方法的创新和发展，后者则强调掌握理论方法并加以正确应用。同样，也可以将计量经济学教科书分为理论计量经济学和应用计量经济学，各自的内容侧重不言自明。将本书定名为《高级应用计量经济学》，其中的“高级”是相对于中级、初级而言，从上述的内容介绍中不难看出，它是名副其实的；而“应用”是相对于理论而言，如何才能体现“应用”，这既是本书贯彻始终的指导原则，也是本书的特色所在。

本书力图讲清楚以下几个问题。第一，如何面对不同的研究对象，选择正确的模型类型。在介绍每一类型模型理论方法之前，首先讨论它的社会经济背景、问题的特征和数据的特征，指出该类问题为什么不可以采用已有的模型方法，而必须发展新的模型方法。第二，对于模型理论方法，着重介绍其思路，而不是详尽的数学过程。一旦掌握了思路，再去理解数学过程，事半功倍；更重要的是，思路反映了理论方法产生和发展的方法论，掌握了方法论，才能有发展，有创新，而这正是我们教学的根本目的所在。所以，本书在内容体系的安排上，十分重视模型理论方法的思路的提炼和描述。第三，如何处理应用研究中出现的实际问题。任何理论方法都是建立在一定的假设基础上的，而这些假设在实际的应用研究中很难全部满足，如何解决这些问题，经常成为应用研究成败的关键。本书尽可能地对这些问题进行综述，并提出处理方法或者方法的思路。

（五）

如前所述，类似于本书内容体系的计量经济学高级课程教科书，目前还不多见。尽管我们曾经于 2000 年编写出版了《高等计量经济学》，在持续的教学实践中也积累了一些经验，为本书的编写创造了一定的基础条件。但是，鉴于我们对现代计量经济学理论方法掌握的局限和应用研究实践的局限，本书肯定存在问题、缺陷，甚至错误。欢迎读者不吝批评指正。

本书虽然按照一个学期的课程教学量组织教科书内容，但不同的学校学时不同，学生的基础各异，教学要求不尽一致，仍然可以有所取舍。凡是在目录中打“ * ”号的内容，可以不作为基本教学要求。

本书编写过程中参考了许多国内外计量经济学教科书和应用研究文献，在此我们一并表示感谢！我们将尽可能在参考文献中列出文献名称，或者在引用处加以说明，如有遗漏，敬请谅解。

李子奈　叶阿忠

2012 年 1 月

CONTENTS 目录

CHAPTER 1

第1章

绪　论

绪论是课程的纲。参观一个城市,先站在最高处俯瞰,然后走街串巷;了解一座建筑,先看模型,后走进每一个房间。一本书的绪论,就像是站在高处看城市,对着模型看建筑。第一次接触本书内容的读者,对于绪论的内容,可能只是似懂非懂。然而正是这"似懂非懂",对于学习和把握全书内容将起到重要的引导作用。

本书书名为《高级应用计量经济学》,绪论由两节构成。第 1 节是针对"应用"的,就计量经济学应用研究中的若干方法论问题进行讨论。该节并不是传统的计量经济学高级教科书所必须包括的内容,甚至在所有的计量经济学教科书中都难以找到,但是,它对于正确理解和应用计量经济学模型方法,包括现代计量经济学模型,是十分有益的。对于整个课程的学习,具有指导意义。第 2 节是针对"高级"的,对现代计量经济学模型体系进行了系统的解析。指出了现代计量经济学的各个分支是以问题为导向,在经典计量经济学模型理论的基础上,发展成为几个相对独立的模型体系,并对每个分支进行了扼要的描述。该节可以说是本书的一个"模型",在学习后面各章内容之前,首先了解这个"模型",也是十分有益的。

需要说明的是,本章内容并不是取自其他经典的教科书,而是取自本书编著者与合作者的研究论著,因此并不一定全部正确。**建议读者采取探讨的态度阅读,教师采取探讨的态度讲授。**

1.1　计量经济学应用研究的若干方法论问题

1.1.1　问题提出

近十多年来,计量经济学模型方法已经成为我国经济学理论研究和实际经济分析的主流方法,研究对象遍及经济的各个领域,所应用的模型方法遍及计量经济学的各个分支。进入 21 世纪以来，随着微观计量经济学模型方法的发展与传播，计量经济学应用研究在社会学、管理学领域迅速扩张，也已经成为一种趋势。但是，在我国的计量经济学应用研究中，问题和错误也大量存在。究其原因，对计量经济学模型的方法论，特别是它的哲学基础、经济学基础、统计学基础和数学基础缺乏深入研究和正确理解是主要原因之一。

本节试图对计量经济学应用研究的若干方法论问题展开讨论，核心是经济学、统计学和数学的关系问题。以澄清计量经济学模型方法的功能、局限和应用原则，回答它能够做什么，以及应该怎样做这两个基本问题。

关于计量经济学的定义，已经形成了共识。弗里希(Ragnar Frisch，1933)指出："经验表明，统计学、经济理论和数学这三者对于真正了解现代经济生活的数量关系来说，都是必要的，但本身并非是充分条件。三者结合起来，就是力量，这种结合便构成了计量经济学。"萨缪尔森(P. A. Samuelson，1954)认为："计量经济学可以定义为实际经济现象的数量分析。这种分析基于理论与观测的并行发展，而理论与观测又是通过适当的推断方法得以联系。"戈登伯格(S. Goldberger，1964)给出的定义是："计量经济学可以定义为这样的社会科学：它把经济理论、数学和统计推断作为工具，应用于经济现象的分析。"总之一句话，即计量经济学是经济理论、统计学和数学的结合。根据计量经济学的定义，**计量经济学模型方法论的核心问题就是如何实现经济理论、数学和统计学的科学结合。**

理论计量经济学的研究对象是否需要扩展？一般认为，理论计量经济学的任务，是研究和发展计量经济学模型方法，这当然是重要的。但是，任何一个具体的计量经济学模型可以称为方法或者工具(method)，是为了实现特定的研究目的而发展的。而一般意义的计量经济学模型是方法论(methodology)。方法论研究的是共性，是产生和发展方法的系统化理论。方法论的科学性和方法的科学性同样重要，甚至更重要。理论计量经济学研究中的重视具体方法而忽视系统方法论的倾向应该受到关注，**关于计量经济学模型方法论基础问题的研究，应该成为计量经济学理论研究的重要内容。**

任何一项计量经济学应用研究，都有其特定的研究目的，这是毫无疑问的。但是，为了实现研究目的，研究方法应该是科学的，而关键就在于能否真正实现经济理论、数学和统计学的科学结合。

计量经济学模型方法论的研究，或者说关于经济理论、数学和统计学的科学结合的研究，是一个内容广泛的课题。本节将主要讨论计量经济学模型的检验功能与发现功能、计量经济学模型的归纳推理与演绎推理、计量经济学应用研究的总体回归模型设定和计量经济学应用模型对数据的依赖性等几个问题。这些问题对于正确进行计量经济学应用研究关系极大。在本书的后续章节中，仍然以模型理论方法，主要是估计方法和检验方法为主要内容，但是，只要首先阅读了本节内容，就会对计量经济学模型以及应用研究有一个全面的认识，而不为后续章节的内容所局限。

1.1.2　计量经济学模型的检验功能与发现功能

有人认为，计量经济学模型研究只能检验，不能发现。它强调的是对理论假说的经验检验，因此，只是“辩护”的逻辑，而非“发现”的逻辑；它只是对业已存在的理论假说进行证实或证伪，它不产生理论假说，只是检验理论假说；理论假说（新的知识）并不能靠这种方法获得。这些甚至已经成为一种普遍的认识。那么，我们必须首先讨论，计量经济学模型方法在经济学应用研究中，是否是“只能检验，不能发现”？

任何科学研究，无论是自然科学还是社会科学，都是试图回答：如何从经历到的过去、特殊和局部，推论到没有经历到的未来、一般和整体？都遵循以下过程：首先是对偶然、个别、特殊的现象的观察；其次是对观察结果进行抽象，提出关于必然、一般、普遍现象的理论假说；然后对假说进行检验，检验方法一般包括实验的方法、预测的方法和回归的方法；最后是发现，关于必然、一般、普遍的规律的发现。经济学研究也是这样。不能因为强调自然科学与社会科学之间的差异性而否定这一共同的范式。它们的差异性存在于每一步骤之中：如何观察？如何抽象？如何检验？如何发现？

在这个经济问题的科学研究过程中，计量经济学模型方法处于什么位置？发挥什么作用？这里的核心问题是如何正确理解和定义计量经济学。

狭义的计量经济学，翻开任何一本教科书，都可以看到，它是以模型估计和模型检验为其核心内容，说到底，就是回归分析。那么它显然处于对假说进行检验的位置。回归分析是一种统计分析方法，它针对已经设定的总体回归模型，按照随机抽样理论抽取样本观测值，采用适当的模型估计方法估计模型参数，并进行严格的检验，得到样本回归函数，完成了统计分析的全过程。统计分析给出的只是必要条件而非充分条件。经济行为中客观存在的经济关系，一定能够通过表征经济行为的数据的统计分析而得到检验；如果不能通过必要性检验，在表征经济行为的数据是准确的和采用的统计分析方法是正确的前提下，只能怀疑所设定的经济关系的合理性和客观性。但是反过来，如果在统计分析中发现了新的数据之间的统计关系，并不能就此说发现了新的经济行为关系，因为统计关系不是经济关系的充分条件。毫无疑问，从这个意义上讲，计量经济学模型只能检验理论而不能发现理论。

需要提出的是，以上的讨论，仅针对狭义的计量经济学模型方法而言。或者说，是传统的计量经济学教科书的误导。古扎拉蒂（Damodar N. Gujarati）在 *Basic Econometrics* 一书中提出，“计量经济学家的主要兴趣在于经济理论的经验论证”，“计量经济学家常常采用数理经济学家所提出的数学方程式，将这些方程式改造成适合于经验检验的形式”，“收集、加工经济数据，是统计学家的工作”，“这些数据构成了计量经济模型的原始资料”，而且正是在这个意义上，“计量经济学才成为一个独立的学科”。伍德里奇（M. Wooldridge）在他的 *Introductory Econometrics* 一书中也指出，“在多数情况下，计量经济分析是从一个已经设定的模型开始的，而没有考虑模型构造的细节”。

而完整的计量经济学模型理论与方法，并不仅仅局限于狭义的计量经济学教科书。按照计量经济学的定义，计量经济学模型研究的完整框架应该是：关于经济活动的观察（即行为分析）→关于经济理论的抽象（即理论假说）→建立总体回归模型→获取样本观测数据→估计模型→检验模型→应用模型。即使是传统教科书的作者，也不否认这一研究框架。同样是古扎拉蒂在*Basic Econometrics*一书中就将计量经济学方法归结为以下8个步骤：“理论或假说的陈述、理论的数学模型的设定、理论的计量经济模型的设定、获取数据、计量经济模型的参数估计、假设检验、预报或预测、利用模型进行控制或制定政策。”

我们已有的大量有价值的应用计量经济学模型的实证经济研究成果，并不是“没有理论的检验”，都是首先提出理论假说，然后进行检验。**对于这样的实证研究，就不是“只能检验，不能发现”，而是一个完整的科学发现的研究。**当然，不可否认，在我们目前的经济类刊物上发表的计量经济学应用研究论文，相当数量还没有达到这样的水平。其中，一部分是对缺少科学性的理论假设进行检验，我们称之为“自欺欺人”；一部分是对人所共知的理论假设进行精确的、复杂的检验，我们称之为“自娱自乐”。这些正是目前阶段我国计量经济学发展需要着重加以解决的。

1.1.3 计量经济学模型的归纳推理与演绎推理

计量经济学模型方法，在认识论范畴上，经常被人们认为是归纳的。诸如：计量经济分析根本上属于科学研究方法中的经验归纳法；计量经济分析说到底是回归分析，而回归分析是归纳等说法，频繁地出现在计量经济学教科书中。诚然，这种说法在一定程度上具有某种合理性，因为相对于理论经济学而言，计量经济学的确更偏重于经验归纳。但是，如果缺乏对归纳与演绎方法的全面了解，以及对二者在计量经济学中的真正地位和相互关系的清晰认识，片面断言或强调计量经济学的归纳性质不仅容易产生误解，而且会导致计量经济学应用研究出现方向性的偏差，具体而言就是过度追求模型估计和检验方法的先进性，而忽视总体回归模型设定的合理性，进而得出经不住推敲或没有价值的结论。

要深入理解经济学中归纳法和演绎法的关系，简单回顾一下经济学研究方法的变迁历史将是有益的。经济学作为一门科学，一向以揭示具有必然性、一般性、普遍性的经济规律为目标。既然如此，在逻辑上绝不会出错的演绎法就一直是经济学的基本研究方法，这在经济学发展的早期表现得尤为突出。第一位讨论经济学方法论问题的古典经济学家西尼尔(N. W. Senior)明言：“这门科学依靠的主要是推理而不是观测，其主要困难不是在于事实的调查而是在于术语的使用。”另一位著名古典经济学家，同时也是哲学家和逻辑学家的穆勒(J. S. Mill)同样认为，作为一门抽象科学，经济学必须使用先验方法，即抽象演绎法。但穆勒清楚地意识到了理论与现实之间的差距，提出了先验方法必须和后验方法，即经验归纳法结合起来。凯恩斯(J. N. Keynes)在《政治经济学的范围与方法》一书中所展示的新古典主义经济学方法论，基本上沿用了穆勒的观点：经济学的研究方法应当是演绎和归纳的结合。不过，由于 19 世纪的非主流学派——德国历史学派的大力提倡，归纳法逐渐受到更多经济学研究者的重视。德国历史学派的后继者、美国制度学派的代表人物之一米契尔（W. C. Mitchell）在对经济周期问题的研究中，拒绝接受任何先验的理论，而是挑选出了一些可能导致经济周期的因素，收集大量与之相关的统计资料，力图通过对经验事实的不偏不倚的归纳分析找出经济周期发生的原理。但是，经验事实是无穷无尽的，因而"这种性质的研究没有自然的结局，必然始终指向一个未知的世界"。正是由于缺乏演绎方法的支持，米契尔关于经济周期的大量研究未能形成有说服力的理论，其中大部分结论已经被淡忘。20 世纪 20 年代以后，随着现代逻辑实证主义哲学的诞生，归纳法在主流经济学研究中的重要性继续上升。1938 年，哈奇森（Terence W. Hutchison）的《经济理论的重要性和基本假定》一书出版。哈奇森认为，所有命题可以划分为两类：重复命题和经验命题。前者是不可能出错的同义反复，不否认任何可想象事态的发生；后者则具有经验内容，排除了某些可想象事态的发生。科学的经济学命题应当能够被经验地检验，而已有的经济学命题深陷于限制条件或"其他条件不变"的围护之中，无法被检验，也不能提供信息。虽然哈奇森对经济学的批评和他对假设和预言的混淆激起了很多学者的反驳，但经济理论需要经验检验这一点却从此确立了；归纳法在经济学研究中的作用也由对演绎法的补充和修正，转变成对经济理论或假说的检验和"判决"。

毫无疑问，计量经济学的产生和迅速发展，集中体现了归纳法或者说经验检验在经济学研究中的兴起。然而，我们却不应由此而简单地断言，计量经济学仅仅是经验归纳法。以上对经济学研究方法发展历程的回顾表明，抽象演绎法一直是主流经济学研究的不可或缺的主干；脱离抽象演绎法的纯粹的经验归纳法在主流经济学中从来不曾存在过。计量经济学作为现代主流经济学的重要组成部分，同样如此。只是，计量经济学对经济系统中各变量之间的数量关系采取了一种更加经验主义的态度。在理论经济学中，经济变量之间的关系或者被视为单一的因果关系链条，或者被视为彼此交织，但可以用方程组精确表达出来的函数关系。而在计量经济学中，经济系统被视为服从一定概率分布的随机过程，一般性的因果关系固然存在，但受到各种各样不可控的偶然因素的干扰。计量经济学的任务就是通过应用各种计量方法来尽量"控制住"各种偶然因素，以便在概率论基础上检验实际经济数据是否体现了一般性的经济规律。正是从这个意义上讲，计量经济学比理论经济学更偏重于经验归纳。但是，计量经济学研究什么问题，以怎样的视角去研究，以及怎样采集和处理数据，都是由抽象演绎法预先确定的。因此，说计量经济学仅仅是经验归纳又是不正确的。

事实上，**计量经济学应用研究包含两大基本步骤：设定模型和检验模型**。前者是由一定的前提假设出发，经由逻辑变形而导出可检验的理论假说，并将之形式化为数理模型，属于演绎法的范畴；后者则是依托于样本数据，对模型进行回归估计和统计检验，并根据检验结果作出在一定概率水平上接受或拒绝原理论假说的判断，属于归纳法的范畴。如果缺少前一个步骤，而仅仅从事经济数据的调查、收集、整理和统计分析，那就不再是计量经济学，而是经济统计学的工作；如果缺少后一个步骤，而仅仅对经济变量之间的逻辑关系进行数理推导，那也不再是计量经济学，而是数理经济学的工作。**计量经济学综合了上述两个步骤，将抽象演绎法和经验归纳法有机结合，或者说，它既是归纳的，又是演绎的。**

倘若简单地把计量经济学视为经验归纳法，过度拘泥于计量研究中的模型检验阶段，而不对模型设定给予足够的重视，那么，不论回归方法多么复杂和先进，检验步骤多么精细和准确，得出的结论仍然有可能是没有价值的，甚至是完全错误的。必须认识到，**在计量经济学应用研究中，演绎推理和归纳推理是紧密结合在一起的，这种结合不仅意味着彼此补充，也导致了彼此限制**。由于计量研究中归纳推理的作用在于检验演绎推理得出的理论假说，故而演绎阶段对归纳阶段形成了根本性的限制。如果一项计量经济学模型应用研究的演绎基础薄弱甚或错误，归纳阶段做得再好也无法弥补蕴含在待检验理论假说中的缺陷。当然，归纳阶段反过来也会对演绎阶段形成极大限制。从模型的基本形式（截面分析还是时序分析？线性方程还是非线性方程？参数估计还是非参数估计？等等）到变量的选择，甚至最初研究主题的确定，都要受到既定的数据条件和已有的计量分析方法的局限，结果往往和“理想的”经验检验相去甚远。在现实中，后一种限制极为常见，几乎在每一项经济学经验研究中都不同程度地存在。然而重要的是，不能因为遇到后一种限制而忘记前一种限制；不能为了处理归纳阶段的问题而降低演绎阶段的研究质量；从更根本的层面上说，不能片面强调计量经济学的归纳性质而忽视其演绎性质。简言之，演绎法和归纳法是计量经济学的两翼，缺一不可，不能偏废。

1.1.4 计量经济学应用研究的总体回归模型设定

如上所述，完整的计量经济学应用研究是一个能够做出科学发现的研究全过程，包括两大基本步骤：设定模型和检验模型，而模型设定对模型检验形成了根本性的限制。所以，一项计量经济学应用研究的成败，最为关键的是设定正确的总体回归模型。总体回归模型设定，又包括观察和抽象两个步骤，这里并不具体讨论如何观察和如何抽象，而是结合实际计量经济学应用研究，提出总体回归模型设定的一些原则。

可以把总体回归模型设定的依据归纳为四类：实用主义的**研究目的导向**、经典模型的**先验理论导向**、时间序列模型的**数据关系导向**和应该提倡的**行为关系导向**。根据对这些设定依据的评价，一个正确的总体回归模型必须满足以下原则：唯一性、一般性、现实性、统计检验必要性和行为关系导向性。

1. 总体回归模型设定的“研究目的导向”与“唯一性”、“一般性”原则

任何应用研究都有特定的研究目的，例如分析某两个经济变量之间的关系，或者评价

某项经济政策的效果。于是，按照特定的研究目的进行计量经济学模型总体模型的设定，成为计量经济学应用研究的普遍现象和最严重的问题。例如，为了研究制度变迁对我国经济增长的影响，仅选择制度变迁指数作为经济增长的解释变量；为了研究通货膨胀对我国经济增长的影响，仅选择通货膨胀率作为经济增长的解释变量。由此得出错误的甚至荒谬的研究结论。

计量经济学总体回归模型设定，必须遵循"唯一性"原则。对于同一个作为研究对象的被解释变量，它和所有影响因素之间只能存在一种客观的正确的关系。或者说，对于一组被解释变量样本观测值，只能由一种客观的数据生成过程生成。所以，正确的总体模型只能是一个。不同的研究者、不同的研究目的、不同的数据选择方法、不同的数据集，会对模型的约化和简化过程产生影响，会使得最终的应用模型有所不同。但是，作为研究起点的总体模型必须是唯一的。而该具有"唯一性"的模型，必须最具"一般性"。

计量经济学总体回归模型设定，必须遵循"一般性"的原则。即作为建模起点的总体模型必须能够包容所有经过约化得到的"简洁"的模型。具体讲，它应该包含所有对被解释变量产生影响的变量，尽管其中的某些变量会因为显著性不高或者不满足正交性条件等原因在后来的约化过程中被排除。在计量经济学模型发展的历史上，曾经倡导过"从简单到一般"的建模思路，那是由于历史的局限，已经被"从一般到简单"的建模思路所取代。

为什么必须遵循"一般性"原则？可以从逻辑学、经济学和统计学三方面加以解释。**从逻辑学上讲**，计量经济学模型方法是一种经验实证的方法，它是建立在证伪和证实不对称性的逻辑学基础之上的。一旦总体模型被设定，利用样本数据进行的经验检验只能发现已经包含其中的哪些变量是不显著的，而不能发现没有包含其中的显著变量；只能发现已经被采用的函数关系是不恰当的，而不能发现没有被采用的正确的函数关系。所以，作为起点的模型必须是最一般的，或者说最复杂的。**从经济学上讲**，总体回归模型必须反映现实的经济行为，而现实经济活动中变量之间的关系是复杂的，而且这些变量都是变化的。如果只将一部分变量引入模型，只有在其他变量不变的条件下，模型所揭示的它们与被解释变量之间的结构关系才是正确的。"其他变量不变"的条件在现实中是无法得到满足的，所以必须将所有变量同时引入模型，因为被解释变量的变化是它们共同作用的结果。**从统计学上讲**，只有首先建立最一般的模型，才能保证模型的随机扰动项满足"源生性"和基本假设。如果省略了显著的变量，其随机扰动项中包括了省略的变量对被解释变量的影响，破坏了基本假设，在此基础上进行的模型估计和推断都是无效的。

在进行了上述讨论后，读者肯定会提出一个问题：发表于国内外权威刊物的计量经济学应用研究论文，建立模型的通常程序是"从简单到复杂"。即开始设定简单的模型，包括较少的解释变量，经过估计后，如果发现拟合效果不好，再增加解释变量，直到满意为止。难道它们都是错误的？首先必须明确，这种"从简单到复杂"的模型设定思路，不符合计量经济学模型方法论的逻辑学、经济学和统计学基础，容易走上实用主义的歧途，不值得提倡。其次，应该承认，在特定的情况下，这些研究的结论是可以成立的。即如果所有的显著的影响因素（解释变量）在行为上是独立的，在统计上是不相关的，那么“简单”模型的结论是能够成立的。

2. 总体回归模型设定的“先验理论导向”与“现实性”原则

20世纪30年代至70年代发展的经典计量经济学模型，经济理论在其总体模型设定中起导向作用。计量经济学根据已有的经济理论进行总体模型的设定，将模型估计和模型检验看成是自己的主要任务。经济理论可以被认为是嵌入计量经济学模型的，相对经验数据而言具有先验性。克莱因(L. R. Klein)指出，经济理论能够提出一些用数学形式表达，然后再从计量经济学观点加以检验的假设，但是必须指出，学院式的经济理论仅仅是建立假设的来源之一。但是，在经典计量经济学模型的应用研究中，直接依据经济学理论设定总体模型的现象十分普遍，因此经典计量经济学模型通常被认为是先验理论导向的。

问题在于，能否以先验的经济学理论作为计量经济学模型总体设定的导向？答案是否定的。因为在它们之间，至少**存在以下几个障碍**：第一，正统经济学以经济人假设和理性选择为其理论体系的基石，任何一种理论都建立在决策主体是理性的和决策行为是最优的基础之上。而计量经济学模型总体设定的目的，是建立能够描述人们实际观察到的经济活动之中蕴藏着的一般规律的总体模型，毫无疑问，实际经济活动既不是“理性”的，也不是“最优”的。第二，正统经济学理论强调“简单”，认为只有简单的理论才能够揭示本质。而计量经济学模型恰恰相反，它强调“一般”，必须将经济活动所涉及的所有因素包含其中。所以，即使经济学理论是正确的，也不能据此设定计量经济学模型，因为它舍弃了太多显著的因素。第三，对于同一个研究对象，不同的研究者依据不同的先验理论，就会设定不同的模型。例如，以居民消费为研究对象，分别依据绝对收入消费理论、相对收入消费理论、持久收入消费理论、生命周期消费理论以及合理预期消费理论，就会选择不同的解释变量和不同的函数形式，设定不同的居民消费总体模型。

通俗地讲，经济学理论所揭示的是理想的经济世界，而计量经济学模型描述的是现实的经济世界。经济学理论揭示的变量之间的关系以其他因素不变为假设，现实经济生活中所有因素同时变化。所以，**计量经济学应用研究的总体回归模型设定必须遵循“现实性”的原则**。所谓“现实性”的原则，就是客观地分析研究对象的现实行为，从中发现变量之间的因果关系，并按此设定总体回归模型。

对计量经济学模型总体设定先验理论导向的批评和提倡“现实性”原则，并不意味着完全否定经济学理论在模型设定中的作用。描述理想经济世界的经济学理论可以指导我们正确分析现实经济世界的经济行为关系；简洁的经济学理论至少揭示了“一般”经济系统中的一部分经济关系。经济学理论将作用于经济行为关系分析，而不是直接作用于模型总体设定。

3. 总体回归模型设定的"数据关系导向"与"统计检验必要性"原则

在第二次世界大战以后的二十多年中，由于当时主流的经济理论，特别是宏观经济理论与现实经济活动之间较好的一致性，以先验理论为导向的经典计量经济学模型得到了迅速的扩张和广泛的应用。但是，经典模型对20世纪70年代经济衰退和滞胀的预测和政策分析的失效，引来了著名的"卢卡斯批判"。卢卡斯批判从表面上看是对结构模型和模型结构不变性的批判，而实质上是对模型总体设定先验理论导向的批判。基于截面数据的经典模型面临先验理论与经济现实的脱节，而被迫更多地转而依赖数据关系，依赖统计分析。直接导致了计量经济学总体模型设定转向"数据关系导向"。

同时，基于时间序列数据的计量经济学模型由于存在非平稳性和序列相关性，其统计分析理论方法得到了迅速的发展，一方面为模型总体设定提供了强大的工具，另一方面又将模型设定引入仅仅依赖数据的歧途。

数据的时间序列性破坏了计量经济学模型的随机抽样假定，取消了样本点之间的独立性，样本点将发生序列相关。如果序列相关性不能足够快地趋于零，在统计推断中发挥关键作用的大数定律、中心极限定理等极限法则缺乏应用基础。所以，只有对满足渐近不相关的协方差平稳序列，才可以适用基于截面数据的统计推断方法，建立时间序列模型。这样，协方差平稳性和渐近不相关性在时间序列分析中扮演了一个非常重要的角色，为时间序列分析适用大数定律和中心极限定理创造了条件，替代了截面数据分析中的随机抽样假定。但是经济现实中的随机过程都很难符合这些条件。在不适用大数定律和中心极限定理的情况下，经典模型的计量分析常会产生欺骗性的结论。对包含非平稳随机变量的模型的谬误回归，引出两个问题，一是是否可以统计确定具有恒常关系的非平稳随机变量之间的模型；二是如何处理非平稳随机过程，为适用统计方法建立模型创造条件。于是，对时间序列的非平稳性的识别与处理，即单位根检验，在非平稳随机过程之间建立恒常的数据关系，即协整检验，成为模型总体设定的主要任务。

"数据关系导向"的总体回归模型设定带来的新的问题是，计量分析的理论基础——经济行为理论反而被忽略了。时间序列的数据协整关系是结果，而不是原因；由于经济现实的系统关联性，满足统计协整关系的变量很多，但是可以纳入基于经济行为建立的动态均衡模型的变量并不多。因此，**协整关系检验是模型总体设定的必要条件，但却不是充分条件**。必须在经济行为分析，即经济系统中变量之间动力学关系分析的基础之上，才能有效发挥协整检验的作用。

如果经济时间序列在经济行为上存在直接因果关系，那么它们在统计上一定存在协整关系，一定能够通过统计检验，包括因果关系检验和协整检验。但是反过来，在统计上能够通过因果关系检验和协整检验的经济时间序列，在经济行为上并不一定存在直接因果关系。由于人们认识的局限，在经济行为分析中发现的因果关系并不一定都是正确的，所以在经济行为分析的基础上进行统计检验是完全必要的，以达到“去伪存真”的效果。从这个意义上，单位根检验、因果关系检验和协整检验理论，给出了总体回归模型设定的有效工具。这就是计量经济学模型总体设定的“统计检验必要性”原则。

4. 总体回归模型设定的“行为关系导向性”原则

对计量经济学模型总体设定的讨论，必须首先明确两个问题。第一，要确定的不是经济主体内在的本质意义的属性，而是经济主体之间的关系意义的属性。第二，要确定的是主体之间的行为动力学关系，不是作为主体经济活动结果的经济变量之间的数据关系。这就是计量经济学模型总体设定的“行为关系导向性”原则，或者称为“经济主体动力学关系导向”原则。

而事实上，无论先验理论导向，还是数据关系导向，计量经济学模型总体设定所忽视的正是经济主体之间的动力学关系。计量经济学模型分析的目的不是为了确定在主体关系意义上无所指的经济变量之间的关系。经济变量及相关数据是经济主体活动的结果，脱离主体互动关系建构的变量，不过是纯粹的数字。从关系论的角度看，主体的任何行为，都应在主体和其身处的环境之间寻找原因。正像自然科学的动力学研究一样，物体运动状态发生变化的根本原因是物体之环境与物体之间的作用力。同样地，经济主体发生任何行为，都必然由主体与其身处的环境之间的作用引起。

经济主体与其身处的环境之间的动力学过程，是真正的数据生成过程。与经济主体的特定动力学过程相关的数据，将为相应动力学关系的描述提供经验基础。以经济主体与环境之间的动力学关系分析为基础和前提，基于该动力学过程生成的数据，以数据统计分析为必要条件，验证确定的经济主体与环境的互动关系，正是计量经济学总体模型所要界定的因果关系。只有动力学关系的理论分析，没有基于统计相关性的经验支持，是无法确认这样的动力学关系的。同样，只有数据关系的统计分析，没有良好的动力学关系理论框架，会使统计分析进入歧途。正是在这个意义上，**基于主体动力学关系的计量经济学模型总体设定，可以实现先验理论导向和数据关系导向的综合。**

可以用图 1.1.1 清晰地描述先验的经济理论、数据的统计分析、经济主体的动力学关系与计量经济学总体模型之间的关系。在这里，先验的经济理论并不直接作为总体模型设定的导向，而是指导经济主体的动力学关系分析；数据的统计分析也不直接作为总体模型设定的导向，而是对经济主体的动力学关系进行检验；而对总体模型设定起直接导向作用的，是经济主体的动力学关系。

以经济主体的动力学关系为导向设定的总体回归模型，毫无疑问满足上述的“现实性”原则和“统计检验必要性”原则，但是它是否满足“一般性”原则？仍然需要检验。检验的准则就是总体模型随机扰动项的源生性和正态性。如果模型设定正确，随机扰动项所包含的仅仅是非显著因素的影响，这样的随机扰动是源生的。只要保证随机扰动项的源生性，它所包含的因素满足独立性，以及对随机扰动的影响均匀小的条件，根据中心极限

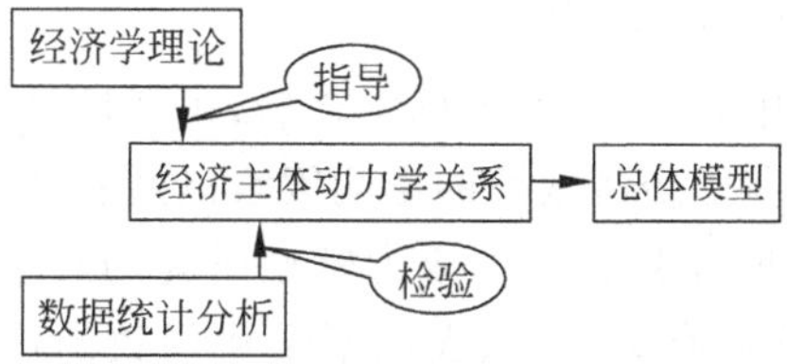

图 1.1.1 理论、数据、动力学关系与总体模型

定理，这样的随机扰动项服从正态分布。所以，在动力学关系导向的计量经济学模型总体设定中，中心极限定理仍然居于十分重要的地位。

1.1.5 计量经济学应用模型对数据的依赖性

计量经济学与统计学密不可分，统计学的发展催生了计量经济学，计量经济学的发展带动了统计学。具体表现于计量经济学模型和数据之间的紧密联系。在我国，随着计量经济学模型方法在社会、经济问题研究中被广泛采用，模型对数据的依赖性愈发突出，数据的数量和质量成为计量经济学应用研究的一个重要制约因素。

在计量经济学模型的应用研究中，经常有人提出类似于"鸡生蛋还是蛋生鸡"的问题，即究竟是根据数据设定模型，还是根据模型选择数据？不同的是，鸡与蛋的关系问题是没有答案的，而模型与数据的关系问题是有答案的。计量经济学应用研究中模型与数据之间的关系可以用图 1.1.2 表示。图中①表示计量经济学应用模型的类型依赖于表征研究对象状态的数据类型，不同类型的数据，必须选择不同类型的模型。在模型类型确定之后，依据对研究对象的系统动力学关系的分析，设定总体模型。在这个过程中，必须对在经济理论指导下所分析的系统动力学关系进行统计必要性检验，如图中②所示。当总体模型被正确设定后，接下来的任务是进行模型参数的估计，毫无疑问，模型估计必须得到样本数据的支持，模型估计结果依赖于样本数据的质量，即为图中③所示。模型经过估计和检验后进入应用，根据应用目的的不同，需要不同的数据支持，例如用于预测，必须首先给出预测期的外生变量的数据，这就是图中④所表示的步骤。

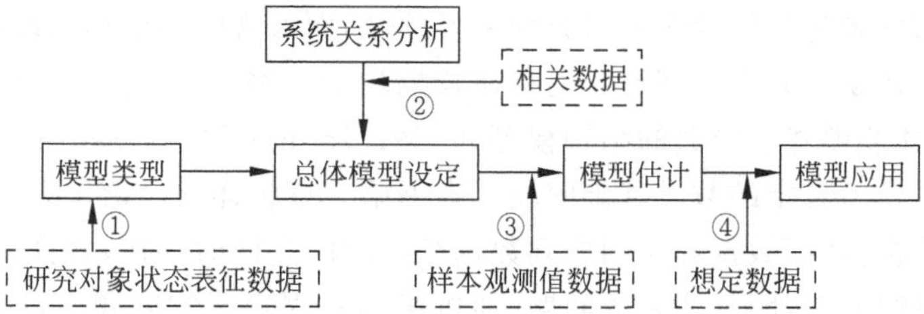

图 1.1.2 模型与数据之间的关系图

1. 模型类型设定对数据的依赖性

在经济、社会问题研究中，当研究对象确定之后，表征该经济、社会活动结果的数据自然地被确定了。例如，研究我国经济增长的影响因素以及各个因素对增长的贡献，那么表征经济增长结果的GDP时间序列自然地成为模型研究的对象；研究学生在本科4年内不及格的课程门数与什么因素有关，那么表征不及格门数的计数数据0,1,2…自然地成为模型研究的对象；研究农户的借贷方式由哪些因素决定，那么表征农户向各种正规金融和非正规金融机构借贷的选择结果的离散选择数据0,1,2…自然地成为模型研究的对象；等等。计量经济学应用研究的第一步，就是根据表征所要研究的经济、社会活动结果的数据类型确定应该建立什么类型的计量经济学模型，在这一步骤中，**数据的类型决定了计量经济学模型的类型**。

用于宏观和微观计量经济分析的数据分为三类：截面数据(cross-sectional data)、时间序列数据(time-series data)和面板数据(panel data，也译为平行数据、综列数据)。

对于截面数据，只有当数据是在截面总体中由随机抽样得到的样本观测值，并且变量具有连续的随机分布时，才能够将模型类型设定为经典的计量经济学模型。经典计量经济学模型的数学基础是建立在随机抽样的截面数据之上的。但是，在实际的经验实证研究中，面对的截面数据经常是非随机抽样得到的，或者是离散的，如果仍然采用经典计量经济学的模型设定，错误就不可避免了。事实上，20世纪70年代以来，针对这些类型数据的模型已经得到发展并建立了坚实的数学基础。本书第4章将逐一加以讨论。

对于时间序列数据，经典计量经济学模型只能建立在平稳时间序列基础之上，因为只有对满足渐近不相关的协方差平稳序列，才可以适用基于截面数据的统计推断方法，建立时间序列模型。协方差平稳性和渐近不相关性为时间序列分析适用大数定律和中心极限定理创造了条件，替代了截面数据分析中的随机抽样假定(Wooldridge,2003)。否则，数据的时间序列性破坏了随机抽样假定，取消了样本点之间的独立性，样本点将发生序列相关。如果序列相关性不能足够快地趋于零，在统计推断中发挥关键作用的大数定律、中心极限定理等极限法则缺乏应用基础。很可惜，实际的时间序列很少是平稳的。由于宏观经济仍然是我国学者进行经验实证研究的主要领域，而宏观时间序列大量是非平稳的，于是出现了大量的错误。只有经济行为上存在长期均衡关系，在数据上存在协整关系的非平稳时间序列，才能够建立经典的结构模型，C. W. Granger(1974,1987)等的贡献解决了非平稳时间序列模型设定的数学基础问题。本书第3章将详细讨论。

至于面板数据，截面数据和时间序列数据存在的问题同时存在，并且还提出了模型设定的专门问题，例如变截距和变系数问题、随机影响和固定影响问题等，已经发展形成了一套完整的模型方法体系。依据新的模型方法体系设定总体理论模型，才能进行可靠的经验实证。本书第5章将详细讨论。

2. 总体回归模型设定对数据关系的依赖性

正如本节上文所讨论的，数据在总体回归模型设定中发挥重要的作用。在经济学理论指导下，通过经济主体行为关系分析，得到了对研究对象（在单方程计量经济学模型中被称为被解释变量）具有恒常的、显著的影响的因素。这些关系是否真的存在？这些因素如何被引入模型？仍然需要依赖数据。即经济关系的确认，是以数据之间存在统计相关关系为条件的。这就是总体回归模型设定对数据关系的依赖性。所以，在经济主体动力学关系分析的基础上，必须进行数据的统计相关性检验，包括时间序列的因果关系检验，对经济行为分析的结论加以“甄别”，去伪存真。

另一个重要的问题是，用什么“变量”表征“因素”？经济系统的行为关系分析，得到的只是“恒常的、显著的影响因素”。例如，资本和劳动是产出量的直接影响因素，收入和价格是需求量的直接影响因素。用什么“变量”来表征这些“因素”，并且作为解释变量引入模型？仍然需要依赖数据。根据数据的可得性和代表性原则，选择恰当的变量。例如，表征资本的变量应该是固定资本与流动资本之和，但是在很多情况下（例如以企业为研究对象）缺少流动资本的数据，只能采用固定资本，那么会带来什么问题？固定资本又有原值和净值之分，又应该如何选择？另外还大量涉及总量与部分之间的选择问题，应该采用总量的必须采用总量，如果用部分代替总量，必须假设在所有的样本点上部分在总量中的比例是相同的，这又是一个需要利用数据进行检验的问题。

3. 模型估计对数据质量的依赖性

确定了模型类型，并正确地完成了总体回归模型的设定，接下来的任务就是根据总体模型采集用于模型估计的样本数据，同样，估计结果对样本数据质量存在着依赖性。

在20世纪80年代以前，国际统计界基本上是以提高数据准确性为出发点对数据质量问题展开研究，但是数据质量的内涵远超过单纯的数据准确的概念。之后，学者们更多地从数据使用者的角度去评判数据的质量，从而形成了数据质量的众多维度。可以将计量经济学模型的样本数据质量概括为一致性、完整性、准确性和可比性四个方面。

所谓**一致性**，即母体与样本的一致性，样本必须是从母体中随机抽取的。在实际应用中，违反一致性的情况经常会发生。例如，用企业的数据作为行业生产函数模型的样本数据，用人均收入与消费的数据作为总量消费函数模型的样本数据，用31个省份的数据作为全国总量模型的样本数据，等等。所谓**完整性**，即总体模型中包含的所有变量都必须得到相同容量的样本观测值。这既是模型参数估计的需要，也是经济现象本身应该具有的特征。但是，在实际中，“遗失数据”的现象是经常发生的。在出现“遗失数据”时，如果样本容量足够大，样本点之间的联系并不紧密的情况下，可以将“遗失数据”所在的样本点整个地去掉；如果样本容量有限，或者样本点之间的联系紧密，去掉某个样本点会影响模型的估计质量，则要采取特定的技术将“遗失数据”补上。所谓**准确性**，有两方面含义，一是所得到的数据必须准确反映它所描述的经济变量的状态，即统计数据或调查数据本身是准确的；二是它必须是模型研究中所准确需要的，即满足模型对变量口径的要求。前一个方面是显而易见的，而后一个方面则容易被忽视。所谓**可比性**，也就是通常所说的数据口径问题，在计量经济学应用模型研究中可以说无处不在。而人们容易得到的经济统计数据，一般可比性较差，其原因在于统计范围口径的变化和价格口径的变化，必须进行处理后才能用于模型参数的估计。计量经济学方法，是从样本数据中寻找经济活动本身客观存在的规律性，如果数据是不可比的，得到的规律性就难以反映实际。

如何实现计量经济学模型样本数据的一致性、完整性、准确性和可比性？这些问题已经不完全属于统计学的范畴，而应该成为计量经济学应用研究本身的任务。改善数据质量和改善模型方法技术同等重要，前者甚至更加有效。而且只有认识到样本数据在质量方面存在的问题，才能有针对性地改善模型方法技术。

除了上述的四个方面以外，样本数据的结构变化或奇异点的诊断也对模型估计质量有重要影响。计量经济学模型方法是一种经验实证分析方法，试图从观测到的局部、特殊出发，经过抽象和假设，再经过检验，得到能够覆盖时序上所有时点或截面上所有个体的一般性法则。那么，对于观测到的时间序列的结构变化或者截面上的奇异点（为了方便，下面统称为奇异点），就有两种情况：从经济行为上可以解释和无法解释。例如自然灾害、战争等原因造成的经济时间序列中的奇异点，在经济行为上是可以解释的；而由于统计或调查的失误、道德问题，以及行为的极端非理性等原因造成的经济时间序列或截面数据中的奇异点，在经济行为上是无法解释的。凡是在经济行为上可以解释的奇异样本，在计量经济学模型估计过程中被建议保留，通过模型技术的改进加以消除，使之对一般性法则不产生影响，甚至它本身就是一般性法则的一部分；凡是在经济行为上无法解释的奇异样本，在计量经济学建模过程中被建议剔除，包括直接剔除或者通过引入毫无实际意义的虚拟变量加以消除。对于建模者而言，首先是必须从样本数据中发现奇异点，这就是数据诊断的任务。关于样本数据中奇异点的诊断，国内外学者已经进行了广泛的研究。但是，在计量经济学应用研究中却经常被忽视。

4. 模型应用对外生想定数据的依赖性

计量经济学模型的应用大体包括四个方面：结构分析、理论检验、经济预测和政策评价。如果将模型用于经济预测和政策评价，那么预测的结果和评价的结论除了依赖正确的模型外，还依赖于想定的外生变量值或者政策方案，它们都以数据的形式出现，一般统称为“想定数据”。那么就提出一个问题：什么数据是可以被准确“想定”的，什么数据是不可能被准确“想定”的？这里就提出了变量“外生性”问题。

可以将外生性分为弱外生性（weak exogeneity）、强外生性（strong exogeneity）和超外生性(super exogeneity)。这种分类方法是相对于研究目的来定义的：弱外生性是对模型中关注的参数进行估计和检验所必需；强外生性则为模型预测目的而定义；超外生性则是模型用于政策评价所必需。因此，相对于模型的不同的应用目的，对解释变量的外生性的要求是不同的。对于结构分析模型，目的是分析各个解释变量与被解释变量之间的关系，因此只要求解释变量具备弱外生性。对于预测模型，解释变量必须不受滞后被解释变量的影响，才能“想定”解释变量的未来值，进而根据模型得到被解释变量的未来预测值。这就要求解释变量在弱外生性的基础上具备强外生性。而对于政策分析模型，作为政策变量的解释变量必须受到滞后被解释变量的影响，因为任何政策都是适时制定的。这就要求解释变量在弱外生性的基础上具备超外生性，它必须根据被解释变量的滞后值进行合理的“想定”。

于是提出一个问题：能否建立一个既能用于预测又能用于政策评价的模型？答案显然是否定的。而在我们已有的应用研究中，既用于预测又用于政策评价的模型却屡见不鲜。

5. “数据陷阱”问题

前面讨论的数据依赖性问题，看上去都是很浅显的，但却是目前我国计量经济学应用研究中最为严重的问题之一。**数据问题，不是统计学的任务，而是计量经济学的任务**。一项计量经济学应用研究课题，或者一篇计量经济学应用研究论文，必须将相当大部分工作或者相当大部分篇幅放在数据的采集和处理方面。否则研究课题是不可能成功的，研究论文也是没有价值的。计量经济学课程教学，必须将模型对数据的依赖性问题作为重要的教学内容，否则，学生学了一堆模型理论方法却无法正确应用。

强调计量经济学模型对数据的依赖性，也要避免模型研究掉入“数据陷阱”之中。社会经济数据是社会经济活动状态的表征，客观性是其最重要的属性，必须是真实、客观地反映事物的本来面目，不能有任何随意的假定、推测和想象。这样的数据是模型研究者可资依赖的。如何判断数据是否具有客观性？已经有大量的数据诊断理论与方法可资采用。但是这些诊断方法仍然是基于数据的，主要利用数据的“关联性”属性。也就是说，用数据的“关联性”诊断数据的“客观性”。问题是明显存在的。所以，一个十分重要的启示是，模型研究者必须首先对客观的社会经济活动进行观察和分析，获得“感觉”。那些不进行任何调查研究，以通过某种渠道获得的“数据库”作为研究的起点，是很容易掉入“数据陷阱”之中的。这是“数据陷阱”在计量经济学模型研究中的第一个表现，也是当前严重存在的问题之一。“数据陷阱”在模型研究中的第二个表现是实用主义倾向。数据是客观的，但是被主观地选择使用。研究者往往按照自己的研究目的和希望得到的结论去选择数据，而在研究报告或者论文中将选择过程隐去，给人一种很“客观”的印象。为什么同样的问题，不同的研究者会得到不同的结论，这是原因之一。

1.2 现代计量经济学内容体系

1.2.1 引言

计量经济学自20世纪20年代末30年代初诞生以来，已经形成了十分丰富的内容体系。一般认为，可以以20世纪70年代为界将计量经济学分为经典计量经济学(classical econometrics)和现代计量经济学(modern econometrics)，而现代计量经济学又可以分为四个分支：时间序列计量经济学(time series econometrics)、微观计量经济学(micro-econometrics)、非参数计量经济学(nonparametric econometrics)，以及面板数据计量经济学(panel data econometrics)。这些分支作为独立的课程已经被列入经济学研究生的课程表，独立的教科书也已陆续出版，应用研究已十分广泛，标志着它们作为计量经济学的分支学科已经成熟。这些分支构成了计量经济学高级课程的主要内容，当然也成为本书的主要内容，在后续章节中将逐一介绍。

那么就提出三个问题：一是经典计量经济学的地位问题。既然现代计量经济学模型体系已经成熟，而且它们都是在经典模型理论的基础上发展的，那么经典模型还有应用价值吗？是不是凡是采用经典模型的研究都是低水平和落后的？二是现代计量经济学的各个分支的发展导向问题。即它们是如何发展起来的？三是现代计量经济学进一步创新和发展的基点在哪里？回答这些问题，对于正确理解计量经济学的学科体系，对于计量经济学的课程设计和教学内容安排，对于正确评价计量经济学理论和应用研究的水平，都是十分有益的。

现代计量经济学的各个分支是以问题为导向，以经典计量经济学模型理论为基础而发展起来的。所谓“问题”，包括**研究对象**和**表征研究对象状态和变化的数据**。研究对象不同，表征研究对象状态和变化的数据具有不同的特征，用以进行经验实证研究的计量经济学模型也不相同；已有的模型理论方法不适用了，就需要发展新的模型理论方法。按照这个思路，就可以用图1.2.1简单地描述经典计量经济学模型与现代计量经济学模型各个分支之间的关系。

本节试图从方法论的角度对现代计量经济学模型的发展，特别是现代计量经济学模型与经典计量经济学模型之间的关系进行较为系统的讨论。内容安排如下：首先分析经典计量经济学模型的基础地位，明确它在现代的应用价值，同时对发生于20世纪70年代的“卢卡斯批判”的实质进行讨论；然后依次讨论时间序列计量经济学、微观计量经济学、非参数计量经济学以及面板数据计量经济学的发展，回答它们是以什么问题为导向，以什么为目的而发展的；最后以“现代计量经济学模型体系的分解与综合”为题，讨论现代计量经济学的前沿研究领域，以及对我国计量经济学理论的创新和发展提出建议。

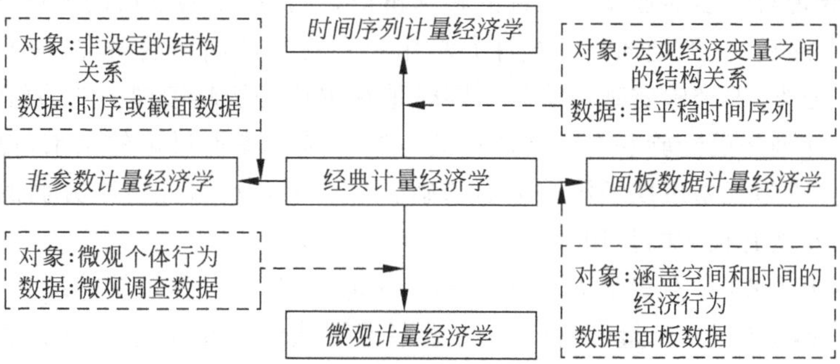

图 1.2.1 经典计量经济学与现代计量经济学

1.2.2 经典计量经济学模型的基础地位

1. 经典计量经济学的发展

有 4 位经济学家因为在经典计量经济学领域作出重要贡献而获得诺贝尔经济学奖，他们是弗里希(R. Frish)、丁伯根(J. Tinbergen)、哈维尔莫(Trygve Haavelmo)和克莱因(R. Klein)。关于他们贡献的描述，实际上就是关于经典计量经济学发展的描述。

经典计量经济学领域最早获得诺贝尔奖的是 1969 年第一届的获得者弗里希和丁伯根。弗里希在 1933 年首先提出了计量经济学的定义，并第一个运用计量经济学的方法分析资本主义的经济波动，首创描述资本主义经济周期的数学模型，最早把导致经济波动的因素区分为扩散作用和冲击作用两大类，将两者结合起来解释资本主义经济周期，为当代经济周期理论奠定了重要基础。弗里希提出了周期动态模型，其模型有三个关键要素：有关资本起动消费增长的加速机效应；资本起动与资本完成之间的酝酿期；消费与库存现金之间的关系。这三个要素是弗里希能够建立起经济周期的动态模型的基础。对存在持续性周期的解释方面，弗里希强调经济关系中随机干扰的重要性。弗里希把经济计量方法应用到经济分析中，他试图把经济、数学和统计分析结合在一起阐明经济问题，这为后面经典计量经济学模型的发展奠定了基础。

丁伯根主要发展了动态计量经济模型来分析经济问题。丁伯根指出，计量经济模型应该是："(1)编一个要考虑的变量目录；(2)编一份变量必须服从的方程或关系的清单；(3)检验方程是否能成立，包括如果能的话，估计它们的系数。由于(3)的结果，我们可能必须修改(1)和(2)，使模型体现的理论达到满意的真实程度。然后，模型可以用于各种目的，即解决各种问题。"这对于经典计量经济学模型的发展具有重要的指导意义。丁伯根在计量经济学理论上有三个贡献：一是提出了现代动态经济分析和"蛛网理论"；二是根据历史统计资料，利用数学和数理统计方法，对各种商业循环理论进行统计检验；三是首次用 48 个方程式为美国建立了完整的宏观经济计量模型，设法定量地明确各个因素的重要性,以便检验现有许多商业循环学说的解释价值,并且在模型中借助统计分析测定反应系数和“前导及滞后”。他把通行的统计方法用于宏观经济问题的研究,从而开创了一个全新的经济学分支,即经验宏观经济学。同时他在现代经济政策理论上的新贡献,就是把他在荷兰中央计划局的经验和在经济政策的广阔领域内参加讨论的结果,提高为系统的经济政策理论,成为规划短期经济政策的基础。丁伯根在计量经济学方面的先驱著作对以后方法论的发展有很大的作用。

哈维尔莫于1943年发表于*Econometrica*的论文“联立方程系统的统计学内涵”和于1944年完成的博士论文“计量经济学中的概率论方法”,奠定了计量经济学的概率论基础,提出了联立方程计量经济学模型系统的识别和估计理论,并因此获得1989年诺贝尔经济学奖。20世纪30年代,经济理论的经验检验受到重视,两个与经济理论检验的可能性相联系的基本问题备受关注。一是经济关系经常蕴含于大量的个体或企业的行为之中,而反映经济关系的经济理论不可能与所有个体或企业的数据完全吻合,那么什么是好的或者比较好的?二是经济学家不可能进行类似于自然科学中的可控实验,而从市场中得到的观察是不同条件下同时发生的不同的行为互相作用的结果,利用这些观察去识别、估计、检验经济理论,如何才能反映其中的相互影响?哈维尔莫的研究表明,如果用随机方程的形式表达经济理论,上述第一个问题可以得到解决,数理统计方法能够从经验观察的随机样本中得到关于经济关系的严格的结论。为了解决上述第二个问题,哈维尔莫发展了联立方程模型的分析框架,完善了识别和估计理论。

克莱因通过他的研究以及对各国研究团体的指导,促进了有关计量经济模型的研究和使用这些模型对经济政策的实际效果进行分析的可行性的研究。由于克莱因的大力推动,计量经济模型获得了广泛的应用,克莱因也因此获得1980年诺贝尔经济学奖。克莱因的主要理论贡献是:以公认的经济学说为基础,根据对现实经济中实际数据所作的经验性估算,建立经济体制的数学模型,并用以分析经济波动和经济政策,预测经济趋势。在包括周期研究、随机波动、动态乘数反应、方案分析以及预报等理论性经济分析和公共政策的问题上,运用各种模型系统。所研究的模型包括发展中经济、中央计划经济和工业化市场经济,以及这些经济的国际贸易和金融关系。主要有“克莱因—戈德伯格模型”、“布鲁金斯模型”、“沃顿模型”和“世界连接模型”。克莱因的学术成就是将计量经济学方法和凯恩斯主义宏观经济学分析结合起来,创立了宏观计量经济学。他第一次完整地把凯恩斯的经济理论表述为数学形式,不仅在结构、规模和先进的估算方法论方面是现代宏观模型的鼻祖,而且也是正式地用于经济波动预测的第一个计量经济模型,对后来美国和其他国家建立的宏观计量经济模型有深远而普遍的影响。

2. 经典计量经济学模型的特征

经典计量经济学模型具有显著的共同特征。在理论方法方面的特征可以简要概括为:(1)模型类型——随机模型、参数模型。随机模型是所有计量经济学模型所共同的,而参数模型是相对于现代计量经济学中的非参数模型而言的。(2)模型导向——理论导向。在第1.1节中已经讨论了经典计量经济学模型设定的理论导向问题,严格讲,是针对20世纪30~60年代的经典模型的。而在实际应用中,第1.1节中讨论的各种模型设定导向同时存在。(3)模型结构——线性模型、因果分析模型。线性模型是形式,相对于非线性模型,在经典计量经济学中被普遍采用。因果分析模型是实质,经典模型中的解释变量,应该是对被解释变量产生显著影响的变量,而且应该是直接影响。(4)数据类型——截面数据、时间序列数据、被解释变量具有服从正态分布的连续观测值。关于数据类型特征,下面还将涉及,许多类型的现代计量经济学模型,正是基于被解释变量的数据特征而发展的。(5)估计方法——仅利用样本信息、最小二乘方法、最大似然方法。相对于其他估计方法,例如同时利用样本信息和先验信息的贝叶斯估计,经典模型普遍采用仅利用样本信息的最小二乘方法和最大似然方法,同样基于样本信息的矩估计方法,特别是广义矩估计(GMM)在近30年也得到较多应用。

3. "卢卡斯批判"的背景与实质

所谓"卢卡斯批判",即发生于20世纪70年代,以卢卡斯(E. Lucas)、萨金特(J. Sargent)、西姆斯(A. Sims)等为代表的对经典计量经济学的批判。

第二次世界大战以后,凯恩斯主义盛行,西方发达资本主义国家经济经历了一段稳步增长的黄金时期,科技进步促进了生产力的极大发展,国家干预政策使经济中的一些矛盾得以化解。但进入20世纪70年代,主要资本主义国家经济开始陷入"滞胀"局面。经济停滞和通货膨胀并存的现实使凯恩斯主义在理论上无法自圆其说,在实践中无能为力,以凯恩斯主义为理论导向的经典计量经济学模型同时也受到了质疑。卢卡斯将理性预期加入经济周期理论,提出公众是有理性的,他们能够对政府的经济政策和其他经济信息作出合理的反应并相应地调整他们的经济行为。作为政府制定经济政策依据的凯恩斯经济学,没有考虑到公众的理性预期,因而制定的经济政策难以取得理想的效果。同时他指出这些模型中预先设定好的描述经济稳定的参数不是不变的,因为理性预期使得人们经常更改他们的行为模式,在现实经济中这些参数是广泛变动的,从而使得这些经济计量模型的结果和预期是无效的。卢卡斯(1976)提出,理性预期使得经济主体改变行为模式,应该从计量经济学模型的原始设定开始重新对模型进行设定,而且常参数模型不再适用。这直接导致西姆斯(1980)等人发展了结构向量自回归模型。

卢卡斯批判的实质是对以凯恩斯主义为导向的宏观计量经济模型的批判,也是对凯恩斯主义的质疑。卢卡斯批判代表着那段时期经济自由主义思想的兴起,实际上推动了计量经济模型更加向现实经济主体靠近,提出了建立宏观计量经济学模型的新思路,即按照个人行为最大化原则,从微观层面入手研究宏观经济问题,同时,计量经济模型由原来的结构不变开始了向变结构模型方向的发展,这些为后来的计量经济学模型的发展提供了建模基础和理论前提。卢卡斯批判并没有否定作为经济理论、数学和统计学结合的计量经济学，也没有否定作为实证经济研究主流方法的计量经济学模型方法。

4. 经典计量经济学的基础地位

经典计量经济学模型的功能是什么？哈维尔莫曾经用十分浅显的语言加以说明。他说，许多经济学家有许多深刻的思想，但是缺少数量概念。例如说某一个经济指标受到唯一原因的影响，但是如果对影响的强度一无所知，即使知道这个影响是正的或负的，也没有多少实际的科学意义。如果某一个经济指标同时受到许多不同因素的影响，问题就更加突出了。计量经济学模型就是要回答这个问题。简单地说，计量经济学模型就是利用现有的数据资料以提取关于经济如何运行的信息。

经典计量经济学以凯恩斯主义为导向建立了宏观计量经济模型结构，具有它所处的时代的局限性。但是，作为一种**实证经济研究方法**，它倡导的“经济理论、数学、统计学结合”的**本质**，它所依赖的坚实的**概率论基础**，它能够实现的“利用现有的数据资料以提取关于经济如何运行的信息”的**功能**，以及它所遵循的“关于经济活动的观察(即行为分析)→关于经济理论的抽象(即理论假说)→建立总体回归模型→获取样本观测数据→估计模型→检验模型→应用模型”的**研究步骤**，是没有时代局限性的，是普遍适用的。因而，经典计量经济学模型至今仍然被广泛应用。

进入 20 世纪 70 年代以后，现代计量经济学得到了发展。作为现代计量经济学发展的导向原则，无非是两条。一是使得计量经济学模型所揭示和描述的“经济如何运行的信息”与现实的经济运行实际更加吻合；二是为达到这个目的，如何在模型研究中充分利用“现有的数据资料”。各种类型的现代计量经济学模型，都没有改变经典计量经济学倡导和确立的“经济理论、数学、统计学结合”的本质、坚实的概率论基础，“利用现有的数据资料以提取关于经济如何运行的信息”的功能，以及所遵循的研究步骤。所以说，现代计量经济学是在经典计量经济学的基础上发展起来的。

作为经典计量经济学的特征之一的模型的理论导向，则是需要摒弃的。不仅是凯恩斯主义，包括卢卡斯的理性预期理论，或者其他经济理论，都不能作为设定计量经济学模型的导向。作为模型设定导向的，应该是通过实际经济活动观察和经济行为分析而得到的关于经济行为关系的假设。对于这个问题，第 1.1 节进行了专门的讨论。

1.2.3 基于计量经济学模型的数学基础而发展的现代时间序列计量经济学

1. 历史渊源及问题的提出

时间序列分析，作为统计学的一个分支，由来已久。传统的随机时间序列分析模型，所揭示的是时间序列自身的变化规律，例如自回归模型(AR)、移动平均模型(MA)、自回归移动平均模型(ARMA)等。为了加以区别，人们习惯于将揭示不同时间序列之间结构关系的模型称为时间序列计量经济学模型。由于时间序列计量经济学模型以时间序列数据为样本，主要用于研究宏观经济变量之间的关系，因而一般将时间序列计量经济学模型等同于宏观计量经济学模型。

宏观计量经济学模型的产生从严格意义上讲，渊源可以追溯到19世纪。其主要的渊源来自四个方面：一般均衡模型、弗里希关于经济周期的模型、凯恩斯的通论——对计量经济模型实施方面的指导，以及宏观经济理论基础尤其是消费函数对宏观计量经济模型的基础引导。20世纪初弗里希关于宏观计量经济模型的统计学基础的分析，一直到哈维尔莫给出了宏观计量经济模型的坚实的概率统计学基础，使得宏观计量经济学模型在20世纪30年代至60年代得到飞速发展。宏观计量经济学模型成为计量经济学模型最先应用的领域，如前面所提到的弗里希、丁伯根、哈维尔莫、克莱因等无一不是从宏观计量经济学模型开始开展计量经济模型的应用研究。伴随着经济的发展，宏观经济理论新的研究成果的出现，宏观计量经济学模型的发展也由原来的以凯恩斯主义为主体到今天各种宏观经济理论的展现。在这个过程中，宏观经济学理论的发展促进了计量经济学模型的发展，反过来，在宏观计量经济学模型中发现的问题以及检验的理论也促进了宏观经济理论的创新。

但是，一个矛盾被掩盖了30年，**即宏观经济时间序列的非平稳性与经典计量经济学模型数学基础之间的矛盾**。经典计量经济学模型的数学基础是极限法则，即大数定律和中心极限定理。以独立随机抽样的截面数据为样本，如果模型设定是正确的，模型随机扰动项满足极限法则和由极限法则导出的基本假设，继而进行的参数估计和统计推断是可靠的。以时间序列数据为样本，时间序列性破坏了随机抽样的假定，但是如果模型设定是正确的，并且所有时间序列是平稳的，时间序列的平稳性替代了随机抽样假定，模型随机扰动项仍然满足极限法则。问题在于，用统计数据构造的时间序列大都是非平稳的，那么采用经典计量经济学模型方法的数学基础被破坏。于是，如何以非平稳时间序列为样本，构建揭示宏观经济变量之间结构关系的计量经济学模型，以此为导向，现代时间序列计量经济学应运而生。

2. 现代时间序列计量经济学的核心内容

格兰杰（W. J. Granger）（1974）通过模拟试验发现，完全无关的非平稳时间序列之间可以得到拟合很好但毫无道理的回归结果。这就是著名的“伪回归”（spurious regression）。这一发现说明，非平稳时间序列由于具有共同的变化趋势，即使它们之间在经济行为上并不存在因果关系，如果将它们分别作为计量经济学模型的被解释变量和解释变量，也能够显示较强的统计上的因果关系。伪回归是结果，其原因是前述的时间序列的非平稳性与经典计量经济学模型数学基础之间的矛盾。

经济理论和常识告诉我们，宏观经济时间序列虽然经常是非平稳的，但是它们所表征的宏观经济变量之间确实存在行为上的均衡关系，应该存在一个揭示和描述这种均衡关系的计量经济学模型。于是，进一步研究发现，如果非平稳时间序列之间的线性组合所形成的新的序列是平稳的，那么它们之间的回归关系是真实的，称它们之间产生了“协整”(cointegration)，这种真实的回归关系就是由协整方程描述的长期均衡模型。同时，如果变量之间存在协整，则它们间的短期非均衡关系总能由一个误差修正模型表述。这些就构成了格兰杰对现代时间序列计量经济学的重要贡献，他也因此获得 2003 年诺贝尔经济学奖。

于是，对时间序列进行**平稳性检验**(单位根检验，unit root test)，对存在均衡关系的非平稳时间序列进行**协整检验**，以及建立描述变量间长期均衡关系的长期均衡模型和描述变量间短期非均衡关系的**误差修正模型**(error correction model，ECM)，构成了现代时间序列计量经济学模型理论方法的核心内容。

3. 关于现代宏观计量经济学

如上所述，现代时间序列计量经济学是以解决宏观经济时间序列的非平稳性与经典计量经济学模型数学基础之间的矛盾而发展的，其研究对象是宏观经济变量之间的结构关系，其数据基础是宏观经济时间序列，那么经常将现代时间序列计量经济学等同于现代宏观计量经济学。“现代”是为了区别于从弗里希到克莱因的宏观计量经济学。在 2001 年的 *Journal of Econometrics* 发行 100 期的纪念专辑上，刊物特别邀请各个领域的著名计量经济学家撰文。在宏观计量经济学领域，特别邀请了单位根和协整理论的重要创始人格兰杰和在动态时间序列分析领域做出突出贡献的著名计量经济学家斯特克(J. H. Stock)，而他们的论文题目分别为“Macroeconometrics—Past and Future”和“Macroeconometrics”，都将单位根检验和协整理论作为宏观计量经济学重要内容，而结构变化的单位根和协整理论则是前沿研究领域。

4. 关于动态计量经济学

在讨论现代时间序列计量经济学或者现代宏观计量经济学的发展时，不能不提及的是动态计量经济学。动态计量经济学是亨德里(D. F. Hendry)于 1994 年出版的 *Dynamic Econometrics* 的书名，一些教科书或文献中称其为“学派”，将亨德里称为“计量经济学更新换代的变革”中的“综合主流派之首领”。不管这种评价是否恰当，可以肯定的是，他提出的计量经济学动态建模理论，交替运用经济理论和经济数据提供的信息，将建模过程认为是认识的循序渐进的过程，是对计量经济学建模理论的重大创新。从理论方法角度，动态计量经济学的核心是约化理论和简化理论。动态建模理论认为，建模过程应该是首先建立一个能够代表数据生成过程(data generation process，DGP)的自回归分布滞后模型(autoregressive distributed lag，ADL)，然后逐步简化，最后得到包含变量间长期稳定关系的简单的模型。ADL 是由 DGP 约化而来的，包括条件化——关于分布的约化、新生化——关于误差项的约化、常数化——关于参数的约化、截尾化——关于滞后项的约化和线性化——关于函数形式的约化，如果每步约化都有效，即关于人们关注的参数无信息损失，那么它可以近似地代表DGP，也就是说它能够提供DGP所能提供的关于参数的信息。这就是通常所说的"从一般到简单"的"一般"，是建立模型的起点。对ADL中包含的变量进行正交化变换、单位根检验和协整检验，进行逐步回归剔除明显不显著变量，并将简化后的模型写成误差修正模型的形式，即得到了包含变量间长期稳定关系的简单的模型。

实际上，在现代时间序列计量经济学中占据重要地位的误差修正模型，其模型结构是亨德里早于格兰杰于1978年与Davidson、Srba和Yeo一起提出的，被称为DHSY模型，他们指出这是一个功能强大的模型，应该成为宏观计量经济学模型的最主要形式。但是，他们当时并没有揭示该模型的经济学和统计学内涵，而这个工作是由格兰杰于1987年完成的。

5. 对现代时间序列计量经济学模型的一点批评

现代时间序列计量经济学以单位根检验和协整检验为核心内容，模型的建立以单位根检验和协整检验为基础，那么，从模型设定理论上讲，它是属于"数据关系导向"。正如第1.1节中指出的，数据关系的统计分析给出的只是必要条件而非充分条件。经济行为中客观存在的经济关系，一定能够通过表征经济行为的数据的统计分析而得到检验；如果不能通过必要性检验，在表征经济行为的数据是准确的和采用的统计分析方法是正确的前提下，只能怀疑所设定的经济关系的合理性和客观性。但是反过来，如果在统计分析中发现了新的数据之间的统计关系，并不能就此说发现了新的经济行为关系，因为统计关系不是经济关系的充分条件。正如古扎拉蒂(Damodar N. Gujarati)指出的，"从逻辑上说，一个统计关系式，不管多强或多么有启发性，本身不可能意味着任何因果关系。要谈因果关系，必须来自统计学之外，诉诸先验的或者理论上的思考"。如果不能正确认识现代时间序列计量经济学模型的"数据关系导向"，误将必要条件作为充分条件，无论单位根检验和协整检验多么精确，赖以建立的模型在经济上也是没有意义的。动态计量经济学正是在这一方面给予现代时间序列计量经济学很好的补充。

该问题的一个表现就是**协整方程和均衡方程的区别**。在现代时间序列计量经济学的教科书中，一般不强调甚至不提及二者之间的区别，经过协整检验得到的统计上的协整方程自然被认为是经济学上的均衡方程。这在应用研究中更为普遍。协整检验的对象是给定的时间序列，这些时间序列之间在经济行为上也许是毫无关系，但是它们在统计上却能够呈现协整关系。例如农村居民的消费和城镇居民的收入。或者这些时间序列之间在经济行为上存在因果关系，但是是不完全的，即经济系统的均衡关系存在于多个时间序列之间，而并不仅仅包括给定的时间序列。例如，我国的国内生产总值使用额与消费总额、投资总额、净出口总额之间存在均衡关系，如果仅仅拿出其中的国内生产总值使用额和消费总额两个时间序列进行单位根检验和协整检验，肯定可以得到一个协整方程，但是，如果将该协整方程作为国内生产总值使用额决定的均衡模型，显然是错误的。

1.2.4 基于研究对象和数据特征而发展的微观计量经济学

1. 微观计量经济学产生的问题背景

随着经济、社会的发展，人们越来越关注家庭、个人等微观主体的决策问题，计量经济学由宏观领域向微观领域扩张，是一个必然趋势。宏观计量经济学模型依赖于由统计得到的宏观时间序列数据，而微观计量经济学模型自然依赖于微观数据，主要是截面数据，也包括时间序列数据。微观数据的来源主要不是统计，而是调查，所以微观计量经济学的发展必须以大量的微观数据为条件。微观数据表征家庭、个人等微观主体的决策行为，问题多种多样，数据的特征也各不相同，很难满足经典计量经济学模型对数据的要求，所以就必然要发展不同于经典计量经济学模型的模型理论与方法。另外，微观主体数量众多，只有依赖于大样本建立的计量经济学模型才能够揭示微观主体决策行为的一般规律，而大样本对计算技术和计算机的运算能力提出了新的要求。以上四个方面就是微观计量经济学产生的问题背景，微观计量经济学模型理论正是在这些问题的导向下产生与发展的。或者更简明地说，微观计量经济学是基于研究对象和表征研究对象的数据特征而发展的。20 世纪 70 年代以来，以托宾（J. Tobin）、赫克曼（J. J. Heckman）和麦克法登（D. L. McFadden）为代表的经济学家正是通过解决微观计量经济学的模型设定和估计问题，而对计量经济学的发展做出了重要贡献。

2. 微观计量经济学模型的类型

随着面板数据计量经济学成为一个独立的分支而从微观计量经济学中分离出来，已经发展并得到广泛应用的微观计量经济学模型主要是依赖于截面数据而构建。对于截面数据，只有当数据是在截面总体中由随机抽样得到的样本观测值，并且变量具有连续的随机分布时，才能够将模型类型设定为经典的计量经济学模型。经典计量经济学模型的数学基础是建立在随机抽样的截面数据之上的。在实际的微观经验实证研究中，面对的截面数据经常是非随机抽样得到的，或者是离散的，20 世纪 70 年代以来，针对这些类型数据的模型已经得到发展并建立了坚实的数学基础。主要包括以下几类：离散选择模型、计数数据模型、选择性样本模型和持续时间数据模型。关于这些类型模型的发展和特征，将在 4.1 节中详细介绍。它们的差异主要在于模型被解释变量的样本观测值。如果被解释变量的样本观测值并不是连续的，而是离散的，并且以此表征选择结果，那么经典截面数据模型也不再适用，于是发展了离散选择模型；如果研究对象是计数事件，被解释变量的样本观测值为离散的非负整数，那么经典截面数据模型也不再适用，于是发展了计数数据模型；如果模型被解释变量的样本观测值并不是在截面总体中由随机抽样得到的，而是受到限制的，那么经典截面数据模型就不再适用，于是发展了选择性样本模型；如果以某项活动持续时间作为研究对象，被解释变量的样本观测值为活动已经持续的时间，那么经典截面数据模型不再适用，于是发展了持续时间数据模型。

3. 微观计量经济学模型的贡献

微观计量经济学模型理论方法的发展在过去数十年间极大地扩展了计量经济学的研究对象，并丰富了计量经济学的理论体系。可以想象如果没有微观计量经济学模型的发展，则今天的计量经济学模型将失去一半以上的发展空间。随着微观计量方法研究的不断深入，计量经济学也和经济学一样产生了宏观和微观之分。前述的宏观计量模型利用总量数据研究宏观经济问题，如通胀与就业、利率与货币供给、国民经济总产值与经济增长等，而微观计量模型则主要利用抽样调查收集的个体数据，分析诸如消费者选择、生产者决策等行为模式，供求与定价的关系，以及教育的回报、劳动市场的参与、旅途的选择等因人而异的微观经济现象。微观计量经济学特别在劳动经济学中得到广泛的应用，因此将劳动经济学等同于应用微观计量经济学，已经为人们所接受。

1.2.5 基于充分利用数据信息而发展的面板数据计量经济学

1. 面板数据计量经济学的产生

随着对经济问题研究的深入，人们发现，如果把横截面数据和时间序列数据放在一起，描述了一个总体中给定样本在一段时间的状态，并对其中每一个样本单位都进行多重观察，包括了单独的横截面数据和单独的时间序列数据不能表达的信息，似乎更能反映经济活动的行为规律。计量经济学模型方法是经验实证研究方法，所谓“经验”，就是已经发生的事件。显然，研究中吸收的“经验”越多，研究结果就越可靠。所以，任何计量经济学模型研究，都将经验信息的充分利用作为一个基本原则。面板数据(panel data)综合了横截面数据和时间序列数据，同时反映了空间和时间两个维度的经验信息，如果以它们为样本构建计量经济学模型，其功能和质量必然会超过单独的横截面样本和单独的时间序列样本。面板数据计量经济学正是基于数据信息的充分利用而产生和发展的。

最早将面板数据引入计量经济学模型的是 Mundlak(1961)、Balestra 和 Nerlove(1966)。但是他们只是将面板数据作为一组混合数据(pooled data)样本用以估计经典的计量经济学模型。Kuh(1963)发展了面板数据模型的设定检验，面板数据计量经济学模型理论体系开始建立，并逐渐发展形成了现代计量经济学的一个相对独立的分支。但是，根据萧政(Cheng Hsiao，2003)列举的被 SSCI 收录的有关面板数据模型研究的论文数量，从 1989 年的 29 篇，到 1999 年的 650 篇，说明面板数据模型理论方法的发展和应用研究的开展主要发生在 20 世纪 80～90 年代。

2. 面板数据计量经济学模型的特征

从计量经济学模型理论的角度，面板数据模型是截面数据模型的扩展。在不存在截面个体效应的特殊情况下，面板数据模型与截面数据模型在理论方法上并无二异，只是样本不同。当然，在大多数情况下，截面个体效应是存在的，那么与截面数据模型相比较，面板数据模型具有明显的优点。第一，面板数据可以显示个体（包括个人、家庭、企业、地区或国家）之间存在差异，而截面数据模型不能有效反映这种差异。第二，面板数据模型能够更好地研究动态调节。截面分布看上去相对稳定但却隐藏了许多变化，面板数据由于包含较长时间，能够揭示解释变量对被解释变量的较为复杂的影响，能够更好地识别和度量纯横截面数据所不能发现的影响因素。第三，相对于纯横截面数据而言，面板数据能够构造和检验更复杂的行为模型。第四，面板数据的重要特点之一是可以减少变量之间多重共线性的困扰。

3. 面板数据计量经济学模型的类型

正是由于面板数据模型是截面数据模型的扩展，所以凡是截面数据模型体系中具有的模型类型，面板数据模型体系中同样具有。所以，可以将面板数据模型分为经典面板数据模型、动态面板数据模型、选择性样本面板数据模型、面板数据离散选择模型、面板计数数据模型等。面对一个实际问题，建立什么类型的模型，依据研究对象和数据特征而定，类似于上述的微观计量经济学模型类型选择。

由于面板数据可以揭示不同的个体效应，所以可以按照是否和如何揭示个体效应将面板数据模型分为无个体效应模型、个体变截距模型和个体变系数模型。更进一步，按照个体效应的确定变化和随机变化，将个体变截距模型分为个体确定效应变截距模型和个体随机效应变截距模型，将个体变系数模型分为个体确定效应变系数模型和个体随机效应变系数模型。面对一个实际问题，建立什么类型的模型，则需要经过严格的模型设定检验。模型设定检验成为面板数据计量经济学模型理论体系的重要组成部分。

在实际应用研究中，上述两种模型选择必须同时出现在同一个问题中。例如，我们研究的是一个多方案的选择问题，当然应该建立面板数据离散选择模型；然后需要根据模型设定检验，确定考虑个体效应的模型类型。

4. 面板数据计量经济学模型的发展与前沿

面板数据计量经济学模型能够使得经验信息得到充分利用，因而具有最广阔的发展前景。目前的应用研究主要集中于宏观经济领域，以地区作为个体，因为宏观经济面板数据依赖于统计，比较容易获取。随着以家庭、个人作为个体的微观面板数据资源的逐渐丰富，微观面板数据模型将成为面板数据计量经济学应用研究的主体，就像微观计量模型已经成为截面数据计量经济学模型应用研究的主体一样。

在面板数据计量经济学理论研究方面，主要有两个热点领域：一个是面板数据非线性模型研究，或者称为面板数据微观计量经济学模型研究，另一个是面板数据单位根和协整检验理论研究。在这两个热点研究领域中，面板数据微观计量经济学模型研究已经取得实际应用的成果，已成为面板数据计量经济学教科书的一部分内容。在面板数据单位根检验领域，基于截面不相关假定的面板数据单位根检验(称为第一代面板数据单位根检验)始于 Quah (1992, 1994)的研究，突破于 LLC 检验(Levin、Lin and Chu，2001)和 IPS 检验(Im et al. ,2003)，并取得了新的进展；基于截面相关的面板数据单位根检验(称为第二代面板数据单位根检验)始于 Flores、Perre-Yves 和 Szafarz(1995)的研究，Bai and Ng (2004) 发展了 PANIC 方法，具有里程碑意义。相对于面板数据单位根检验的研究，面板数据协整检验的研究仍然处于发展阶段。一类是基于残差的检验，通过检验残差是否平稳来检验协整关系是否存在，类似于时间序列中的 EG 两步法协整检验。Kao (1999), Pedroni (1999, 2004)是这一类方法中引用率最高的文献。另一类是基于面板向量误差修正模型(PVECM)或者说是基于似然函数的检验，类似于时间序列中的 Johansen (1991)协整检验。该类检验最主要贡献来自 Larsson, Lyhagen and Lötgren (2001) 和 Groen and Kleibergen (2003)。

1.2.6 基于非设定的结构关系而发展的非参数计量经济学

1. 非参数计量经济学模型的产生

经典经济学模型具有一个共同的特点，即变量之间的结构关系给定，未知量是一组个数有限且为常数的参数，可以通过样本数据加以估计，因而又被称为参数模型。经典模型的常参数假设与实际经济现象经常产生冲突，也成为引起人们批评的一个主要问题。另外，参数模型虽然简明而易于处理，用途广泛，但是普遍存在设定误差问题，且估计效果经常不理想，Pagan and Ullah(1999)和 Horowitz(2001)都说明了这个问题。解决设定误差问题的方法之一就是不先验地设定模型的结构，而是要通过估计才能得到某种结构关系，即所谓非参数方法。非参数计量经济学模型主要适用于人们对于待估参数分布了解较少、变量的数量较少并且拥有大量的观察数据集合的计量经济学问题。

非参数计量经济学模型包括完全非参数模型和半参数模型。如果所有变量之间的关系都是不明确的，称之为完全非参数模型，简称非参数模型或者无参数模型(nonparametric model)；如果一部分变量之间的关系是明确的，而另一部分变量之间的关系是不明确的，称之为半参数模型(semiparametric model)。

2. 非参数计量经济学的核心内容

在省却了模型设定内容的非参数计量经济学模型理论方法体系中，估计方法自然就成为研究的核心内容。可以将非参数计量经济学模型的估计方法分为两大类：局部逼近估计方法和整体逼近估计方法。局部逼近估计方法发展于 1980 年前后，以权函数方法的发展最为成熟，应用最为普遍，包括核权估计、局部线性估计等。整体逼近估计方法发展于 1990 年前后，以级数估计(最小二乘估计)为主，包括正交序列估计、多项式样条估计等。

3. 非参数计量经济学模型应用的局限

在非参数计量经济学应用研究的实践中，人们发现它存在着以下四个问题：一是随着解释变量维数的增加，非参数估计的精确度就将急剧下降，即所谓“维数的诅咒”(curse of dimensionality)；二是在多维解释变量的条件下，非参数估计在直观的说明和解释结果方面存在固有的困难；三是非参数模型不能外推(extrapolation)，因而在预测和政策分析中存在明显不足；四是非参数模型难以施加限制条件。针对这些问题，人们设想通过某种折中的办法加以解决，其成果就是所谓半参数模型。半参数模型允许一定程度函数形式的设定，但又不像参数模型那样有严格的限制条件，从而降低了设定误差的可能。同时，半参数模型较之非参数模型有较高的估计精度，结果易于说明和解释，且具有有限的外推能力，这些都使其有更广泛的应用价值。

1.2.7 现代计量经济学模型体系的分解与综合

从前文的讨论中不难发现，现代计量经济学的各个分支是以问题为导向，在经典计量经济学模型理论的基础上，沿着“分解”的方向发展成为相对独立的模型理论体系。为了解决宏观经济时间序列的非平稳性与经典计量经济学模型数学基础之间的矛盾，发展了现代时间序列计量经济学；为了适应扩张了的研究对象和表征研究对象的数据特征，发展了微观计量经济学；为了解决参数模型设定的困难和普遍存在设定误差问题，发展了非参数计量经济学；为了充分利用反映了空间和时间两个维度的经验信息，发展了面板数据计量经济学。

交叉与综合，从来都是科学创新和发展的方向，现代计量经济学理论也不例外。现代计量经济学的各个分支，在经历了30年的发展之后，已经进入交叉与综合阶段。面板数据计量经济学和微观计量经济学的交叉与综合，形成了面板数据微观计量经济学模型研究领域。面板数据计量经济学和现代时间序列计量经济学的交叉与综合，形成了面板数据单位根和协整检验理论研究领域。微观计量经济学和非参数计量经济学的交叉与综合，形成了微观计量经济学中前沿的理论方法研究领域，即微观计量经济学模型的非参数和半参数方法研究。在这些研究领域，正如前文所讨论的，已经取得显著的成果，并继续成为研究热点。面板数据计量经济学和非参数计量经济学的交叉与综合，即面板数据模型的非参数方法，虽然还缺少系统的理论研究，但已经出现在应用研究中。为了加深印象，不妨在图1.2.1的“分解”的基础上，再用图1.2.2表示“交叉与综合”所形成的现代计量经济学前沿领域。这里所谓“前沿”，并不是说从现在才开始的研究，而是指目前仍然是研究的热点，仍然在发展的研究领域，事实上，上述的几个研究领域，大都开始于20世纪90年代，分解与综合并不是截然分开的。

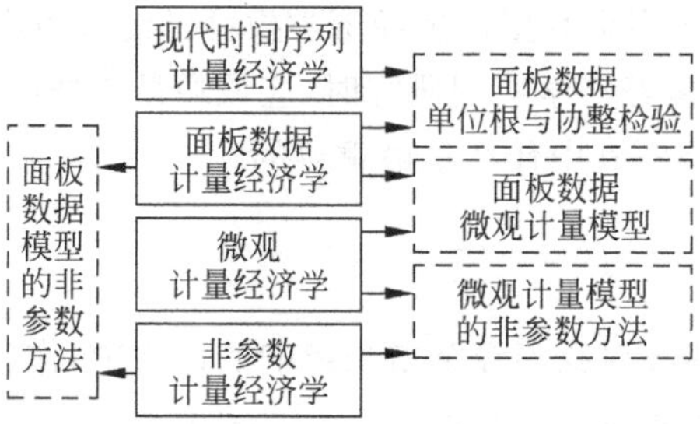

图 1.2.2 现代计量经济学前沿领域

1.3 本章思考题与练习题

1.3.1 思考题

1. 你是否同意“计量经济学模型方法论的核心问题就是如何实现经济理论、数学和统计学的科学的结合”？为什么？

2. 你是否同意“计量经济学模型研究不是‘只能检验，不能发现’，而是一个完整的科学发现的研究”？为什么？

3. 你是否同意“在计量经济学应用研究中，演绎推理和归纳推理是紧密结合在一起的，这种结合不仅意味着彼此补充，也导致了彼此限制”？为什么？

4. 计量经济学应用研究的总体回归模型设定为什么必须遵循“一般性”原则和“从一般到简单”的建模思路？

5. 为什么先验的经济学理论不能作为计量经济学模型总体设定的导向？如何认识经济学理论在计量经济学模型总体设定中的作用？

6. 为什么数据之间的统计关系不能作为计量经济学模型总体设定的导向？如何认识数据之间的统计关系在计量经济学模型总体设定中的作用？

7. 如何理解“基于主体动力学关系的计量经济学模型总体设定，可以实现先验理论导向和数据关系导向的综合”？

8. 举例说明计量经济学模型类型设定对数据的依赖性。

9. 结合经典计量经济学模型的估计，说明计量经济学模型估计对样本数据质量的依赖性。

10. 以微观计量经济学产生和发展为例，简要说明：现代计量经济学的各个分支是以问题为导向，以经典计量经济学模型理论为基础而发展起来的。

11. 如何正确认识经典计量经济学的基础地位？

12. 宏观经济时间序列的非平稳性与经典计量经济学模型数学基础之间的矛盾是什么？如何解决该矛盾？

13. 简要解释：为什么面板数据计量经济学模型已经成为应用最为普遍的模型？

14. 当你进行一项计量经济学应用研究时，应该遵循怎样的工作程序（即建立计量经济学应用模型的工作步骤）？其中什么是最重要的？

1.3.2 练习题

1. 在一篇研究制度变迁对我国经济增长影响的论文中，作者建立了如下模型：

$$\ln GDP_t = \alpha + \beta \ln ZD_t + \mu_t, \quad t = 1978, \cdots, 2005$$

其中 ZD 为制度变迁指数，估计得到 $\hat{\beta} = 2.1$。其经济解释为：制度变迁指数提高 1%，GDP 将增长 2.1%；如果将制度变迁指数提高 4%，就可以达到"保八"的增长目标。

(1) 从总体回归模型设定理论出发，指出该论文的主要错误。

(2) 试设定一个正确的总体回归模型，以达到研究制度变迁对我国经济增长影响的目的。

2. 分析下列应用研究并指出错误：

在一项关于农村居民人均消费的研究中，作者对城镇居民人均收入和农村居民人均消费两个时间序列数据进行了严格的统计分析。首先进行单位根检验，发现它们都是 2 阶单整序列；然后进行格兰杰(Granger)因果关系检验，发现在 5% 的显著性水平上，城镇居民人均收入是农村居民人均消费的格兰杰原因；最后进行协整检验，发现它们之间存在(2,2)阶协整。于是得到了描述二者之间长期均衡关系的模型：农村居民人均消费 = 558.07 + 0.181 7 × 城镇居民人均收入。更进一步指出，城镇居民人均收入提高 100 元，可以使得农村居民人均消费提高 18.17 元。这个结论显然是错误的，但是所有统计检验却是严格的。试指出该研究的主要问题在哪里？

3. 阅读下列短文并回答问题：

以 1987—2006 年中国城镇居民的人均年食品消费支出 q(元，以不变价格计算)、人均年生活消费支出 X(元，以当年价格计算)、食品价格指数 $P1$ 和其他商品价格指数 P 为样本观测值，以 $\log(q)$ 为被解释变量，估计得到以下 4 个模型：

	模型 1	模型 2	模型 3	模型 4
c	5.546***	6.059***	5.515***	5.561***
Log(X)	0.232***	—	0.538***	0.558***
Log($P1$)	—	0.335***	−0.535***	−0.264*
Log(P)	—	—	—	−0.333**
Adj R^2	0.853	0.627	0.975	0.979
F	104.72***	30.20***	334.33***	252.09***

注：其中 ***、**、* 分别表示 1%、5%、10% 显著性水平。

通过所建立的模型，得到如下结论：

(1) 为了考察城镇居民食品消费随总消费支出的变化规律，建立模型1。估计结果表明，总消费支出增长1%，食品消费支出增长0.232%。由此可见，我国城镇居民消费符合恩格尔定律。

(2) 为了考察城镇居民食品消费随食品价格的变化规律，建立模型2。估计结果表明，食品价格增长1%，实际食品消费量增长0.335%。由此可见，需求法则不适合于我国城镇居民食品需求。

(3) 为了检验城镇居民食品消费的0阶齐次性条件，将食品价格和生活消费支出同时作为解释变量，建立模型3。估计结果表明，居民食品消费完全满足0阶齐次性条件。

(4) 为了考察其他商品价格对食品消费的影响，将 P 也作为解释变量，建立模型4。估计结果表明，其他商品价格对食品消费有显著的影响，随着其他商品价格上升，居民实际食品消费量将下降。

请从计量经济学模型设定理论的角度回答：

(1) 指出该短文中的4条结论中哪些是正确的，哪些是错误的？并简单说明理由。

(2) 正确地陈述该计量经济学模型研究的结论。

4. 阅读下列短文，思考模型类型选择对数据的依赖性。

某单位对我国农户借贷需求进行了较为广泛的调查，采集了16省(自治区)的72个县(市)、440多个村庄的5 100家农户的数据。其中，在一年中发生借贷行为的农户占55.3%(包括向亲友借贷)，为2 820户，其余2 280户没有发生借贷。现已经收集了该5 100户中每户一年中发生的借贷额、家庭总收入、总支出、总收入中农业生产经营收入所占比例，总支出中生产性支出所占的比例，户主受教育程度，户主健康状况，家庭人口数等近100项数据。为了对农户借贷行为进行因素分析，即建立以农户借贷额为被解释变量，各种影响因素为解释变量的农户借贷因素分析模型。于是，不同的研究者建立了4种不同类型的计量经济学模型。包括：

(1) 仅利用2 820户发生借贷的农户为样本，即以他们的借贷额为被解释变量，各种影响因素为解释变量，建立经典的回归模型。

(2) 为了充分利用没有发生借贷的农户的信息，于是利用5 100农户为样本，即以他们的借贷额为被解释变量，其中没有发生借贷的农户借贷额为0，以各种影响因素为解释变量，建立经典的回归模型。

(3) 进一步分析发现，不应该将没有发生借贷的农户的借贷额统统视为0，而应该视为小于等于0(≤0)，于是利用5 100农户为样本，建立归并(censoring)数据模型(Tobit模型)。

(4) 更进一步分析发现,不应该将没有发生借贷的农户的借贷额统统视为小于等于0,因为其中一部分农户有借贷需求,只是因为各种原因(例如提出借贷被拒绝,担心借不到而不敢提出借贷要求等)而没有发生实际借贷。所以,应该按照 Heckman 两步法建立模型,即首先利用全部样本信息建立借贷是否发生的二元选择模型,然后再以 2 820 户发生借贷的农户为样本,建立借贷额的因素分析回归模型。

显然,最后一种模型是正确的,其他都是不正确的。

CHAPTER 2

第2章

非经典计量经济学模型估计方法

相对于经典计量经济学模型主要采用从最小二乘原理出发的估计方法，由于被解释变量观测值数据的特殊性和分布的特殊性，现代计量经济学模型更多地采用最大似然估计和广义矩估计。本章对这两类估计方法进行专门、集中的讨论，以服务于后续章节的应用。讨论仍然以方法的思路和应用中的实际问题为主，并不进行详细的数学推导和证明。另外，为了读者阅读文献和特殊情况下应用的需要，本章将对贝叶斯估计和分位数回归估计方法的概念和原理进行简要的介绍。

2.1 最大似然估计

尽管读者已经在经典计量经济学教科书中了解了最大似然估计，本节仍将对最大似然原理和线性模型的最大似然估计进行简要的复习，然后着重讨论非线性模型的最大似然估计，以及它的应用。

2.1.1 最大似然原理

最大似然方法（maximum likelihood，ML，也称最大或然法）是不同于最小二乘法的另一类参数估计方法。虽然在经典线性计量经济学模型中其应用没有最小二乘法普遍，但在计量经济学理论上占据很重要的地位，因为最大似然原理比最小二乘原理更本质地揭示了通过样本估计母体参数的内在机理。计量经济学理论的发展，更多的是以最大似然原理为基础的；对于一些特殊的计量经济学模型，例如微观计量经济模型，只有最大似然方法才是有效的估计方法。

对于最小二乘法，当从模型总体随机抽取 n 组样本观测值后，最合理的参数估计量应该使得模型能最好地拟合样本数据。而对于最大或然法，当从模型总体随机抽取 n 组样本观测值后，最合理的参数估计量应该使得从模型中抽取该 n 组样本观测值的概率最大。显然，这是从不同原理出发的两类参数估计方法。

从总体中经过 n 次随机抽取得到样本容量为 n 的样本观测值，在任一次随机抽取中，样本观测值都以一定的概率出现，如果已经知道总体的参数，当然由变量的频率函数可以计算其概率。如果只知道总体服从某种分布，但不知道其分布参数，通过随机样本可以求出总体的参数估计量。以正态分布的总体为例。每个总体都有自己的分布参数期望和方差，如果已经得到 n 组样本观测值，在这些可供选择的总体中，哪个总体最可能产生已经得到的 n 组样本观测值呢？显然，要先取得 n 组样本观测值的联合概率，然后选择其参数能使观测值的联合概率为最大的那个总体。将样本观测值联合概率函数称为样本观测值的似然函数。在已经取得样本观测值的情况下，使似然函数取最大值的总体分布参数所代表的总体具有最大的概率取得这些样本观测值，该总体参数即是所要求的参数。**通过似然函数极大化以求得总体参数估计量的方法被称为极大似然法。**

2.1.2 线性模型的最大似然估计

1. 一元线性模型的最大似然估计

对于一元线性回归模型：

$$Y_i = \beta_0 + \beta_1 X_i + \mu_i, \quad i = 1, \cdots, n \tag{2.1.1}$$

其中 $E(\mu_i)=0, \mathrm{Var}(\mu_i)=\sigma_\mu^2, \mu_i \sim N(0,\sigma_\mu^2)$。

随机抽取 n 组样本观测值 $Y_i, X_i (i=1,\cdots,n)$，那么，Y_i 服从如下的正态分布：

$$Y_i \sim N(\beta_0 + \beta_1 X_i, {\sigma_\mu}^2)$$

于是，Y_i 的概率密度函数为

$$P(Y_i) = \frac{1}{\sqrt{2\pi}\sigma_\mu} \mathrm{e}^{-\frac{1}{2\sigma_\mu^2}(Y_i - \beta_0 - \beta_1 X_i)^2}, \quad i=1,\cdots,n$$

因为 Y_i 是相互独立的，所以，Y 的所有样本观测值的联合概率密度函数，也即似然函数为：

$$L(\beta_0, \beta_1, \sigma_\mu^2) = \frac{1}{(2\pi)^{\frac{n}{2}} {\sigma_\mu}^n} \mathrm{e}^{-\frac{1}{2\sigma_\mu^2}\sum_{i=1}^{n}(Y_i - \beta_0 - \beta_1 X_i)^2} \tag{2.1.2}$$

将该似然函数最大化，即可求得模型参数的最大似然估计量。

由于似然函数的最大化与似然函数的对数的最大化是等价的，所以，可取对数似然函数如下：

$$\begin{aligned} L^*(\beta_0, \beta_1, \sigma_\mu^2) &= \ln(L(\beta_0, \beta_1, \sigma_\mu^2)) \\ &= -n\ln(\sqrt{2\pi}\sigma_\mu) - \frac{1}{2\sigma_\mu^2}\sum_{i=1}^{n}(Y_i - \beta_0 - \beta_1 X_i)^2 \end{aligned} \tag{2.1.3}$$

可以验证，$L^*(\beta_0, \beta_1, \sigma_\mu^2)$ 的海塞矩阵负定，所以，对 L^* 求最大值，只需满足一阶条件：

$$\frac{\partial L^*(\beta_0, \beta_1, \sigma_\mu^2)}{\partial \beta_0} = 0, \quad \frac{\partial L^*(\beta_0, \beta_1, \sigma_\mu^2)}{\partial \beta_1} = 0, \quad \frac{\partial L^*(\beta_0, \beta_1, \sigma_\mu^2)}{\partial \sigma_\mu^2} = 0$$

解得模型的参数估计量为

$$\hat{\beta}_0=\frac{\Sigma X_i^2\Sigma Y_i-\Sigma X_i\Sigma Y_iX_i}{n\Sigma X_i^2-(\Sigma X_i)^2},\quad \hat{\beta}_1=\frac{n\Sigma Y_iX_i-\Sigma Y_i\Sigma X_i}{n\Sigma X_i^2-(\Sigma X_i)^2},\quad \hat{\sigma}_\mu^2=\frac{1}{n}\sum_{i=1}^{n}(Y_i-\hat{\beta}_0-\hat{\beta}_1X_i)^2 \tag{2.1.4}$$

可见,在满足一系列基本假设的情况下,模型结构参数的最大似然估计量与普通最小二乘估计量是相同的。但是,随机误差项的方差的估计量是不同的。至此,完成了用最大似然法估计参数的任务。

2. 多元线性模型的最大似然估计

对于多元线性回归模型

$$Y_i=\boldsymbol{X}_i\beta+\mu_i \tag{2.1.5}$$

其中:$\boldsymbol{X}_i=(1,X_{1i},X_{2i},\cdots,X_{ki})$, $\beta=(\beta_0,\beta_1,\cdots,\beta_k)'$,$\mu_i\sim N(0,\sigma_\mu^2)$。

于是,$Y_i\sim N(\boldsymbol{X}_i\beta,\sigma_\mu^2)$。记

$$\boldsymbol{Y}=(Y_1,\cdots,Y_n)',\quad \boldsymbol{X}=(\boldsymbol{X}_1',\cdots,\boldsymbol{X}_n')'$$

则$\boldsymbol{Y}$的随机抽取的n个样本观测值的联合概率密度函数为

$$\begin{aligned}L(\beta,\sigma_\mu^2)&=\frac{1}{(2\pi)^{\frac{n}{2}}\sigma_\mu^n}\mathrm{e}^{-\frac{1}{2\sigma_\mu^2}\sum_{i=1}^{n}(Y_i-(\beta_0+\beta_1X_{1i}+\beta_2X_{2i}+\cdots+\beta_kX_{ki}))^2}\\&=\frac{1}{(2\pi)^{\frac{n}{2}}\sigma_\mu^n}\mathrm{e}^{-\frac{1}{2\sigma_\mu^2}(\boldsymbol{Y}-\boldsymbol{X}\beta)'(\boldsymbol{Y}-\boldsymbol{X}\beta)}\end{aligned}$$

对数似然函数为

$$\begin{aligned}L^*(\beta,\sigma_\mu^2)&=\ln(L(\beta,\sigma_\mu^2))\\&=-\frac{n}{2}\ln(\sqrt{2\pi}\sigma_\mu^2)-\frac{1}{2\sigma_\mu^2}(\boldsymbol{Y}-\boldsymbol{X}\beta)'(\boldsymbol{Y}-\boldsymbol{X}\beta)\end{aligned} \tag{2.1.6}$$

可以验证,$L^*(\beta,\sigma_\mu^2)$的海塞矩阵负定。所以,对L^*求最大值,只需满足一阶条件:

$$\frac{\partial L^*(\beta,\sigma_\mu^2)}{\partial\beta}=0,\quad \frac{\partial L^*(\beta,\sigma_\mu^2)}{\partial\sigma_\mu^2}=0$$

参数的最大似然估计为

$$\hat{\beta}=(\boldsymbol{X}'\boldsymbol{X})^{-1}\boldsymbol{X}'\boldsymbol{Y},\quad \hat{\sigma}_\mu^2=\frac{1}{n}(\boldsymbol{Y}-\boldsymbol{X}\hat{\beta})'(\boldsymbol{Y}-\boldsymbol{X}\hat{\beta}) \tag{2.1.7}$$

3. 最大似然估计量的性质

设θ为模型所有参数构成的列向量,$\hat{\theta}$是θ的最大似然估计量。在似然函数三阶偏导数连续等条件下,最大似然估计量具有如下渐近性质:

(1)一致性:$p\lim\hat{\theta}=\theta$。即$\hat{\theta}$依概率收敛于θ。

(2)渐近正态性:$\hat{\theta}\xrightarrow{a}N[\theta,\{\boldsymbol{I}(\theta)\}^{-1}]$,其中$\boldsymbol{I}(\theta)=-E[\partial^2\ln L/\partial\theta\,\partial\theta']$。即$\hat{\theta}$依分布收敛于$N[\theta,\{\boldsymbol{I}(\theta)\}^{-1}]$。

(3) 渐近有效性：$\hat{\theta}$ 的渐近协方差阵达到所有一致估计量的方差的 Cramer-Rao 下界$\{\boldsymbol{I}(\theta)\}^{-1}$。

(4) 不变性：若 $c(\theta)$是一个连续且连续可微的函数，则 $c(\hat{\theta})$应是 $c(\theta)$的最大似然估计量。

2.1.3 非线性模型的最大似然估计

1. 非线性回归模型

设 $\boldsymbol{Y}$ 为被解释变量，$\boldsymbol{X}=(X_1,X_2,\cdots,X_k)$为解释变量向量，它是影响变量 $\boldsymbol{Y}$ 的 k 个因素。例如，要建立生产函数，这时研究的经济变量为产出量，影响产出量 $\boldsymbol{Y}$ 的因素有许多，如资本投入、劳动力投入、技术水平等，从影响因素中选择最主要的且可观察的因素，如资本投入 X_1，劳动力投入 X_2 等作为解释变量。

非线性回归模型的一般形式：

$$f(\boldsymbol{Y},\boldsymbol{X},\beta)=\mu \tag{2.1.8}$$

其中 $f(\boldsymbol{Y},\boldsymbol{X},\beta)$是非线性函数，$\beta$ 是 $k\times 1$ 未知参数向量，μ 为随机误差。假设已有样本$(Y_1,\boldsymbol{X}_1),(Y_2,\boldsymbol{X}_2),\cdots,(Y_n,\boldsymbol{X}_n)$，其中$\boldsymbol{X}_i=(X_{1i},\cdots,X_{ki})$，$i=1,\cdots,n$。将模型(2.1.8)写为

$$f(Y_i,\boldsymbol{X}_i,\beta)=\mu_i,\quad i=1,\cdots,n \tag{2.1.9}$$

写成矩阵的形式为

$$\boldsymbol{F}(\boldsymbol{Y},\boldsymbol{X},\beta)=\mu \tag{2.1.10}$$

其中

$$\boldsymbol{Y}=\begin{pmatrix}Y_1\\Y_2\\\vdots\\Y_n\end{pmatrix},\quad \boldsymbol{X}=\begin{pmatrix}\boldsymbol{X}_1\\\boldsymbol{X}_2\\\vdots\\\boldsymbol{X}_n\end{pmatrix}=\begin{pmatrix}X_{11}&X_{21}&\cdots&X_{k1}\\X_{12}&X_{22}&\cdots&X_{k2}\\\vdots&\vdots&&\vdots\\X_{1n}&X_{2n}&\cdots&X_{kn}\end{pmatrix}$$

$$\boldsymbol{F}=\begin{pmatrix}f(Y_1,\boldsymbol{X}_1,\beta)\\f(Y_2,\boldsymbol{X}_2,\beta)\\\vdots\\f(Y_n,\boldsymbol{X}_n,\beta)\end{pmatrix},\quad \beta=\begin{pmatrix}\beta_1\\\beta_2\\\vdots\\\beta_k\end{pmatrix},\quad \mu=\begin{pmatrix}\mu_1\\\mu_2\\\vdots\\\mu_n\end{pmatrix}$$

最常见的非线性回归模型是 $\boldsymbol{Y}$ 和 $\boldsymbol{X}$ 相分离的形式：

$$\boldsymbol{F}(\boldsymbol{Y},\boldsymbol{X},\beta)=\boldsymbol{Y}-G(\boldsymbol{X},\beta)=\mu \tag{2.1.11}$$

称 $G(\boldsymbol{X},\beta)$为期望函数，对应的矩阵表示为

$$\boldsymbol{Y}=G(\boldsymbol{X},\beta)+\mu$$

其中

$$G(\boldsymbol{X},\beta)=\begin{pmatrix} g(\boldsymbol{X}_1,\beta) \\ g(\boldsymbol{X}_2,\beta) \\ \vdots \\ g(\boldsymbol{X}_n,\beta) \end{pmatrix}$$

例如，两要素 CES 生产函数即为一个二元非线性回归模型：

$$Y_i=\beta_1(\beta_2 X_{1i}^{\beta_3}+(1-\beta_2)X_{2i}^{\beta_3})^{1/\beta_3}+\varepsilon_i,\quad i=1,\cdots,n$$

2. 非线性回归模型的最大似然估计

假定

$$\mu\sim N(0,\sigma^2\boldsymbol{I})$$

其中 $\boldsymbol{I}$ 为 n 阶单位阵，则第 i 个观察点似然函数为

$$L_i(\beta,\sigma^2|Y_i,\boldsymbol{X}_i)=\frac{J_i(\beta)}{\sqrt{2\pi\sigma^2}}\exp[-\mu_i^2/(2\sigma^2)]$$

对数似然函数为

$$\ln L_i(\beta,\sigma^2|Y_i,\boldsymbol{X}_i)=-\frac{1}{2}[\ln(2\pi)+\ln(\sigma^2)+\mu_i^2/\sigma^2]+\ln(J_i(\beta))$$

其中 $\mu_i=f(Y_i,\boldsymbol{X}_i,\beta)$，$J_i(\beta)=|\partial\mu_i/\partial Y_i|$ 为**雅可比行列式**。注意：**雅可比行列式是实现 μ_i 的分布到 Y_i 分布的变换所必需的**。对于线性模型(2.1.5)，因为 $J_i(\beta)=|\partial\mu_i/\partial Y_i|=1$，所以在似然函数和对数似然函数中没有表现。

模型参数的最大似然估计等价于最大对数似然估计，也就是最大化 n 个观察点的对数似然函数之和：

$$\ln L(\beta,\sigma^2\mid\boldsymbol{Y},\boldsymbol{X})=-\frac{1}{2}n[\ln(2\pi)+\ln(\sigma^2)]-\frac{1}{2}\mu'\mu/\sigma^2+\sum_{i=1}^{n}\ln(J_i(\beta))\tag{2.1.12}$$

因为

$$\frac{\partial\ln L(\beta,\sigma^2\mid\boldsymbol{Y},\boldsymbol{X})}{\partial\sigma^2}=-\frac{1}{2}\cdot\frac{n}{\sigma^2}+\frac{1}{2}\frac{\mu'\mu}{\sigma^4}$$

将 $\sigma^2=\mu'\mu/n$ 代入式(2.1.12)，得到

$$\ln L_c(\beta\mid\boldsymbol{Y},\boldsymbol{X})=-\frac{1}{2}n[1+\ln(2\pi)-\ln n]-\frac{1}{2}n\cdot\ln(\mu'\mu)+\sum_{i=1}^{n}\ln(J_i(\beta))\tag{2.1.13}$$

称之为中心化对数似然函数。令

$$\mu^*=\mu/[(J_1\cdot\cdots\cdot J_n)^{1/n}]$$

式(2.1.13)可写成

$$\ln L_c(\beta\mid\boldsymbol{Y},\boldsymbol{X})=-\frac{1}{2}n[1+\ln(2\pi)-\ln n]-\frac{1}{2}n\cdot\ln[(\mu^*)'(\mu^*)]\tag{2.1.14}$$

因而，最大化中心化对数似然函数 $\ln L_c(\beta|\boldsymbol{Y},\boldsymbol{X})$ 等价于最小化加权误差平方和

$$S^*(\beta \mid \boldsymbol{Y},\boldsymbol{X}) = (\mu^*)'(\mu^*) \tag{2.1.15}$$

记β的最大似然估计为$\hat{\beta}$，则 σ^2 的最大似然估计为

$$\hat{\sigma}^2 = \hat{\mu}'\hat{\mu}/n$$

很明显，**非线性模型的最大对数似然估计一般不等价于非线性最小二乘估计，而是一个加权非线性最小二乘估计**。在 $f(Y_i,\boldsymbol{X}_i,\beta)=Y_i-g(\boldsymbol{X}_i,\beta)$ 情况下，由于 $J_1=\cdots=J_n=1$，最大对数似然估计才等价于非线性最小二乘估计。

3. 最大似然估计的性质

下面仅讨论在 $f(Y_i,\boldsymbol{X}_i,\beta)=Y_i-g(\boldsymbol{X}_i,\beta)$ 情况下，非线性模型最大似然估计的性质。假设$\mu\sim N(0,\sigma^2\boldsymbol{I})$，那么有：

性质 1：模型(2.1.11)参数的最大对数似然估计$\hat{\beta}$是渐近无偏、一致估计且渐近地服从正态分布 $N(\beta,Q)$。其中

$$Q=\left[-E\left(\frac{\partial^2 \ln L_c}{\partial\beta'\partial\beta}\right)\right]^{-1}=\sigma^2\left[\left(\frac{\partial\mu}{\partial\beta'}\right)'\left(\frac{\partial\mu}{\partial\beta'}\right)\right]^{-1}$$

性质 2：模型(2.1.11)参数 σ^2 的最大对数似然估计 $\hat{\sigma}^2=\hat{\mu}'\hat{\mu}/n$ 是渐近无偏和一致估计。

4. 例题

例 2.1.1 以产出量 Q 为被解释变量，资本投入 K 和劳动投入 L 为解释变量，建立 CES 生产函数模型。变量观测值如表 2.1.1 所示。

$$\ln Q_i=\beta_1+\beta_4\ln[\beta_2 L_i^{\beta_3}+(1-\beta_2)K_i^{\beta_3}]+\mu_i$$

表 2.1.1 样本观测值

L	K	Q	L	K	Q
0.228	0.802	0.256 918	0.664	0.129	0.186 747
0.258	0.249	0.183 599	0.631	0.017	0.020 671
0.821	0.771	1.212 883	0.059	0.906	0.100 159
0.767	0.511	0.522 568	0.811	0.223	0.252 334
0.495	0.758	0.847 894	0.758	0.145	0.103 312
0.487	0.425	0.763 379	0.05	0.161	0.078 945
0.678	0.452	0.623 13	0.823	0.006	0.005 799
0.748	0.817	1.031 485	0.483	0.836	0.723 25
0.727	0.845	0.569 498	0.682	0.521	0.776 468
0.695	0.958	0.882 497	0.116	0.93	0.216 536
0.458	0.084	0.108 827	0.44	0.495	0.541 182
0.981	0.021	0.026 437	0.456	0.185	0.316 32
0.002	0.295	0.003 75	0.342	0.092	0.123 811
0.429	0.277	0.461 626	0.358	0.485	0.386 354
0.231	0.546	0.268 474	0.162	0.934	0.279 431

对于该生产函数模型，可以将其通过级数开展取近似后采用线性模型的最小二乘估计，也可以直接采用非线性最小二乘估计。这里采用最大似然估计，表 2.1.2 列出了参数估计量、标准误差和渐近 t 统计量。

表 2.1.2　CES 生产函数的最大似然估计结果

参数估计	标准误差	渐近 t 统计量
0.124 49	0.074 644	1.667 8
0.336 68	0.108 09	3.114 7
−3.010 9	2.290 4	−1.314 5
−0.336 31	0.268 23	−1.253 8

2.1.4　异方差和序列相关的最大似然估计

在经典计量经济学模型中提出了许多克服模型异方差性和序列相关性的方法，可以分为两类：一类是变换模型，使之成为不再具有异方差性或者序列相关性的模型，然后采用 OLS 进行估计，例如 WLS、GLS 等；一类是修正 OLS 估计量的标准差，纠正模型具有异方差性或者序列相关性时 OLS 估计量的非有效性，使得继而进行的统计推断（例如显著性检验、参数的置信区间估计等）仍然有效，例如 White 修正、Newey-West 修正方法等。这里提出另外一类方法，即非线性最大似然估计。**将具有异方差性或者序列相关性的模型看成一类非线性模型，采用最大似然方法同时估计模型的结构参数和描述异方差性或者序列相关性的参数**。该类方法的优点是，不仅可以实现模型结构参数的有效估计，而且可以估计描述异方差性或者序列相关性的参数。在一些应用研究中，后者更具有应用价值。

类似的，非线性最大似然估计也可以用于人们所熟知的 ARCH、GARCH 模型的估计。

1. 异方差的最大似然估计

对于式(2.1.9)的非线性模型

$$f(Y_i, \boldsymbol{X}_i, \beta) = \mu_i, \quad i = 1, \cdots, n$$

假设

$$\mu = (\mu_1, \cdots, \mu_n)' \sim N(0, \sigma^2 \Omega(\alpha)) \tag{2.1.16}$$

其中$\Omega(\alpha)$为对角元为正的对角方阵，且依赖于参数$\alpha = (\alpha_1, \alpha_2, \cdots, \alpha_m)$，即 μ_i 不存在序列相关但存在异方差现象。

对数似然函数为

$$\ln L(\beta, \alpha, \sigma^2 \mid \boldsymbol{Y}, \boldsymbol{X}) = -\frac{1}{2} n [\ln(2\pi) + \ln(\sigma^2)]$$

$$-\frac{1}{2}\ln(|\Omega|)-\frac{1}{2}\mu'\Omega^{-1}\mu/\sigma^2+\sum_{i=1}^{n}\ln\left(\left|\frac{\partial\mu_i}{\partial Y_i}\right|\right) \tag{2.1.17}$$

将 σ^2 用 $\sigma^2=\mu'\Omega^{-1}\mu/n$ 代替得到中心化对数似然函数为

$$\begin{aligned}\ln L_c(\beta,\alpha\mid \boldsymbol{Y},\boldsymbol{X})=&-\frac{1}{2}n[1+\ln(2\pi)-\ln(n)]\\&-\frac{1}{2}\ln(|\Omega|)-\frac{1}{2}n\ln(\mu'\Omega^{-1}\mu)+\sum_{i=1}^{n}\ln\left(\left|\frac{\partial\mu_i}{\partial Y_i}\right|\right)\end{aligned} \tag{2.1.18}$$

下面以异方差的不同结构为例,对Ω 的参数α 及模型参数β 同时进行最大似然估计。

(1) $\mu_i\sim N(0,\sigma_i^2)$

对数似然函数为

$$\begin{aligned}\ln L(\beta,\sigma_1^2,\cdots,\sigma_n^2\mid \boldsymbol{Y},\boldsymbol{X})=&-\frac{1}{2}n\ln(2\pi)\\&-\frac{1}{2}\sum_{i=1}^{n}\ln(\sigma_i^2)-\frac{1}{2}\sum_{i=1}^{n}(\mu_i^2/\sigma_i^2)+\sum_{i=1}^{n}\ln\left(\left|\frac{\partial\mu_i}{\partial Y_i}\right|\right)\end{aligned} \tag{2.1.19}$$

(2) $\sigma_i^2=\sigma^2h_i(\alpha)$

对数似然函数为

$$\begin{aligned}\ln L(\beta,\alpha,\sigma^2\mid \boldsymbol{Y},\boldsymbol{X})=&-\frac{1}{2}n[\ln(2\pi)+\ln(\sigma^2)]-\frac{1}{2}\sum_{i=1}^{n}\ln(h_i)\\&-\frac{1}{2}(1/\sigma^2)\sum_{i=1}^{n}(\mu_i^2/h_i)+\sum_{i=1}^{n}\ln\left(\left|\frac{\partial\mu_i}{\partial Y_i}\right|\right)\end{aligned} \tag{2.1.20}$$

令 $\mu_i^*=\mu_i/h_i^{1/2},\mu^*=(\mu_1^*,\cdots,\mu_n^*)'$。将 $\sigma^2=(\mu^*)'(\mu^*)/n$ 代入式(2.1.20),得到中心化对数似然函数:

$$\begin{aligned}\ln L_c(\beta,\alpha\mid \boldsymbol{Y},\boldsymbol{X})=&-\frac{1}{2}n[1+\ln(2\pi)-\ln(n)]\\&-\frac{1}{2}\sum_{i=1}^{n}\ln(h_i)-\frac{1}{2}n\ln[(\mu^*)'(\mu^*)]+\sum_{i=1}^{n}\ln\left|\frac{\partial\mu_i}{\partial Y_i}\right|\end{aligned} \tag{2.1.21}$$

下面是 $h_i=h(\alpha\mid \boldsymbol{z}_i)=h(\boldsymbol{z}_i\alpha)$的常见形式,其中 $\boldsymbol{z}$ 是一组解释变量,可以是 $\boldsymbol{X}$,也可以是其他变量。

$$\sigma_i^2=\sigma^2(\boldsymbol{z}_i\alpha),\quad \boldsymbol{z}_i\alpha>0$$

$$\sigma_i^2=\sigma^2(\boldsymbol{z}_i\alpha)^2$$

$$\sigma_i^2=\sigma^2\exp(\boldsymbol{z}_i\alpha)$$

$$\sigma_i^2 = \sigma^2 \prod_{j=1}^{m} z_{ij}^{\alpha_j}$$

例 2.1.2　1979 年美国各州的公立学校平均开支 Y 和人均收入 X 的数据见表 2.1.3。建立如下模型：

$$Y_i = \beta_0 + \beta_1 X_i + \beta_2 X_i^2 + \mu_i$$

表 2.1.3　样本数据表　　美元

州	开支	收入	州	开支	收入	州	开支	收入
AL	275	6 247	AK	821	10 851	AZ	339	7 374
AR	275	6 183	CA	387	8 850	CO	452	8 001
CT	531	8 914	DE	424	8 604	DC	428	10 022
FL	316	7 505	GA	265	6 700	HI	403	8 380
ID	304	6 813	IL	437	8 745	IN	345	7 696
IA	431	7 873	KS	355	8 001	KY	260	6 615
LA	316	6 640	ME	327	6 333	MD	427	8 306
MA	427	8 063	MI	466	8 442	MN	477	7 847
MS	259	5 736	MO	274	7 342	MT	433	7 051
NB	294	7 391	NV	359	9 032	NH	279	7 277
NJ	423	8 818	NM	388	6 505	NY	447	8 267
NC	335	6 607	ND	311	7 478	OH	322	7 812
OK	320	6 951	OR	397	7 839	PA	412	7 733
RI	342	7 526	SC	315	6 242	SD	321	6 841
TN	268	6 489	TX	315	7 697	UT	417	6 622
VT	353	6 541	VA	356	7 624	WA	415	8 450
WV	320	6 456	WI	NA	7 597	WY	500	9 096

显然，对于该截面数据模型，一般存在异方差。下面考虑两种随机扰动项的异方差结构，并分别用最大似然方法同时估计模型和异方差结构中的参数。

(1) $\sigma_i^2 = \sigma^2 X_i^{\alpha}$

最大似然估计的结果列于表 2.1.4。

表 2.1.4　情况(1)的估计结果

参数	估计值	标准误差	t 统计量
β_0	831.02	354.36	2.345 1
β_1	−0.183 32	0.093 66	−1.957 3
β_2	0.000 015 9	0.000 006 12	2.596 4
α	3.010 0	1.364 4	2.206 1

(2) $\sigma_i^2=\sigma^2\exp(\alpha X_i)$

最大似然估计的结果列于表 2.1.5

表 2.1.5 情况(2)的估计结果

参数	估计值	标准误差	t 统计量
β_0	831.21	362.81	2.291 1
β_1	−0.183 31	0.096 18	−1.905 8
β_2	0.000 015 9	0.000 006 31	2.518 9
α	3.909 4	1.729 1	2.261 0

2. 序列相关的最大似然估计

考虑非线性模型：

$$\mu_t = f(Y_t, X_t, \beta), \quad t=1,2,\cdots,T \tag{2.1.22}$$

假定 μ_t 具有同方差性，但存在序列相关。下面分序列相关的不同类型进行讨论。

(1) 随机项仅存在 1 阶相关，即 AR(1)：$\mu_t=\rho\mu_{t-1}+\varepsilon_t$

假定$\varepsilon\sim N(0,\sigma^2\boldsymbol{I})$，且$|\rho|<1$(模型稳定的条件)。很明显有

$$\sigma^2=\mathrm{Var}(\varepsilon_t)=(1-\rho^2)\mathrm{Var}(\mu_t)$$

令

$$\varepsilon_1=(1-\rho^2)^{1/2}\mu_1, \quad \varepsilon_t=\mu_t-\rho\mu_{t-1}, \quad t=2,3,\cdots,T$$

$$|\partial\varepsilon_t/\partial Y_t|=\begin{cases}(1-\rho^2)^{1/2}\left|\dfrac{\partial\mu_1}{\partial Y_1}\right| & t>1\\ \left|\dfrac{\partial\mu_t}{\partial Y_t}\right| & t=1\end{cases}$$

于是，对数似然函数为

$$\ln L(\beta,\sigma^2,\rho\mid\boldsymbol{Y},\boldsymbol{X})=-\frac{1}{2}T[\ln(2\pi)+\ln(\sigma^2)] -\frac{1}{2}\varepsilon'\varepsilon/\sigma^2+\frac{1}{2}\ln(1-\rho^2)+\sum_{t=1}^{T}\ln\left|\frac{\partial\mu_t}{\partial Y_t}\right| \tag{2.1.23}$$

将 $\sigma^2=\varepsilon'\varepsilon/T$ 代入式(2.1.23)，得到中心化对数似然函数：

$$\ln L_c(\beta,\rho\mid\boldsymbol{Y},\boldsymbol{X})=-\frac{1}{2}T[1+\ln(2\pi)-\ln T] -\frac{1}{2}T\ln(\varepsilon'\varepsilon)+\frac{1}{2}\ln(1-\rho^2)+\sum_{t=1}^{T}\ln\left|\frac{\partial\mu_t}{\partial Y_t}\right| \tag{2.1.24}$$

最大化式(2.1.24)，就得到参数β和 ρ 的最大似然估计$\hat{\beta}$ 和 $\hat{\rho}$。σ^2 的最大似然估计为

$$\hat{\sigma}^2=\hat{\varepsilon}'\hat{\varepsilon}/T$$

(2)随机项仅存在1阶移动平均，即MA(1)：$\mu_t=\varepsilon_t-\theta\varepsilon_{t-1}$

假定$\varepsilon\sim N(0,\sigma^2\boldsymbol{I})$，且$|\theta|<1$(模型稳定的条件)。令

$$\varepsilon_0=E(\varepsilon)=0,\quad \varepsilon_t=\mu_t+\theta\varepsilon_{t-1},\quad t=1,2,\cdots,T$$

$$|\partial\varepsilon_t/\partial Y_t|=\left|\frac{\partial\mu_t}{\partial Y_t}\right|$$

于是，对数似然函数为

$$\ln L(\beta,\sigma^2,\theta\mid \boldsymbol{Y},\boldsymbol{X})=-\frac{1}{2}T[\ln(2\pi)+\ln(\sigma^2)]-\frac{1}{2}\varepsilon'\varepsilon/\sigma^2+\sum_{t=1}^{T}\ln\left|\frac{\partial\mu_t}{\partial Y_t}\right| \tag{2.1.25}$$

中心化对数似然函数为

$$\ln L_c(\beta,\theta\mid \boldsymbol{Y},\boldsymbol{X})=-\frac{1}{2}T[1+\ln(2\pi)-\ln T]-\frac{1}{2}T\cdot\ln(\varepsilon'\varepsilon)+\sum_{t=1}^{T}\ln\left|\frac{\partial\mu_t}{\partial Y_t}\right| \tag{2.1.26}$$

最大化式(2.1.26)，就得到参数β和θ的最大似然估计$\hat{\beta}$和$\hat{\theta}$。σ^2的最大似然估计为

$$\hat{\sigma}^2=\hat{\varepsilon}'\hat{\varepsilon}/T$$

(3) 随机项存在ARMA(1,1)序列相关：$\mu_t=\rho\mu_{t-1}+\varepsilon_t-\theta\varepsilon_{t-1}$

假定$\varepsilon\sim N(0,\sigma^2\boldsymbol{I})$，且$|\rho|<1$，$|\theta|<1$(模型稳定的条件)。令

$$\varepsilon_1=(1-\rho^2)^{1/2}\mu_1,\quad \varepsilon_t=u_t-\rho\mu_{t-1}+\theta\mu_{t-1},\quad t=2,\cdots,T$$

$$|\partial\varepsilon_t/\partial Y_t|=\begin{cases}(1-\rho^2)^{1/2}\left|\dfrac{\partial\mu_1}{\partial Y_1}\right| & t>1\\[2ex] \left|\dfrac{\partial\mu_t}{\partial Y_t}\right| & t=1\end{cases}$$

于是，对数似然函数为

$$\ln L(\beta,\sigma^2,\rho,\theta\mid \boldsymbol{Y},\boldsymbol{X})=-\frac{1}{2}T[\ln(2\pi)+\ln(\sigma^2)]-\frac{1}{2}\varepsilon'\varepsilon/\sigma^2+\frac{1}{2}\ln(1-\rho^2)+\sum_{t=1}^{T}\ln\left|\frac{\partial\mu_t}{\partial Y_t}\right| \tag{2.1.27}$$

中心化对数似然函数为

$$\ln L_c(\beta,\rho,\theta\mid \boldsymbol{Y},\boldsymbol{X})=-\frac{1}{2}T[1+\ln(2\pi)-\ln T]-\frac{1}{2}T\cdot\ln(\varepsilon'\varepsilon)+\frac{1}{2}\ln(1-\rho^2)+\sum_{t=1}^{T}\ln\left|\frac{\partial\mu_t}{\partial Y_t}\right| \tag{2.1.28}$$

最大化式(2.1.28),就得到参数β和ρ、θ的最大似然估计$\hat{\beta}$和$\hat{\rho}$、$\hat{\theta}$。σ^2 的最大似然估计为

$$\hat{\sigma}^2 = \hat{\varepsilon}' \hat{\varepsilon}/T$$

例 2.1.3 以实际投资 Y 为被解释变量,实际利率 X_1 和实际 GDP 为解释变量,以 20 年的时间序列数据为样本,样本观测值见表(2.1.6),建立如下模型:

$$Y_t=\beta_0+\beta_1 X_{1t}+\beta_2 X_{2t}+\mu_t,\quad t=1,2,\cdots,20$$

其中,实际投资=(名义)投资/价格指数,实际利率=(名义)利率一价格指数变化率,实际 GDP=(名义)GNP/价格指数。

表 2.1.6 样本数据表

t	GNP	投资	价格指数	利率
1	596.7	90.0	0.716 7	3.23
2	637.7	97.4	0.727 7	3.55
3	691.1	113.5	0.743 6	4.04
4	756.0	125.7	0.767 6	4.50
5	799.6	122.8	0.790 6	4.19
6	873.4	133.3	0.825 4	5.16
7	944.0	149.3	0.867 9	5.87
8	992.7	144.2	0.914 5	5.95
9	1 077.6	166.4	0.960 1	4.88
10	1 185.9	195.0	1.000 0	4.50
11	1 326.4	229.8	1.057 5	6.44
12	1 434.2	228.7	1.150 8	7.83
13	1 549.2	206.1	1.257 9	6.25
14	1 718.0	257.9	1.323 4	5.50
15	1 918.3	324.1	1.400 5	5.46
16	2 163.9	386.6	1.504 2	7.46
17	2 417.8	423.0	1.634 2	10.28
18	2 631.7	401.9	1.784 2	11.77
19	2 954.1	474.9	1.951 4	13.42
20	3 073.0	414.5	2.068 8	11.02

下面考虑两种随机扰动项的序列相关结构,并分别用最大似然方法同时估计模型和序列相关结构中的参数。

(1) AR(1): $\mu_t=\rho\mu_{t-1}+\varepsilon_t$

最大似然估计的结果列于表 2.1.7。

表 2.1.7　情况(1)的估计结果

参数	估计值	标准误差	t 统计量
β_0	−14.861	29.747	−0.499 59
β_1	−0.785 73	2.525 4	−0.311 14
β_2	0.17 027	0.024 658	6.905 0
ρ	0.300 96	0.259 94	1.157 8

(2) MA(1)：$\mu_t=\varepsilon_t-\theta\varepsilon_{t-1}$

最大似然估计的结果列于表 2.1.8。

表 2.1.8　情况(2)的估计结果

参数	估计值	标准误差	t 统计量
β_0	−13.912	29.103	−0.478 02
β_1	−0.888 07	2.528 9	−0.351 17
β_2	0.169 43	0.024 133	7.020 7
θ	−0.432 52	0.292 98	−1.476 3

2.1.5　最大似然估计下的 Wald、LM 和 LR 检验

在采用最小二乘估计的经典模型的检验中，常用的检验统计量是基于残差平方和构造的，例如 F 统计量、t 统计量等。**而在采用最大似然估计的非经典模型的检验中，常用的检验统计量是基于最大似然函数值构造的，例如 Wald 统计量、LR 统计量、LM 统计量等。**

设θ 为模型所有参数构成的列向量。考虑参数的 $J(J<k+1)$个约束，约束方程为

$$H_0:\ c(\theta)=0 \tag{2.1.29}$$

其中 $c(\theta)$为 $J\times1$ 向量。

设$\hat{\theta}$ 是θ 的无约束下的最大似然估计，$\hat{\theta}_{\mathrm{R}}$ 是θ 的在约束(2.1.29)下的最大似然估计。

1. Wald 统计量

在假设(2.1.29)下，统计量

$$W=c(\hat{\theta})'\left[\left(\frac{\partial c(\hat{\theta})}{\partial\theta'}\right)\mathrm{Var}(\hat{\theta})\left(\frac{\partial c(\hat{\theta})}{\partial\theta'}\right)'\right]^{-1}c(\hat{\theta}) \tag{2.1.30}$$

渐近地服从于 $\chi^2(J)$分布。

2. 拉格朗日乘子(LM)统计量

在假设(2.1.29)下，统计量

$$\mathrm{LM}=\left(\frac{\partial\ln L(\hat{\theta}_{\mathrm{R}})}{\partial\theta'}\right)\mathrm{Var}(\hat{\theta}_{\mathrm{R}})\left(\frac{\partial\ln L(\hat{\theta}_{\mathrm{R}})}{\partial\theta'}\right)' \tag{2.1.31}$$

渐近地服从于 $\chi^2(J)$ 分布。其中

$$\mathrm{Var}(\hat{\theta}_\mathrm{R}) = H^{-1}[I - G'(GH^{-1}G')^{-1}H^{-1}]$$

$$H = \left(-\frac{\partial^2 \ln L(\hat{\theta}_\mathrm{R})}{\partial \theta' \partial \theta}\right), G = \left(\frac{\partial c(\hat{\theta}_\mathrm{R})}{\partial \theta'}\right)$$

3. 似然比(LR)统计量

在假设(2.1.29)下，统计量

$$\mathrm{LR} = -2(\ln L(\hat{\theta}_\mathrm{R}) - \ln L(\hat{\theta})) \tag{2.1.32}$$

渐近地服从于 $\chi^2(J)$ 分布。

注意：上述假设的检验统计量都是渐近地服从于某分布。因而，应用上述检验必须在大样本下进行。

例如，在例 2.1.1 中，经过简单的推导可知，如果存在 $\beta_4 = 1/\beta_3$，则该生产函数为规模报酬不变。为了检验规模报酬不变假设，检验假设 H_0：$\beta_4 = 1/\beta_3$。经计算 W=0.071 253，LM=0.092 612，LR=0.082 175。而在显著性水平为 5%下，自由度为 1 的 χ^2 分布临界值是 3.84。所以，Wald 检验、拉格朗日乘子检验和似然比检验都在显著性水平为 5%下不拒绝 H_0，可认为生产函数为规模报酬不变。

2.2 广义矩估计

在经典计量经济学课程中，一般将计量经济学模型基于样本信息的估计方法分为三大类：最小二乘方法、最大似然方法和矩方法，工具变量估计属于矩方法。广义矩估计方法实际上是工具变量估计的发展和一般化，本节侧重从应用的角度对广义矩估计方法进行一般的讨论，不涉及其渐近性质的证明等理论问题。

2.2.1 概述

广义矩估计方法(generalized method of moments，GMM)**是基于模型满足的一些矩条件而形成的一种参数估计方法，是矩估计方法的一般化**。如果模型的设定是正确的，则总能找到该模型实际满足的若干矩条件而采用 GMM 估计。GMM 是现代计量经济学理论方法体系的重要内容，是近 30 多年来模型估计方法的最重要的发展。L. Hansen (1982)关于 GMM 的系统的描述，A. Pagan，M. Wickens(1989)关于 GMM 理论方法的总结，以及 R. Davidson，J. MacKinnon(1993)关于 GMM 进一步发展的讨论，是广义矩估计方法发展进程中经典的文献。

从计量经济学模型方法论角度看，三个问题成为广义矩估计方法发展的导向。

一是**解释变量的内生性问题**。计量经济学模型中变量的内生或者外生、随机或者确定，并不是变量本身所固有的绝对的属性，而是相对于模型的研究对象、模型系统，甚至模型中的参数而言的。经济变量，如果一定要给出它们的固有属性，只能说它们都是内生的和随机的，因为它们都是在社会经济系统中，在互相影响和作用的过程中生成的。同一个经济变量，相对于不同的研究对象、不同的模型系统，甚至不同的关注参数，可能有不同的设定。所以，如何克服解释变量的内生性问题，成为任何一项计量经济学应用研究回避不了的一个重要的问题。

二是**模型的过度识别问题**。经济系统是复杂的，系统所包含的变量之间存在错综复杂的关系，有直接影响，也有间接影响。任何一个计量经济学结构模型，所包含的解释变量总是有限的，即对被解释变量产生显著的直接影响的变量。大量的对被解释变量产生间接影响的变量的存在，一方面造成了解释变量的内生性，另一方面带来了模型的过度识别问题。建立联立方程模型系统，可以解决过度识别问题。但是，研究者所关注的往往只是系统的一个局部，为了一个局部而建立庞大的模型系统，不仅耗费巨大，而且系统中误差的传递和积累，往往会得不偿失。所以，解决单方程计量经济学模型的过度识别问题，也是计量经济学应用研究中回避不了的一个重要的问题。

三是**模型随机项分布的设定问题**。计量经济学模型通过对随机抽取的样本的一次观测值估计总体的参数，最常用的估计方法都需要首先对总体的分布进行设定，例如假设模型随机项服从正态分布或其他某一已知分布。在应用研究中，由于不可能实现对某一样本的“重复抽样”，所以该分布是不可能准确设定的。

经典的计量经济学模型估计方法都有它们的局限性。例如，采用普通最小二乘法时必须要求解释变量与随机误差项不相关，否则就是有偏估计；采用工具变量法，当工具变量多于待估计参数个数，则工具变量估计具有信息上损失，而不是有效估计；采用最大似然法，只有当模型的随机误差项服从正态分布或某一已知分布，最大似然法参数估计量才是可靠的估计量。而 GMM 方法可以克服随机解释变量问题，可以充分利用多个工具变量的信息，进而克服过度识别问题，同时不需要对模型随机项分布进行事先的设定，所以成为计量经济学应用研究中应用最为普遍的一类模型估计方法。

从下面的讨论中还会发现，**GMM 估计包容了许多常用的估计方法，普通最小二乘法、工具变量法、最大似然法，甚至二阶段最小二乘法都是它的特例**。而且在估计技术方面，可以方便地处理违背基本假设的问题，例如异方差和序列相关；在大样本情况下，可以避免高阶矩阵求逆运算。所以，GMM 估计具有其明显的优越性。

2.2.2　广义矩估计及其性质

1. 计量经济学模型的广义矩估计

从理论上讲，如果一个计量经济学模型的设定是正确的，则存在一些为零的**条件矩**。

广义矩估计的基本思想是利用矩条件估计模型参数，而且可以用于检验模型设定。

假设理论上确立了以下模型关系式：

$$Y_i = h(\boldsymbol{X}_i, \beta) + \mu_i, \quad i = 1, \cdots, n \tag{2.2.1}$$

其中 $h(\cdot)$ 为已知的函数，β 是要估计的 $k \times 1$ 参数向量。并且假设

$$E[\mu] = 0, \quad E[\mu\mu'] = \Omega \tag{2.2.2}$$

其中 $\mu = (\mu_1, \cdots, \mu_n)'$，$\Omega$ 是半正定的。这些设定表示，允许存在随机解释变量、异方差、序列相关等违背基本假设的情况。

(1) 方法的引出

如果式(2.2.1)中解释变量 $\boldsymbol{X}_i = (X_{1i}, \cdots, X_{ki})'$ 与随机误差项不相关，且随机误差项不存在异方差和序列相关，那么，模型参数的矩估计为满足样本矩为零：

$$\sum_{i=1}^{n} X_{ji}\mu_i = 0, \quad j = 1, 2, \cdots, k$$

即

$$\sum_{i=1}^{n} X_{ji}(Y_i - h(\boldsymbol{X}_i, \beta)) = 0, \quad j = 1, 2, \cdots, k \tag{2.2.3}$$

当然，读者已经清楚，当 $h(\boldsymbol{X}_i, \beta) = \beta_0 + \beta_1 X_{1i} + \cdots + \beta_k X_{ki}$ 时，式(2.2.3)实际上是普通最小二乘估计的正规方程组。

因为当模型设定正确时，存在一些为零的条件矩，那么不妨假定由这些为零的矩条件可找到一个含 $J(J>k)$ 个变量的 $J \times 1$ 向量 $\boldsymbol{Z}_i$，使得 $\boldsymbol{Z}_i$ 与 μ_i 无关：

$$\mathrm{Cov}[\boldsymbol{Z}_i, \mu_i] = 0 \tag{2.2.4}$$

也称此条件为矩条件，可以把 $\boldsymbol{Z}$ 看做一组工具变量。例如，当 $h(\boldsymbol{X}_i, \beta) = \beta_0 + \beta_1 X_{1i} + \cdots + \beta_k X_{ki}$，且解释变量 $\boldsymbol{X}_i = (X_{1i}, \cdots, X_{ki})'$ 与随机误差项不相关时，则 $\boldsymbol{Z} = (1, X_1, \cdots, X_k)'$。

定义

$$\boldsymbol{m}(\beta) = \frac{1}{n}\sum_i \boldsymbol{Z}_i(Y_i - h(\boldsymbol{X}_i, \beta)) \tag{2.2.5}$$

称 $\boldsymbol{m}(\beta)$ 为对应式(2.2.4)的样本矩。$\boldsymbol{m}(\beta)$ 为 $J \times 1$ 阶向量。即

$$\boldsymbol{m}(\beta) = \begin{pmatrix} m_1(\beta) \\ m_2(\beta) \\ \vdots \\ m_J(\beta) \end{pmatrix} = \begin{pmatrix} \frac{1}{n}\sum_i Z_{1i}(Y_i - h(\boldsymbol{X}_i, \beta)) \\ \frac{1}{n}\sum_i Z_{2i}(Y_i - h(\boldsymbol{X}_i, \beta)) \\ \vdots \\ \frac{1}{n}\sum_i Z_{Ji}(Y_i - h(\boldsymbol{X}_i, \beta)) \end{pmatrix}$$

显然，如果 $J = k$，则 $\boldsymbol{m}(\beta) = 0$，求解该方程组可以得到参数 β 的估计量。这就是读者熟悉的工具变量法。方程组 $\boldsymbol{m}(\beta) = 0$ 的解，就是 $(\boldsymbol{m}(\beta)'\boldsymbol{m}(\beta))$ 极小化时的解。

(2) GMM 方法的定义

一般地，如果 $J>k$，定义模型参数 GMM 估计 $\hat{\beta}$ 就是极小化

$$q = \boldsymbol{m}(\beta)' \boldsymbol{W}^{-1} \boldsymbol{m}(\beta) \tag{2.2.6}$$

其中权矩阵 $\boldsymbol{W}$ 为某正定矩阵。即

$$\hat{\beta} = \operatorname{argmin}(\boldsymbol{m}(\beta)' \boldsymbol{W}^{-1} \boldsymbol{m}(\beta)) \tag{2.2.7}$$

(3) 权矩阵的选择

既然存在 $J>k$，即由 J 个矩条件估计 k 个参数，那么对每个矩条件施加不同的权重，就会得到不同的 $\hat{\beta}$。权矩阵 $\boldsymbol{W}$ 为一个 $J\times J$ 阶矩阵，**其作用就是调节每个矩条件的权重**，或者说它调整的是 J 个矩条件之间的关系。

关于权矩阵 $\boldsymbol{W}$ 的选择，是 GMM 方法的一个核心问题。只要 $\boldsymbol{W}$ 是对称正定矩阵，估计结果 $\hat{\beta}$ 都满足一致性；但估计量的方差矩阵可能是不同的。因此，应该尽可能选择最佳的 $\boldsymbol{W}$，以使估计量更有效(最小的方差)。

权矩阵可根据每个样本矩条件估计的精确程度来设置(用方差来度量)。例如，对估计较精确的矩条件给予较大的权重，对估计较不精确的矩条件给予较小的权重。即

$$\boldsymbol{W} = \frac{1}{n^2} \sum_i \sum_j \operatorname{Cov}(Z_i \mu_i, Z_j \mu_j) \tag{2.2.8}$$

在实际应用中，可以采用已有文献推荐的权矩阵。例如，若随机误差项存在异方差且不存在自相关，White(1980)提出权矩阵 $\boldsymbol{W}$ 的估计量为

$$\hat{\boldsymbol{W}} = \frac{1}{n} \boldsymbol{S}_0 \tag{2.2.9}$$

若随机误差项存在自相关，Newey 和 West(1987)提出权矩阵 $\boldsymbol{W}$ 的估计量为

$$\hat{\boldsymbol{W}} = \frac{1}{n}\boldsymbol{S} = \frac{1}{n}\left(\boldsymbol{S}_0 + \sum_{l=1}^{L} w(l)(\boldsymbol{S}_l + \boldsymbol{S}_l')\right) \tag{2.2.10}$$

其中

$$w(l) = 1 - \frac{l}{L+1}, \quad \boldsymbol{S}_l = \frac{1}{n} \sum_{i=l+1}^{n} \tilde{\boldsymbol{e}}_i \tilde{\boldsymbol{e}}_{i-l} \boldsymbol{Z}_i \boldsymbol{Z}_{i-l}', \quad l = 0,1,\cdots,L$$

$$\tilde{\boldsymbol{e}}_i = e(Y_i, \boldsymbol{X}_i, \tilde{\beta}) = Y_i - h(\boldsymbol{X}_i, \tilde{\beta}), \quad i = 1,2,\cdots,n$$

L 的选取准则为：使得随机误差项滞后大于 L 的序列相关小到可以忽略不计。$\tilde{\beta}$ 为式(2.2.7)中令 $\boldsymbol{W}=\boldsymbol{I}$ 所得到的一个非有效但一致的估计量，或是用其他方法得到的一致估计量。

2. GMM 估计性质

GMM 估计量 $\hat{\beta}$ 的渐近协方差矩阵是

$$\Sigma = (\boldsymbol{D}' \boldsymbol{W}^{-1} \boldsymbol{D})^{-1}$$

其中 $\boldsymbol{D}=\frac{\partial \boldsymbol{m}}{\partial \beta}$。由 Greene(1997)知

$$\hat{\beta} \xrightarrow{a} N(\beta, \Sigma) \tag{2.2.11}$$

注意：GMM 估计是一个大样本估计，它的令人满意的性质仅在大样本情况下才成立。GMM 估计在大样本情况下是渐近有效的，在小样本情况下仍然是无效的。所以，从理论上讲，只有在大样本情况下，才可使用 GMM 方法进行参数估计。

3. 估计方法的步骤

根据上述原理，可以把式(2.2.1)的 GMM 估计步骤归纳如下：

(1) 采用 OLS 估计式(2.2.1)，求得$\tilde{\beta}$。目的在于求得权矩阵的估计量。

(2) 计算权矩阵的估计量。如果采用式(2.2.10)的权矩阵估计量，则要首先选择 L 的值。当模型不存在序列相关时，取 $L=1$；当模型存在序列相关时，可以采用广义差分法判断 L 的取值。权矩阵为 $J\times J$ 阶矩阵。

(3) 将权矩阵的估计量代入式(2.2.7)得到参数的 GMM 估计量。

2.2.3 正交性条件和过度识别限制的检验

假设由经济理论或先验信息得到关于总体的正交性条件，通常具有形式

$$E[g(\boldsymbol{Y},\boldsymbol{X},\beta)] = 0 \tag{2.2.12}$$

式中 $g(\cdot)$是关于变量$(\boldsymbol{Y},\boldsymbol{X})$和参数$\beta$ 的 $R\times 1$ 连续函数向量($R\geqslant k$)。构造对应于总体正交性条件的样本矩：

$$\boldsymbol{m}(\boldsymbol{Y},\boldsymbol{X},\beta) = \frac{1}{n}\sum_{i=1}^{n} g(\boldsymbol{Y}_i,\boldsymbol{X}_i,\beta) \tag{2.2.13}$$

GMM 估计方法就是极小化

$$J = \boldsymbol{m}(\boldsymbol{Y},\boldsymbol{X},\beta)' \hat{\boldsymbol{W}}^{-1} \boldsymbol{m}(\boldsymbol{Y},\boldsymbol{X},\beta) \tag{2.2.14}$$

其中$\hat{\boldsymbol{W}}$为最佳权矩阵，则上式的极小化值在条件矩成立的情况下，渐近地服从自由度为 $R-k$ 的 χ^2 分布。所以，检验总体的正交性条件成立与否，可以构造统计量

$$n \cdot \boldsymbol{m}(\boldsymbol{Y},\boldsymbol{X},\hat{\beta})' \hat{\boldsymbol{W}}^{-1} \boldsymbol{m}(\boldsymbol{Y},\boldsymbol{X},\hat{\beta}) \tag{2.2.15}$$

式中$\hat{\beta}$为 GMM 估计。在总体的正交性条件成立下该统计量渐近地服从自由度为$(R-k)$的 χ^2 分布。当 $R>k$ 时，可利用这个结论进行总体的正交性条件检验。

正交性条件是特别重要的。例如，对于简单线性回归模型：

$$\boldsymbol{Y}=\boldsymbol{X}\beta + \mu$$

在经典线性计量经济学模型的理论中，对模型有几条严格的假设条件：模型几乎包括对被解释变量有直接影响的所有变量，使得随机误差项同方差且正态分布等。不幸的是，这些条件在实际中很难满足。例如随机误差项往往存在异方差性，而造成随机误差项异方差的一个经常的原因是由于模型遗漏了某些影响被解释变量的相关变量。于是产生了问题：多少个解释变量才能使得模型满足解释变量与随机误差项不相关的假设，而不遗漏较重要的解释变量？这个问题并不容易回答。但 GMM 方法使得该问题在大样本下得到答案，即满足矩条件 $E(\boldsymbol{X}'\mu)=0$。采用上述方法检验这些矩条件是否成立就可以获得答案。

再如，在 GMM 中，允许 $J>k$，称之为过度识别限制。过度识别限制是否有效，需要进行假设检验。对于线性模型，检验假设：

$$H_0: E(\boldsymbol{Z}'\mu)=0 \tag{2.2.16}$$

式中工具变量 $\boldsymbol{Z}$ 的个数大于待估参数个数。检验分三步进行。

第一步：首先，得到参数β的一个一致估计$\tilde{\beta}$。因为只要权矩阵是正定的，GMM 估计为一致估计，$\boldsymbol{W}=(\boldsymbol{Z}'\boldsymbol{Z})^{-1}$得到的 2SLS 估计为一致估计，取 $\boldsymbol{W}$ 为单位阵，也得到参数的一致估计。

第二步：计算残差 $e_i=Y_i-\boldsymbol{X}\tilde{\beta}$。只要随机误差项是独立的，最佳权矩阵 $\boldsymbol{W}=\left[\frac{1}{n^2}\boldsymbol{Z}'\Omega\boldsymbol{Z}\right]^{-1}$ 可用 White 估计量进行估计。即

$$W_n=\left(\frac{1}{n^2}\sum_i \boldsymbol{Z}_i\boldsymbol{Z}'_i e_i^2\right)^{-1}$$

代入式(2.2.7)可得到参数β的 GMM 估计$\hat{\beta}_{\text{GMM}}$。

第三步：类似于式(2.2.15)，计算检验统计量

$$\text{Test}_{\text{GMM}}=[\boldsymbol{Z}'(\boldsymbol{Y}-\boldsymbol{X}\hat{\beta}_{\text{GMM}})]'\left(\sum_i \boldsymbol{Z}_i\boldsymbol{Z}'_i e_i^2\right)^{-1}[\boldsymbol{Z}'(\boldsymbol{Y}-\boldsymbol{X}\hat{\beta}_{\text{GMM}})] \tag{2.2.17}$$

在原假设下，它渐近服从于 $\chi^2(J-k)$。

若过度识别限制有效，则模型的 GMM 估计是有效估计。反之，若过度识别限制无效，则工具变量中有的变量具有内生性，此时，模型的 GMM 估计失效。如果拒绝原假设，而且没有进一步的信息，就不能判断哪个矩条件不成立，或者说哪个工具变量无效。

例 2.2.1　利用各地区的横截面数据，建立 2006 年中国内地城镇居民家庭全年人均消费支出函数：

$$y_i=\beta_0+\beta_1 x_i+\mu_i \tag{2.2.18}$$

式中 y_i 是该年人均全年消费性支出，x_i 是该年人均全年可支配收入。因为怀疑解释变量

x_i 是内生性变量，所以采用 z_{1i}（2005 年人均全年消费性支出）和 z_{2i}（2005 年人均全年可支配收入）作为工具变量。表 2.2.1 是被解释变量、解释变量和工具变量的相关数据。要检验的假设为：$H_0: E(z_{1i}\mu_i)=E(z_{2i}\mu_i)=0$。

表 2.2.1　各地区城镇居民家庭人均全年可支配收入与人均全年消费性支出　元

	y_i	x_i	z_{1i}	z_{2i}		y_i	x_i	z_{1i}	z_{2i}
北京	14 825.4	19 977.5	13 244.2	17 653.0	湖北	7 397.3	9 802.7	6 736.6	8 785.9
天津	10 548.1	14 283.1	9 653.3	12 638.6	湖南	8 169.3	10 504.7	7 505.0	9 524.0
河北	73 43.5	10 304.6	6 699.7	9 107.1	广东	12 432.2	16 015.6	11 809.9	14 769.9
山西	7 170.9	10 027.7	6 342.6	8 913.9	广西	6 792.0	9 898.8	7 032.8	9 286.7
内蒙古	7 666.6	10 358.0	6 928.6	9 136.8	海南	7 126.8	9 395.1	5 928.8	8 123.9
辽宁	7 987.5	10 369.6	7 369.3	9 107.6	重庆	9 398.7	11 569.7	8 623.3	10 243.5
吉林	7 352.6	9 775.1	6 794.7	8 690.6	四川	7 524.8	9 350.1	6 891.3	8 386.0
黑龙江	6 655.4	9 182.3	6 178.0	8 272.5	贵州	6 848.4	9 116.6	6 159.3	8 151.1
上海	14 761.8	20 667.9	13 773.4	18 645.0	云南	7 379.8	10 069.9	6 996.9	9 265.9
江苏	9 628.6	14 084.3	8 621.8	12 318.6	西藏	6 192.6	8 941.1	8 617.1	9 431.2
浙江	13 348.5	18 265.1	12 253.7	16 293.8	陕西	7 553.3	9 267.7	6 656.5	8 272.0
安徽	7 294.7	9 771.1	6 367.7	8 470.7	甘肃	6 974.2	8 920.6	6 529.2	8 086.8
福建	9 807.7	13 753.3	8 794.4	12 321.3	青海	6 530.1	9 000.4	6 245.3	8 057.9
江西	6 645.5	9 551.1	6 109.4	8 619.7	宁夏	7 205.6	9 177.3	6 404.3	8 093.6
山东	8 468.4	12 192.2	7 457.3	10 744.8	新疆	6 730.0	8 871.3	6 207.5	7 990.2
河南	6 685.2	9 810.3	6 038.0	8 668.0					

因为是横截面数据，采用 White（1980）提出的权矩阵 $\boldsymbol{W}$ 进行模型（2.2.18）的 GMM 估计，结果见表 2.2.2。

因为表 2.2.2 中 J-statistic 为式（2.2.14）的最小值，于是检验统计量为

$$\text{Test}_{\text{GMM}}=n\cdot\text{J-statistic}=5.503$$

它服从自由度为 1 的 χ^2 分布。EVIEWS6.0 还提供计算其 p 值的办法，p 值＝0.138 45。因为 p 值大于 0.05，所以，在显著性水平 5%下应该不拒绝原假设，即认为 2005 年的消费和收入与模型（2.2.18）中随机误差项不相关。这样，过度识别限制有效。于是，模型（2.2.18）的 GMM 估计是有效估计。

表 2.2.2　模型(2.2.18)的 GMM 估计结果

Dependent Variable: Y				
Method: Generalized Method of Moments				
Included observations: 31				
White Covariance				
Simultaneous weighting matrix & coefficient iteration				
Convergence achieved after: 10 weight matrices, 11 total coef iterations				
Instrument list: C Z1 Z2				
Variable	Coefficient	Std. Error	t-Statistic	Prob.
C	337.665 2	231.775 4	1.456 864	0.155 9
X	0.704 599	0.019 981	35.263 94	0.000 0

R-squared	0.970 643	Mean dependent var	8 401.468
Adjusted R-squared	0.969 630	S. D. dependent var	2 388.459
S. E. of regression	416.233 2	Sum squared resid	5 024 253
Durbin-Watson stat	1.509 143	J-statistic	0.177 519

2.2.4　关于 2SLS 与 GMM 关系的讨论

在采用 GMM 方法时，如果选择的工具变量就是模型的解释变量，那么 GMM 估计等价于普通最小二乘估计(OLS)，即 OLS 是 GMM 的特例。如果选择的工具变量数目与内生解释变量的数目相等，那么 GMM 估计等价于工具变量估计(IV)，即 IV 是 GMM 的特例。这些从概念上很容易理解，其数学证明也很简单。

在经典计量经济学理论方法中，对于过度识别的结构方程，二阶段最小二乘法(2SLS)是有效的估计方法。既然 GMM 方法也可以估计过度识别的结构方程，那么，2SLS 以及整个联立方程模型的理论方法是否还有实际应用价值？这是一个值得讨论的问题。

可以证明，2SLS 是 GMM 的特例，而且当模型误差项是同方差且序列不相关时，GMM 估计即为 2SLS 估计。

对于简单线性的结构模型：

$$\boldsymbol{Y} = \boldsymbol{X}\beta + \mu \tag{2.2.19}$$

GMM 估计式

$$\hat{\beta} = \operatorname{argmin}(\boldsymbol{m}(\beta)' \boldsymbol{W}^{-1} \boldsymbol{m}(\beta))$$

中大括号部分的一阶极值条件为

$$(\boldsymbol{X}'\boldsymbol{Z})\hat{\boldsymbol{W}}^{-1}(\boldsymbol{Z}'\boldsymbol{Y} - \boldsymbol{Z}'\boldsymbol{X}\hat{\beta}) = 0$$

其中 $\boldsymbol{Z}$ 是所有用于构造矩条件的工具变量，包含模型中与随机项不相关的解释变量。由

$$(\boldsymbol{X}'\boldsymbol{Z})\hat{\boldsymbol{W}}^{-1}\boldsymbol{Z}'\boldsymbol{Y}-(\boldsymbol{X}'\boldsymbol{Z})\hat{\boldsymbol{W}}^{-1}\boldsymbol{Z}'\boldsymbol{X}\hat{\beta}=0$$

$$(\boldsymbol{X}'\boldsymbol{Z}\hat{\boldsymbol{W}}^{-1}\boldsymbol{Z}'\boldsymbol{X})^{-1}(\boldsymbol{X}'\boldsymbol{Z})\hat{\boldsymbol{W}}^{-1}\boldsymbol{Z}'\boldsymbol{Y}=\hat{\beta}$$

当选择$\hat{\boldsymbol{W}}=\frac{\hat{\sigma}^2}{n^2}\boldsymbol{Z}'\boldsymbol{Z}$时，参数的 GMM 估计为

$$\hat{\beta}=(\boldsymbol{X}'\boldsymbol{Z}(\boldsymbol{Z}'\boldsymbol{Z})^{-1}\boldsymbol{Z}'\boldsymbol{X})^{-1}(\boldsymbol{X}'\boldsymbol{Z})(\boldsymbol{Z}'\boldsymbol{Z})^{-1}\boldsymbol{Z}'\boldsymbol{Y} \tag{2.2.20}$$

如果式(2.2.19)是联立方程模型系统中的某一个过度识别的结构方程，$\boldsymbol{Z}$ 是该模型系统的所有先决变量，那么可以对式(2.2.19)进行 2SLS 估计。以 $\boldsymbol{Z}$ 作为 $\boldsymbol{X}$ 的解释变量进行第一阶段估计，有

$$\boldsymbol{X}=\boldsymbol{Z}\pi+\varepsilon$$

$$\hat{\pi}=(\boldsymbol{Z}'\boldsymbol{Z})^{-1}\boldsymbol{Z}'\boldsymbol{X}$$

$$\hat{\boldsymbol{X}}=\boldsymbol{Z}\hat{\pi}=\boldsymbol{Z}(\boldsymbol{Z}'\boldsymbol{Z})^{-1}\boldsymbol{Z}'\boldsymbol{X}$$

对于模型(2.2.19)进行第二阶段估计，等价于用$\hat{\boldsymbol{X}}$作为 $\boldsymbol{X}$ 的工具变量，于是得到

$$\hat{\beta}=(\hat{\boldsymbol{X}}'\boldsymbol{X})^{-1}\hat{\boldsymbol{X}}'\boldsymbol{Y}=(\boldsymbol{X}'\boldsymbol{Z}(\boldsymbol{Z}'\boldsymbol{Z})^{-1}\boldsymbol{Z}'\boldsymbol{X})^{-1}(\boldsymbol{X}'\boldsymbol{Z})(\boldsymbol{Z}'\boldsymbol{Z})^{-1}\boldsymbol{Z}'\boldsymbol{Y}$$

与式(2.2.20)相同。所以 2SLS 是 GMM 估计的特殊情形。

从上述推导中看到，**GMM 估计与 2SLS 估计等价是有条件的，最重要的是用于构造矩条件的工具变量必须是该结构方程所属的联立方程模型系统的所有先决变量**。如果没有模型系统，只有个别结构方程，那么就无法确定所有先决变量，采用 GMM 估计所选择的工具变量往往只是其中的一部分，仍然有许多与该模型相关的变量信息没有被采用，所得到的估计仍然不是最有效的。也就是说，**虽然发展了 GMM 估计，但 2SLS 以及整个联立方程模型的理论方法仍然具有重要的实际应用价值**。

2.3 贝叶斯估计

贝叶斯(Bayes)统计是由 T. R. Bayes 于 19 世纪创立的数理统计的一个重要分支，20 世纪 50 年代，以 H. Robbins 为代表提出了在计量经济学模型估计中将经验贝叶斯方法与经典方法相结合，引起了广泛的重视，得到了广泛的应用。**贝叶斯估计对经典计量经济学模型估计方法的扩展在于，它不仅利用样本信息，同时利用非样本信息**。

本节只是关于贝叶斯估计方法的原理和步骤的简单介绍，深入了解贝叶斯估计的理论以及实际应用贝叶斯估计，需要参阅专门的文献。

2.3.1 贝叶斯估计

在经典计量经济学模型中广泛采用的最小二乘估计，以及本章讨论的最大似然函数

估计和广义矩估计的一个共同特征是，在模型估计中只利用样本信息和关于总体分布的先验信息，而关于分布的先验信息仍然需要通过样本信息的检验，所以说到底还是样本信息。

由于模型估计依赖样本信息，这就要求样本信息足够多，因此，这些估计只有在大样本情况下才具有一定的优良性质。但是在许多实际应用研究中，人们无法重复大量的实验以得到大量的观测结果，只能得到少量的观测结果。在小样本情况下，最小二乘估计、最大似然估计和广义矩估计不再具有优良性质。因而，人们不得不寻求小样本情况下的优良估计方法。贝叶斯估计方法就是其中之一。

1. 贝叶斯方法的基本思路

贝叶斯方法的基本思路是：假定要估计的模型参数是服从一定分布的随机变量，根据经验给出待估参数的**先验分布**（也称为主观分布），关于这些先验分布的信息被称为**先验信息**；然后根据这些先验信息，并与**样本信息**相结合，应用贝叶斯定理，求出待估参数的**后验分布**；再应用损失函数，得出后验分布的一些特征值，并把它们作为**待估参数的估计量**。

贝叶斯方法与经典估计方法的主要不同之处是：

（1）关于参数的解释不同

经典估计方法认为待估参数具有确定值，它的估计量才是随机的，如果估计量是无偏的，该估计量的期望等于那个确定的参数；而**贝叶斯方法认为待估参数是一个服从某种分布的随机变量**。

（2）所利用的信息不同

经典方法只利用样本信息；贝叶斯方法要求事先提供一个参数的先验分布，即人们对有关参数的主观认识，被称为先验信息，是非样本信息，在参数估计过程中，这些非样本信息与样本信息一起被利用。

（3）对随机误差项的要求不同

经典方法，除了最大似然法，在参数估计过程中并不要求知道随机误差项的具体分布形式，但是在假设检验与区间估计时是需要的；贝叶斯方法需要知道随机误差项的具体分布形式。

（4）选择参数估计量的准则不同

经典估计方法或者以残差平方和最小，或者以似然函数值最大为准则，构造极值条件，求解参数估计量；贝叶斯方法则需要构造一个损失函数，并以损失函数最小化为准则求得参数估计量。

2. 贝叶斯定理

贝叶斯定理是贝叶斯估计方法的理论基础。贝叶斯定理表达如下：

$$g(\theta \mid \boldsymbol{Y})=\frac{f(\boldsymbol{Y} \mid \theta) g(\theta)}{f(\boldsymbol{Y})} \tag{2.3.1}$$

其中θ为待估参数；$\boldsymbol{Y}$为样本观测值信息，即样本信息；$g(\theta)$是待估参数θ的先验分布密度函数；$g(\theta \mid \boldsymbol{Y})$为$\theta$的后验分布密度函数；$f(\boldsymbol{Y})$和$f(\boldsymbol{Y} \mid \theta)$是$\boldsymbol{Y}$的密度函数。因为对$\theta$而言，$f(\boldsymbol{Y})$可以认为是常数(样本观测值独立于待估参数)，$f(\boldsymbol{Y} \mid \theta)$在形式上又同$\theta$的似然函数$L(\theta \mid \boldsymbol{Y})$一致(在最大似然法中已经了解)，于是式(2.3.1)可以改写为

$$g(\theta \mid \boldsymbol{Y}) \propto L(\theta \mid \boldsymbol{Y}) \cdot g(\theta) \tag{2.3.2}$$

即**后验信息正比于样本信息与先验信息的乘积**。式(2.3.2)表明，可以通过样本信息对先验信息的修正来得到更准确的后验信息。得到后验分布的密度函数后，就可以此为基础进行参数的点估计、区间估计与假设检验。

3. 损失函数

常用的损失函数有线性函数和二次函数。不同的损失函数，得到的参数估计值是不同的。在下面的估计过程中再作进一步的说明。

2.3.2 线性单方程计量经济学模型的贝叶斯估计

下面将以正态线性单方程计量经济学模型为例介绍贝叶斯估计方法。选择正态线性单方程计量经济学模型的主要原因是：(1)多元线性单方程计量经济学模型具有普遍性意义；(2)在模型设定正确的情况下，随机误差项是大量随机扰动之总和，根据中心极限定理，可以认为它是渐近正态分布；(3)计算简单，使用方便，并能完整地体现贝叶斯估计方法的主要内容。

正态线性单方程计量经济学模型又分为随机误差项方差已知和方差未知两种情况。作为贝叶斯估计方法的演示，我们只讨论方差已知的情况。

1. 有先验信息的后验分布

对于正态线性单方程计量经济学模型

$$\boldsymbol{Y}=\boldsymbol{X}\beta+\mu$$

式中$\mu \sim N(0, \sigma^2 \boldsymbol{I})$，其他变量及参数的含义同前。

为方便起见，在下面的讨论中将只涉及正态分布的“核”，即其指数部分，而忽略其常数部分，不影响讨论结果。

选择β的先验分布为自然共轭分布，即β的密度函数和它的似然函数，以及二者结合后产生的函数服从同一分布。

β的自然共轭先验密度函数为正态密度函数：

$$g(\beta) \propto \mathrm{e}^{-\frac{1}{2}(\beta-\bar{\beta})' \bar{\Sigma}_\beta^{-1}(\beta-\bar{\beta})} \tag{2.3.3}$$

式中$\bar{\beta}$为待估参数先验均值，$\bar{\Sigma}_\beta$为待估参数先验协方差矩阵。

β 的似然函数 $L(\beta|\boldsymbol{Y})$ 等同于它的联合密度函数，即

$$L(\beta|\boldsymbol{Y}) \propto \mathrm{e}^{-\frac{1}{2\sigma^2}(\boldsymbol{Y}-\boldsymbol{X}\beta)'(\boldsymbol{Y}-\boldsymbol{X}\beta)} \tag{2.3.4}$$

利用贝叶斯定理，得到β的后验密度函数为

$$\begin{aligned} g(\beta|\boldsymbol{Y}) &\propto g(\beta)\cdot L(\beta|\boldsymbol{Y}) \\ &\propto \exp\left\{-\frac{1}{2\sigma^2}\left[(\boldsymbol{A}^{\frac{1}{2}}\bar{\beta}-\boldsymbol{A}^{\frac{1}{2}}\beta)'(\boldsymbol{A}^{\frac{1}{2}}\bar{\beta}-\boldsymbol{A}^{\frac{1}{2}}\beta)+(\boldsymbol{Y}-\boldsymbol{X}\beta)'(\boldsymbol{Y}-\boldsymbol{X}\beta)\right]\right\} \end{aligned} \tag{2.3.5}$$

式中，$\boldsymbol{A}=\sigma^2\bar{\Sigma}_\beta^{-1}$。令

$$\boldsymbol{W}=\begin{pmatrix}\boldsymbol{A}^{\frac{1}{2}}\bar{\beta}\\ \boldsymbol{Y}\end{pmatrix}_{(k+n)\times !},\quad \boldsymbol{G}=\begin{pmatrix}\boldsymbol{A}^{\frac{1}{2}}\\ \boldsymbol{X}\end{pmatrix}_{(k+n)\times n}$$

于是有

$$g(\beta|\boldsymbol{Y}) \propto \exp\left\{-\frac{1}{2\sigma^2}(\boldsymbol{W}-\boldsymbol{G}\beta)'(\boldsymbol{W}-\boldsymbol{G}\beta)\right\} \tag{2.3.6}$$

用$\bar{\bar{\beta}}$表示待估参数后验均值，$\bar{\bar{\Sigma}}_\beta$表示待估参数后验协方差矩阵。并且应用下列结论：

$$(\boldsymbol{W}-\boldsymbol{G}\hat{\beta})'(\boldsymbol{W}-\boldsymbol{G}\beta)=(\hat{\beta}-\bar{\bar{\beta}})'\boldsymbol{G}'\boldsymbol{G}(\beta-\bar{\bar{\beta}})+(\boldsymbol{W}-\boldsymbol{G}\bar{\bar{\beta}})'(\boldsymbol{W}-\boldsymbol{G}\bar{\bar{\beta}}) \tag{2.3.7}$$

式中

$$\begin{aligned} \bar{\bar{\beta}} &= (\boldsymbol{G}'\boldsymbol{G})^{-1}\boldsymbol{G}'\boldsymbol{W}=(\boldsymbol{A}+\boldsymbol{X}'\boldsymbol{X})^{-1}(\boldsymbol{A}\bar{\beta}+\boldsymbol{X}'\boldsymbol{X}\boldsymbol{b}) \\ \boldsymbol{b} &= (\boldsymbol{X}'\boldsymbol{X})^{-1}\boldsymbol{X}'\boldsymbol{Y} \end{aligned}$$

$\boldsymbol{b}$ 是β 的 OLS 估计值。将式(2.3.7)代入式(2.3.6)，代入时舍去式(2.3.7)的右边第二项，因为其不含β，可以作为常数项处理，只考虑核。得到

$$\begin{aligned} g(\beta|\boldsymbol{Y}) &\propto \exp\left\{-\frac{1}{2\sigma^2}(\beta-\bar{\bar{\beta}})'\boldsymbol{G}'\boldsymbol{G}(\beta-\bar{\bar{\beta}})\right\} \\ &\propto \exp\left\{-\frac{1}{2\sigma^2}(\beta-\bar{\bar{\beta}})'(\boldsymbol{A}+\boldsymbol{X}'\boldsymbol{X})(\beta-\bar{\bar{\beta}})\right\} \\ &\propto \exp\left\{-\frac{1}{2}(\beta-\bar{\bar{\beta}})'(\bar{\bar{\Sigma}}_\beta^{-1}+\boldsymbol{X}'\boldsymbol{X}/\sigma^2)(\beta-\bar{\bar{\beta}})\right\} \\ &\propto \exp\left\{-\frac{1}{2}(\beta-\bar{\bar{\beta}})'(\bar{\bar{\Sigma}}_\beta^{-1})(\beta-\bar{\bar{\beta}})\right\} \end{aligned} \tag{2.3.8}$$

式中

$$\bar{\bar{\Sigma}}_\beta^{-1}=\Sigma_\beta^{-1}+\boldsymbol{X}'\boldsymbol{X}/\sigma^2 \tag{2.3.9}$$

$$\begin{aligned} \bar{\bar{\beta}} &= (\boldsymbol{A}+\boldsymbol{X}'\boldsymbol{X})^{-1}(\boldsymbol{A}\bar{\beta}+\boldsymbol{X}'\boldsymbol{X}\boldsymbol{b}) \\ &= (\bar{\bar{\Sigma}}_\beta^{-1}+\boldsymbol{X}'\boldsymbol{X}/\sigma^2)^{-1}(\bar{\bar{\Sigma}}_\beta^{-1}\bar{\beta}+(\boldsymbol{X}'\boldsymbol{X}/\sigma^2)\boldsymbol{b}) \\ &= \bar{\bar{\Sigma}}_\beta^{-1}(\bar{\bar{\Sigma}}_\beta^{-1}\beta -+(\boldsymbol{X}'\boldsymbol{X}/\sigma^2)\boldsymbol{b}) \end{aligned} \tag{2.3.10}$$

于是，式(2.3.8)正好是均值为$\bar{\bar{\beta}}$、方差为$\bar{\bar{\Sigma}}_\beta$的多元正态分布的核，即β的后验密度函数为

$$(\beta \mid \boldsymbol{Y}) \sim N(\bar{\bar{\beta}}, \bar{\bar{\Sigma}}_\beta) \tag{2.3.11}$$

将协方差矩阵的逆$\bar{\bar{\Sigma}}_\beta^{-1}$定义为精确度矩阵，那么可以看出：(1)后验精确度矩阵$\bar{\bar{\Sigma}}_\beta^{-1}$是先验精确度矩阵$\bar{\Sigma}_\beta^{-1}$与样本信息精确度矩阵$\boldsymbol{X}'\boldsymbol{X}/\sigma^2$之和，故后验精确度总是高于先验精确度；(2)后验均值$\bar{\bar{\beta}}$是先验均值$\bar{\beta}$与样本信息 OLS 估计值 $\boldsymbol{b}$ 的加权平均和，权数为各自的精确度。

2. 无先验信息的后验分布

在对待估参数一无所知的情况下，仍然可以用贝叶斯方法求得待估参数的后验分布。这时可以认为待估参数的所有元素服从$(-\infty,+\infty)$上的均匀分布，且互不相关。于是，β的先验密度函数为

$$g(\beta) = g(\beta_1) \cdot g(\beta_2) \cdot \cdots \cdot g(\beta_k) \propto c$$

β的似然函数$L(\beta \mid \boldsymbol{Y})$仍然与式(3.5.4)相同，则后验密度函数与似然函数形式相同：

$$\begin{aligned} g(\beta \mid \boldsymbol{Y}) &\propto g(\beta) \cdot L(\beta \mid \boldsymbol{Y}) \propto L(\beta \mid \boldsymbol{Y}) \\ &\propto \exp\left\{-\frac{1}{2\sigma^2}(\boldsymbol{Y}-\boldsymbol{X}\beta)'(\boldsymbol{Y}-\boldsymbol{X}\beta)\right\} \\ &\propto \exp\left\{-\frac{1}{2\sigma^2}\left[(\beta-\boldsymbol{b})'\boldsymbol{X}'\boldsymbol{X}(\beta-\boldsymbol{b})+(\boldsymbol{Y}-\boldsymbol{X}\beta)'(\boldsymbol{Y}-\boldsymbol{X}\beta)\right]\right\} \\ &\propto \exp\left\{-\frac{1}{2\sigma^2}(\beta-\boldsymbol{b})'\boldsymbol{X}'\boldsymbol{X}(\beta-\boldsymbol{b})\right\} \end{aligned} \tag{2.3.12}$$

得到的β的后验密度函数仍然是正态的，均值为 $\boldsymbol{b}$，协方差矩阵为$\sigma^2(\boldsymbol{X}'\boldsymbol{X})^{-1}$，即

$$(\beta \mid \boldsymbol{Y}) \sim N(\boldsymbol{b}, \sigma^2(\boldsymbol{X}'\boldsymbol{X})^{-1}) \tag{2.3.13}$$

从形式上看，无信息先验得到的后验分布均值与样本信息的 OLS 估计相同，但二者有不同的含义。在采用贝叶斯估计的结论(2.3.13)中的β是随机的，而均值 $\boldsymbol{b}$ 在样本确定后是固定的；仅采用样本信息估计方法的结论中，β作为期望值，而 $\boldsymbol{b}$ 是随机变量，即有$\boldsymbol{b} \sim N(\beta, \sigma^2(\boldsymbol{X}'\boldsymbol{X})^{-1})$。

事实上，也可以直接由式(2.3.8)、式(2.3.9)、式(2.3.10)得到无信息先验下的后验密度，只要把无信息先验作为有信息先验的一种特殊情况，即无信息先验的精确度为0。即令$\bar{\bar{\Sigma}}_\beta^{-1}=0$，代入式(2.3.9)、式(2.3.10)可得到

$$\bar{\Sigma}_\beta^{-1} = \boldsymbol{X}'\boldsymbol{X}/\sigma^2$$

从而

$$\bar{\bar{\Sigma}}_\beta = \sigma^2\boldsymbol{X}'\boldsymbol{X}, \quad \bar{\bar{\beta}} = (\boldsymbol{X}'\boldsymbol{X}/\sigma^2)^{-1} \cdot (\boldsymbol{X}'\boldsymbol{X}/\sigma^2) \cdot \boldsymbol{b} = \boldsymbol{b}$$

所以有

$$(\beta \mid \boldsymbol{Y}) \sim N(\boldsymbol{b}, \sigma^2(\boldsymbol{X}'\boldsymbol{X})^{-1})$$

与式(2.3.13)相同。

3. 点估计

在得到贝叶斯估计的后验密度函数后，即可以此为出发点，进行点估计。其思路是利用损失函数并使平均损失最小。为此需要确定一个损失函数。

先讨论一般情况。假设$\hat{\beta}$为β的估计量，损失函数为$\mathrm{Lo}(\beta,\hat{\beta})$，表示参数为$\beta$时采用$\hat{\beta}$为估计量所造成的损失，故总存在$\mathrm{Lo}(\beta,\hat{\beta})\geqslant 0$。于是满足$\mathrm{Min}(\mathrm{Lo}(\beta,\hat{\beta}))$的$\hat{\beta}$即是需要的估计量。由于损失函数依赖样本，故取加权平均损失，权数为后验密度函数$g(\hat{\beta}|\boldsymbol{Y})$，表示为

$$E(\mathrm{Lo}(\beta,\hat{\beta})|\boldsymbol{Y})=\int \mathrm{Lo}(\beta,\hat{\beta})\cdot g(\beta|\boldsymbol{Y})\mathrm{d}\beta \tag{2.3.14}$$

能使式(2.3.14)所表示的加权平均后验损失最小的$\hat{\beta}$的值，即为β的贝叶斯点估计值。

下面以二次损失函数为例说明点估计过程。

损失函数的二次型为

$$\mathrm{Lo}=(\beta-\hat{\beta})'\boldsymbol{M}(\beta-\hat{\beta}) \tag{2.3.15}$$

$\boldsymbol{M}$为一个正定矩阵，$\hat{\beta}$为β的一个估计量。为使$E(\mathrm{Lo})$最小：

$$\begin{aligned}E(\mathrm{Lo})&=E((\beta-\hat{\beta})'\boldsymbol{M}(\beta-\hat{\beta}))\\&=E\{(\beta-E(\beta))-(\hat{\beta}-E(\beta))\}'\boldsymbol{M}\{(\beta-E(\beta))-(\hat{\beta}-E(\beta))\}\\&=E\{(\beta-E(\beta))'\boldsymbol{M}(\beta-E(\beta))\}+\{(\hat{\beta}-E(\beta))'\boldsymbol{M}(\hat{\beta}-E(\beta))\}\end{aligned} \tag{2.3.16}$$

上述推导过程中出现的交叉项为0，即

$$\begin{aligned}E\{(\beta-E(\beta))'\boldsymbol{M}(\hat{\beta}-E(\beta))\}&=E(\beta-E(\beta))'\boldsymbol{M}(\hat{\beta}-E(\beta))\\&=0\cdot\boldsymbol{M}\cdot(\hat{\beta}-E(\beta))=0\end{aligned}$$

考察式(2.3.16)，第1项不含$\hat{\beta}$，又因为$\boldsymbol{M}$为一个正定矩阵，故第2项

$$(\hat{\beta}-E(\beta))'\boldsymbol{M}(\hat{\beta}-E(\beta))\geqslant 0 \tag{2.3.17}$$

所以使式(2.3.16)最小的$\hat{\beta}$应使式(2.3.17)中等号成立，即为

$$\hat{\beta}=E(\beta)$$

即二次损失函数的点估计值为后验均值。

4. 区间估计

类似于点估计，可以根据β的后验密度函数进行区间估计。这里需要引入最高后验密度区间的概念：区间内每点的后验密度函数值大于区间外任何一点的后验密度函数

值，这样的区间称为最高后验密度区间（HPD 区间）。

对于单参数（$k=1$）模型的区间估计，可参照下式：

$$\int_a^b g(\beta \mid \boldsymbol{Y})\mathrm{d}\beta = 1-\alpha \tag{2.3.18}$$

其中（$1-\alpha$）为置信水平。这种区间估计与经典样本信息理论中的区间估计是一致的。特别在正态分布情况下，只要稍作变换，查正态分布表便可很容易地得到结论。

对于多参数（$k>1$）模型的区间估计，可根据β的后验密度函数，求出β的每一元素的边际后验密度函数，再按照单参数情况求出每一参数的最高后验密度区间。

需要说明的是，参数的最高后验密度区间在形式上与经典样本信息理论中的置信区间是一致的，但解释并不相同。在贝叶斯估计中参数的最高后验密度区间的含义是参数以（$1-\alpha$）的概率位于该区间内；经典样本信息理论中的置信区间的含义是该区间以（$1-\alpha$）的概率包含参数。含义上的区别源于是否把待估参数作为随机变量。

2.3.3 一个贝叶斯估计的实例

由于贝叶斯估计利用了样本信息和先验信息，所以它比仅利用样本信息的参数估计量更有效。在样本容量比较小的情况下，仅利用样本信息得到的参数估计量是很不可靠的，如果能够采用贝叶斯估计，则将提高参数估计量的可靠性。问题在于如何得到先验信息。也正是由于这一点，使得贝叶斯估计虽然具有较大的理论意义，但是实际应用却受到了限制。

例 2.3.1 下面以建立某国国防支出模型为例，对贝叶斯估计的过程进行实际演算。

经过理论分析、数据散点图分析和变量显著性检验，得到该国国防支出（用 DE 表示）主要取决于当年国内生产总值，而且呈线性关系。于是将总体回归模型设定为

$$\mathrm{DE}_t = \beta_0 + \beta_1 \mathrm{GDP}_t + \mu_t, \quad t = 1,2,\cdots,T$$

共采集了 46 年的样本数据。但是经过分析发现，如果采用全部 46 组样本估计模型，由于各方面的原因，例如国际环境、经济体制等，需要在模型中引入若干虚变量，显然不利于模型在预测方面的应用。如果仅采用后 20 组样本估计模型，模型比较简单，但是样本明显偏少。于是决定采用贝叶斯估计，将后 20 组样本作为样本信息，前 26 组样本作为先验信息。

1. 利用样本信息估计模型

选取后 20 组样本数据，采用经典模型的估计方法，得到

$$\hat{\beta}_0 = 126.18, \quad \hat{\beta}_1 = 0.008\,886, \quad \hat{\sigma}_\mu^2 = 453$$

2. 求先验均值与方差

选取前 26 年的数据为样本观测值，估计模型，将估计结果作为先验信息。得到参数

的先验均值为

$$\bar{\beta}_0 = 10.981,\quad \bar{\beta}_1 = 0.047\,678$$

参数的先验协方差矩阵为

$$\bar{\Sigma}_\beta = \begin{bmatrix} 76.615 & -0.037\,1 \\ -0.037\,1 & 2.120\,4\text{e}-005 \end{bmatrix}$$

3. 利用样本信息修正先验分布

利用式(2.3.9)和式(2.3.10)计算待估参数后验均值和后验协方差矩阵。得到

$$\bar{\bar{\beta}}_0 = 87.035\,4,\quad \bar{\bar{\beta}}_1 = 0.009\,79$$

$$\bar{\bar{\Sigma}}_\beta = \begin{bmatrix} 10.009\,3 & -0.000\,262 \\ -0.000\,262 & 2.986\,83\text{e}-008 \end{bmatrix}$$

4. 求参数的点估计值

根据本节的证明，上述后验均值就是参数的点估计值。于是得到采用贝叶斯估计的模型为

$$\widehat{\text{DE}}_t = 87.035\,4 + 0.009\,79\text{GDP}_t \tag{2.3.19}$$

显然与仅仅依赖后20年样本信息估计的模型

$$\widehat{\text{DE}}_t = 126.18 + 0.008\,886\text{GDP}_t \tag{2.3.20}$$

有明显不同。

5. 预测检验

利用模型(2.3.19)预测该国第47年的国防支出，得到 $\widehat{\text{DE}}_{47}=865.7$，在95%的置信水平下预测值的置信区间为(780.4,951.0)。而该年实际国防支出为934.7。

为了进行比较，利用仅仅依赖于后20年样本信息估计的模型(2.3.20)对第47年进行预测，得到 $\widehat{\text{DE}}_{47}=831.7$，其预测精度明显低于模型(2.3.19)；如果利用全部46年的所有数据为样本估计模型，并对第47年进行预测，得到的预测值为860.4，其预测精度也低于模型(2.3.19)的预测结果。

2.4　分位数回归估计

分位数回归估计方法不同于经典模型估计方法，它可以估计出不同分位点下模型参数的估计，而不同分位点下模型参数的估计是不同的。本节首先简要介绍分位数回归，并与经典线性回归进行比较；其次，着重介绍分位数回归估计方法，以及分位数回归模型的检验；最后，介绍一个分位数回归的应用实例。

2.4.1 分位数回归的提出

分位数回归(quantile regression,QR)由 Koenker 和 Bassett 于 1978 年提出,与经典回归模型显著不同。经典线性回归模型

$$Y_i = \boldsymbol{X}_i\beta + \mu_i, \quad i = 1,2,\cdots,n$$

总体回归函数为

$$E(Y_i \mid \boldsymbol{X}_i) = \boldsymbol{X}_i\beta, \quad i = 1,2,\cdots,n$$

建立了被解释变量 Y 的条件均值与解释变量 $\boldsymbol{X}$ 之间的关系,在线性模型中,参数β揭示了 $\boldsymbol{X}$ 的变化对 Y 的条件均值的直接影响。因此也将经典回归模型称为**均值回归**。而**分位数回归则利用解释变量 $\boldsymbol{X}$ 和被解释变量 Y 的条件分位数进行建模,试图揭示解释变量 $\boldsymbol{X}$ 对被解释变量 Y 分布的位置、刻度和形状的影响**。

由于分位数回归不同于经典回归模型的特征,使得它具有广泛的应用,尤其是对于一些非常关注尾部特征的应用研究。例如,劳动经济学中关于工资结构的研究,金融经济学中关于股票收益不对称性的研究和关于风险测度的研究,医学中关于生存函数的研究,等等。

为了说明分位数回归的实用性,这里介绍两个分位数回归实证分析的例子。Koenker 和 Machado(1999)分析了 1965—1975 年以及 1975—1985 年两段时间内世界主要国家的经济增长情况。模型选取了 13 个影响经济增长的解释变量,通过分位数回归得出结论:对于起初的单位资本产出这一解释变量来说,它的全部回归分位系数基本保持不变,这就意味着对于经济发展迅速与缓慢的国家而言,起初的单位资本产出对于经济增长的影响基本相同;但是教育支出占 GDP 的比重以及公共消费占 GDP 的比重这两个解释变量对于经济发展缓慢的国家影响更加强烈。Chen(2004)使用分位数回归方法深入研究了美国 8 250 名男性的 BMI(身体质量指数,一种广泛用于测量偏胖还是偏瘦的指标)情况,并得出结论:在 2~20 岁这一快速成长期中,BMI 非常迅速地上升;在中年期间其值保持比较稳定;60 岁以后,BMI 的值开始减少。

分位数回归估计作为一种模型估计方法,与经典模型的最小二乘估计相比较,也有许多优点。如果模型中的随机扰动项来自均值为零而且同方差的分布,那么回归系数的最小二乘估计为最佳线性无偏估计;如果随机扰动项进一步服从正态分布,那么回归系数的最小二乘或极大似然估计为最小方差无偏估计。但是在实际的经济生活中,这种假设常常不被满足,例如数据出现尖峰或厚尾的分布、存在显著的异方差等情况,这时的最小二乘法估计将不再具有上述优良性质,且稳健性非常差。最小二乘估计假定解释变量 $\boldsymbol{X}$ 只能影响被解释变量的条件分布的均值位置,不能影响其分布的刻度或形状的任何其他方面。相比普通最小二乘估计,分位数回归估计更能精确地描述解释变量 $\boldsymbol{X}$ 对于被解释变量 Y 的变化范围以及条件分布形状的影响。分位数回归估计能够捕捉分布的尾部特

征，当解释变量对不同部分的被解释变量的分布产生不同的影响时，例如出现左偏或右偏的情况时，它能更加全面地刻画分布的特征，从而得到全面的分析。而且其分位数回归系数估计比 OLS 回归系数估计更稳健。普通最小二乘估计与分位数回归估计的异同比较见表 2.4.1。

表 2.4.1 普通最小二乘估计与分位数回归估计的异同比较

	普通最小二乘估计	分位数回归估计
基本思想	设法使所构建的方程和样本之间的距离最短	同普通最小二乘估计方法
目的	借助数学模型对客观世界所存在的事物间的不确定关系进行数量化描写	同普通最小二乘估计方法
原理	以平均数为基准，求解最短距离	以不同的分位数为基准，求解最短距离
算法	最小二乘法	加权最小一乘法
前提假设	独立、正态、同方差	独立
假设要求	强假设	弱假设
检验类型	参数检验	非参数检验
承载信息	描述平均的总体信息	充分体现整个分布的各部分信息
极端值	无法考虑极端值的影响	可以充分考虑极端值的影响
异方差	影响大	影响小
拟合曲线	只能拟合一条曲线	可以拟合一簇曲线
计算方法	求偏导解行列式，算法完备	自助方法估计标准误差，多种算法求解目标函数

2.4.2 分位数回归及其估计

1. 分位数回归原理

假定一个随机变量 Y 具有如下的概率分布函数：

$$F(y) = \text{Prob}(Y \leqslant y) \tag{2.4.1}$$

则对于 $0<\theta<1$，Y **的** θ **分位数**可以被定义为

$$Q(\theta) = \inf\{y : F(y) \geqslant \theta\} \tag{2.4.2}$$

给定 Y 的 n 个观测值，传统的经验分布函数给定为

$$F_n(y) = \sum 1(Y_i \leqslant y) \tag{2.4.3}$$

式中 $1(z)$是一个指示函数，若括号部分为真则其值为 1，否则为 0。相对应的分位数被给定为

$$Q_n(\theta) = \inf\{y : F_n(y) \geqslant \theta\} \tag{2.4.4}$$

等价地，可以将式(2.4.4)转化为求一个最优化问题：

$$Q_n(\theta) = \text{argmin}_\xi \left\{ \sum_{i:Y_i \geqslant \xi} \theta \mid Y_i - \xi \mid + \sum_{i:Y_i < \xi} (1-\theta) \mid Y_i - \xi \mid \right\}$$
$$= \text{argmin}_\xi \left\{ \sum_i \rho_\theta (Y_i - \xi) \right\} \tag{2.4.5}$$

式中 $\rho_\theta(\mu) = \mu(\theta - 1(\mu < 0))$ 是"校验函数",其对正值和负值进行不对称的加权。

分位数回归是对如上简单形式的扩展。如果 Y 的条件分位数由 k 个解释变量 $\boldsymbol{X}$ 线性组合表示,即 Y 的 θ **条件分位数**被定义为

$$Q(\theta \mid \boldsymbol{X}_i, \beta(\theta)) = \boldsymbol{X}'_i \beta(\theta) \tag{2.4.6}$$

式中 $\beta(\theta)$ 是与 θ 分位相关的系数向量。于是,**分位数回归参数估计量**为

$$\hat{\beta}_n(\theta) = \text{argmin}_{\beta(\theta)} \left\{ \sum_i \rho_\theta (Y_i - \boldsymbol{X}'_i \beta(\theta)) \right\} \tag{2.4.7}$$

2. 分位数回归估计方法

分位数回归估计方法,即求得(2.4.7)参数估计量的方法有两类:一类是直接优化方法,例如单纯形法、内点法等;一类是参数化方法,例如结合 MCMC(Markov Chain Monte Carlo)的贝叶斯估计方法。常用的计量经济和统计软件都可以实现对分位数回归模型的估计和假设检验,如 stata、sas、r、eviews 等。这里不介绍这些估计方法的具体理论与步骤,有兴趣的读者可以参考专门的文献。

3. 分位数回归的扩展

如果被解释变量的条件密度非同质,可以采用加权的方法提高分位数回归估计的效率,权重与某概率水平下的局部样本密度成比例。**加权分位数回归估计**为

$$\hat{\beta}_n(\theta) = \text{argmin}_{\beta(\theta)} \left\{ \sum_i f_i(\xi_i) \rho_\theta (Y_i - \boldsymbol{X}'_i \beta(\theta)) \right\} \tag{2.4.8}$$

将分位数回归应用于本书第 5 章将要讨论的面板数据,构造面板数据分位数回归模型。对于第 5.2 节的固定效应变截距面板数据模型:

$$Y_{it} = \alpha_i + \boldsymbol{X}_{it} \beta + \mu_{it}, \quad i = 1, \cdots, n \quad t = 1, \cdots, T$$

对应的**面板数据分位数回归参数估计**为

$$(\hat{\alpha}(\theta), \hat{\beta}(\theta)) = \text{argmin}_{\alpha(\theta), \beta(\theta)} \left\{ \sum_i \sum_t \rho_\theta (Y_{it} - \alpha_i(\theta) - \boldsymbol{X}'_{it} \beta(\theta)) + \lambda \sum_i |\alpha_i(\theta)| \right\} \tag{2.4.9}$$

其中后一项为惩罚项。

将分位数回归应用于本书第 4 章将要讨论的归并数据(censoring data),构造归并数据分位数回归模型。对于第 4.5 节的以 0 为归并点的"归并"数据模型:

$$Y_i = \max(0, \boldsymbol{X}_i \beta + \varepsilon_i), \quad i = 1, 2, \cdots, n$$

对应的**"归并"数据分位数回归参数估计**为

$$\hat{\beta}(\theta) = \text{argmin} \left\{ \frac{1}{n} \sum_i \rho(\theta)(Y_i - \max(0, \boldsymbol{X}_i \beta(\theta))) \right\} \tag{2.4.10}$$

从以上可以看到，凡是连续随机变量作为被解释变量的计量经济学模型，都可以进行分位数回归估计。

2.4.3　分位数回归的假设检验

分位数回归估计的检验包括两部分：一是与均值回归类似的检验，例如拟合优度检验、约束回归检验等；一是分位数回归估计特殊要求的检验，例如斜率相等检验和斜率对称性检验等。

1. 拟合优度检验

类似于均值回归 OLS 估计采用残差平方和(RSS)和总体平方和(TSS)构造拟合优度检验统计量，**分位数回归估计拟合优度检验统计量**为

$$R^1(\theta) = 1 - \frac{\hat{V}(\theta)}{\tilde{V}(\theta)} \tag{2.4.11}$$

被称为 **Machado 拟合优度**。式中，$\hat{V}(\theta)$为最小化 θ 分位数回归的目标函数，$\tilde{V}(\theta)$为回归方程中不包含任何解释变量，而只包含常数项情况下最小化 θ 分位数回归的目标函数。具体表示为

$$\hat{V}(\theta) = \min_{\beta(\theta)} \sum_i \rho_\theta (Y_i - \boldsymbol{X}'_i \beta(\theta))$$

$$\tilde{V}(\theta) = \min_{\beta_0(\theta)} \sum_i \rho_\theta (Y_i - \beta_0(\theta))$$

显然，$0 < R^1(\theta) < 1$，$R^1(\theta)$越大，说明拟合效果越好。

2. 约束回归检验

类似于均值回归 OLS 估计采用无约束回归残差平方和(RSS_U)和有约束回归残差平方和(RSS_R)构造约束回归检验统计量，**分位数回归约束回归检验似然比统计量，采用无约束和有约束情况下最小化 θ 分位数回归的目标函数值$\hat{V}(\theta)$和$\tilde{V}(\theta)$构造**。表示为

$$\mathrm{LR}(\theta) = \frac{2(\tilde{V}(\theta) - \hat{V}(\theta))}{\theta(1-\theta)s(\theta)} \sim \chi^2(q) \tag{2.4.12}$$

其中，q 为约束的数目，$s(\theta)$被称为稀疏度。直观地看，如果无约束和有约束情况下最小化 θ 分位数回归的目标函数值$\hat{V}(\theta)$和$\tilde{V}(\theta)$差异很小，$\mathrm{LR}(\theta)$就比较小，不拒绝设定的约束。

3. 斜率相等检验

分位数回归估计的一个重要的检验是**斜率相等检验，即检验对于不同的分位点，估计得到的结构参数(在线性模型中即为斜率)是否相等**。原假设被设定为

$$H_0: \beta_i(\theta_1) = \beta_i(\theta_2) = \cdots = \beta_i(\theta_p), \quad i = 1,\cdots,k \tag{2.4.13}$$

如果接受该假设，说明每个斜率对于不同分位点具有不变性，此时，应该采用普通最小二乘估计，而不必采用分位数回归估计，因为每个斜率的最小二乘估计等于不同分位点分位数回归的结果。如果拒绝该假设，说明模型应该采用分位数回归估计，以反映每个斜率在不同分位点的不同值。

斜率相等检验可以通过约束回归检验实现。原假设相当于对分位数回归估计施加了$(p-1)(k-1)$个约束（斜率中不包括常数项）。应用软件中给出了一些相应的检验统计量，例如，EVIEWS6.0 中的 Wald 统计量可以实现该约束检验。

4. 斜率对称性检验

分位数回归估计的另一个重要的检验是**斜率对称性检验，即检验对于给定的 X，Y 的分布是否是对称的**。原假设被设定为

$$H_0: \beta_i(\theta) + \beta_i(1-\theta) = 2\beta_i(1/2), \quad i = 1,\cdots,k \tag{2.4.14}$$

如果接受斜率相等性假设就不必进行斜率对称性检验，因为斜率既然对于不同分位点具有不变性，必然斜率具有对称性。如果拒绝斜率相等性假设，则可以进一步进行斜率对称性检验，若接受原假设(2.4.14)，则认为斜率具有对称性，否则，则认为斜率不具有对称性。

例 2.4.1 表 2.4.2 和表 2.4.3 是软件 EVIEWS6.0 使用手册中实例的斜率相等性检验结果和斜率对称性检验结果，其中 Y 为家庭食物消费支出，X 为家庭收入。

由表 2.4.2 可见，Wald 统计量为 25.22，应该拒绝斜率在 tau=0.25、0.5 和 0.75 相等性的假设，即斜率在不同分位点上的值是不同的。进而，进行斜率对称性检验，由表 2.4.3可见，Wald 统计量为 0.53，应该不拒绝斜率在 tau=0.25 和 0.75 对称的假设。

表 2.4.2 斜率相等性检验结果

Quantile Slope Equality Test				
Equation：EQ1				
Specification：Y C X				
Test Summary		Chi-Sq. Statistic	Chi-Sq. d.f.	Prob.
Wald Test		25.223 66	2	0.000 0
Restriction Detail：b(tau_h)－b(tau_k)＝0				
Quantiles	Variable	Restr. Value	Std. Error	Prob.
0.25，0.5	X	－0.086 077	0.025 923	0.000 9
0.5，0.75		－0.083 834	0.030 529	0.006 0

表 2.4.3 斜率对称性检验结果

Symmetric Quantiles Test				
Equation：EQ1				
Specification：Y C X				
Test statistic compares all coefficients				
Test Summary		Chi-Sq. Statistic	Chi-Sq. d. f.	Prob.
Wald Test		0.530 024	2	0.767 2
Restriction Detail：b(tau) + b(1－tau) － 2 * b(.5) = 0				
Quantiles	Variable	Restr. Value	Std. Error	Prob.
0.25，0.75	C	－5.084 370	34.598 98	0.883 2
	X	－0.002 244	0.045 012	0.960 2

2.4.4 实例

下面的例题取自陈娟、林龙和叶阿忠(2008)。主要是通过该例题，进一步说明分位数回归在实际经济分析中的应用价值，作为本节内容的一个补充。

例 2.4.2 根据对我国居民消费行为的分析，并为了分析政府支出对居民消费的影响，建立了如下消费函数模型：

$$c_t = \alpha \cdot \Delta y_t + \beta \cdot \Delta g_t + \gamma \cdot c_{t-1} + \varepsilon_t \tag{2.4.15}$$

其中 c 代表人均消费，y 代表人均总收入，g 代表人均政府支出。

选取 31 个省、自治区、直辖市的相关数据，为了扩大数据量，采用的样本期间为 2002—2005 年。由于人均收入分为城镇居民家庭人均可支配收入和农村家庭人均纯收入，人均支出分为城镇居民人均消费性支出和农村居民人均生活消费支出，因此对式(2.4.14)分别进行城镇居民和农村居民两部分的计量检验。农村人均政府支出通过占农村财政支出绝大部分的农业支出、林业支出和农林水利气象事业费三项之和除以当期人口得到，城镇的政府支出由总财政支出减去对农村的财政支出后得到。所需数据来源于《中国统计年鉴》(2003—2006)，中华人民共和国农业部，中国农业年鉴 2003，2004，2005 合卷。

分别对城镇居民消费和农村居民消费进行研究。采用 R 软件的软件包，用分位数估计来研究不同的消费水平下各个变量对消费的影响程度，同时沿用传统的最大似然估计，并对两种估计方法的估计效果进行比较。

从表 2.4.4 可以看出，对于城镇居民来说在不同消费量(不同的 tau 值)下，人均政府支出变动量与人均消费的关系可能是互补关系，也可能是替代关系；而对于农村居民来说人均政府支出变动量与人均消费的关系在不同消费量下都是互补关系，增加政府支出能促进农村居民的消费。一个直观的理解是政府支出一般为公共财政支出，对边远贫穷地区及农村基础设施建设投入较多，这能改善消费环境，促进居民消费。

此外，不论是城镇居民还是农村居民，人均可支配收入和人均消费在不同的消费量下均表现为互补关系，这与常理相符合。

表 2.4.4 极大似然估计与分位数估计结果

		Δy_t	Δg_t	c_{t-1}
城镇居民消费				
分位数估计	tau			
	0.2	0.677 81	−0.247 33	0.985 43
		(0.104 81)	(0.240 26)	(0.015 60)
	0.3	0.581 30	−0.243 25	1.004 45
		(0.101 86)	(0.541 29)	(0.014 60)
	0.4	0.563 66	−0.163 46	1.009 83
		(0.077 38)	(0.729 28)	(0.012 53)
	0.5	0.671 77	0.078 17	1.001 42
		(0.103 67)	(0.719 98)	(0.014 93)
	0.6	0.594 95	0.540 11	1.014 04
		(0.126 68)	(0.704 19)	(0.019 05)
	0.7	0.615 26	0.416 36	1.020 35
		(0.084 27)	(0.403 72)	(0.015 16)
	0.8	0.520 87	0.204 78	1.044 71
		(0.098 20)	(0.073 74)	(0.014 00)
最大似然估计				
		0.603 19	−0.151 32	1.013 26
		(0.069 88)	(0.241 17)	(0.010 33)
农村居民消费				
分位数估计	tau			
	0.2	0.591 13	0.254 40	0.996 13
		(0.141 47)	(0.583 38)	(0.017 05)
	0.3	0.675 01	0.424 94	0.999 77
		(0.129 53)	(0.416 89)	(0.018 09)
	0.4	0.703 08	0.358 74	1.002 54
		(0.144 62)	(0.385 17)	(0.021 67)
	0.5	0.409 57	0.337 32	1.061 08
		(0.139 43)	(0.343 16)	(0.022 54)
	0.6	0.473 90	0.422 90	1.057 46
		(0.186 01)	(0.092 72)	(0.032 50)
	0.7	0.458 09	0.527 00	1.075 83
		(0.162 66)	(0.228 35)	(0.025 63)
	0.8	0.227 93	0.026 55	1.130 87
		(0.172 30)	(0.272 29)	(0.039 54)
最大似然估计				
		0.494 28	0.266 41	1.050 93
		(0.202 91)	(0.698 13)	(0.027 05)

注：()中为估计的标准差。

分位数回归估计和最大似然估计两种方法估计的结果如图 2.4.1 所示。其中,在 5 张小图中,分位数估计结果的曲线在表示中等消费水平下的分位数 tau=0.4 到 tau=0.6 之间,与最大似然估计的结果相交,只有图 2.4.1(e)农村居民的人均政府支出的分位数估计例外,在 tau=0.2 时相交。这说明从总体上看,对于处于中等消费水平的人群,两种方法的估计结果基本一致。同时,图 2.4.1 的每一张小图中,代表分位数估计的曲线

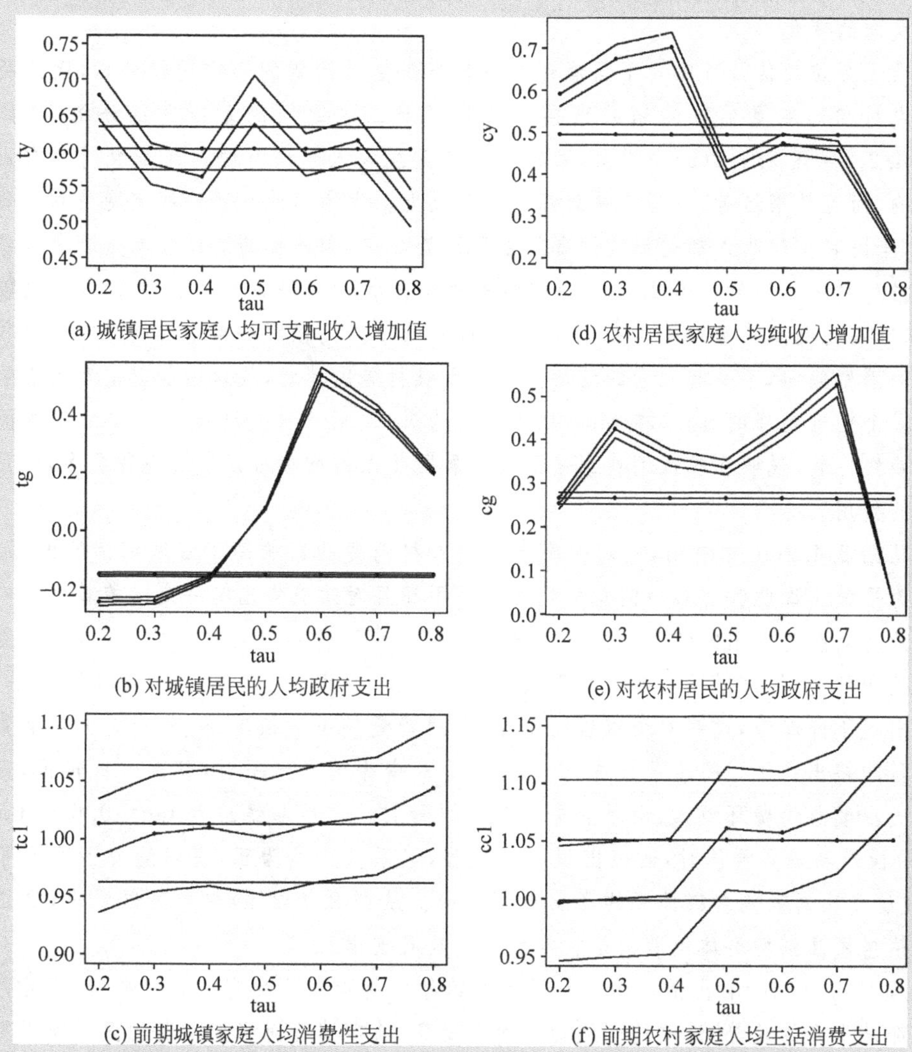

(a) 城镇居民家庭人均可支配收入增加值　(d) 农村居民家庭人均纯收入增加值

(b) 对城镇居民的人均政府支出　(e) 对农村居民的人均政府支出

(c) 前期城镇家庭人均消费性支出　(f) 前期农村家庭人均生活消费支出

图 2.4.1　各个变量在分位数估计和最大似然估计下的不同结果

注: X 轴为分位数的阶数; Y 轴为各个变量的系数; 带点的折线为分位数估计的系数; 带点的水平线为最大似然估计的系数; 带点折线上下两条线组成的区域是在显著性水平 $\alpha=0.05$ 下的置信区间。

的头尾都落最大似然估计的置信区间之外，说明对于低消费群体和高消费群体，最大似然估计无法很好的区分，而分位数估计则可以进行区别描述。从两种估计的系数值来看，6 张小图的曲线大体上是围绕直线上下波动，直线和曲线相交的点基本处于表示中等消费分位 tau＝0.4 到 tau＝0.6 的区间之内。说明随着消费的增加或减少，各个变量对消费的影响不会过于背离变量对中等消费的影响水平，并且也随着消费量发生同向或反向的变化。

由于分位数估计可以对不同消费量下各个变量对消费的影响进行分析，因而将城镇和农村相同变量估计的结果列在一起就可对二者之间的差异进行分析，具体见图 2.4.2。从图 2.4.2(a)中看出，家庭人均可支配收入无论对城镇还是农村都有正向的影响，而且效果显著，二者的系数都在 0.2 以上。说明即使在不同的消费量和消费主体下，居民可支配收入都是影响消费的主要因素之一，因此提高居民收入是刺激消费的重要措施之一。同时从图 2.4.2(a)中看出可支配收入对城镇居民消费的影响比较平稳，从低消费到高消费都基本在 0.5 以上，说明城镇居民在解决温饱问题后有一个较为稳定的消费倾向，不易有太大的波动。而对于农村居民消费，收入增加对消费的影响经历了一个由升到降的过程，在 tau＝0.4 以前为升，之后大体趋势为降。与城镇居民平稳的曲线比较，说明在较低消费水平下农村居民收入的增加可以使其消费更多，满足其潜在的效用。

从图 2.4.2(b)中看出，人均政府支出对农村消费的影响高于对城镇消费的影响，且较为平稳。说明我国农村的总体消费水平不高且对政府支出有一定的依赖性。农村居民消费对政府支出的依赖性同时也说明政府公共财政支出对农村的投入，将改善当地的消费环境，促进居民消费。对于城镇居民而言，曲线由 y 轴负半轴延伸至正半轴，之后出现下降趋势，说明对城镇居民而言，在消费量较少的情况下，政府支出对消费具有明显的挤出作用。随着曲线进入 tau＝0.5 及中等消费水平时，参数由负转正，说明政府支出改善消费环境，从而对消费者有正的影响。之后曲线进入 tau＝0.6 到 tau＝0.8 阶段及高消费群体时，曲线出现下降趋势，但系数仍然为正，说明随着消费水平增高，政府支出对高消费群体正的影响正在减弱。从图 2.4.2(a)中也可以看出，真正影响城镇居民高消费群体消费的是收入而不是政府支出。

从图 2.4.2(c)看出前期的消费对于城镇和农村消费的都有正向的影响，而且两条曲线都是上升的趋势，说明随着消费层次的提高，前期消费对当期消费的促进作用更加明显，即前期消费关于当期消费的系数随着 tau 增加而增加。同时图中虚线位于实线上方，说明前期消费对于农村居民消费的影响较城镇居民消费更大。

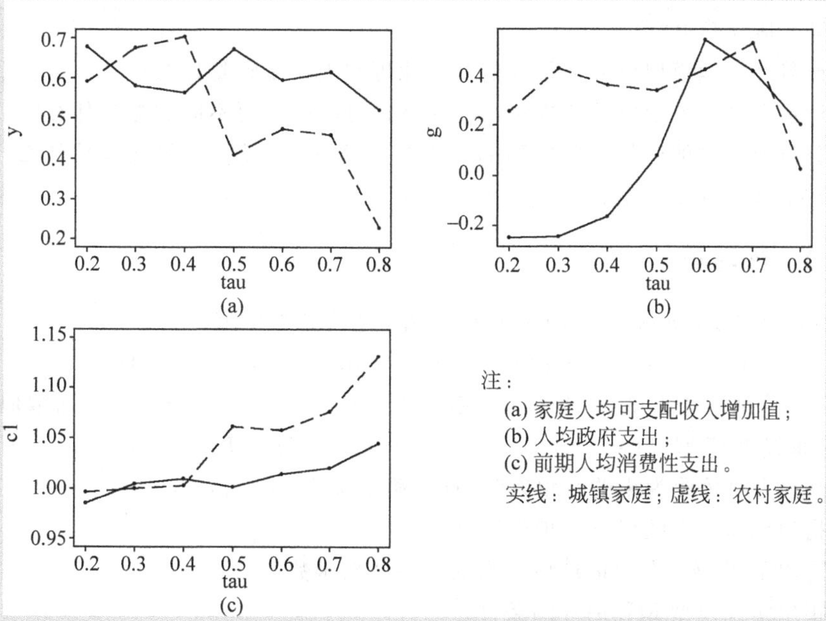

图 2.4.2　不同消费下相同变量对城镇和农村消费的影响差异

2.5　本章思考题与练习题

2.5.1　思考题

1. 最大似然法的基本原理是什么？为什么说它在现代计量经济学模型理论中具有更重要的意义？

2. 对于多元线性模型，在什么条件下模型结构参数的最大似然估计与最小二乘估计等价？

3. 对于多元线性模型，如果随机项不服从正态分布，模型结构参数的最大似然估计与最小二乘估计是否相同？如果不相同，哪种估计是一致性估计？

4. 一般非线性模型的最大似然函数中为什么存在雅可比行列式？

5. 为什么非线性模型的最大似然估计一般不等价于非线性最小二乘估计？

6. 将具有异方差性或者序列相关性的模型看成一类非线性模型并采用最大似然方法估计的原理是什么？

7. 为什么当计量经济学模型设定正确时总存在一些等于 0 的条件矩？

8. GMM 估计中权矩阵的作用是什么？如何求得权矩阵的估计量？

9．为什么说OLS、ML、IV、2SLS估计都是GMM估计的特例？在什么条件下GMM估计与2SLS估计等价？

10．计量经济学模型贝叶斯估计的基本原理和工作步骤是什么？

11．计量经济学模型贝叶斯方法与经典估计方法的主要不同之处是什么？

12．分位数回归估计与经典模型的最小二乘估计相比较，主要优点是什么？在哪些应用研究中宜于采用分位数回归估计？

2.5.2 练习题

1．Zellner和Revankar于1970年提出如下生产函数模型：

$$\ln y_i + \theta y_i = \ln\gamma + \alpha(1-\delta)K_i + \alpha\delta\ln L_i + \varepsilon_i,\quad \varepsilon_i \sim N(0,\sigma^2)$$

式中 y,K,L 分别为产出量、资本和劳动投入量。写出 $y_i(i=1,2,\cdots,n)$ 的对数似然函数。

2．对非线性模型 $f(y_i,x_i,\beta)=u_i, i=1,\cdots,n$，假设 $\boldsymbol{U}=(u_1,\cdots,u_n)'\sim N(0,\sigma^2\Omega(\alpha))$，$\Omega(\alpha)$ 为对角元为正的对角方阵，且依赖于参数 $\alpha=(\alpha_1,\alpha_2,\cdots,\alpha_m)$。

(1) 指出该模型中随机扰动项的特征。

(2) 写出采用ML方法估计该模型的对数似然函数。

(3) 指出实现模型ML估计的条件。

(4) 指出该估计方法的优点。

3．投资函数模型 $I_t=\beta_0+\beta_1 Y_t+\beta_2 Y_{t-1}+\mu_t$ 为一完备的联立方程计量经济模型中的一个方程，模型系统包含的内生变量为 C_t（居民消费总额）、I_t（投资总额）和 Y_t（国内生产总值），先决变量为 G_t（政府消费）、C_{t-1} 和 Y_{t-1}。样本容量为 n。

(1) 如果采用GMM方法估计该投资函数模型，写出一组等于0的矩条件。

(2) 指出参数估计量表达式 $\hat{\beta}=\text{argmin}(\boldsymbol{m}(\beta)'\boldsymbol{W}^{-1}\boldsymbol{m}(\beta))$ 中权矩阵的作用和阶数。

(3) 如果采用2SLS估计该投资函数模型，参数估计是否与上述GMM估计相同？为什么？

(4) 根据一般经验，该投资函数模型的随机项容易具有异方性还是序列相关性？在应用软件进行GMM估计时，能否通过权矩阵的选择加以消除？

4．以我国居民消费总额 C_t 为被解释变量，国内生产总值 Y_t 为解释变量，按照绝对收入假设建立居民消费函数模型 $C_t=\beta_0+\beta_1 Y_t+\mu_t$，以1952—2010年数据为样本观测值。自己采集数据，采用以下方法分别估计模型：

(1) 利用全部样本进行OLS估计。

(2) 利用1980—2010年样本进行OLS估计。

(3) 利用1952—1979年样本进行OLS估计，以此构造先验分布信息，包括待估参数的先验均值和先验协方差矩阵；然后仅以1980—2010年数据作为样本信息，对模型进行贝叶斯估计。

(4) 比较(1)、(2)、(3)的估计结果，分析贝叶斯估计的优点。

5. 利用上题数据，按照相对收入假设建立居民消费函数模型 $C_t=\beta_0+\beta_1 Y_t+\beta_2 C_{t-1}+\mu_t$，以 1952—2010 年数据为样本观测值。分别采用 OLS 估计和以 20%、50%、80%为分位数的分位数回归估计模型，得到 4 组参数估计量。比较估计结果，并分析在消费的不同分位水平上，消费的“棘论效应”(以参数 β_2 表示)是否有明显不同？如果存在不同，进一步分析原因。

CHAPTER 3

第3章

现代时间序列计量经济学模型

经济分析中所用的三大类重要数据(截面数据、时间序列数据、面板数据)中,时间序列数据是其中最常见,也是最重要的一类数据。因此,对时间序列数据的分析也就成了计量经济分析最为重要的内容之一。在第 1.2 节中,已经对现代时间序列计量经济学模型的发展和内容体系进行了简要的介绍,本章将专门讨论其中最基本的核心内容。关于经典的平稳时间序列分析模型,即自回归模型(AR)、移动平均模型(MA)、自回归移动平均模型(ARMA)等,在一般的中级计量经济学教科书或者经典的时间序列分析教科书中,都有详细的介绍,本章将不予涉及。本章所讨论的,主要是非平稳时间序列。

经典计量经济学模型的数学基础是极限法则,即大数定律和中心极限定理。以独立随机抽样的截面数据为样本,如果模型设定是正确的,模型随机扰动项满足极限法则和由极限法则导出的基本假设,继而进行的参数估计和统计推断是可靠的。以时间序列数据为样本,时间序列性破坏了随机抽样的假定,那么,经典计量经济学模型的数学基础能否被满足,自然成为一个有待讨论的问题。

对照极限法则和时间序列的平稳性条件,人们发现,如果模型设定是正确的,并且所有时间序列是平稳的,时间序列的平稳性可以替代随机抽样假定,模型随机扰动项仍然满足极限法则。问题在于,用统计数据构造的时间序列是否是平稳的,需要通过严格的检验。这就是第 3.1 节将要讨论的问题。而事实上,经济时间序列大都是非平稳的,那么,在非平稳时间序列之间能否建立计量经济学结构模型?第 3.2 节将进行专门讨论。向量自回归模型(VAR)已经成为一类广泛应用的现代时间序列分析模型,第 3.3 节将对此进行较为详细的介绍。

3.1 时间序列的平稳性与单位根检验

采用时间序列数据作样本建立揭示变量之间结构关系的计量经济学模型，首先需要对所有涉及的时间序列进行平稳性检验。平稳性的定义是什么？如何进行平稳性检验？就是本节将要讨论的内容。

3.1.1 时间序列数据的平稳性

时间序列分析中首先遇到的问题是关于时间序列数据的平稳性问题。假定某个时间序列是由某一**随机过程**(stochastic process)生成的，即假定时间序列 $X_t(t=1,2,\cdots)$ 的每一个数值都是从一个概率分布中随机得到，如果 X_t 满足下列条件：

1) 均值 $E(X_t)=\mu$，与时间 t 无关的常数；

2) 方差 $\mathrm{Var}(X_t)=\sigma^2$，与时间 t 无关的常数；

3) 协方差 $\mathrm{Cov}(X_tX_{t+k})=\gamma_k$，只与时期间隔 k 有关，与时间 t 无关的常数。

则称该随机时间序列是**平稳的**，而该随机过程是一**平稳随机过程**(stationary stochastic process)。

说明：这样定义的平稳性也被称为宽平稳(或弱平稳)。另一个平稳性概念为严格平稳，定义为：假定时间序列 $X_t(t=1,2,\cdots)$，如果对任意的值 $j_1,j_2,\cdots,j_n$，$(X_t,X_{t+j_1},\cdots,X_{t+j_n})$的联合概率只取决于时间间隔$(j_1,j_2,\cdots,j_n)$，而与 t 无关，则 X_t 是严格平稳的。严格平稳和宽平稳既非充分条件也非必要条件。但是，对于一个 2 阶矩存在的严格平稳过程，一定是宽平稳的。

例 3.1.1 一个最简单的随机时间序列 X_t 是一具有零均值同方差的独立分布序列：

$$X_t=\mu_t,\quad \mu_t\sim N(0,\delta^2) \tag{3.1.1}$$

该序列常被称为是一个**白噪声**(white noise)。由于 X_t 具有相同的均值与方差，且协方差为零，因此由定义知一个白噪声序列是平稳的。

例 3.1.2 另一个简单的随机时间序列被称为**随机游走**(random walk)，该序列由如下随机过程生成：

$$X_t = X_{t-1} + \mu_t \tag{3.1.2}$$

式中，μ_t 是一个白噪声。

容易知道该序列有相同的均值 $E(X_t)=E(X_{t-1})$。为了检验该序列是否具有相同的方差，可假设 X_t 的初值为 X_0，则易知

$$X_1 = X_0 + \mu_1$$

$$X_2 = X_1 + \mu_2 = X_0 + \mu_1 + \mu_2$$

……

$$X_t = X_0 + \mu_1 + \mu_2 + \cdots + \mu_t$$

假定初始值 X_0 为一常数，μ_t 是一个白噪声，因此 $\mathrm{var}(X_t) = t\delta^2$，即 X_t 的方差与时间 t 有关而非常数，它是一非平稳序列。

然而，对 X_t 取**一阶差分**(first difference)：

$$\Delta X_t = X_t - X_{t-1} = \mu_t \tag{3.1.3}$$

由于 μ_t 是一个白噪声，则序列 $\{\Delta X_t\}$ 是平稳的。后面将会看到，如果一个时间序列是非平稳的，它常常可通过取差分的方法形成平稳序列。

事实上，随机游走序列(3.1.2)是下面称之为**1 阶自回归 AR(1)过程**的特例：

$$X_t = \phi X_{t-1} + \mu_t \tag{3.1.4}$$

不难验证，$|\phi| > 1$ 时，该随机过程生成的时间序列是发散的，表现为持续上升($\phi > 1$)或持续下降($\phi < -1$)，因此是非平稳的；$\phi = 1$ 时，是一个随机游走过程，也是非平稳的。只有当 $-1 < \phi < 1$ 时，该随机过程才是平稳的。

式(3.1.4)又是如下 ***p* 阶自回归 AR(*p*)过程**的特例：

$$X_t = \phi_1 X_{t-1} + \phi_2 X_{t-2} + \cdots + \phi_k X_{t-p} + \mu_t \tag{3.1.5}$$

该随机过程平稳性条件在经典的平稳时间序列分析模型中已经得到证明。即：AR(p)模型稳定的必要条件是：

$$\phi_1 + \phi_2 + \cdots + \phi_p < 1$$

由于 $\phi_i (i = 1, 2, \cdots, p)$ 可正可负，AR(p)模型稳定的充分条件是：

$$|\phi_1| + |\phi_2| + \cdots + |\phi_p| < 1$$

也就是说，式(3.1.5)的特征方程的根必须在单位圆外。

3.1.2 单整时间序列

随机游走序列(3.1.2)

$$X_t = X_{t-1} + \mu_t$$

是非平稳的，但是经差分后等价地变形为式(3.1.3)：

$$\Delta X_t = X_t - X_{t-1} = \mu_t$$

由于 μ_t 是一个白噪声，因此差分后的序列 $\{\Delta X_t\}$ 是平稳的。称其为一阶单整序列。

定义 如果一个时间序列经过一次差分变成平稳的，就称原序列是**一阶单整**(integrated of 1)序列，记为 $I(1)$。一般地，如果一个时间序列经过 d 次差分后变成平稳序列，则称原序列是 **d 阶单整**（integrated of d）序列，记为 $I(d)$。显然，$I(0)$代表一平稳时间序列。

现实经济生活中，只有少数经济指标的时间序列可能表现为平稳的，如利率等。而大多数指标的时间序列是非平稳的，例如，以当年价格表示的消费额、投资额、收入等，常常是2阶单整的；以不变价格表示的消费额、投资额、收入等常表现为1阶单整。大多数非平稳的时间序列一般可通过一次或多次差分变为平稳的。但也有一些时间序列，无论经过多少次差分，都不能变为平稳的。这种序列被称为**非单整的**（non-integrated）。

既然经济时间序列经常是非平稳的单整序列，那么，在采用时间序列数据建立计量经济学结构模型时，在从理论上对模型进行了设定之后，第一步的工作就是对模型中包含的时间序列逐一进行平稳性检验。

3.1.3 平稳性的单位根检验

已经发展了多种对时间序列的平稳性进行统计检验的方法，单位根检验（unit root test）是统计检验中普遍应用的一类检验方法，其中又以 ADF 检验最为常用。

1. DF 检验

我们已知道，随机游走序列

$$X_t = X_{t-1} + \mu_t \qquad (3.1.2)$$

是非平稳的，其中 μ_t 是白噪声。而该序列可看成是随机模型

$$X_t = \rho X_{t-1} + \mu_t \qquad (3.1.6)$$

中参数 $\rho=1$ 时的情形。也就是说，对式(3.1.6)进行回归估计，如果确实发现 $\rho=1$，则称随机变量 X_t 有一个**单位根**。显然，一个有单位根的时间序列就是随机游走序列，而随机游走序列是非平稳的。因此，要判断某时间序列是否是平稳的，可通过式(3.1.6)判断它是否有单位根。这就是时间序列平稳性的单根检验。

式(3.1.6)可变成差分形式：

$$\begin{aligned} \Delta X_t &= (\rho - 1) X_{t-1} + \mu_t \\ &= \delta X_{t-1} + \mu_t \end{aligned} \qquad (3.1.7)$$

检验式(3.1.6)是否存在单位根 $\rho=1$，也可通过式(3.1.7)判断是否有 $\delta=0$。

一般地，检验一个时间序列 X_t 的平稳性，可通过检验带有截距项的一阶自回归模型

$$X_t = \alpha + \rho X_{t-1} + \mu_t \qquad (3.1.8)$$

中的参数 ρ 是否小于1，或者说检验其等价变形式

$$\Delta X_t = \alpha + \delta X_{t-1} + \mu_t \qquad (3.1.9)$$

中的参数 δ 是否小于 0 。

在经典平稳时间序列分析模型中已经证明，式(3.1.8)中的参数 ρ 大于或等于 1 时，时间序列 X_t 是非平稳的，对应于式(3.1.9)，则是 δ 大于或等于 0。因此，针对式(3.1.9)，是在备择假设 $H_1: \delta<0$ 下检验零假设 $H_0: \delta=0$。这可通过 OLS 法下的 t 检验完成。

然而，在零假设(序列非平稳)下，即使在大样本下统计量也是有偏误的(向下偏倚)，通常的 t 检验无法使用。迪基和富勒(Dickey and Fuller)于 1976 年提出了这一情形下 t 统计量服从的分布(这时的 t 统计量也称为 τ 统计量)，即 DF 分布(见表 3.1.1)。因此，检验仍然是采用 OLS 法估计式(3.1.9)，并计算 t 统计量的值，与 DF 分布表中给定显著性水平下的临界值比较。如果 t 统计量的值小于临界值(左尾单侧检验)，这意味着 δ 足够地小，则拒绝零假设 $H_0: \delta=0$，认为时间序列不存在单位根，是平稳的。

表 3.1.1　DF 分布临界值表

显著性水平	样本容量					t 分布临界值 ($n=\infty$)
	25	50	100	500	∞	
0.01	−3.75	−3.58	−3.51	−3.44	−3.43	−2.33
0.05	−3.00	−2.93	−2.89	−2.87	−2.86	−1.65
0.10	−2.63	−2.60	−2.58	−2.57	−2.57	−1.28

2. ADF 检验

在上述使用式(3.1.9)对时间序列进行平稳性检验中，实际上假定了时间序列是由具有白噪声随机误差项的一阶自回归过程 AR(1)生成的。但在实际检验中，时间序列可能由更高阶的自回归过程生成，或者随机误差项并非是白噪声，这样用 OLS 法进行估计得到的 t 统计量的渐近分布会受到无关参数的干扰，导致 DF 检验无效。另外，如果时间序列包含有明显的随时间变化的某种趋势(如上升或下降)，则 DF 检验必须保证能够褪去这些趋势，否则时间趋势成分会进入干扰项。**这两种情况都偏离了随机干扰项为白噪声的情形，统计量的渐近分布随之改变。**

为了保证 DF 检验中随机误差项的白噪声特性，Dickey 和 Fuller 对 DF 检验进行了扩充，形成了 **ADF 检验**(augment Dickey-Fuller test)。ADF 检验是通过下面三个模型完成的：

模型 1：
$$\Delta X_t = \delta X_{t-1} + \sum_{i=1}^{m} \beta_i \Delta X_{t-i} + \varepsilon_t \tag{3.1.10}$$

模型 2：
$$\Delta X_t = \alpha + \delta X_{t-1} + \sum_{i=1}^{m} \beta_i \Delta X_{t-i} + \varepsilon_t \tag{3.1.11}$$

模型 3： $$\Delta X_t = \alpha + \beta t + \delta X_{t-1} + \sum_{i=1}^{m} \beta_i \Delta X_{t-i} + \varepsilon_t \tag{3.1.12}$$

模型 3 中的 t 是时间变量，代表了时间序列随时间变化的某种趋势(如果有的话)。零假设都是 H_0：$\delta=0$，即存在一单位根。模型 1 与另两模型的差别在于是否包含有常数项和趋势项。

实际检验时从模型 3 开始，然后模型 2、模型 1。何时检验拒绝零假设，即原序列不存在单位根，为平稳序列，何时停止检验。否则，就要继续检验，直到检验完模型 1 为止。检验原理与 DF 检验相同，只是对模型 1、模型 2、模型 3 进行检验时，有各自相应的临界值表。表 3.1.2 给出了三个模型所使用的 ADF 分布临界值表。

从模型 3 转到模型 2 时，需要检验 $\beta=0$ 是否成立，不幸的是这里 β 的 t 统计量仍然不服从正态分布；从模型 2 转到模型 1 时，需要检验 $\alpha=0$ 是否成立，这里的 α 的 t 统计量也不服从正态分布。不过无论是哪种模型，无论真实的数据是一个单位根过程还是一个平稳过程，滞后项的 t 统计量都是服从正态分布的。

表 3.1.2 不同模型使用的 ADF 分布临界值表

模型	统计量	样本容量	0.01	0.025	0.05	0.10
1	τ_δ	25	−2.66	−2.26	−1.95	−1.60
		50	−2.62	−2.25	−1.95	−1.61
		100	−2.60	−2.24	−1.95	−1.61
		250	−2.58	−2.23	−1.95	−1.61
		500	−2.58	−2.23	−1.95	−1.61
		>500	−2.58	−2.23	−1.95	−1.61
2	τ_δ	25	−3.75	−3.33	−3.00	−2.62
		50	−3.58	−3.22	−2.93	−2.60
		100	−3.51	−3.17	−2.89	−2.58
		250	−3.46	−3.14	−2.88	−2.57
		500	−3.44	−3.13	−2.87	−2.57
		>500	−3.43	−3.12	−2.86	−2.57
	τ_α	25	3.41	2.97	2.61	2.20
		50	3.28	2.89	2.56	2.18
		100	3.22	2.86	2.54	2.17
		250	3.19	2.84	2.53	2.16
		500	3.18	2.83	2.52	2.16
		>500	3.18	2.83	2.52	2.16

续表

模型	统计量	样本容量	0.01	0.025	0.05	0.10
3	τ_δ	25	−4.38	−3.95	−3.60	−3.24
		50	−4.15	−3.80	−3.50	−3.18
		100	−4.04	−3.73	−3.45	−3.15
		250	−3.99	−3.69	−3.43	−3.13
		500	−3.98	−3.68	−3.42	−3.13
		>500	−3.96	−3.66	−3.41	−3.12
	τ_α	25	4.05	3.59	3.20	2.77
		50	3.87	3.47	3.14	2.75
		100	3.78	3.42	3.11	2.73
		250	3.74	3.39	3.09	2.73
		500	3.72	3.38	3.08	2.72
		>500	3.71	3.38	3.08	2.72
	τ_β	25	3.74	3.25	2.85	2.39
		50	3.60	3.18	2.81	2.38
		100	3.53	3.14	2.79	2.38
		250	3.49	3.12	2.79	2.38
		500	3.48	3.11	2.78	2.38
		>500	3.46	3.11	2.78	2.38

一个简单的检验是同时估计出上述三个模型的适当形式，然后通过 ADF 临界值表检验零假设 $H_0: \delta=0$。只要其中有一个模型的检验结果拒绝了零假设，就可以认为时间序列是平稳的。当三个模型的检验结果都不能拒绝零假设时，则认为时间序列是非平稳的。这里所谓模型适当的形式就是在每个模型中选取适当的滞后差分项，以使模型的残差项是一个白噪声（主要保证不存在自相关）。

例 3.1.3 检验 1978—2006 年间中国实际支出法国内生产总值 GDPC 时间序列的平稳性。数据见表 3.1.3。

表 3.1.3 例 3.1.3 数据表

年份	GDPC	年份	GDPC	年份	GDPC	年份	GDPC
1978	7 802.5	1986	16 273.7	1994	32 056.2	2002	60 078.0
1979	8 694.2	1987	17 716.3	1995	34 467.5	2003	67 282.2
1980	9 073.7	1988	18 698.7	1996	37 331.9	2004	76 096.3
1981	9 651.8	1989	17 847.4	1997	39 988.5	2005	88 002.1
1982	105 57.3	1990	19 347.8	1998	42 713.1	2006	101 616.3
1983	11 510.8	1991	21 830.9	1999	45 625.8		
1984	13 272.8	1992	25 053.0	2000	49 238.0		
1985	14 966.8	1993	29 269.1	2001	53 962.5		

经过尝试，模型 3 取了 1 阶滞后：

$$\Delta \widehat{GDPC}_t = -223.7 - 101.2T + 0.093GDPC_{t-1} + 0.733\Delta GDPC_{t-1}$$
$$(-0.55)\quad(-1.23)\quad(1.97)\quad(3.53)$$

通过拉格朗日乘数检验（Lagrange multiplier test）对随机误差项的自相关性进行检验，LM(1)=1.22，LM(2)=1.56，可见不存在自相关性，因此该模型的设定是正确的。

从 $GDPC_{t-1}$ 的参数值看，其 t 统计量的值大于临界值（单尾），不能拒绝存在单位根的零假设。同时，由于时间项 T 的 t 统计量也小于 ADF 分布表中的临界值（双尾），因此不能拒绝不存在趋势项的零假设。需进一步检验模型 2。

经试验，模型 2 中滞后项取 1 阶：

$$\Delta \widehat{GDPC}_t = -504.8 + 0.041GDPC_{t-1} + 0.882\Delta GDPC_{t-1}$$
$$(-1.47)\quad(1.90)\quad(5.15)$$
$$LM(1) = 0.83 \qquad LM(2) = 0.91$$

由于模型残差项不存在自相关性，因此该模型的设定是正确的。从 $GDPC_{t-1}$ 的参数值看，其 t 统计量为正值，大于临界值，不能拒绝存在单位根的零假设。同时，由于常数项的 t 统计量也小于 ADF 分布表中的临界值，因此不能拒绝不存在常数项的零假设。需进一步检验模型 1。

经试验，模型 1 中滞后项取 1 阶：

$$\Delta \widehat{GDPC}_t = 0.020GDPC_{t-1} + 0.985\Delta GDPC_{t-1}$$
$$(1.20)\quad(6.18)$$
$$LM(1) = 0.12 \qquad LM(2) = 0.17$$

由于模型残差不存在自相关性，因此模型的设定是正确的。从 $GDPC_{t-1}$ 的参数值看，其 t 统计量为正值，大于临界值，不能拒绝存在单位根的零假设。

至此，可断定中国实际支出法 GDP 时间序列是非平稳的。如果仅需要检验该时间序列是否是平稳的，检验到此结束。如果需要检验该时间序列的单整性，即它是多少阶的单整序列，则需要对其一次差分序列 $\Delta GDPC_t$、二次差分序列 $\Delta^2 GDPC_t$ 等进行单位根检验。

对于中国实际支出法 GDP 一次差分序列 $\Delta GDPC_t$ 进行检验，结论是非平稳的。对二次差分序列 $\Delta^2 GDPC_t$，最后的检验模型为

$$\Delta^3 \widehat{GDPC}_t = -0.535\Delta^2 GDPC_{t-1}$$
$$(-2.88)$$
$$R^2 = 0.2446 \qquad LM(1) = 0.000 \qquad LM(2) = 0.000$$

由于 $t_\delta = -2.88$，小于 1% 显著性水平下的临界值（−2.66），拒绝存在单位根的零假设，即序列 $\Delta^2 GDPC_t$ 是平稳的。进一步说明，中国实际支出法 GDP 是一个 2 阶单整序列，即 $GDPC_t \sim I(2)$。

3. 关于 ADF 检验的几点讨论

(1) 关于检验模型中滞后项的确定

在上述模型 1、模型 2、模型 3 中都含有滞后项,其目的是为了消除模型随机项的序列相关,保证随机项是白噪声。一般采用 LM 检验确定滞后阶数,如例 3.1.1 所示,以及其他数据依赖方法。当采用一些应用软件(例如 Eviews)进行 ADF 检验时,可以自动得到滞后阶数,使得估计过程更加简单。但是,在软件中一般采用信息准则(例如 AIC、BIC 等)确定滞后阶数,其明显的缺点是无法判断滞后阶数不连续的情况,例如只存在 1 阶和 3 阶而不存在 2 阶相关的情况。另外,从理论上讲,信息准则主要是基于预测的均方误差最小,但对于单位根检验而言重要的是消除序列之间的相关性。过高定阶和过低定阶对单位根检验有着不对称的影响。过高定阶意味着自相关已经消除,但含有冗余回归元,因此不会影响检验的尺度(size),但会影响检验的势,Monte-Carlo 试验证实这种势的降低并不强烈。过低定阶意味着自相关还没有消除,因此 t_δ 统计量的分布形态将会发生改变,检验的尺度和势(power)都会发生扭曲。由于信息准则相对于检验序列相关的数据依赖方法一般倾向于过低定阶,因此其在单位根检验中的表现差于数据依赖方法。

(2) 如何处理检验过程中的矛盾现象?

对于模型 3(3.1.12),如果检验显示既不拒绝零假设 H_0:$\delta=0$,也不拒绝零假设 H_0:$\beta=0$,就要检验模型 2。如果检验显示不拒绝零假设 H_0:$\delta=0$,但是拒绝零假设 H_0:$\beta=0$,即模型中的时间趋势项是显著的,那么回到模型 2 是不合理的。这就出现了矛盾。一种经验的处理方法是采用正态分布临界值检验是否存在单位根,即将临界值适当放松,如果仍然存在单位根,即停止检验,得到该时间序列非平稳的结论。

(3) 关于检验模型的进一步说明

模型 1 实际上是为了区分如下两个数据生成过程:

$$\text{DGP1}: y_t = \varepsilon_1 + \varepsilon_2 + \cdots + \varepsilon_t (\text{数据的起始值 } y_0 = 0)$$

$$\text{DGP2}: y_t = \rho y_{t-1} + \varepsilon_t$$

两个数据序列都绕着 0 附近游走,因此直觉分不清。

模型 2 是为了区分如下两个数据生成过程:

$$\text{DGP1}: y_t = y_0 + \varepsilon_1 + \varepsilon_2 + \cdots + \varepsilon_t (\text{数据的起始值 } y_0 \neq 0)$$

$$\text{DGP2}: (y_t - \mu) = \rho(y_{t-1} - \mu) + \varepsilon_t$$

两个数据过程都绕着一个非 0 的固定值游走,因此直觉也分不清。

模型 3 是为了区分如下两个数据生成过程:

$$\text{DGP1}: y_t = y_0 + \mu t + \varepsilon_1 + \varepsilon_2 + \cdots + \varepsilon_t$$

$$\text{DGP2}: (y_t - \mu) = \beta t + \rho(y_{t-1} - \mu) + \varepsilon_t$$

两个数据生成过程都绕着一个时间趋势游走,因此直觉还是分不清。

因此，如果时间序列具有明显的趋势，则应该用模型3检验；如果时间序列没有时间趋势，但绕着一个非0值来回游摆，则应该用模型2；如果时间序列绕着0来回游摆，则应该用模型1。

如果时间序列没有很明显的上述特征，则应该是遵循从模型3到模型1的检验顺序，也就是从一般到简单的原则。理由是漏掉了实际上存在的回归项，检验本身就是错误的；但是添加了不存在的回归项，检验还是正确的，只是检验的质量不高。

4. 其他单位根检验方法简介

在单位根检验理论方法的发展和应用研究中，除了常用的ADF检验外，还提出了多种经验方法，各自具有特定的应用对象。下面简单介绍应用软件中包含的几种概念清晰的方法。

(1) DF-GLS方法(Elliott，Rothenberg，Stock，ERS)

该方法的基本思路是：对于包含确定性趋势的时间序列，首先进行去势处理；然后对去势后的序列进行ADF检验。在检验过程中采用GLS而不是OLS估计检验模型，模拟试验证明具有更良好的性质。

(2) PP检验(Phillips-Perron)

该方法在检验模型中不引入滞后项，以避免自由度损失降低检验效力。对于可能存在的序列相关，直接采用Newey-West一致估计式作为调整因子，修正一阶自回归模型得出的统计量。

(3) 霍尔工具变量方法

该方法采用工具变量法估计ADF检验模型。即用X_{t-k}和ΔX_{t-i-k}分别作为X_{t-1}和ΔX_{t-i}的工具变量，借以解决X_{t-1}和ΔX_{t-i}可能存在的随机性问题。检验统计量仍然服从ADF分布。

其他检验方法还有KPSS(Kwiatkowski-Phillips-Schmidt-Shin)方法、Ng-Perron方法等。

3.1.4　趋势平稳与差分平稳随机过程

前文已指出，一些非平稳的经济时间序列往往表现出共同的变化趋势，而这些序列间本身不一定有直接的关联关系，这时对这些数据进行回归，尽管有较高的R^2，但其结果是没有任何实际意义的。这种现象我们称之为**虚假回归**。例如，用中国的劳动力时间序列与美国GDP时间序列作回归，会得到较高的R^2，但不能认为两者有直接的关联关系，而只不过它们有共同的趋势罢了，这种回归结果我们认为是虚假的。

为了避免虚假回归现象的产生，通常的做法是引入作为趋势变量的时间，这样包含有时间趋势变量的回归，可以消除这种趋势性的影响。然而这种做法，只有当趋势性变量是确定性的(deterministic)而非随机性的(stochastic)，才会是有效的。换言之，一个包含有某种确定性趋势的非平稳时间序列，可以通过引入表示这一确定性趋势的趋势变量，而将确定性趋势分离出来。

考虑如下的含有一阶自回归的随机过程：

$$X_t = \alpha + \beta t + \rho X_{t-1} + \mu_t \tag{3.1.13}$$

其中 μ_t 是一白噪声，t 为一时间趋势。

如果 $\rho=1,\beta=0$，则式(3.1.13)成为一带位移的随机游走过程：

$$X_t = \alpha + X_{t-1} + \mu_t \tag{3.1.14}$$

根据 α 的正负，X_t 表现出明显的上升或下降趋势。这种趋势称为**随机性趋势**(stochastic trend)。

如果 $\rho=0,\beta\neq 0$，则式(3.1.13)成为一带时间趋势的随机变化过程：

$$X_t = \alpha + \beta t + \mu_t \tag{3.1.15}$$

根据 β 的正负，X_t 表现出明显的上升或下降趋势。这种趋势称为**确定性趋势**(deterministic trend)。

如果 $\rho=1,\beta\neq 0$，则 X_t 包含有确定性与随机性两种趋势。

判断一个非平稳的时间序列的趋势是随机性的还是确定性的，可通过 ADF 检验中所用的模型 3 进行。该模型中已引入了表示确定性趋势的时间变量 t，即分离出了确定性趋势的影响。因此，如果检验结果表明所给时间序列有单位根，且时间变量前的参数显著为零，则该序列显示出随机性趋势；如果没有单位根，且时间变量前的参数显著地异于零，则该序列显示出确定性趋势。

随机性趋势可通过差分的方法消除，如式(3.1.14)可通过差分变换为 $\Delta X_t=\alpha+\mu_t$。该时间序列 X_t 称为**差分平稳过程**(difference stationary process)；而确定性趋势无法通过差分的方法消除，只能通过除去趋势项消除，如式(3.1.15)可通过除去 βt 变换为 $X_t-\beta t=\alpha+\mu_t$，μ_t 是平稳的，因此 X_t 称为**趋势平稳过程**(trend stationary process)。

最后需要说明的是，趋势平稳过程代表了一个时间序列长期稳定的变化过程，因而用于进行长期预测是更为可靠的。

3.1.5 结构变化时间序列的单位根检验

实际经济时间序列经常在某一个或者某几个时点上发生结构变化，包括水平(level)突变和倾斜(slope)突变。例如人民币兑换美元的汇率，1986 年从 1 美元兑换 1.7 元人民币调整至 1 美元兑换 3.7 元人民币，然后于 1991 年再调整至 1 美元兑换 5.7 元人民币，于 1994 年再次调整至 1 美元兑换 8.7 元人民币，显然该时间序列于 1986 年、1991 年、1994 年发生了水平突变。例如，我国的 GDP 时间序列，由于 1978 年前后的增长速度明显不同，该时间序列于 1978 年发生了倾斜突变。对于存在结构变化的时间序列，在进行平稳性检验时，必须考虑结构变化。如果忽略结构变化因素，检验效果会显著降低。其思路是在检验模型中引入结构变化虚变量，即认为结构变化是确定性的，常用的模型有 ZA 检验和 LP 检验。

1. ZA 检验

ZA 检验以原序列 X_t 是一个单位根过程为零假设，其备择假设有三种：原序列是一个**存在水平突变的趋势平稳过程**；原序列是一个**存在倾斜突变的趋势平稳过程**；原序列是一个**存在水平和倾斜突变的趋势平稳过程**。对应于三个不同的备择假设，ZA 检验有三个不同的模型：

模型 A： $$\Delta X_t = \alpha + \beta t + \delta X_{t-1} + \tau_1 \mathrm{DU}_t + \sum_{i=1}^{m} \gamma_i \Delta X_{t-i} + \varepsilon_t$$

模型 B： $$\Delta X_t = \alpha + \beta t + \delta X_{t-1} + \tau_2 \mathrm{DT}_t + \sum_{i=1}^{m} \gamma_i \Delta X_{t-i} + \varepsilon_t$$

模型 C： $$\Delta X_t = \alpha + \beta t + \delta X_{t-1} + \tau_1 \mathrm{DU}_t + \tau_2 \mathrm{DT}_t + \sum_{i=1}^{m} \gamma_i \Delta X_{t-i} + \varepsilon_t$$

式中，DU_t，DT_t 分别是用以指示在时间 T_{B} 上发生水平突变和倾斜突变的虚拟变量。它们满足 $\mathrm{DU}_t = 1(t \geqslant T_{\mathrm{B}})$，$\mathrm{DT}_t = (t - T_{\mathrm{B}})1(t \geqslant T_{\mathrm{B}})$，这里 $1(\cdot)$ 是示性函数，满足括号内条件为 1，不满足为 0。ZA 检验对突变点（也称断点）的侦察采用的是迭代方法，即在给定的迭代区间 Λ 内，依次假定每一个点为断点，逐次进行回归得到检验统计量 t_δ 的序列，然后找到该序列的最小值，此最小值就是**关键统计量**的值，其数学表达为

$$t = \inf_{\lambda \in \Lambda} t_\delta^i(\lambda) \quad i = A, B, C$$

关于迭代区间 Λ 的选择，Zivot and Andrews(1992) 认为除了在样本的两个端点以外的任何区间都是可以的，Perron(1997) 推广了这一结论，指出即使包含样本端点也是可以的。

关于 ZA 检验 t 统计量的分布形态，各个模型并不一样。需要强调的是 DU_t、DT_t 类似于时间趋势的加入，会影响到统计量的分布形态，因此 ZA 检验 t 统计量的分布形态与通常单位根检验的分布形态也不一样。

2. LP 检验

Lumsdaime and Papell(1996) 将 Zivot and Andrews(1992) 的模型 A 和模型 C 推广到两个断点，得到了三个模型，他们分别称之为模型 AA、模型 AC、模型 CC，具体如下：

模型 AA： $$\Delta X_t = \alpha + \beta t + \delta X_{t-1} + \theta \mathrm{DU1}_t + \omega \mathrm{DU2}_t + \sum_{i=1}^{m} \gamma_i \Delta X_{t-i} + \varepsilon_t$$

模型 AC： $$\Delta X_t = \alpha + \beta t + \delta X_{t-1} + \theta \mathrm{DU1}_t + \omega \mathrm{DU2}_t + \eta \mathrm{DT1}_t + \sum_{i=1}^{m} \gamma_i \Delta X_{t-i} + \varepsilon_t$$

模型 CC：

$$\Delta X_t = \alpha + \beta t + \delta X_{t-1} + \theta \mathrm{DU1}_t + \omega \mathrm{DU2}_t + \eta \mathrm{DT1}_t + \xi \mathrm{DT1}_t + \sum_{i=1}^{m} \gamma_i \Delta X_{t-i} + \varepsilon_t$$

这里 DU1,DU2,DT1,DT2 的含义与上一节的定义完全相同,后面的标识 1 和 2 表示第一个断点和第二个断点。这里需要提及注意的是 LP 检验要求两个断点不能连着,也即 $|T1_B - T2_B| \neq 1$,LP 检验对断点的侦察采用的是与 ZA 检验完全相同的方法,即在给定的迭代区间 Λ 内,依次假定每两个不相邻点为断点,逐次进行回归得到 t_δ 序列,然后找到该序列的最小值,此最小值就是我们关键统计量的值,其数学表达为

$$t = \inf_{\lambda_1,\lambda_2 \in \Lambda} t_\delta^i(\lambda_1,\lambda_2) \quad i = \mathrm{AA},\mathrm{AC},\mathrm{CC}$$

结构变化时间序列的单位根检验仍然是一个研究热点,这里介绍的只是最简单的思路和模型,具体应用时间可以参考相关的文献。

3.2 时间序列的协整检验与误差修正模型

如果经过平稳性检验,发现模型涉及的时间序列部分或者全部是非平稳的,那么,是否可以采用这些时间序列数据作样本建立揭示变量之间结构关系的计量经济学模型?如果可以,需要什么条件?这就是本节将要重点讨论的内容。

3.2.1 长期均衡关系与协整

经济理论指出,某些经济变量间确实存在着长期均衡关系。这种均衡关系意味着经济系统不存在破坏均衡的内在机制。如果变量在某时期受到干扰后偏离其长期均衡点,则均衡机制将会在下一期进行调整以使其重新回到均衡状态。例如,中国居民总消费与总收入之间,生产法国内生产总值与各种要素投入量之间,支出法国内生产总值与消费、投资、净出口之间,都存在着这样的长期均衡关系。

假设 X 与 Y 间的长期"均衡关系"由下面的式(3.2.1)描述:

$$Y_t = \alpha_0 + \alpha_1 X_t + \mu_t \tag{3.2.1}$$

式中,μ_t 是随机扰动项。该均衡关系意味着给定 X 的一个值,Y 相应的均衡值也随之确定为 $\alpha_0 + \alpha_1 X$。在 $t-1$ 期末,存在下述三种情形之一:

(1) Y 等于它的均衡值,$Y_{t-1} = \alpha_0 + \alpha_1 X_{t-1}$;

(2) Y 小于它的均衡值,$Y_{t-1} < \alpha_0 + \alpha_1 X_{t-1}$;

(3) Y 大于它的均衡值,$Y_{t-1} > \alpha_0 + \alpha_1 X_{t-1}$。 (3.2.2)

在时期 t,假设 X 有一个变化量 ΔX_t,如果变量 X 与 Y 在时期 t 与 $t-1$ 末期仍满足它们间的长期均衡关系,则 Y 的相应变化量 ΔY_t 由下面式(3.2.3)给出:

$$\Delta Y_t = \alpha_1 \Delta X_t + v_t \tag{3.2.3}$$

式中,$v_t = \mu_t - \mu_{t-1}$。然而情况往往并非如此。如果 $t-1$ 期末,发生了上述第二种情况,即 Y 的值小于其均衡值,则 Y 的变化往往会比第一种情形下 Y 的变化 ΔY_t 大一些;反之,如果 $t-1$ 期末 Y 的值大于其均衡值,则 Y 的变化往往会小于第一种情形下的 ΔY_t。

可见，如果式(3.2.1)正确地提示了 X 与 Y 间的长期稳定的“均衡关系”，则意味着 Y 对其均衡点的偏离从本质上说是**“临时性”的**。因此，一个重要的假设就是随机扰动项 μ_t 必须是平稳序列。显然，如果 μ_t 有随机性趋势(上升或下降)，则会导致 Y 对其均衡点的任何偏离都会被长期累积下来而不能被消除。

式(3.2.1)中的随机扰动项 μ_t 也被称为**非均衡误差**(disequilibrium error)，它是变量 X 与 Y 的一个线性组合：

$$\mu_t = Y_t - \alpha_0 - \alpha_1 X_t \tag{3.2.4}$$

因此，如果式(3.2.1)所揭示的 X 与 Y 间的长期均衡关系正确的话，式(3.2.4)表述的非均衡误差应是一平稳时间序列，并且具有零期望值，即 μ_t 是具有 0 均值的 $I(0)$序列。

在现实经济生活中，许多经济变量是非平稳的，即它们是一阶或高阶的单整时间序列。但从这里我们可以看到，非平稳时间序列的线性组合也可能成为平稳的。如假设式(3.2.1)中的 X 与 Y 都是 $I(1)$序列，如果该式所表述的它们间的长期均衡关系成立的话，则意味着由非均衡误差式(3.2.4)给出的线性组合是 $I(0)$序列。这时我们就称变量 X 与 Y 是**协整的**(cointegrated)。

一般地，如果序列 $X_{1t}, X_{2t}, \cdots, X_{kt}$ 都是 d 阶单整的，存在向量 $\alpha=(\alpha_1, \alpha_2, \cdots, \alpha_k)$，使得 $\boldsymbol{Z}_t=\alpha \boldsymbol{X}_t' \sim I(d-b)$，其中，$b>0$，$\boldsymbol{X}_t=(X_{1t}, X_{2t}, \cdots, X_{kt})'$，则认为序列 $X_{1t}, X_{2t}, \cdots, X_{kt}$ 是 (d,b)阶协整，记为 $\boldsymbol{X}_t \sim \mathrm{CI}(d,b)$，$\alpha$ 为**协整向量**(cointegrated vector)。

由此可见，**如果两个变量都是单整变量，只有当它们的单整阶相同时，才可能协整**；如果它们的单整阶不相同，就不可能协整。

三个以上的变量，如果具有不同的单整阶数，有可能经过线性组合构成低阶单整变量。例如，如果存在：

$$W_t \sim I(1), \quad V_t \sim I(2), \quad U_t \sim I(2)$$

并且

$$P_t = aV_t + bU_t \sim I(1)$$
$$Q_t = cW_t + eP_t \sim I(0)$$

那么认为

$$V_t, U_t \sim \mathrm{CI}(2,1)$$
$$W_t, P_t \sim \mathrm{CI}(1,1)$$

从协整的定义可以看出，(d,d)阶协整是一类非常重要的协整关系，它的经济意义在于：两个变量，虽然它们具有各自的长期波动规律，但是如果它们是(d,d)阶协整的，则它们之间存在着一个长期稳定的比例关系。例如，前面提到的中国居民总量消费 Y 和总量可支配收入 X，它们各自都是 2 阶单整序列，并且我们将会看到，它们取对数后的序列 $\ln Y$ 与 $\ln X$ 各自都是 1 阶单整的，而且 $\ln Y$ 与 $\ln X$ 也是(1,1)阶协整的，说明它们的对数序列间存在着一个长期稳定的比例关系。从计量经济学模型的意义上讲，建立如下居民总量消费函数模型：

$$\ln Y_t = \alpha_0 + \alpha_1 \ln X_t + \mu_t$$

变量选择是合理的，随机误差项也一定是“白噪声”，而且模型参数有合理的经济解释。这也解释了尽管这两个时间序列是非平稳的，但却可以用经典的回归分析方法建立双对数因果关系回归模型的原因。

从这里，我们已经初步认识，检验变量之间的协整关系，在建立时间序列计量经济学模型过程中是非常重要的。而且，从变量之间是否具有协整关系出发选择模型的变量，其数据基础是牢固的，其统计性质是优良的。

3.2.2 协整的 E-G 检验

1. 两变量的 Engle-Granger 检验

在时间序列分析中，最令人关注的一种协整关系是(1,1)阶协整。为了检验两个均呈现1阶单整的变量 Y_t，X_t 是否为协整，Engle 和 Granger 于1987年提出两步检验法，也称为 **EG 检验**。

第一步，用 OLS 法估计方程(3.2.1)并计算非均衡误差，得到

$$\hat{Y}_t = \hat{\alpha}_0 + \hat{\alpha}_1 X_t$$

$$e_t = Y_t - \hat{Y}_t$$

称为**协整回归**(cointegrating regression)或**静态回归**(static regression)。

第二步，检验 e_t 的单整性。如果 e_t 为稳定序列 $I(0)$，则认为变量 Y_t，X_t 为(1,1)阶协整；否则，认为变量 Y_t，X_t 不存在协整关系。

检验 e_t 的单整性的方法即是第3.1节中介绍的 DF 检验或者 ADF 检验。由于协整回归中已含有截距项，则检验模型中无须包含截距项；如果协整回归中还含有趋势项，则检验模型中也无须再包含时间趋势项。使用 ADF 检验的模型1

$$\Delta e_t = \delta e_{t-1} + \sum_{i=1}^{p} \theta_i \Delta e_{t-i} + \varepsilon_t$$

进行检验时，拒绝零假设 H_0：$\delta=0$，意味着误差项 e_t 是平稳序列，从而说明 X 与 Y 是协整的。

一个需要注意的问题是，这里的 DF 检验或 ADF 检验是针对协整回归计算出的误差项 e_t，而非真正的非均衡误差 μ_t 进行的。而 OLS 法采用了残差最小平方和原理，因此估计量 δ 往往是向下偏倚的，这样将导致拒绝零假设的机会比实际情形大。于是对 e_t 平稳性检验的 DF 与 ADF 临界值应该比正常的 DF 与 ADF 临界值还要小。MacKinnon(1991)通过模拟试验给出了协整检验的临界值，表3.2.1是双变量情形下不同样本容量的临界值，该临界值是按照检验模型1推导得到的。

表 3.2.1　双变量协整 ADF 检验临界值

样本容量	显著性水平		
	0.01	0.05	0.10
25	−4.37	−3.59	−3.22
50	−4.12	−3.46	−3.13
100	−4.01	−3.39	−3.09
∞	−3.90	−3.33	−3.05

例 3.2.1　对表 3.2.2 中经过居民消费价格指数调整后的 1978—2006 年间中国居民总量消费 Y 与总量可支配收入 X 的数据，检验它们取对数的序列 $\ln Y$ 与 $\ln X$ 间的协整关系。数据见表 3.2.2。

表 3.2.2　例 3.2.1 数据表

年份	Y	X	年份	Y	X	年份	Y	X
1978	3 806.7	6 678.8	1988	9 560.5	15 794.0	1998	19 364.1	38 140.9
1979	4 273.2	7 551.6	1989	9 085.5	15 035.5	1999	20 989.3	40 277.0
1980	4 605.5	7 944.2	1990	9 450.9	16 525.9	2000	22 863.9	42 964.6
1981	5 063.9	8 438.0	1991	10 375.8	18 939.6	2001	24 370.1	46 385.4
1982	5 482.4	9 235.2	1992	11 815.3	22 056.5	2002	26 243.2	51 274.0
1983	5 983.2	10 074.6	1993	13 004.7	25 897.3	2003	28 035.0	57 408.1
1984	6 745.7	11 565.0	1994	13 944.2	28 783.4	2004	30 306.2	64 623.1
1985	7 729.2	11 601.7	1995	15 467.9	31 175.4	2005	33 214.4	74 580.4
1986	8 210.9	13 036.5	1996	17 092.5	33 853.7	2006	36 811.2	85 623.1
1987	8 840.0	14 627.7	1997	18 080.6	35 956.2			

对于 $\ln Y$ 与 $\ln X$，容易验证它们均是 $I(1)$ 序列，适当的检验模型如下：

$$\Delta^2 \ln \hat{Y}_t = 0.059 - 0.741 \Delta \ln Y_{t-1}$$
$$(3.55) \quad (-3.89)$$

$$\Delta^2 \ln \hat{X}_t = 0.071 - 0.784 \Delta \ln X_{t-1}$$
$$(3.58) \quad (-3.97)$$

在 5% 的显著性水平下，ADF 检验的临界值为 −2.97。

对 $\ln Y$ 与 $\ln X$ 做如下协整回归：

$$\ln \hat{Y}_t = 0.587 + 0.880 \ln X_t$$
$$(4.11) \quad (61.89)$$

通过对该式计算的残差序列 e_t 进行 ADF 检验，得适当检验模型为

$$\Delta \hat{e}_t = -0.631e_{t-1} + 0.337\Delta e_{t-1} + 0.298\Delta e_{t-2} + 0.390\Delta e_{t-3} + 0.494\Delta e_{t-4}$$
$$(-3.69) \quad (1.78) \quad (1.58) \quad (2.14) \quad (2.58)$$

查表 3.2.1 得到，5%的显著性水平下协整的 ADF 检验临界值为−3.59，而 e_{t-1} 前参数的 t 值为−3.69，因此拒绝存在单位根的假设，表明残差项是稳定的。据此判断，中国居民总量消费的对数序列 $\ln Y$ 与总可支配收入的对数序列 $\ln X$ 是(1,1)阶协整的，检验了该两变量的对数序列间存在长期稳定的“均衡”关系。

2. 多变量的 Engle-Granger 检验

多变量协整关系的检验要比双变量复杂一些，主要原因在于协整变量间可能存在多种稳定的线性组合。假设有 4 个 $I(1)$变量 Z、X、Y、W，它们有如下的长期均衡关系：

$$Z_t = \alpha_0 + \alpha_1 W_t + \alpha_2 X_t + \alpha_3 Y_t + \mu_t \tag{3.2.5}$$

其中，非均衡误差项 μ_t 应是 $I(0)$序列：

$$\mu_t = Z_t - \alpha_0 - \alpha_1 W_t - \alpha_2 X_t - \alpha_3 Y_t \tag{3.2.6}$$

然而，如果 Z 与 W，X 与 Y 间分别存在长期均衡关系：

$$Z_t = \beta_0 + \beta_1 W_t + v_{1t}$$
$$X_t = \gamma_0 + \gamma_1 Y_t + v_{2t}$$

则非均衡误差项 v_{1t}、v_{2t}一定是稳定序列 $I(0)$。于是它们的任意线性组合也将是稳定的。例如

$$v_t = v_{1t} + v_{2t} = Z_t - \beta_0 - \gamma_0 - \beta_1 W_t + X_t - \gamma_1 Y_t \tag{3.2.7}$$

一定是 $I(0)$序列。由于 v_t 像式(3.2.6)中的 μ_t 一样，也是 Z、X、Y、W 四个变量的线性组合，由此式(3.2.7)也成为该四变量的另一稳定线性组合。$(1, -\alpha_0, -\alpha_1, -\alpha_2, -\alpha_3)$是对应于式(3.2.6)的协整向量，$(1, -\beta_0-\gamma_0, -\beta_1, 1, -\gamma_1)$是对应于式(3.2.7)的协整向量。

对于多变量的协整检验过程，基本与双变量情形相同，即需检验变量是否具有同阶单整性，以及是否存在稳定的线性组合。后者需通过设置一个变量为被解释变量，其他变量为解释变量，进行 OLS 估计并检验残差序列是否平稳。如果不平稳，则需更换被解释变量，进行同样的 OLS 估计及相应的残差项检验。当所有的变量都被作为被解释变量检验之后，仍不能得到平稳的残差项序列，则认为这些变量间不存在(1,1)阶协整。

同样地，检验残差项是否平稳的 DF 与 ADF 检验临界值要比通常的 DF 与 ADF 检验临界值小，而且该临界值还受到所检验的变量个数的影响。表 3.2.3 给出了 MacKinnon(1991)通过模拟试验得到的不同变量协整检验的临界值(其一般计算表式见《计量经济学》(第 3 版)(高等教育出版社)等教科书的附录)。

表 3.2.3 多变量协整检验 ADF 临界值

样本容量	变量数=3 显著性水平			变量数=4 显著性水平			变量数=6 显著性水平		
	0.01	0.05	0.1	0.01	0.05	0.1	0.01	0.05	0.1
25	−4.92	−4.1	−3.71	−5.43	−4.56	−4.15	−6.36	−5.41	−4.96
50	−4.59	−3.92	−3.58	−5.02	−4.32	−3.98	−5.78	−5.05	−4.69
100	−4.44	−3.83	−3.51	−4.83	−4.21	−3.89	−5.51	−4.88	−4.56
∞	−4.30	−3.74	−3.45	−4.65	−4.1	−3.81	−5.24	−4.7	−4.42

3. 高阶单整变量的 Engle-Granger 检验

E-G 检验是针对 2 个及多个 $I(1)$ 变量之间的协整关系检验而提出的。在实际宏观经济研究中，经常需要检验 2 个或多个高阶单整变量之间的协整关系，虽然也可以用 E-G 两步法，但是残差单位根检验的分布同样将发生改变。

3.2.3 协整的 JJ 检验

Johansen 于 1988 年，以及与 Juselius 一起于 1990 年提出了一种**基于向量自回归模型的多重协整检验方法，通常称为 Johansen 检验，或 JJ 检验**，是一种进行多变量协整检验的较好方法。

1. JJ 检验的原理

将没有移动平均项的向量自回归模型表示为

$$\boldsymbol{y}_t = \alpha + \Pi_1 \boldsymbol{y}_{t-1} + \cdots + \Pi_p \boldsymbol{y}_{t-p} + \mu_t \tag{3.2.8}$$

式中

$$\boldsymbol{y}_t = \begin{pmatrix} y_{1t} \\ y_{2t} \\ \vdots \\ y_{Mt} \end{pmatrix}, \quad \boldsymbol{y}_{t-1} = \begin{pmatrix} y_{1t-1} \\ y_{2t-1} \\ \vdots \\ y_{Mt-1} \end{pmatrix}, \quad \boldsymbol{y}_{t-p} = \begin{pmatrix} y_{1t-p} \\ y_{2t-p} \\ \vdots \\ y_{Mt-p} \end{pmatrix}$$

$$\Pi_1 = \begin{pmatrix} \pi_{111} & \pi_{112} & \cdots & \pi_{11M} \\ \pi_{121} & \pi_{122} & \cdots & \pi_{12M} \\ \vdots & & & \\ \pi_{1M1} & \pi_{1M2} & \cdots & \pi_{1MM} \end{pmatrix}, \quad \Pi_p = \begin{pmatrix} \pi_{p11} & \pi_{p12} & \cdots & \pi_{p1M} \\ \pi_{p21} & \pi_{p22} & \cdots & \pi_{p2M} \\ \vdots & & & \\ \pi_{pM1} & \pi_{pM2} & \cdots & \pi_{pMM} \end{pmatrix}$$

$$\alpha = \begin{pmatrix} \alpha_1 \\ \alpha_2 \\ \vdots \\ \alpha_M \end{pmatrix}, \quad \mu_t = \begin{pmatrix} \mu_{1t} \\ \mu_{2t} \\ \vdots \\ \mu_{Mt} \end{pmatrix}$$

为了简便，改写为

$$\boldsymbol{y}_t = \alpha + \sum_{j=1}^{p} \Pi_j \boldsymbol{y}_{t-j} + \mu_t \tag{3.2.9}$$

如果$\boldsymbol{y}_t$表示**M个$I(1)$变量构成的向量**，对式(3.2.9)进行差分变换可以得到下式表示的模型：

$$\Delta \boldsymbol{y}_t = \sum_{j=1}^{p} \Gamma_j \Delta \boldsymbol{y}_{t-j} + \Pi \boldsymbol{y}_{t-1} + \varepsilon_t \tag{3.2.10}$$

其中ε_t为新生的随机误差。由于$I(1)$变量经过差分变换将变成$I(0)$变量，即式(3.2.10)中的$\Delta \boldsymbol{y}_t$、$\Delta \boldsymbol{y}_{t-j}(j=1,2,\cdots,p)$都是$I(0)$变量构成的向量，那么只有$\Pi \boldsymbol{y}_{t-1}$是$I(0)$变量构成的向量，即$y_{1t-1},y_{2t-1},\cdots,y_{Mt-1}$之间具有协整关系，才能保证新生误差$\varepsilon_t$是平稳的。

如果秩$R(\Pi)=M$，显然只有$y_{1t-1},y_{2t-1},\cdots,y_{Mt-1}$都是$I(0)$变量，才能保证新生误差是平稳的。而这显然与已知的$\boldsymbol{y}_t$为$I(1)$过程相矛盾。所以必然存在$R(\Pi)<M$。

如果$R(\Pi)=0$，意味着$\Pi=0$，因此式(3.2.10)仅仅是个差分方程，各项都是$I(0)$变量，不需要讨论$y_{1t-1},y_{2t-1},\cdots,y_{Mt-1}$之间是否具有协整关系。

如果$R(\Pi)=r(0<r<M)$，表示存在r个协整组合，其余$M-r$个关系仍为$I(1)$关系。在这种情况下，Π可以分解成两个$(M\times r)$阶矩阵α和β的乘积：

$$\Pi = \alpha\beta' \tag{3.2.11}$$

其中$R(\alpha)=r,R(\beta)=r$。将式(3.2.11)代入式(3.2.10)，得到

$$\Delta \boldsymbol{y}_t = \sum_{j=1}^{p} \Gamma_j \Delta \boldsymbol{y}_{t-j} + \alpha\beta' \boldsymbol{y}_{t-1} + \varepsilon_t \tag{3.2.12}$$

该式要求$\beta'\boldsymbol{y}_{t-1}$为一个$I(0)$向量，其每一行都是一个$I(0)$组合变量，即每一行所表示的$y_{1t-1},y_{2t-1},\cdots,y_{Mt-1}$的线性组合都是一种协整形式。所以，矩阵$\beta'$决定了$y_{1t-1},y_{2t-1},\cdots,y_{Mt-1}$之间协整向量的个数与形式，将$\beta'$称为**协整向量矩阵**，$r$为系统中协整向量的个数。矩阵$\alpha$的每一行$\alpha_j$是出现在第$j$个方程中的$r$个协整组合的一组权重，故称为**调整参数矩阵**。当然容易发现，α和β并不是唯一的。

于是，将$\boldsymbol{y}_t$中的协整检验变成对矩阵Π的分析问题。这就是JJ检验的基本原理。

2. JJ检验的预备工作

Johansen于1988年提出的检验方法必须进行如下步骤的预备工作。

第一步：用OLS分别估计

$$\Delta \boldsymbol{y}_t = \sum_{j=1}^{p} \Gamma_j \Delta \boldsymbol{y}_{t-j} + \mu_t \tag{3.2.13}$$

中的每一个方程，计算残差，得到残差矩阵$\boldsymbol{S}_0$，为一个$(M\times T)$阶矩阵。

第二步：用OLS分别估计

$$\boldsymbol{y}_{t-1} = \sum_{j=1}^{p} \Gamma_j \Delta y_{t-j} + \mu_t \tag{3.2.14}$$

中的每一个方程,计算残差,得到残差矩阵$\boldsymbol{S}_1$,也为一个$(M\times T)$阶矩阵。

第三步:构造上述残差矩阵的积矩阵:

$$\boldsymbol{R}_{00} = T^{-1}\boldsymbol{S}_0\boldsymbol{S}_0' \quad \boldsymbol{R}_{01} = T^{-1}\boldsymbol{S}_0\boldsymbol{S}_1'$$
$$\boldsymbol{R}_{10} = T^{-1}\boldsymbol{S}_1'\boldsymbol{S}_0 \quad \boldsymbol{R}_{11} = T^{-1}\boldsymbol{S}_1\boldsymbol{S}_1' \tag{3.2.15}$$

第四步:计算$\boldsymbol{R}_{10}\boldsymbol{R}_{00}^{-1}\boldsymbol{R}_{01}$关于$\boldsymbol{R}_{11}$的有序特征值和特征向量。特征值即为特征方程

$$|\lambda\boldsymbol{R}_{11} - \boldsymbol{R}_{10}\boldsymbol{R}_{00}^{-1}\boldsymbol{R}_{01}| = 0 \tag{3.2.16}$$

的解,$1\geqslant\lambda_1\geqslant\cdots\geqslant\lambda_r\geqslant\cdots\geqslant\lambda_M\geqslant 0$,构成对角矩阵$\Lambda$;对应的特征向量构成的矩阵为$\boldsymbol{B}$,则有

$$\boldsymbol{R}_{11}\boldsymbol{B}\Lambda = \boldsymbol{R}_{10}\boldsymbol{R}_{00}^{-1}\boldsymbol{R}_{01}\boldsymbol{B} \tag{3.2.17}$$

式中$\boldsymbol{B}$由下式正规化:

$$\boldsymbol{B}'\boldsymbol{R}_{11}\boldsymbol{B} = \boldsymbol{I}$$

第五步:设定似然函数。当Π无约束时,式(3.2.16)的M个特征值都保留,其对数似然函数依赖于

$$-\frac{1}{2}T\sum_{i=1}^{M}\ln(1-\lambda_i) \tag{3.2.18}$$

但当$R(\Pi)=r(0<r<M)$时,对数似然函数是r个最大的特征值的函数:

$$-\frac{1}{2}T\sum_{i=1}^{r}\ln(1-\lambda_i) \tag{3.2.19}$$

3. JJ 检验之一——特征值轨迹检验

如果r个最大的特征值给出了协整向量,对其余$M-r$个非协整组合来说,$\lambda_{r+1},\cdots,\lambda_M$应该为0。于是设零假设为:$H_r$:有$M-r$个单位根,即有$r$个协整关系。备择假设为无约束。

检验统计量为

$$\eta(M-r) = -T\sum_{i=r+1}^{M}\ln(1-\lambda_i) \quad r=0,1,2,\cdots,M-1 \tag{3.2.20}$$

服从Johansen分布。当$r=0,1,2,\cdots,M-1$时可以得到一系列统计量值:$\eta(M),\eta(M-1),\cdots,\eta(1)$。

依次检验这一系列统计量的显著性。

当$\eta(M)$不显著时(即$\eta(M)$值小于某显著性水平下的Johansen分布临界值),不拒绝H_0(即不拒绝$r=0$),说明有0个协整向量(即不存在协整关系);当$\eta(M)$显著时($\eta(M)$值大于某显著性水平下的Johansen分布临界值),拒绝H_0而接受H_1,此时至少有1个协整向量,必须接着检验$\eta(M-1)$的显著性。

当 $\eta(M-1)$ 不显著时（即 $\eta(M-1)$ 值小于某显著性水平下的 Johansen 分布临界值），不拒绝 H_1（即不拒绝 $r=1$），说明有 1 个协整向量（即存在 1 种协整关系）；当 $\eta(M-1)$ 显著时（$\eta(M-1)$ 值大于某显著性水平下的 Johansen 分布临界值），拒绝 H_1 而接受 H_2，此时至少有 2 个协整向量，必须接着检验 $\eta(M-2)$ 的显著性。……，一直检验下去，直到出现第一个不显著的 $\eta(M-r)$ 为止，说明存在 r 个协整向量。这 r 个协整向量就是对应于最大的 r 个特征值的经过正规化的特征向量。

式(3.2.20)的检验统计量被称为特征值轨迹统计量，于是上述检验被称为特征值轨迹检验。特征值轨迹检验临界值见表 3.2.4。

4. JJ 检验之一——最大特征值检验

另外一个类似的检验的零假设为：H_r：有 $M-r$ 个单位根，即有 r 个协整关系。备择假设为有 $M-r-1$ 个单位根。检验统计量为基于最大的特征值$\{\lambda_r\}$的：

$$\zeta(r-1) = -T\ln(1-\lambda_r) \tag{3.2.21}$$

该统计量被称为最大特征值统计量。于是该检验被称为最大特征值检验。

检验从下往上进行，即首先检验统计量 $\zeta(0)$。如果统计量 $\zeta(0)$ 不显著，即 $\zeta(0)$ 值小于某显著性水平下的 Johansen 分布临界值，则不拒绝 H_0（即不拒绝 $r=0$），说明有 0 个协整向量（即不存在协整关系）；如果统计量 $\zeta(0)$ 显著，即 $\zeta(0)$ 值大于某显著性水平下的 Johansen 分布临界值，则拒绝有 0 个协整向量的 H_1，接受至少有 1 个协整向量的备择假设，必须接着检验 $\zeta(1)$ 的显著性。

如果统计量 $\zeta(1)$ 不显著，即 $\zeta(1)$ 值小于某显著性水平下的 Johansen 分布临界值，则不拒绝 H_1（即不拒绝 $r=1$），说明有 1 个协整向量；如果统计量 $\zeta(1)$ 显著，即 $\zeta(1)$ 值大于某显著性水平下的 Johansen 分布临界值，则拒绝有 1 个协整向量的 H_1，接受至少有 2 个协整向量的备择假设，必须接着检验 $\zeta(2)$ 的显著性。……，一直检验下去，直到出现第一个不显著的 $\zeta(r-1)$ 为止，说明存在$(r-1)$个协整向量，拒绝至少有 r 个协整向量的备择假设。这$(r-1)$个协整向量就是对应于最大的$(r-1)$个特征值的经过正规化的特征向量。

最大特征值检验临界值见表 3.2.4。注意临界值的选取与 M、r 有关。例如，如果 $M=2$，即变量数为 2；$T=40$。求得到的两个特征值（按照从大到小的顺序排列）为 $\lambda_0=0.50$，$\lambda_1=0.10$。由式(3.2.21)求出的最大统计量为

$$\zeta(0) = -40\ln(1-0.50) = 27.73$$

$$\zeta(1) = -40\ln(1-0.10) = 4.21$$

首先检验统计量 $\zeta(0)$，此时应该选择对应于 $M-0=2$ 的临界值 14.595（给定显著性水平为 95%）。因为 $27.73>14.595$，所以统计量 $\zeta(0)$ 显著，则拒绝有 0 个协整向量的 H_0，接受至少有 1 个协整向量的备择假设，必须接着检验 $\zeta(1)$ 的显著性。选择对应于 $M-1=1$ 的临界值 8.083（给定显著性水平为 95%），因为 $4.21<8.083$，表示统计量 $\zeta(1)$ 不显著，

则不拒绝 H_1(即不拒绝 $r=1$),说明有 1 个协整向量。

如果 $M=3$,即变量数为 3,则在进行统计量 $\zeta(0)$ 显著性检验时,应该选择对应于 $M-0=3$ 的临界值 21.279(给定显著性水平为 95%)。

表 3.2.4 是由 Johansen 和 Juselius 于 1990 年计算得到的。

表 3.2.4 Johansen 分布临界值表

统计量		显著性水平							
		50%	80%	90%	95%	97.5%	99%	均值	方差
最	1	2.415	4.905	6.691	8.083	9.658	11.576	3.030	7.024
大	2	7.474	10.666	12.783	14.595	16.403	18.782	8.030	12.568
特	3	12.707	16.521	18.959	21.279	23.362	26.154	13.278	18.518
征	4	17.875	22.341	24.917	27.341	29.599	32.616	18.451	24.163
值	5	23.132	27.953	30.818	33.262	35.700	38.858	23.680	29.000
特	$\eta_a(1)$	2.415	4.095	6.691	8.083	9.658	11.576	3.030	7.024
征	$\eta_a(2)$	9.335	13.038	15.583	17.844	19.611	21.962	9.879	18.017
值	$\eta_a(3)$	20.188	24.445	28.436	31.256	34.062	37.291	20.809	34.159
轨	$\eta_a(4)$	34.873	41.623	45.248	48.419	51.801	55.551	35.475	56.880
迹	$\eta_a(5)$	53.373	61.566	65.956	69.977	73.031	77.911	53.949	84.092

例 3.2.2 对表 3.2.2 中中国居民总量消费 Y 与总量可支配收入 X 的数据,采用 JJ 方法检验它们取对数的序列 $\ln Y$ 与 $\ln X$ 间的协整关系。

首先进行特征值轨迹检验,选择在协整方程中包含常数项,而不包含趋势项,计算得到 $\eta(2)=67.5337$,$\eta(1)=5.5233$。显然,在 5%显著性水平下,统计量 $\eta(2)$ 显著,则拒绝有 0 个协整向量的 H_0,接受至少有 1 个协整向量的备择假设,而统计量 $\eta(1)$ 不显著,说明有 1 个协整向量。

同样进行最大特征值检验,计算得到 $\zeta(0)=62.0105$,$\zeta(1)=5.5233$。显然,在 5%显著性水平下,统计量 $\zeta(0)$ 显著,则拒绝有 0 个协整向量的 H_0,接受至少有 1 个协整向量的备择假设,而统计量 $\zeta(1)$ 不显著,说明有 1 个协整向量。

协整方程为:$\ln \hat{Y}_t=0.8958+0.8814\ln X_t$。与例 3.2.1 比较,因为算法不同,采用的样本数目不同,协整回归系数有一些差异。

5. JJ 检验中的几个具体问题

(1) 能否适用于高阶单整序列?

JJ 检验只能用于 2 个或多个 $I(1)$ 变量的协整检验。对于多个高阶单整序列,采用差分或对数变换等将其变为 $I(1)$ 序列,显然是可行的。但是,这时协整以致均衡的经济意义发生了变化,已经不反映原序列之间的结构关系。

(2) 如何选择截距和时间趋势项?

将式(3.2.9)写成如下的一般形式:

$$\boldsymbol{y}_t = \alpha + \rho t + \sum_{j=1}^{p} \Pi_j \boldsymbol{y}_{t-j} + \mu_t \tag{3.2.22}$$

可能出现3种情况:无趋势,即$\alpha = \mathbf{0}, \rho = \mathbf{0}$;有趋势,但趋势项不进入协整关系,趋势参数与协整矩阵正交,即$\alpha \neq \mathbf{0}, \rho \neq \mathbf{0}, \beta' \rho = \mathbf{0}$;有趋势,且趋势项进入协整关系,即$\alpha$,$\rho$任意。一般的处理是:作为假设,引入趋势项;估计模型,对α,ρ进行显著性检验;根据检验结果,重新设定模型,进行协整检验。

(3) 在多个$I(1)$变量的协整检验中如何选择均衡方程?

对多个$I(1)$变量进行协整检验,可能得到多个$I(1)$变量的协整关系。必须根据经济意义确定其中的某一个作为长期均衡方程,一般该方程中应该包含最多的变量。关于这一点,本节还将专门讨论。

3.2.4 关于均衡与协整关系的讨论

许多应用研究以这样的思路展开:首先对时间序列进行单位根检验;然后进行多个同阶单整时间序列的协整检验;最后将协整回归方程认定为长期均衡方程。结果是经常得到一些在经济行为上无法解释的甚至是荒谬的"长期均衡关系"。

协整方程不一定是均衡方程。它们之间至少存在以下差异:

(1) **协整方程具有统计意义,而均衡方程具有经济意义**。时间序列之间在经济上存在均衡关系,在统计上一定存在协整关系;反之,在统计上存在协整关系的时间序列之间,在经济上并不一定存在均衡关系。协整关系是均衡关系的必要条件,而不是充分条件。

(2) **均衡方程中应该包含均衡系统中的所有时间序列,而协整方程中可以只包含其中的一部分时间序列**。例如,支出法GDP和最终消费总额、资本形成总额、货物和服务净出口总额之间存在均衡关系,包含该4个序列的协整方程同时也是均衡方程;而GDP和最终消费总额之间,甚至最终消费总额和资本形成总额之间都可能存在协整关系,但是这些协整方程显然不是经济上的均衡方程,因为经济上的均衡关系是发生在4个序列之间的。

(3) **均衡方程只要求随机项是平稳的,而均衡方程要求随机项是白噪声**。

所以,**不能由协整关系导出均衡关系,只能用协整关系检验均衡关系**。

3.2.5 结构变化时间序列的协整检验

类似于第3.1节中关于结构变化的时间序列的单位根检验,对于2个或者多个具有结构变化特征的时间序列进行协整检验,需要在协整回归模型中引入结构变化虚变量。

下面仅以 GH 协整检验为例。

Gregory and Hansen(1996)将 ZA 方法推广到协整检验，提出的协整回归模型有三个：

模型 A：$Y_t=\alpha+\gamma DU_t+\beta X_t+\varepsilon_t$

模型 B：$Y_t=\alpha+\gamma DU_t+\eta t+\beta X_t+\varepsilon_t$

模型 C：$Y_t=\alpha+\gamma DU_t+\beta_1 X_t+\beta_2 X_t DU_t+\varepsilon_t$

式中，$DU_t=1(t\geqslant T_B)$。

检验的思路是给定的迭代区间 Λ 内，依次假定每一个点为断点，逐次进行回归得到残差序列，然后作残差的单位根检验，得到最小的 t 统计量，此最小值就是关键统计量的值，其数学表达为

$$\mathrm{ADF}^* = \inf_{\lambda\in\Lambda}\mathrm{ADF}(\lambda)$$

但是，Gregory and Hansen(1996)没有给出 ADF^* 的渐近分布，只是给出了 Phillips-Perron 检验的渐近分布，并据此推测 ADF^* 的渐近分布也应该是这个分布。

3.2.6　误差修正模型

1. 误差修正模型

前文已经提到，对于非稳定时间序列，可通过差分的方法将其化为稳定序列，然后才可建立经典的回归分析模型。例如，当我们建立消费(Y)与可支配收入(X)之间的回归模型

$$Y_t = \alpha_0 + \alpha_1 X_t + \mu_t \tag{3.2.23}$$

时，如果 Y 与 X 具有共同的向上或向下的变化趋势，为了避免虚假回归，传统的方法是分别通过差分消除变量的共同变化趋势，使之成为稳定序列，再建立差分回归模型

$$\Delta Y_t = \alpha_1 \Delta X_t + v_t \tag{3.2.24}$$

式中，$v_t=\mu_t-\mu_{t-1}$。在经典计量经济学模型中，为了分析变量之间的短期关系，即变化量之间的关系，一般也建立式(3.2.24)的**差分模型**。

然而，这种方法会引起**两个问题**：第一，如果 X 与 Y 间存在着长期稳定的均衡关系式(3.2.23)，且误差项 μ_t 不存在序列相关，则差分式(3.2.24)中的 v_t 是一个一阶移动平均时间序列，因而是序列相关的；第二，也是更重要的，如果采用式(3.2.24)的差分形式进行估计，则**关于变量水平值的重要信息将被完全忽略**。这时模型只表达了 X 与 Y 间的短期关系，而完全没有考虑它们间的长期关系对短期关系的影响。因为，从长期均衡的观点看，Y 在第 t 期的变化不仅取决于 X 本身的变化，还取决于 X 与 Y 在 $t-1$ 期末的状态，尤其是 X 与 Y 在 $t-1$ 期的不均衡程度。

另外，使用差分变量也往往会得出不能令人满意的回归方程。例如，使用式(3.2.24)

回归时，很少出现截距项显著为零的情况，即我们常常会得到如下形式的方程：

$$\Delta Y_t = \hat{\alpha}_0 + \hat{\alpha}_1 \Delta X_t + v_t, \quad \hat{\alpha}_0 \neq 0 \tag{3.2.25}$$

这样在 X 保持不变时，如果模型存在静态均衡(static equilibrium)，Y 也会保持它的长期均衡值不变。但如果使用式(3.2.25)，即使 X 保持不变，Y 也会处于长期上升($\hat{\alpha}_0>0$)或下降($\hat{\alpha}_0<0$)的过程中，这意味着 X 与 Y 之间不存在静态均衡。这与大多数具有静态均衡的经济理论假说不相符。很明显，如果收入保持稳定，我们就不能期望消费支出永远不停地变化。

可见，简单差分不一定能解决非平稳时间序列所遇到的全部问题，因此，误差修正模型便应运而生。

误差修正模型(error correction model，简记为 ECM)是一种具有特定形式的计量经济学模型，它的主要形式是由 Davidson、Hendry、Srba 和 Yeo 于 1978 年提出的，称为 DHSY 模型。为了便于理解，我们通过一个具体的模型来介绍它的结构。

假设两变量 X 与 Y 的长期均衡关系如式(3.2.23)所示，由于现实经济中 X 与 Y 很少处在均衡点上，因此我们实际观测到的只是 X 与 Y 间的短期的或非均衡的关系，假设具有如下(1, 1)阶分布滞后形式：

$$Y_t = \beta_0 + \beta_1 X_t + \beta_2 X_{t-1} + \delta Y_{t-1} + \mu_t \tag{3.2.26}$$

该模型显示出第 t 期的 Y 值，不仅与 X 的变化有关，而且与 $t-1$ 期 X 与 Y 的状态值有关。

由于变量可能是非平稳的，因此不能直接运用 OLS 法。将式(3.2.26)适当变形得

$$\begin{aligned}\Delta Y_t &= \beta_0 + \beta_1 \Delta X_t + (\beta_1 + \beta_2) X_{t-1} - (1-\delta) Y_{t-1} + \mu_t \\ &= \beta_1 \Delta X_t - (1-\delta)\left(Y_{t-1} - \frac{\beta_0}{1-\delta} - \frac{\beta_1+\beta_2}{1-\delta} X_{t-1}\right) + \mu_t\end{aligned}$$

或

$$\Delta Y_t = \beta_1 \Delta X_t - \lambda (Y_{t-1} - \alpha_0 - \alpha_1 X_{t-1}) + \mu_t \tag{3.2.27}$$

式中，$\lambda=1-\delta$，$\alpha_0=\beta_0/(1-\delta)$，$\alpha_1=(\beta_1+\beta_2)/(1-\delta)$。

如果将式(3.2.27)中的参数 α_0，α_1 与式(3.2.23)中的相应参数视为相等，则式(3.2.27)中括号内的项就是 $t-1$ 期的非均衡误差项。于是式(3.2.27)表明 Y 的变化取决于 X 的变化以及前一时期的非均衡程度。同时，式(3.2.27)也弥补了简单差分式(3.2.24)的不足，因为该式含有用 X、Y 水平值表示的前期非均衡程度。因此，Y 的值已对前期的非均衡程度做出了修正。式(3.2.27)称为**一阶误差修正模型**(first-order error correction model)。

模型(3.2.27)可以写成

$$\Delta Y_t = \beta_1 \Delta X_t - \lambda \mathrm{ecm}_{t-1} + \mu_t \tag{3.2.28}$$

式中 ecm 表示误差修正项。由式(3.2.28) 可知，一般情况下 $|\delta|<1$，所以有 $0<\lambda<1$。我们可以据此分析 ecm 的修正作用：若$(t-1)$时刻 Y 大于其长期均衡解 $\alpha_0+\alpha_1 X$，ecm 为

正，则$(-\lambda\times \mathrm{ecm})$为负，使得$\Delta Y_t$减少；若$(t-1)$时刻$Y$小于其长期均衡解$\alpha_0+\alpha_1 X$，ecm为负，$(-\lambda\times \mathrm{ecm})$为正，使得$\Delta Y_t$增大。体现了长期非均衡误差对$Y_t$的控制。

需要注意的是，在实际分析中，变量常以对数的形式出现。其主要原因在于变量对数的差分近似地等于该变量的变化率，而经济变量的变化率常常是稳定序列，因此适合于包含在经典回归方程中。于是长期均衡模型(3.2.23)中的α_1可视为Y关于X的长期弹性(long-run elasticity)，而短期非均衡模型(3.2.27)中的β_1可视为Y关于X的短期弹性(short-run elasticity)。

更复杂的误差修正模型可依照一阶误差修正模型类似地建立。例如，具有季度数据的变量，可在短期非均衡模型(3.2.26)中引入更多的滞后项。引入二阶滞后项的模型为

$$Y_t=\beta_0+\beta_1 X_t+\beta_2 X_{t-1}+\beta_3 X_{t-2}+\delta_1 Y_{t-1}+\delta_2 Y_{t-2}+\mu_t \qquad (3.2.29)$$

经过适当的恒等变形，可得如下误差修正模型：

$$\Delta Y_t=-\delta_2\Delta Y_{t-1}+\beta_1\Delta X_t-\beta_3\Delta X_{t-1}-\lambda(Y_{t-1}-\alpha_0-\alpha_1 X_{t-1})+\mu_t \qquad (3.2.30)$$

式中，$\lambda=1-\delta_1-\delta_2$，$\alpha_0=\beta_0/\lambda$，$\alpha_1=(\beta_1+\beta_2+\beta_3)/\lambda$。

同样地，引入三阶滞后项的误差修正模型与式(3.2.30)相仿，只不过模型中多出差分滞后项ΔY_{t-2}，ΔX_{t-2}。

多变量的误差修正模型也可类似地建立。例如，三个变量如果存在如下长期均衡关系：

$$Y_t=\alpha_0+\alpha_1 X_t+\alpha_2 Z_t \qquad (3.2.31)$$

则其一阶非均衡关系可写成

$$Y_t=\beta_0+\beta_1 X_t+\beta_2 X_{t-1}+\gamma_1 Z_t+\gamma_2 Z_{t-2}+\delta Y_{t-1}+\mu_t \qquad (3.2.32)$$

于是它的一个误差修正模型为

$$\Delta Y_t=\beta_1\Delta X_t+\gamma_1\Delta Z_t-\lambda(Y_{t-1}-\alpha_0-\alpha_1 X_{t-1}-\alpha_2 Z_{t-1})+\mu_t \qquad (3.2.33)$$

式中，$\lambda=1-\delta$，$\alpha_0=\beta_0/\lambda$，$\alpha_1=(\beta_1+\beta_2)/\lambda$，$\alpha_2=(\gamma_1+\gamma_2)/\lambda$。

2. 误差修正模型的建立

(1) 格兰杰表述定理

误差修正模型有许多明显的优点：一阶差分项的使用消除了变量可能存在的趋势因素，从而避免了虚假回归问题；一阶差分项的使用也消除了模型可能存在的多重共线性问题；误差修正项的引入保证了变量水平值的信息没有被忽视；由于误差修正项本身的平稳性，使得该模型可以用经典的回归方法进行估计，尤其是模型中差分项可以使用通常的t检验与F检验来进行选取，等等。于是，一个重要的问题就是变量间的关系是否都可以通过误差修正模型来表述？就此问题，Engle与Granger于1987年提出了著名的**格兰杰表述定理**(Granger representation theorem)：

如果变量X与Y是协整的，则它们之间的短期非均衡关系总能由一个误差修正模型

表述。即

$$\Delta Y_t = \text{lagged}(\Delta Y, \Delta X) - \lambda \text{ecm}_{t-1} + \mu_t, \quad 0 < \lambda < 1 \qquad (3.2.34)$$

式中，ecm_t 是非均衡误差项或者说成是长期均衡偏差项，λ 是短期调整参数。

对于上述(1,1)阶自回归分布滞后模型(3.2.26)，如果

$$Y_t \sim I(1), \quad X_t \sim I(1)$$

那么，式(3.2.28)左边的 $\Delta Y_t \sim I(0)$，右边的 $\Delta X_t \sim I(0)$，于是，只有 Y 与 X 协整，才能保证右边也是 $I(0)$。因此，建立误差修正模型，在经济行为分析的基础上，需要首先对变量进行协整分析，以发现变量之间的协整关系，并以这种关系构成误差修正项。然后建立短期模型，将误差修正项看做一个解释变量，连同其他反映短期波动的解释变量一起，建立短期模型，即误差修正模型。

注意，由于式(3.2.34)中没有明确指出 ΔY 与 ΔX 的滞后项数，因此，可以是多个；同时，由于一阶差分项是 $I(0)$变量，因此模型中也允许使用 X 的非滞后差分项 ΔX_t。

格兰杰表述定理可类似地推广到多个变量的情形中去。

(2) Engle-Granger 两步法

由协整与误差修正模型的关系，可以得到误差修正模型建立的 E-G 两步法：

第一步，进行协整回归(OLS 法)，检验变量间的协整关系，估计协整向量(长期均衡关系参数)；

第二步，若协整性存在，则以第一步求到的残差作为非均衡误差项加入到误差修正模型中，并用 OLS 法估计相应参数。

需要注意的是，在进行变量间的协整检验时，如有必要可在协整回归式中加入趋势项，这时，对残差项的稳定性检验就无须再设趋势项。另外，第二步中变量差分滞后项的多少，可以残差项序列是否存在自相关性来判断。如果存在自相关，则应加入变量差分的滞后项。

例 3.2.3 建立中国居民总量消费 Y 的误差修正模型。

例 3.2.1 中验证了中国居民总量消费(Y)与总的可支配收入(X)的对数序列间呈协整关系。下面尝试建立它们的误差修正模型。

以 $\ln Y$ 关于 $\ln X$ 的协整回归中稳定残差序列 e_t 作误差修正项，可建立如下误差修正模型：

$$\Delta \ln \hat{Y}_t = 0.507 \Delta \ln X_t + 0.405 \Delta \ln Y_{t-1} - 0.209 e_{t-1}$$
$$(5.46) \qquad (3.78) \qquad (-2.04)$$
$$R^2 = 0.394 \qquad \text{LM}(1) = 0.10 \qquad \text{LM}(2) = 0.82$$

由例 3.2.1 中的协整回归式可得 $\ln Y$ 关于 $\ln X$ 的长期弹性为 0.880；由该误差修正模型式可得 $\ln Y$ 关于 $\ln X$ 的短期弹性为 0.507。

3.3 向量自回归模型

本节讨论一类应用广泛的现代时间序列分析模型——向量自回归模型，首先对该类模型的性质特征进行必要的探讨，然后介绍模型的估计，将重点放在模型的应用方面，包括格兰杰因果关系检验、脉冲响应分析和方差分解分析。

3.3.1 向量自回归模型概述

正如第1.2节中提及的，经典计量经济学模型是基于经济学理论和经济行为关系而构建的结构模型，这是它的一个最重要的特征。发生于20世纪70年代，以卢卡斯(E. Lucas)、萨金特(J. Sargent)、西姆斯(A. Sims)等为代表的对经典计量经济学的批判，其后果之一是导致计量经济学模型由经济理论导向转向数据关系导向。西姆斯(1980)等人将**向量自回归模型**(vector autoregression models，VAR)引入宏观经济分析中，使之成为现代时间序列分析的主要模型之一。在经济预测领域，特别是宏观经济预测领域，经典的计量经济学结构模型(包括联立方程结构模型)几乎为向量自回归模型所替代。原因在于经典的计量经济学结构模型是以理论为导向而构建的，特别是凯恩斯宏观经济理论，而经济理论并不能为现实的经济活动中变量之间的关系提供严格的解释。而**向量自回归模型是一种非结构化模型**，它主要通过实际经济数据而非经济理论来确定经济系统的动态结构，建模时无须提出先验理论假设，或者说它不排除任何假设，而是通过时间序列提供的信息将这些假设区分出来。

VAR模型每个方程的左边是内生变量，右边是自身的滞后和其他内生变量的滞后。西姆斯(1986)以及布兰查德(Q. J. Blanchard)和匡赫(D. Quah)(1989)发展了VAR，提出了**结构向量自回归模型**(structural vector auto-regression，SVAR)。SVAR模型中包含了变量之间的当期关系，而这些当期关系在VAR中是隐含在模型随机误差项中的。变量之间的当期关系揭示了变量之间的相互影响，实际上是对VAR模型施加了基于经济理论的限制性条件，从而识别变量之间的结构关系。所以，SVAR也被称为VAR的结构式。这样，SVAR模型每个方程的左边是内生变量，右边是自身的滞后和其他内生变量的当期和滞后。西姆斯认为VAR模型中的全部变量都是内生变量，近年来也有学者认为具有单向因果关系的变量，也可以作为外生变量加入VAR模型。或者，有时为了考虑趋势或季节因素需要引入纯外生变量。所以在实际应用中，人们又根据对经济行为的分析，在模型方程的右边引入必要的外生变量，为了加以区别，不妨称之为**修正的VAR或CVAR**。在协整的概念提出以后，人们将协整向量引入到VAR模型或SVAR模型中，扩展成为**向量误差修正模型**(vector error correction model, VECM)和**结构向量误差修正模型**(structural VECM)。可以将以上VAR、SVAR、CVAR、VECM统称为“**VAR类模型**”。

VAR 模型自提出以来，已经成为分析与预测多个相关经济指标的最易操作的模型之一，常用于预测相互联系的时间序列系统及分析随机扰动对变量系统的动态冲击，从而解释各种经济冲击对经济变量形成的影响。

例如，石油价格和汇率是最受国际社会关注的两大焦点。石油价格的波动对于全球经济的影响不言而喻，同时在全球经济一体化的背景下，汇率对国际贸易、国际金融的影响也可谓是牵一发而动全身。随着我国经济的增长，对石油的消费需求也与日俱增，我国已经成为世界第二大石油消费国，而近年来石油价格的大幅波动必将影响我国实际汇率的变化。如果构建石油价格和汇率的结构模型，由于影响因素和传导路径十分复杂，难以收到好的成效。而采用向量自回归模型，可以方便地分析石油价格上涨冲击对实际汇率波动的影响程度，以及需求、供给、货币这些宏观因素对汇率波动的影响。

由于 VAR 类模型没有揭示经济系统中变量之间的直接因果关系，因此也具有应用上的局限性。首先，VAR 类模型主要应用于经济预测，对于经济结构分析和政策评价等应用领域，它的应用存在方法论障碍；其次，即使在经济预测方面，它的应用也是有条件的。例如，VAR 避免了结构约束问题，是否就可以成功地进行宏观经济预测？显然不是。关键在于宏观经济运行中是否存在结构约束。所谓结构约束，实际就是政府干预。对于那些没有政府干预，完全按照市场规律运行的经济体，VAR 类模型可以进行成功的预测。相反，对于存在政府干预的经济体，采用 VAR 类模型进行的预测，很难取得成功。所以，人们应用 VAR 模型，更多地是将它作为一个动态平衡系统，分析该系统受到某种冲击时系统中各个变量的动态变化，以及每一个冲击对内生变量变化的贡献度，即**脉冲响应分析**和**方差分解分析**。这也是西姆斯获得 2011 年诺贝尔经济学奖的主要原因。

3.3.2 向量自回归模型及其估计

1. VAR 类模型表达式

含有 k 个变量的 VAR(p)模型表示如下：

$$\boldsymbol{Y}_t = \mu + \boldsymbol{A}_1\boldsymbol{Y}_{t-1} + \cdots + \boldsymbol{A}_p\boldsymbol{Y}_{t-p} + \varepsilon_t, \quad t = 1,2,\cdots,T \tag{3.3.1}$$

式中，

$$\boldsymbol{Y}_{t-i} = \begin{bmatrix} Y_{1t-i} \\ Y_{2t-i} \\ \vdots \\ Y_{kt-i} \end{bmatrix}, i = 1,2,\cdots,p; \qquad \boldsymbol{A}_j = \begin{bmatrix} \alpha_{11.j} & \alpha_{12.j} & \cdots & \alpha_{1k.j} \\ \alpha_{21.j} & \alpha_{22.j} & \cdots & \alpha_{2k.j} \\ \vdots & \vdots & \ddots & \vdots \\ \alpha_{k1.j} & \alpha_{k2.j} & \cdots & \alpha_{kk.j} \end{bmatrix}, \quad j = 1,\cdots,p$$

$$\mu = (\mu_1,\cdots,\mu_k)'; \qquad \varepsilon_t = (\varepsilon_{1t},\varepsilon_{2t},\cdots,\varepsilon_{kt})'$$

式中，$\boldsymbol{Y}_t$ 是 k 维内生变量向量，p 是滞后阶数，样本数目为 T。$\boldsymbol{A}_1,\cdots,\boldsymbol{A}_p$ 是 $k\times k$ 维系数矩阵。$\varepsilon_t \sim N(\boldsymbol{0},\Sigma)$ 是 k 维扰动向量，它们相互之间可以同期相关，但不与自己的滞后值

相关，也不与式(3.3.1)右边的变量相关。Σ 是ε_t 的协方差矩阵，是一个 $k\times k$ 的正定矩阵。

VAR 模型的建立不以严格的经济理论为依据。在建模过程中只需明确两个量。一个是所含变量个数 k，即共有哪些变量是相互有关系的，并且需要把这些变量包括在 VAR 模型中；一个是自回归的最大滞后阶数 p，通过选择合理的 p 来使模型能反映出变量间相互影响的关系并使得模型的随机误差项是白噪声。

含有 k 个变量的 SVAR(p)**模型**表示如下：

$$\boldsymbol{Y}_t = \mu + \boldsymbol{A}_0\boldsymbol{Y}_t + \boldsymbol{A}_1\boldsymbol{Y}_{t-1} + \cdots + \boldsymbol{A}_p\boldsymbol{Y}_{t-p} + \varepsilon_t, \quad t = 1,2,\cdots,T \tag{3.3.2}$$

含有 k 个内生变量和 g 个外生变量的 CVAR(p)**模型**表示如下：

$$\boldsymbol{Y}_t = \mu + \boldsymbol{A}_0\boldsymbol{Y}_t + \boldsymbol{A}_1\boldsymbol{Y}_{t-1} + \cdots + \boldsymbol{A}_p\boldsymbol{Y}_{t-p} + \beta\boldsymbol{X}_t + \varepsilon_t, \quad t = 1,2,\cdots,T \tag{3.3.3}$$

式中，

$$\boldsymbol{X}_t = \begin{pmatrix} X_{1t} \\ X_{2t} \\ \vdots \\ X_{gt} \end{pmatrix}, \quad \beta = \begin{bmatrix} \beta_{11} & \beta_{12} & \cdots & \beta_{1g} \\ \beta_{21} & \beta_{22} & \cdots & \beta_{2g} \\ \vdots & \vdots & \ddots & \vdots \\ \beta_{k1} & \beta_{k2} & \cdots & \beta_{kg} \end{bmatrix}$$

2. VAR 模型的估计

首先对 VAR 模型的估计进行讨论。VAR 模型是一个由 k 个方程构成的联立方程模型，但是，由于 VAR 模型的解释变量中不包括任何当期变量，所以，所有与联立方程模型有关的问题，诸如识别问题和内生解释变量问题，在 VAR 模型中都不存在。于是，**VAR 模型的每个方程可看做独立的方程**，因此 VAR 模型的估计很简单，常用的 OLS 法可用于逐一估计每个方程。得到的参数估计量$\hat{\boldsymbol{A}}_1,\hat{\boldsymbol{A}}_2,\cdots,\hat{\boldsymbol{A}}_p$ 都具有一致性。另外，随机干扰协方差矩阵Σ可以用 OLS 残差的平方和交叉乘积项的平均值估计，即为

$$\hat{\Sigma} = \frac{1}{T}\sum \hat{\varepsilon}_t\,\hat{\varepsilon}'_t \tag{3.3.4}$$

式中：$\hat{\varepsilon}_t = \boldsymbol{y}_t - \hat{\boldsymbol{A}}_1\boldsymbol{y}_{t-1} - \hat{\boldsymbol{A}}_2\boldsymbol{y}_{t-2} - \cdots - \hat{\boldsymbol{A}}_p\boldsymbol{y}_{t-p}$。这些最小二乘估计量还是最大似然估计量。

估计 VAR 模型的一个重要问题就是**模型最优滞后阶数的确定**。在选择滞后阶数 p 时，一方面想使滞后阶数足够大，以便能充分地利用所构造模型的变量信息。但是另一方面，滞后阶数不能过大，因为滞后阶数越大需要估计的参数也就越多，模型的自由度就减少，而通常数据有限，可能不足以估计模型。所以通常进行选择时，需要综合考虑。以下几种选择准则可供参考，一些计量软件，如 Eviews 软件会给出这些准则的估计值。

(1) 用 LR 统计量选择 p 值。LR(似然比)统计量定义为

$$\mathrm{LR} = -2(\ln L_{(p)} - \ln L_{(p+1)})$$

其中 $\ln L_{(p)}$ 和 $\ln L_{(p+1)}$ 分别是 VAR(p)和 VAR($p+1$)模型的对数似然函数值。选择 p 值

的原则是在增加 p 值的过程中使 LR 的值达到最大。

(2) 用赤池(Akaike)信息准则(AIC)选择 p 值。

$$\text{AIC} = -2\left(\frac{\ln L}{T}\right) + \frac{2k}{T}$$

其中 L 表示模型的似然函数值,T 表示样本容量。选择 p 值的原则是在增加 p 值的过程中使 AIC 的值达到最小。

(3) 用施瓦茨(Schwartz)准则(SC)选择 p 值。

$$\text{SC} = -2\left(\frac{\ln L}{T}\right) + \frac{p\ln T}{T}$$

其中 L 表示模型的似然函数值,T 表示样本容量。选择最佳 p 值的原则是在增加 p 值的过程中使 SC 值达到最小。

此外,还有一些其他选择准则。

单变量时间序列自回归模型中序列平稳的充分必要条件是模型特征方程的所有特征值都要在单位圆以外。类似地,VAR 模型稳定的充分必要条件是模型特征方程的所有特征值都要在单位圆以外。

3. SVAR 模型的估计

由于 SVAR 模型的解释变量中包括当期变量,所有与联立方程模型有关的问题,诸如识别问题和内生解释变量问题,统统提出来了。于是,经典联立方程模型的识别理论和估计理论完全适用于 SVAR 模型中每个方程。例如,当某个方程恰好识别时,可以首先估计简化式模型(为 VAR 模型),然后或者根据参数关系体系计算该方程的参数,或者采用 2SLS 估计该方程的参数。

3.3.3 格兰杰因果关系检验

VAR 模型的一个重要的应用是检验经济时间序列变量之间的因果关系。VAR 模型中的每一个方程旨在揭示某变量的变化受其自身及其他变量过去行为的影响。然而,许多经济变量有着相互的影响关系,如 GDP 的增长能够促进消费的增长,而反过来,消费的变化又是 GDP 变化的一个组成部分,因此,消费增加又能促进 GDP 的增加。现在的问题是:当两个变量间在时间上有先导—滞后关系时,能否从统计上考察这种关系是单向的还是双向的?即主要是一个变量过去的行为在影响另一个变量的当前行为呢?还是双方的过去行为在相互影响着对方的当前行为?格兰杰(Granger,1969)提出了一个简单的包括两个变量的 VAR 模型检验方法,习惯上称为**格兰杰因果关系检验**(Granger test of causality)。

1. 格兰杰因果关系的表述

在时间序列情形下,两个经济变量 X、Y 之间的格兰杰因果关系定义为:若在包含了

变量 X、Y 的过去信息的条件下，对变量 Y 的预测效果要优于只单独由 Y 的过去信息对 Y 进行的预测效果，即变量 X 有助于解释变量 Y 的将来变化，则认为变量 X 是引致变量 Y 的格兰杰原因。

考察 X 是否影响 Y 的问题，主要看当期的 Y 能够在多大程度上被过去的 X 解释，在 Y_t 方程中加入 X 的滞后值是否使解释程度显著提高。如果 X 在 Y 的预测中有帮助，或者 X 与 Y 的相关系数在统计上显著时，就可以说"X 是 Y 的格兰杰原因"。人们一般称 X 和 Y 之间的关系为**"格兰杰非因果关系"**，而不直接称为"因果关系"。其原因是：这种关系并非是一种物理上或结构上的定义，而是一种预测关系，它表明了 X 是否有助于解释对 Y 的预测，即使 X 不是引起 Y 的根源。

用数学语言来描述格兰杰非因果关系为：**如果由 Y_t 和 X_t 滞后值所决定的 Y_t 的条件分布与仅由 Y_t 滞后值所决定的条件分布相同**，即

$$f(Y_t \mid Y_{t-1},\cdots,X_{t-1},\cdots) = f(Y_t \mid Y_{t-1},\cdots) \tag{3.3.5}$$

则称 $\boldsymbol{X}$ 对 $\boldsymbol{Y}$ 存在格兰杰非因果关系。

格兰杰非因果关系的另一种表述是：**其他条件不变，如果加上 X_t 的滞后变量后对 Y_t 的预测精度不存在显著性改善**，即如果关于所有的 $s>0$，基于 $(Y_t,Y_{t-1},\cdots)$ 预测 Y_{t+s} 得到的均方误差，与基于 $(Y_t,Y_{t-1},\cdots)$ 和 $(X_t,X_{t-1},\cdots)$ 两者得到的 Y_{t+s} 的均方误差相同，**则称 X 对 Y 存在格兰杰非因果关系。**

2. 格兰杰因果关系检验

对于一个多变量的 VAR 模型系统，考虑利用从 $(t-1)$ 至 $(t-p)$ 期的所有信息，得到 Y_t 的最优预测如下：

$$\hat{Y}_t = \hat{\boldsymbol{A}}_1 Y_{t-1} + \cdots + \hat{\boldsymbol{A}}_p Y_{t-p} \qquad t = 1,2,\cdots,T \tag{3.3.6}$$

VAR(p)模型中格兰杰非因果关系可以根据系数矩阵的如下约束条件来判断：在多变量 VAR(p)模型中存在 Y_j 对 Y_i 的格兰杰非因果关系的**必要条件**是：

$$a_{ij}^{(q)} = 0, \quad q = 1,\cdots,p$$

其中 $a_{ij}^{(q)}$ 是 $\boldsymbol{A}_q$ 的第 i 行第 j 列的元素。

为简单说明，以二元 p 阶 VAR 模型为例。

$$\begin{bmatrix} Y_t \\ X_t \end{bmatrix} = \begin{bmatrix} \mu_{10} \\ \mu_{20} \end{bmatrix} + \begin{bmatrix} a_{11}^{(1)} & a_{12}^{(1)} \\ a_{21}^{(1)} & a_{22}^{(1)} \end{bmatrix} \begin{bmatrix} Y_{t-1} \\ X_{t-1} \end{bmatrix} + \begin{bmatrix} a_{11}^{(2)} & a_{12}^{(2)} \\ a_{21}^{(2)} & a_{22}^{(2)} \end{bmatrix} \begin{bmatrix} Y_{t-2} \\ X_{t-2} \end{bmatrix} + \cdots$$
$$+ \begin{bmatrix} a_{11}^{(p)} & a_{12}^{(p)} \\ a_{21}^{(p)} & a_{22}^{(p)} \end{bmatrix} \begin{bmatrix} Y_{t-p} \\ X_{t-p} \end{bmatrix} + \begin{bmatrix} \varepsilon_{1t} \\ \varepsilon_{2t} \end{bmatrix} \tag{3.3.7}$$

若 X 对 Y 存在格兰杰非因果性关系，则该 VAR 系数矩阵的第 1 行第 2 列的元素 $a_{12}^{(q)}$ $(q=1,2,\cdots,p)$ 的值均为 0。为了检验该二元 VAR 模型反映的 X 对 Y 存在格兰杰非因果性关系，可以利用 **$\boldsymbol{F}$ 检验**来检验如下的联合假设：

$$H_0: a_{12}^{(q)} = 0, \quad q = 1,2,\cdots,p$$

$$H_1: \text{至少存在一个 } q \text{ 使得 } a_{12}^{(q)} \neq 0$$

若$\varepsilon_t \sim N(\mathbf{0},\Sigma)$是 k 维扰动向量，它们相互之间可以同期相关，但不与自己的滞后值相关，也不与等式右边的变量相关，且变量都平稳，则检验的统计量为

$$S = \frac{(\text{RSS}_0 - \text{RSS}_1)/p}{\text{RSS}_1/(T-2p-1)} \sim F(p, T-2p-1) \tag{3.3.8}$$

其中：$\text{RSS}_0 = \sum_{t=1}^{T} \tilde{\varepsilon}_{it}^2$ 是 Y_t 方程受约束（即 $a_{12}^{(q)} = 0, q = 1,2,\cdots,p$）时所计算得到的 Y_t 方程的残差平方和，$\text{RSS}_1 = \sum_{t=1}^{T} \hat{\varepsilon}_{it}^2$ 则是 Y_t 方程不受约束时所计算得到的 Y_t 方程的残差平方和。如果 S 大于 F 的临界值，则拒绝原假设；否则接受原假设：X 对 Y 存在格兰杰非因果关系。

格兰杰因果关系检验的**前提条件**是：$\varepsilon_t \sim N(\mathbf{0},\Sigma)$是 k 维扰动向量，它们相互之间可以同期相关，但不与自己的滞后值相关，也不与方程右边的变量相关，并且变量都平稳。否则，格兰杰因果检验失效。此外，检验两个变量的格兰杰因果关系，还要考虑是否存在互相影响的其他变量。如果存在相互影响的其他变量，却只使用两变量的 VAR 模型进行格兰杰因果关系检验，则因为遗漏重要的解释变量，随机误差项不可能满足$\varepsilon_t \sim N(\mathbf{0},\Sigma)$，且它们不与自己的滞后值相关，也不与等式右边的变量相关。此时，格兰杰因果检验失效。

格兰杰因果关系可以分为四种情形讨论：

(1) X 是引起 Y 变化的原因，即存在由 X 到 Y 的单向格兰杰因果关系。若 Y 方程中滞后的 X 的系数估计值在统计上整体显著不为零，同时 X 方程中滞后的 Y 的系数估计值在统计上整体显著为零，则称 X 是引起 Y 变化的格兰杰原因。

(2) Y 是引起 X 变化的原因，即存在由 Y 到 X 的单向格兰杰因果关系。若 X 方程中滞后的 Y 的系数估计值在统计上整体显著不为零，同时 Y 方程中滞后的 X 的系数估计值在统计上整体的显著为零，则称 Y 是引起 X 变化的格兰杰原因。

(3) X 和 Y 互为因果关系，即存在由 X 到 Y 的单向因果关系，同时也存在由 Y 到 X 的单向因果关系。若 Y 方程中滞后的 X 的系数估计值在统计上整体显著不为零，同时 X 方程中滞后的 Y 的系数估计值在统计上整体显著不为零，则称 X 和 Y 间存在反馈关系，或者双向格兰杰因果关系。

(4) X 和 Y 是独立的。若 Y 方程中滞后的 X 的系数估计值在统计上整体的显著为零，同时 X 方程中滞后的 Y 的系数估计值在统计上整体的显著为零，则称 X 和 Y 间不存在格兰杰因果关系。

3. 几个应用中的实际问题

需要指出的是，在实际应用格兰杰因果关系检验时，需要注意以下几个问题。

(1) **滞后期长度的选择问题**。检验结果对于滞后期长度的选择比较敏感，不同的滞后期可能会得到不同的检验结果。因此，一般而言，需要进行不同滞后期长度下的检验，观察其敏感程度；并且根据模型中随机误差项不存在序列相关时的滞后期长度来选取滞后期。

(2) **时间序列的平稳性问题**。如上所述，从理论上讲，格兰杰因果关系检验是针对平稳时间序列的。对于同阶单整的非平稳序列，理论上讲不能直接采用。如果经过差分使之变为平稳序列以后采用，经济意义发生了变化。模拟试验表明，当2个序列逐渐由平稳过程向非平稳过程过渡时，检验存在因果关系的概率出现一定程度的上升。但上升幅度远小于2个序列之间因果关系的显著性增强时所引起的上升幅度。所以，同阶单整非平稳序列的格兰杰因果检验结果具有一定程度的可靠性。

(3) **样本容量问题**。时间序列的样本容量对检验结果具有影响，模拟试验表明，对于两个平稳序列，随着样本容量的增大，判断出存在格兰杰因果关系的概率显著增大。

(4) **格兰杰因果关系检验是必要性条件检验，而不是充分性条件检验**。经济行为上存在因果关系的时间序列，应该能够通过格兰杰因果关系检验；而在统计上通过格兰杰因果关系检验的时间序列，在经济行为上并不一定存在因果关系。模拟试验表明，经济行为上不存在因果关系的平稳时间序列之间也可能存在着统计上的因果关系。

3.3.4 脉冲响应分析和方差分解分析

1. 脉冲响应函数

在实际应用中，由于VAR模型是一种非理论性的模型，且VAR模型参数的OLS估计量只具有一致性，单个参数估计值的经济解释是很困难的。因此在应用VAR模型时，往往不分析一个变量的变化对另一个变量的影响如何，通常是观察系统的脉冲响应函数和方差分解。

脉冲响应函数方法(impulse response function，IRF)是分析VAR模型受到某种冲击时对系统的动态影响。具体地说，**它描述的是在某个内生变量的随机误差项上施加一个标准差大小的冲击后对所有内生变量的当期值和未来值所产生的影响**。

为方便说明，考虑如下形式的VAR(p)模型：

$$\boldsymbol{Y}_t = \boldsymbol{A}_1\boldsymbol{Y}_{t-1} + \cdots + \boldsymbol{A}_p\boldsymbol{Y}_{t-p} + \varepsilon_t, \quad t = 1,2,\cdots,T \tag{3.3.9}$$

其中$\varepsilon_t \sim \mathrm{N}(\boldsymbol{0},\Sigma)$是$k$维扰动向量，它们相互之间可以同期相关，但不与自己的滞后值相关，也不与方程右边的变量相关。记L为滞后算子，$LY_t=Y_{t-1}$。由式(3.3.9)可得

$$\begin{aligned}\boldsymbol{Y}_t &= (\boldsymbol{I} - \boldsymbol{A}_1 L - \cdots - \boldsymbol{A}_p L^p)^{-1}\varepsilon_t \\ &= (\boldsymbol{I} + \boldsymbol{C}_1 L + \boldsymbol{C}_2 L^2 + \cdots \boldsymbol{C}_q L^q + \cdots)\varepsilon_t \\ &= \varepsilon_t + \boldsymbol{C}_1\varepsilon_{t-1} + \boldsymbol{C}_2\varepsilon_{t-2} + \cdots + \boldsymbol{C}_q\varepsilon_{t-q} + \cdots, \quad t = 1,2,\cdots,T\end{aligned} \tag{3.3.10}$$

显然,由式(3.3.10)有下式成立:

$$\boldsymbol{C}_q = \frac{\partial \boldsymbol{Y}_{t+q}}{\partial\ \varepsilon_t}, \quad q = 1,2,\cdots \tag{3.3.11}$$

由式(3.3.11)可得

$$c_{ij}^{(q)}\ \frac{\partial Y_{i,t+q}}{\partial \varepsilon_{jt}}, \quad q = 1,2,\cdots \tag{3.3.12}$$

$c_{ij}^{(q)}$ 即为 $\boldsymbol{C}_q$ 中第 i 行第 j 列元素,将其看做滞后期 q 的函数,这就是所谓的**脉冲响应函数**。该函数表示的是:令其他误差项在任何时期都不变的条件下,当第 j 个变量对应的误差项 ε_{jt} 在 t 期受到一个单位的冲击后,对第 i 个内生变量在 $t+q$ 期造成的影响。

利用式(3.3.12)可依次求出由 Y_j 的脉冲引起的响应函数如下:

$$c_{ij}^{(0)}, c_{ij}^{(1)}, c_{ij}^{(2)}, \cdots, c_{ij}^{(q)}, \cdots$$

且由 Y_j 的脉冲引起的 Y_i 的累积响应函数可表示为 $\sum\limits_{q=0}^{\infty} c_{ij}^{(q)}$ 。

由于随机误差项从来都不是完全不相关的,所以对脉冲响应函数的解释出现了困难。当误差项相关时,也就是存在交叉的干扰源,不能被任何特定的变量所识别。为处理这一问题,常会利用乔利斯基(Cholesky)分解法,将交叉的干扰源分解为独立的干扰源。正交化过程如下:以 VAR 模型第 1 个方程的随机误差项为基础,将第 2 个方程的随机误差项除掉与第 1 个方程随机误差项的相关部分,得到正交化后的随机误差项。第 3 个方程的随机误差项除掉与第 1 个和第 2 个方程随机误差项的相关部分,得到正交化后的随机误差项。以此类推,第 k 个方程的随机误差项除掉与前$(k-1)$个方程的随机误差项的相关部分,得到正交化后的随机误差项。若记正交化后的随机误差项为$\tilde{\varepsilon}_t$,则存在下三角可逆矩阵 $\boldsymbol{P}$,使得$\tilde{\varepsilon}_t = \boldsymbol{P}\varepsilon_t$。于是,

$$\begin{aligned}\boldsymbol{Y}_t &= (\boldsymbol{I} + \boldsymbol{C}_1 L + \boldsymbol{C}_2 L^2 + \cdots \boldsymbol{C}_q L^q + \cdots)\boldsymbol{P}^{-1}\ \tilde{\varepsilon}_t \\ &= \boldsymbol{P}^{-1}\ \tilde{\varepsilon}_t + \boldsymbol{C}_1 \boldsymbol{P}^{-1}\ \tilde{\varepsilon}_{t-1} + \boldsymbol{C}_2 \boldsymbol{P}^{-1}\ \tilde{\varepsilon}_{t-2} + \cdots + \boldsymbol{C}_q \boldsymbol{P}^{-1}\ \tilde{\varepsilon}_{t-q} + \cdots \\ &= \widetilde{\boldsymbol{C}}_0\ \tilde{\varepsilon}_t + \widetilde{\boldsymbol{C}}_1\ \tilde{\varepsilon}_{t-1} + \widetilde{\boldsymbol{C}}_2\ \tilde{\varepsilon}_{t-2} + \cdots + \widetilde{\boldsymbol{C}}_q \tilde{\varepsilon}_{t-q} + \cdots\end{aligned} \tag{3.3.13}$$

式中,$\widetilde{\boldsymbol{C}}_q = \boldsymbol{C}_q \boldsymbol{P}^{-1}$,$\boldsymbol{C}_0 = \boldsymbol{I}$。由式(3.3.13)得到

$$\widetilde{\boldsymbol{C}}_q = \frac{\partial \boldsymbol{Y}_{t+q}}{\partial\ \tilde{\varepsilon}_t}, \quad q = 1,2,\cdots \tag{3.3.14}$$

由式(3.3.14)可得

$$\tilde{c}_{ij}^{(q)} = \frac{\partial Y_{i,t+q}}{\partial \tilde{\varepsilon}_{tj}}, \quad q = 1,2,\cdots \tag{3.3.15}$$

式中,$\tilde{c}_{ij}^{(q)}$ 是$\widetilde{\boldsymbol{C}}_q$ 中第 i 行第 j 列元素,称之为**乔利斯基(Cholesky)正交化的脉冲响应函数**。

虽然乔利斯基分解被广泛应用,但是对于交叉的干扰源的归属来说,它还是一种很随意的方法。而且 VAR 模型变量顺序的改变将会影响到脉冲响应函数。因此,在应用正

交化脉冲响应函数反映变量之间的动态关系时，**必须对变量的顺序进行充分的考虑**。通常，按照变量的外生性强弱进行排序，例如，居民消费和居民收入两个变量，应该将居民收入排在居民消费的前面，收入是消费的前提。另外，不能只将关注的变量建立 VAR 模型，在实际应用时**应将所有相互影响的变量都包含在向量中**。若只将要研究的几个相互影响的变量考虑进来，而忽略其他也与这几个变量相互影响的变量，如此构建的 VAR 模型的正交化脉冲响应函数是没有应用价值的。

当向量非平稳时，向量自回归模型的正交化脉冲响应函数不收敛。只有当向量平稳时，向量自回归模型的正交化脉冲响应函数才收敛。所以，**要应用正交化脉冲响应函数反映变量间的动态关系，向量必须平稳**。向量平稳除了向量的每个分量平稳外，VAR 模型特征方程的所有特征值都要在单位圆以外。

2. 方差分解

另一个评价 VAR 模型的方法是**方差分解**（variance decomposition），通常利用**相对方差贡献率**（relative variance contribution，RVC）来衡量。VAR 的方差分解能够给出随机信息的相对重要性信息。

根据式(3.3.13)，

$$Y_{it}=\sum_{j=1}^{k}(\tilde{c}_{ij}^{(0)}\tilde{\varepsilon}_{jt}+\tilde{c}_{ij}^{(1)}\tilde{\varepsilon}_{jt-1}+\cdots+\tilde{c}_{ij}^{(q)}\tilde{\varepsilon}_{jt-q}+\cdots)$$

记 $\mathrm{Var}(\tilde{\varepsilon}_{it})=\tilde{\sigma}_i^2$，则

$$\mathrm{Var}(Y_{it})=\sum_{j=1}^{k}\tilde{\sigma}_j^2\sum_{q=0}(\tilde{c}_{ij}^{(q)})^2 \tag{3.3.16}$$

则相对方差贡献率定义为

$$\mathrm{RVC}_{j->i}(\infty)=\frac{\tilde{\sigma}_j^2\sum_{q=0}^{\infty}(\tilde{c}_{ij}^{(q)})^2}{\mathrm{Var}(Y_{it})} \tag{3.3.17}$$

它度量了第 j 个变量基于正交化冲击的方差对 Y_i 的方差的**相对贡献度**，反映了第 j 个变量对第 i 个变量的影响。实际应用时，不可能用直到无穷项之和来评价。通常只需取有限项来计算。

应用方差分解的注意事项同脉冲响应函数。

3.3.5 向量误差修正模型

由第 3.2 节可知，**向量误差修正模型**（VECM）是协整关系的一种重要表示形式，VECM 多应用于具有协整关系的一阶单整非平稳时间序列建模，用于描述经济变量序列之间的长期表现和短期特征。

为简便起见，不妨忽略外生变量 $\boldsymbol{X}_t$ 的情形，则 VAR(p)模型(3.3.9)可写为

$$\Delta \boldsymbol{Y}_t = \Pi \boldsymbol{Y}_{t-1} + \sum_{i=1}^{p-1} \Gamma_i \Delta \boldsymbol{Y}_{t-i} + \varepsilon_t \tag{3.3.18}$$

式中每个方程的误差项ε_t($t=1,2,\cdots,k$)都具有平稳性。

当k个$I(1)$过程存在$r(1<r<k)$个协整组合,其余$(k-r)$个关系仍为$I(1)$关系时,Π可以分解成两个$(k\times r)$阶矩阵α和β的乘积:

$$\Pi = \alpha\beta'$$

式中:秩(α)$=r$,秩(β)$=r$。矩阵α为调整参数矩阵,它的每一行α_i是出现在第i个方程中的r个协整组合的一组权重。矩阵β为协整向量矩阵,它的每一行决定了$Y_{1,t-1}$,$Y_{2,t-1}$,…,$Y_{k,t-1}$之间协整向量的数目与形式,r为协整向量的数目。因此,误差修正项是$\beta'\boldsymbol{Y}_{t-1}$,令$\mathbf{ecm}_{t-1}=\beta'\boldsymbol{y}_{t-1}$,则式(3.3.18)可表示为如下的误差修正模型形式:

$$\Delta \boldsymbol{Y}_t = \alpha \cdot \mathbf{ecm}_{t-1} + \sum_{i=1}^{p-1} \Gamma_i \Delta \boldsymbol{Y}_{t-i} + \varepsilon_t \tag{3.3.19}$$

式中的每一个方程都是一个误差修正模型。误差修正模型(ECM)的含义已经在第3.2节专门介绍过,关于式(3.3.19)的含义就不再重复。

3.3.6 实例

下面是一个较为完整的研究实例,试图说明向量自回归模型如何通过脉冲响应分析和方差分解分析实现它的应用价值。

例3.3.1 影响中美贸易量的决定因素是什么?人民币汇率是影响中美贸易量的决定因素吗?下面考虑到人民币兑日元和人民币兑欧元的汇率对中美贸易的影响,建立向量自回归模型,并应用广义脉冲响应和方差分解研究中美贸易相关变量的动态关系,以期回答这些问题。

1. 变量的选择

为充分考虑影响中美进出口贸易的因素,在经济体方面,将日本与欧盟的因素考虑进来;在宏观经济数据方面,考虑GDP、CPI、汇率等因素的影响。VAR模型中的变量包括:中国GDP、美国GDP、日本GDP、欧盟GDP、人民币兑美元汇率、人民币兑日元汇率、人民币兑欧元汇率、中国CPI、美国CPI、中国从美国进口总额、中国对美国出口总额共11个变量,样本区间为2005年7月至2010年12月,采用66个月度数据。

2. 数据的处理

由于进出口贸易额和GDP存在明显的季节趋势,因此采用TRAMO/SEATS方法对中、美、日、欧的GDP及中美的进出口贸易量进行季节调整。同时,为了避免模型出现"伪回归"现象,要求各时间序列的变量具有同阶平稳性,因此首先应对模型所涉及的时间序列变量进行季节调整和一次差分后进行ADF单位根检验。ADF检验结果表明11个变量都是$I(1)$序列,进一步的JJ协整检验表明11个变量协整。

3. VAR模型滞后阶数的确定

因为上述11个变量都是$I(1)$序列，若直接建立VAR模型，则模型不稳定且脉冲响应函数不收敛，因而VAR模型的脉冲响应函数失去应用价值。为此，采用各变量的一阶差分建立VAR模型。为了简洁起见，约定在下面的内容中在不影响理解的情况下，变量的差分仍然用同样的变量名表示。按照各经济体在国际上的重要性和影响力，设定向量变量的顺序为美国GDP(americagdp)，中国GDP(chinesegdp)，欧盟GDP(eurgdp)，日本GDP(japanesegdp)，人民币兑美元汇率(dollar)，人民币兑欧元汇率(eur)，人民币兑日元汇率(yen)，美国CPI(americacpi)，中国CPI(chinesecpi)，中国对美国出口总额(export)，中国从美国进口总额(import)。利用上述数据构建VAR模型时，滞后阶数的确定尤为重要。因为滞后阶数太多会导致需要估计的参数过多，模型的自由度减少，而滞后阶数太少则无法完整反映所构造模型的动态特征。因此，在确定滞后阶数时应综合考虑AIC信息准则、SC信息准则、LR统计量、FPE最终预测误差、HQ信息准则。运用Eviews6.0建立VAR模型并考察滞后阶数，根据AIC信息准则、SC信息准则确定滞后阶数为2。

4. 模型稳定性检验

基于VAR模型的脉冲响应函数是用来度量随机扰动项在受到一个标准差冲击后，对各变量的当前值和将来取值的影响，分析VAR模型中变量的扰动如何通过模型影响到其他变量，最终又反馈到自身的过程。首先应对VAR模型进行稳定性检验，以确保其脉冲响应收敛性。检验结果表明VAR模型的AR根的模均小于1且位于单位圆内，这说明所构建的VAR模型是稳定的。

5. 方差分解

由于变量较多，首先对模型进行方差分解以观察各变量的贡献程度，然后重点分析贡献程度较大的变量的脉冲响应图。方差分解是分析每一个结构冲击对内生变量变化的贡献度，通常用方差来度量，以此来评价不同结构冲击的重要性。采用方差分解的方法着重考察各变量变化对中美进出口贸易量的影响。

(1) 各变量变化量对进口量变化量的贡献程度如图3.3.1，分析结果如下：

① 汇率因素。图(f)显示，人民币兑欧元汇率变化量对中国从美国进口量变化量的贡献度(10%)，超过了图(e)显示的人民币兑美元汇率变化量的贡献度(8%)，反映出在全球经济一体化的背景下，各国经济联系日趋紧密。美欧两大经济体对华出口在很大程度上存在相似，因此具有很强的竞争性。此外，人民币兑日元汇率变化量的贡献度也达到了4%图(g)，这些也印证了本节开头所提出的观点，即中美贸易变化量与中日、中欧贸易变化量有很大的相似程度，美国公司在这些领域通常要与欧盟及日本的公司竞争，而不是与中国的公司竞争。因此，要研究中国对美国的进口与出口，如果不考虑美元兑欧元、美元兑日元汇率的“替代效应”，也是不合理的。也就是说，单靠人民币兑美元汇率升值，而不考虑人民币兑欧元、人民币兑日元汇率的话，也许是达不到预期效

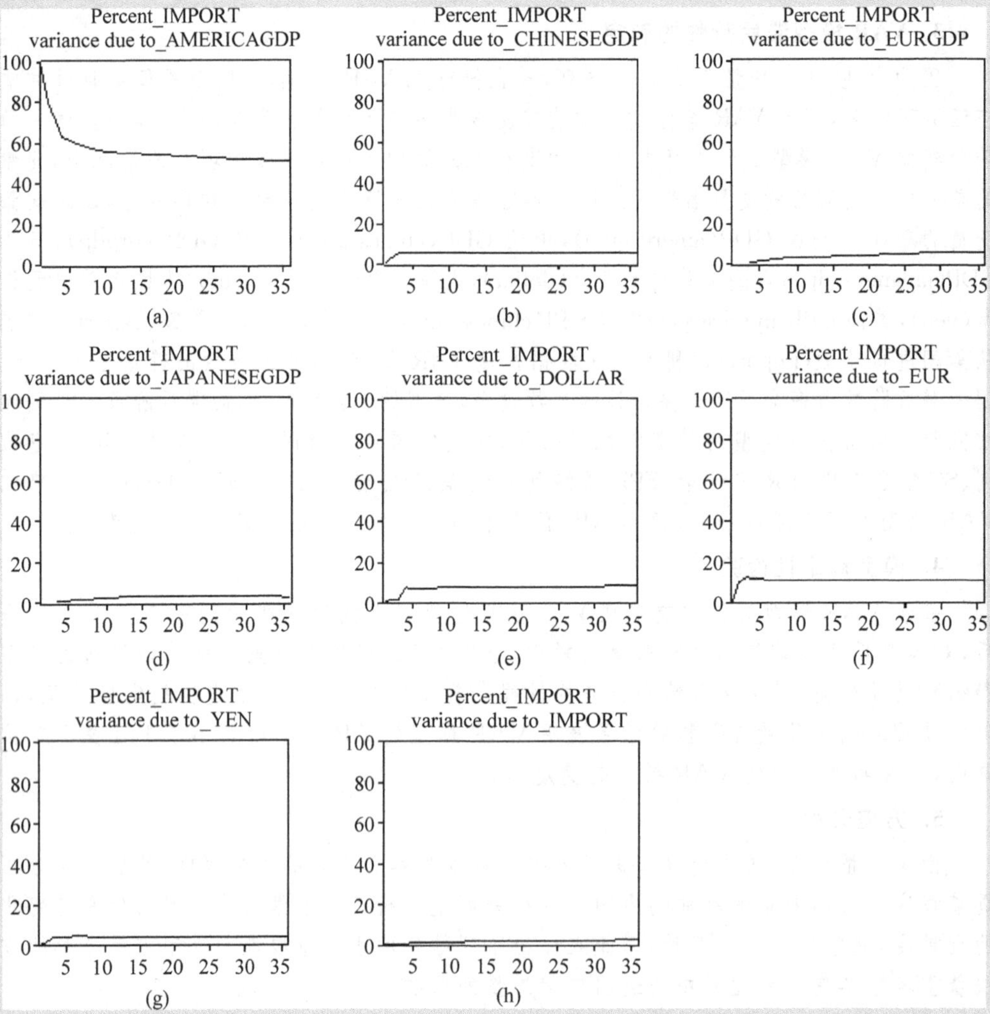

图 3.3.1　各变量变化量对进口量变化量的贡献程度

果的。不过，需要注意的是，三币种汇率都不是影响中国从美进口的最重要因素。

② GDP 影响。图(a)显示，美国 GDP 变化量是影响中国从美进口变化量的最重要因素，在第一个月，甚至达到了 98.31%，几乎成为唯一影响因素。此后，虽然影响程度有所下降，但始终保持在 50%以上。因此基本可以认为，只要美国 GDP 变化量增加，中国从美进口量变化量就一定会增加。与此同时，中国 GDP 变化量的贡献率一直不大，始终保持在 5%左右(图(b))。这也反映出了一个令人费解、但却不争的事实，即中国经济近年来强劲的增长势头并没有为中国从美进口作出多少贡献。因此，要真正改善中美贸易逆差问题，美国一直奉行的“限制高科技对华出口、对华武器禁运”等政策也许都需要重新审视。

(2) 各变量变化量对出口量变化量的贡献程度如图 3.3.2,分析结果如下:

① 汇率方面,人民币兑日元汇率变化量的贡献度最大,达到了 10%(图(g)),再次证明了第三国汇率相对于人民币兑美元汇率而言,对中美贸易的巨大影响。这可能和中国对美、对日出口的相似性、竞争性有关,同时也再次印证了前面的分析,即要研究中国对美国的进口与出口,如果不考虑美元兑欧元、美元兑日元汇率的"替代效应",也是不合理的。

② 美国 GDP 变化量依然是影响中国对美出口变化量的最重要因素(44%,见图(a)),但贡献度相较于进口时的贡献度已大为下降。而中国 GDP 变化量对出口的贡献度仍然不大,最大时达到 5.19%,且滞后 10 个月(图(b))。同时,上一期出口额变化量成影响出口变化量的第二大因素(30%见图(h)),存在粘滞性,这也许从侧面反映了在中国对美出口中,中国的话语权不足,美国国内需求是影响中国对美出口的决定因素。

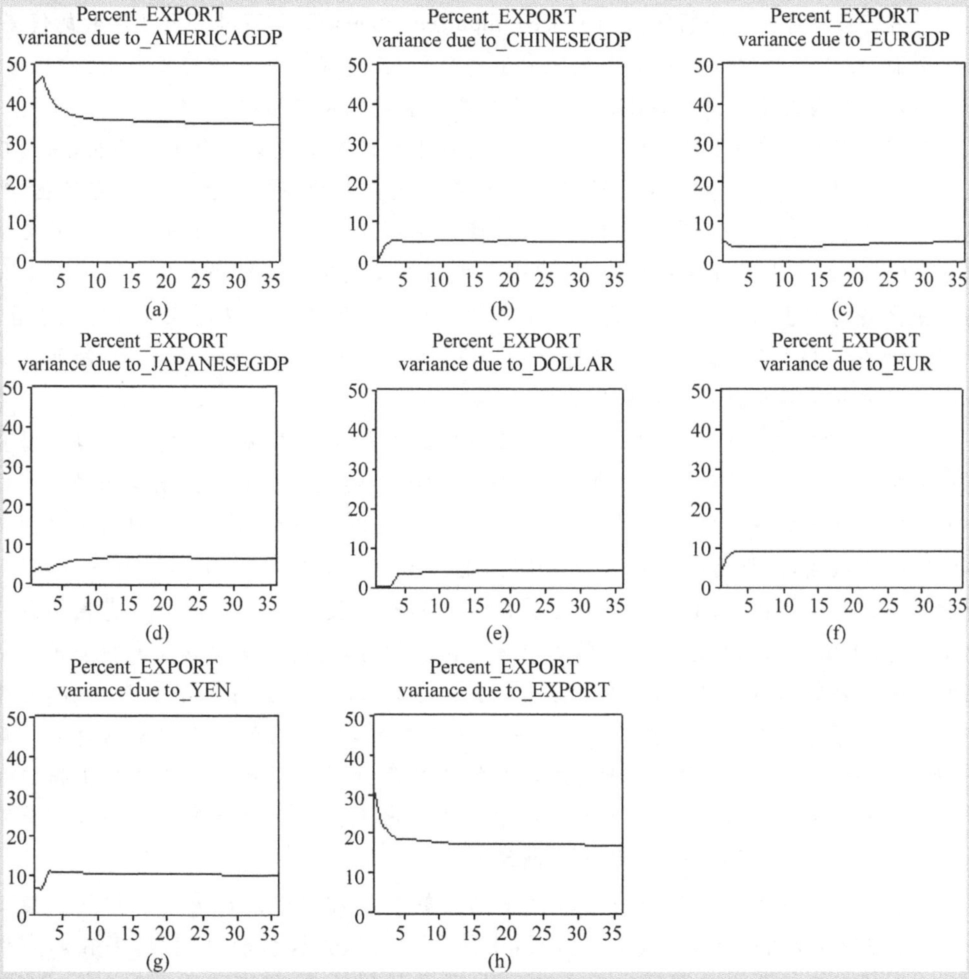

图 3.3.2　各变量变化量对出口量变化量的贡献程度

不过，依然需要注意的是，三币种汇率都不是影响中国对美出口的最重要因素。

由方差分解大致可以得出两个结论，一是GDP变化量特别是美国的GDP变化量对进出口贸易变化量的影响最大；二是各币种汇率变化量对中美贸易的影响程度几近相同，在研究中美贸易时如果只盯着人民币兑美元的汇率，是不合理的。

6. 脉冲响应函数

如果模型中随机扰动项是相关的，它们将包含一个不与任何特定变量相联系的共同成分。通常将共同成分的效应归属于VAR系统中第一个出现的变量。这就需要根据经济理论对变量进行排序，虽然之前按照各经济体在国际上的重要性和影响力设定了向量变量的顺序，但GDP、汇率、CPI等经济变量之间往往会相互作用，很难进行排序。因此，这里采用广义脉冲响应分析法(generalized impulse responses)，避免排序不当导致的偏差。

下面，按重要程度依次分析中美国内生产总值、三币种汇率对中美贸易的影响。

(1) 中美国内生产总值(GDP)变化量对进口量变化量的影响

分别给各经济体GDP变化量和人民币兑各币种汇率变化量一个正的冲击，采用广义脉冲方法得到关于中国对美国进出口贸易量变化量的脉冲响应函数图。在各图中，横轴表示冲击作用的滞后期间数(单位：月度)，纵轴表示中国对美国进出口贸易量变化量的响应，实线表示脉冲响应函数，代表了中国对美国进出口贸易量变化量受到其他变量变化量的冲击后的反应，虚线表示正负两倍标准差偏离带。从图3.3.3可以看出：

① 两国GDP变化量的变动对进出口变化量的影响路径几乎完全相同，侧面反映出中美贸易的传导机制已日趋成熟稳定。

② 给美国国内生产总值(GDP)变化量一个正冲击后，中国对美国的进出口贸易量变化量在前两期上下波动幅度剧烈，在冲击开始即达到最高点，对中国从美国进口和向美国出口变化量的当期冲击分别为1.30(图(a))和4.99(图(c))。在下一期，又迅速回落到负值最低点，分别为−0.95和−3.16。此后只有小幅波动，在12期(即一年)以后趋于平稳。基于美国GDP对中美贸易量的巨大影响程度，基本可以认为，当美国经济增长时，对中国市场的需求远大于其对中国的出口能力，这是中美贸易长期逆差的主要原因。中国对美出口总额中，加工贸易出口占比达到59%，相对于一般贸易而言，汇率变动对加工贸易出口的影响要小于对一般贸易的影响，这是因为加工贸易的特点一般是“两头在外”，“以进养出”。由于人民币升值首先降低了我国企业采购进口机器设备和原材料的人民币成本，然后在加工贸易出口收汇时抵消了人民币收入的减少。伴随进出口规模扩大，中国对美贸易顺差不断增加。

③ 中美比较：相较而言，美国GDP变化量的变化对于中国从美进口量变化量的影响力度更大，作用时间更快(美国当期，中国下一期)，且波动较为剧烈，存在超调现象。这一情况反映出当美国国内生产增加时，传导机制畅通，能迅速转化为扩大对华出

口，而且这一冲击在一年内都具有较大的作用。而超调现象也从某一侧面反映出，在中国从美进口贸易中，中国独立自主性较小，谈判博弈能力有限。

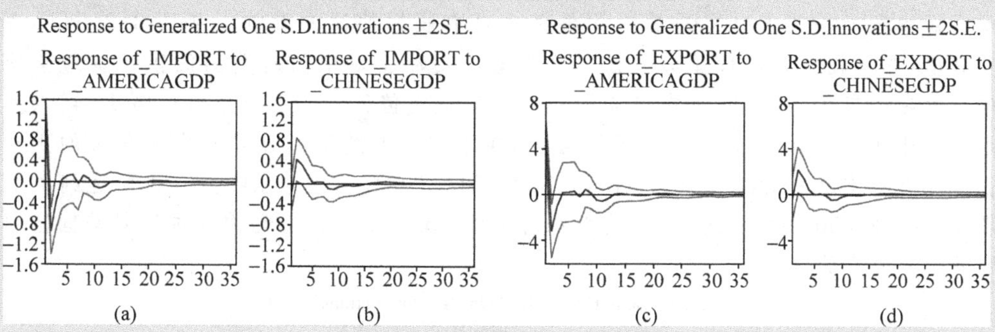

图 3.3.3　美国、中国 GDP 变化对中国对美国进出口影响的脉冲响应函数

（2）各币种汇率变化量对进口量变化量的影响

从图 3.3.4(a)可以看出，当在本期给人民币兑欧元汇率一个正冲击后，中国从美国的进口贸易量变化量在一段时期内受到正的影响，在下一期达到最高点 0.78；从第 12 期开始影响一直为负。这表明，人民币兑欧元汇率变化量的提高（即人民币对欧元贬值）在一年时间内能够提高中国从美国进口贸易量，但是长期来看影响为负。从图 3.3.4(b)可以看出，在本期给人民币兑美元汇率变化量的正冲击对中国从美国的进口贸易量变化量的影响在前 7 期为负，并且在第 4 期达到负的最大值（−0.598 710），在第 8 期以后转正，有较为持续的正的影响。从图 3.3.4(c)可以看出，在本期给人民币兑日元汇率变化量的正冲击在一开始有正的影响，并且在当期达到最高点 0.386 097，在前8 期内有小幅的波动。

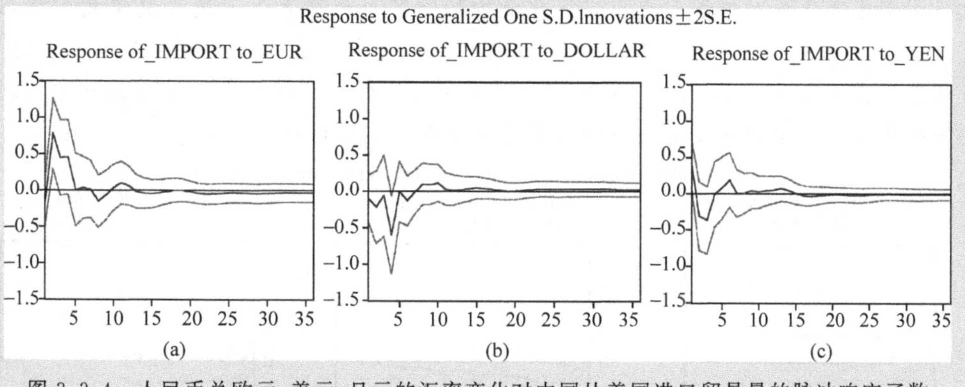

图 3.3.4　人民币兑欧元、美元、日元的汇率变化对中国从美国进口贸易量的脉冲响应函数

（3）各币种汇率变化量对出口量变化量的影响

从图 3.3.5(a)可以看出，当在本期给人民币兑欧元汇率变化量一个正冲击后，一开

始对中国对美国的出口贸易量变化量的影响为负(—2.788 876),在下一期后便转为正向影响,并且在下一期达到最高点2.371 575。这表明,人民币兑欧元汇率变化量的正冲击对中国对美国出口贸易量变化量基本具有长期的同向影响。从图3.3.5(b)可以看出,在本期给人民币兑美元汇率变化量的正冲击对中国对美国的出口贸易量变化量的影响基本为负,并且在第4期达到负的最大值(—1.923 264),在第12期以后逐渐趋于平稳。从图3.3.5(c)可以看出,在本期给人民币兑日元汇率变化量的正冲击在一开始有正的影响1.848 245,在前8期内有小幅的波动,且在第3期达到负的最大值(—2.050 993)。这表明,人民币兑日元汇率的变化在短期内对中国对美国出口贸易量有较大的冲击。

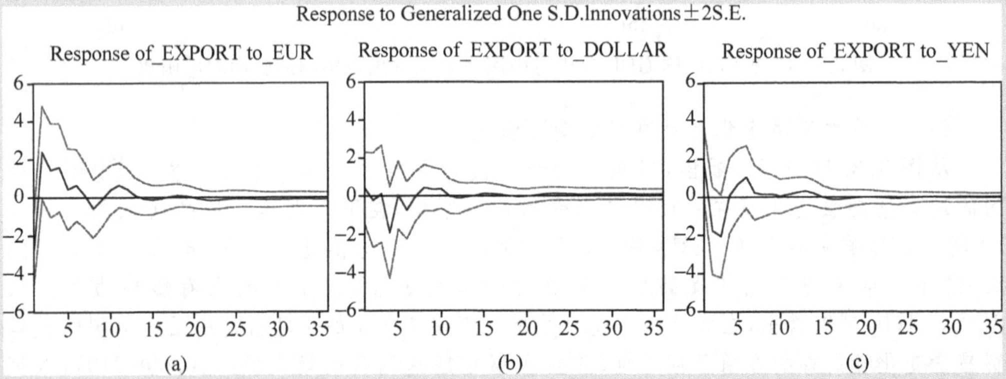

图3.3.5 人民币兑欧元、美元、日元的汇率变化对中国对美国出口贸易量的脉冲响应函数

总体来说,人民币兑欧元汇率变化量对中国从美进口变化量的影响较大,而人民币兑日元汇率变化量对中国对美出口变化量的影响甚至要稍大于人民币兑美元汇率,以上这些结论都说明经典马歇尔-勒纳条件在研究两国贸易量时只考虑这两国汇率的不合理性。由图3.3.6、图3.3.7累积的脉冲响应函数图也可以看出人民币兑欧元、日元汇率变化量对中美贸易量变化量的影响完全不逊于人民币兑美元汇率。

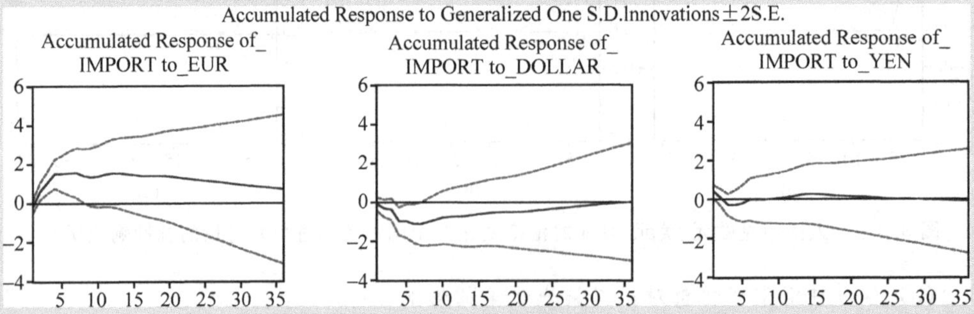

图3.3.6 人民币兑欧元、美元、日元的汇率变化对中国从美国进口贸易量累积的脉冲响应函数

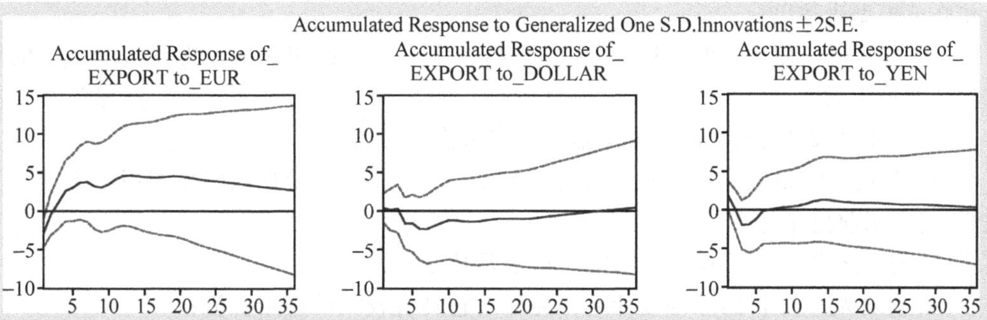

图 3.3.7 人民币兑欧元、美元、日元的汇率变化对中国对美国出口贸易量累积的脉冲响应函数

3.4 本章思考题与练习题

3.4.1 思考题

1. 在采用时间序列数据建立计量经济学结构模型时，为什么必须对每个时间序列进行平稳性检验？

2. 平稳时间序列必须满足哪些条件？为什么随机游走序列是非平稳的？1 阶自回归 AR(1)序列的平稳性条件是什么？

3. 什么是单整时间序列？可否说“单整时间序列都是非平稳的”？

4. DF 检验的原理是什么？DF 检验为什么不直接采用 t 分布临界值表？

5. DF 检验为什么需要扩展到 ADF 检验？ADF 检验为什么不直接采用 DF 分布临界值表？

6. 结构变化时间序列的单位根检验 ZA 和 LP 检验方法的基本原理是什么？

7. 什么是经济时间序列之间的长期均衡关系？什么是经济时间序列之间的协整关系？

8. 存在长期均衡关系的经济时间序列之间是否一定存在协整关系？存在协整关系的经济时间序列之间是否一定存在长期均衡关系？为什么？

9. 为什么只有同阶单整的时间序列之间才可能存在协整关系？三个以上具有不同单整阶数的时间序列产生协整的条件是什么？

10. 协整的 E-G 检验的原理是什么？采用 ADF 方法检验协整回归误差项的平稳性与通常的 ADF 检验有无区别？为什么？

11. 协整的 JJ 检验的原理是什么？为什么 JJ 检验只适用于多个 $I(1)$序列之间的协整检验？

12. 误差修正模型与经典的差分模型的区别是什么？误差修正模型具有哪些优点？

13. 为什么说“如果变量 X 与 Y 是协整的，则它们间的短期非均衡关系总能由一个误差修正模型表述”?

14. 在实际应用中,如何获得误差修正模型中 ecm_{t-1} 的观测值? 为什么 ecm_{t-1} 的参数量必须是负数?

15. 为什么说“向量自回归模型是一种非结构化模型”?

16. 向量自回归模型的主要应用功能是什么? 如果将向量自回归模型用于宏观经济预测,其应用前提是什么?

17. 格兰杰因果关系检验的功能与局限是什么?

18. 脉冲响应分析的原理是什么? 为什么它具有较大的应用价值?

3.4.2 练习题

1. 根据消费理论的生命周期假说,收入和资产存量决定消费。以居民人均消费 C_t、居民人均收入 Y_t 和居民人均储蓄余额 S_t 为样本观测值,试图建立如下居民消费模型:

$$\ln C_t = \alpha + \beta \ln Y_t + \gamma \ln S_{t-1} + \mu_t \qquad t = 1980, 1981, \cdots, 2008$$

经 ADF 检验,有: $\ln C_t \sim I(1)$, $\ln Y_t \sim I(1)$, $\ln S_t \sim I(2)$。

(1) 试分析该模型的随机项的平稳性,并简单说明理由。

(2) 根据已经知道的检验结果,写出对 $\ln C_t$ 和 $\ln S_t$ 分别进行 ADF 检验的最后待检验模型的可能的形式。

(3) 根据(1)的分析,说明:能否以 $\ln Y_t$ 和 $\ln S_{t-1}$ 作为 $\ln C_t$ 的解释变量建立居民消费模型? 并进而说明:生命周期假说消费理论是否能够得到检验?

(4) 如果经 JJ 检验, $\ln C_t$、$\ln GDP_t$ 和 $\Delta \ln S_{t-1}$ 之间存在 CI(1,1),试写出长期均衡方程和 ECM 方程的一般形式。

2. 用 GDP 表示我国的国内生产总值使用额,NEX 表示我国的净出口额,以年度数据为样本,建立计量经济学模型分析净出口对经济增长的拉动作用。

(1) 对时间序列 GDP_t 和 NEX_t 进行 ADF 检验,发现它们均为 2 阶单整序列。分别写出 ADF 检验的最终模型形式。

(2) 对 GDP_t 和 NEX_t 进行 E-G 协整检验,发现它们之间存在 CI(2,2),协整回归方程为

$$GDP_t = \hat{\alpha} + \hat{\beta} NEX_t$$

能否将该方程作为描述净出口额与国内生产总值之间关系的“长期均衡方程”? 为什么?

(3) 在国内生产总值使用额的均衡系统中,除了净出口额外还应该包含哪些序列? 写出一个你认为正确的关于国内生产总值使用额的长期均衡方程的理论形式。

(4) 写出一个你认为正确的关于国内生产总值使用额的误差修正模型的理论形式。

3. 阅读例 3.3.1,指出该实例的成功之处和不足之处。

4. 选择你感兴趣的若干宏观经济时间序列,采用年度统计数据,建立并估计向量自回归模型,并利用该向量自回归模型进行脉冲响应分析和方差分解分析。

CHAPTER 4

第4章

微观计量经济学模型

本章讨论现代计量经济学的另一个分支——微观计量经济学模型，共分 6 节。第 4.1 节对微观计量经济学模型进行总的概述；第 4.2 节介绍具有重要应用价值的二元离散选择模型；然后第 4.3 节讨论比较复杂的多元离散选择模型；第 4.4 节讨论另一类离散被解释变量模型——离散计数数据模型；第 4.5 节和第 4.6 节分别讨论两类受限被解释变量模型：选择性样本模型和持续时间数据模型。

4.1 微观计量经济学模型概述

4.1.1 微观计量经济学的产生和发展

随着经济、社会的发展，人们越来越关注家庭、个人等微观主体的决策问题，计量经济学由宏观领域向微观领域扩张，是一个必然趋势。

宏观计量经济学模型依赖于由统计得到的宏观时间序列数据，而微观计量经济学模型自然依赖于微观数据，主要是截面数据，也包括时间序列数据。微观数据的来源主要不是统计，而是调查，所以微观计量经济学的发展必须以大量的微观数据为条件。微观数据表征家庭、个人等微观主体的决策行为，问题多种多样，数据的特征也各不相同，很难满足经典计量经济学模型对数据的要求，所以就必然要发展不同于经典计量经济学模型的模型理论与方法。另外，微观主体数量众多，只有依赖于大样本建立的计量经济学模型才能够揭示微观主体决策行为的一般规律，而大样本对计算技术和计算机的运算能力提出了新的要求。

以上就是微观计量经济学产生的问题背景，微观计量经济学模型理论正是在这些问题的导向下产生与发展的。或者更简明地说，**微观计量经济学是基于研究对象和表征研**

究对象的数据特征而发展的。20 世纪 70 年代以来,以托宾(J. Tobin)、赫克曼(J. J. Heckman)和麦克法登(D. L. McFadden)为代表的经济学家正是通过解决微观计量经济学的模型设定和估计问题,而对计量经济学的发展做出了重要贡献。

微观计量经济学模型理论方法的发展在过去数十年间极大地扩大了计量经济学的研究对象,并丰富了计量经济学的理论体系。可以想象如果没有微观计量经济学模型的发展,今天的计量经济学模型将失去一半以上的发展空间。随着微观计量方法研究的不断深入,计量经济学也和经济学一样产生了宏观和微观之分。宏观计量经济模型利用总量数据研究宏观经济问题,如通货膨胀与就业、利率与货币供给、国民经济总产值与经济增长等,而微观计量经济模型则主要利用抽样调查收集的个体数据,分析诸如消费者选择、生产者决策等行为模式,供求与定价的关系,以及教育的回报、劳动市场的参与、旅途的选择等因人而异的微观经济现象。微观计量经济学特别在劳动经济学中得到广泛的应用,因此将劳动经济学等同于应用微观计量经济学,已经为人们所接受。

4.1.2 微观计量经济学模型的类型

随着面板数据(panel data)计量经济学成为一个独立的分支而从微观计量经济学中分离,已经发展并得到广泛应用的**微观计量经济学模型主要是依赖于截面数据而构建**。对于截面数据,只有当数据是在截面总体中由随机抽样得到的样本观测值,并且变量具有连续的随机分布时,才能够将模型类型设定为经典的计量经济学模型。经典计量经济学模型的数学基础是建立在随机抽样的截面数据之上的。在实际的微观经验实证研究中,面对的截面数据经常是**非随机抽样**得到的,或者是**离散的**,20 世纪 70 年代以来,针对这些类型数据的模型已经得到发展并建立了坚实的数学基础。

可以依据被解释变量的数据特征将微观计量经济学模型分为两大类。一类是**离散被解释变量模型**(model with discrete dependent variable),包括离散选择模型(discrete choice model)和计数数据模型(model for count data)。一类是**受限被解释变量模型**(model with limited dependent variable),包括选择性样本模型(selective samples model)和持续时间被解释变量模型(model for duration data)。

1. 离散选择模型

如果被解释变量的样本观测值并不是连续的,而是离散的,并且以此表征选择结果,那么经典截面数据模型就不再适用。这类问题人们几乎每时每刻都面临着。选择结果受哪些因素的影响?各个因素的影响程度有多大?当然可以通过建立计量经济学模型来分析,但是应该建立专门的离散选择模型。

微观数据中常常遇到被解释变量部分观察不到或完全观察不到的情形。在有些状况下,被解释变量完全观测不到。例如效用是观测不到的,但是我们能观测到根据效用作出决策的结果。一个人结婚与否的相对效用观测不到,但我们能观测到每个人的婚姻状况,即在结婚(用"1"表示)和不结婚(用"0"表示)之间的选择,这就是所谓二元离散选择模型。1962 年,Warner 首次用它研究了公共交通工具和私人交通工具之间的选择问题。

如果抽样对象的选择范围不是二元的而是多元的离散变量,相应的模型则为多元离散选择模型。麦克法登将离散选择模型发展成为独立和完整的方法体系,并以此获得 2000 年诺贝尔经济学奖。他的重要贡献之一就是 1974 年的条件逻辑(conditional logit)模型。条件逻辑模型具有这样的特性:两种选择如乘公共汽车或地铁的相对概率独立于其他交通工具选择的价格和质量,这种特征被称为独立不相关选择(IIA)。麦克法登不仅设计了统计测试来确定 IIA 是否令人满意,而且采用了更一般的模型,并用自己的方法分析了大量的社会问题。

2. 计数数据模型

人们经常要研究表现为计数数据(count data)的社会、经济活动结果受哪些因素的影响。例如,汽车一个月内发生事故的次数、学生本科 4 年内不及格的课程门数、大学毕业生参加工作前 5 年内调换工作的次数、个人一年内到医院就诊的次数,等等。

这些数据都是离散的非负整数,在随机抽取的一组样本中,零元素和绝对值较小的数据出现得较为频繁,重复抽样的正态分布假设不再适用。显然,对于这样的问题,不可以建立以正态性假设为基础的经典计量经济学模型,应该建立专门发展的计数数据模型。Jorgensen(1961)最早提出泊松过程的多元回归模型,Leimkuhler(1963)用这个模型研究了放射性物质运输过程中发生事故的影响因素。Sahal(1974)则用这个模型研究了不同产业中创新过程的特点。由于 Sahal 采用的方法无法克服数据中含有很多零或接近零的整数带来的估计误差,Hausman,Hall and Griliches(1984)提出了基于极大似然估计的负二项回归模型和面板数据方法,解决了这一问题,他们的模型获得了广泛的应用。

3. 选择性样本模型

如果模型被解释变量的样本观测值并不是在截面总体中由随机抽样得到的,那么经典截面数据模型不再适用。例如,经常发生被解释变量部分观测值观察不到的情形。如果当被解释变量超出特定区间以外时,所有被解释变量和解释变量的观察值都缺失,这样的数据称为截断数据(truncated data);如果仅有被解释变量的观察值缺失,则称为归并数据(censored data)。基于其特征,这两类数据又被称为选择性样本数据。

最早研究归并回归模型的是托宾。Tobin(1958)研究了美国家庭耐用品消费支出的决定因素,他发现,在给定约束条件下,人们对耐用品的消费分为两种情况,一种是消费的行为和影响因子无法获取,只能将其归并为一个非负常数,另一种则是消费和某些经济变量有关。这样的模型采用经典模型方法估计必将是有偏和不一致的。托宾的模型成功解决了此类问题,这就是所谓的托宾单位模型(Tobit)。和托宾的研究有所不同,Hausman 和 Wise(1976)研究了一类不同的数据,即不可观察的数据不是归并为某个数字,而是缺失。他们在新泽西进行的一项负所得税实验中，发现所有的收入在1～1.5倍贫困线上的家庭都被排除在外了，从而导致结果偏误，于是提出一种极大似然法解决了估计的一致性和渐近有效性问题，使得一系列存在抽样偏差的社会经济调查问题得到了解决。Heckman(1974)研究参加工作的已婚妇女的工资决定问题，在参加工作的已婚妇女中抽取样本，发现并提出了选择性样本问题；Heckman(1979)提出了消除选择性偏误的"两步法"，即引入一个新的行为选择方程，从而得出了一致和渐近有效的估计。他的模型也成为处理类似问题的标准方法，并因此获得2000年诺贝尔经济学奖。

4. 持续时间数据模型

如果以某项活动持续时间作为研究对象，例如研究失业持续时间与影响因素之间的关系。在这类问题中，仅从数据方面看存在两个问题：一是失业已经持续的时间并不是失业持续时间的真实反映，不能作为失业持续时间的观测值；二是取得部分解释变量的样本观测值存在困难，因为它们在持续时间内是变化的。毫无疑问，持续时间数据(duration data)问题也不能建立经典的计量经济学模型。诸如转换比率模型等得到了发展和应用。

4.2 二元离散选择模型

二元离散选择模型(model for binary choices)的理论方法是离散选择模型理论方法的基础，也是最具有应用价值的一类微观计量经济学模型。正确理解二元离散选择模型的建模思路，特别是它与经典计量经济学模型的区别，是十分重要的。

4.2.1 社会经济生活中的二元离散选择问题

实际社会经济生活中，人们经常遇到二元选择问题。

例如，公共交通工具和私人交通工具的选择问题。选择利用公共交通工具还是私人交通工具，取决于两类因素。一类是公共交通工具和私人交通工具所具有的属性，诸如速度、耗费时间、成本等；一类是决策个体所具有的属性，诸如职业、年龄、收入水平、健康状况等。从大量的统计中，可以发现选择结果与影响因素之间具有一定的因果关系。揭示这一因果关系并用于预测研究，对于制定交通工具发展规划无疑是十分重要的，这就需要建立计量经济模型。

例如，对某种商品的购买决策问题。决定购买与否，取决于两类因素。一类是该商品本身所具有的属性，诸如性能、价格等；一类是消费者个体所具有的属性，诸如收入水平、对该商品的偏好程度等。从大量的统计中，可以发现选择结果与影响因素之间具有一定的因果关系。揭示这一因果关系并用于预测研究，对于生产厂家无疑是十分重要的，这也需要建立计量经济模型。

再如，求职者对某种职业的选择问题。决定接受或者拒绝该职业，同样取决于两类因素。一类是该职业本身所具有的属性，诸如工作环境、工资水平、对求职者文化水平的要求等；一类是求职者个体所具有的属性，诸如年龄、文化水平、对职业的偏好等。从大量的统计中，可以发现选择结果与影响因素之间具有一定的因果关系。揭示这一因果关系并用于预测研究，对于用人单位如何适应就业市场，显然是十分有益的，这也需要建立计量经济模型。

由此可见，二元选择问题在我们的经济生活中是大量存在的。

4.2.2 二元离散选择模型

1. 原始模型

对于上述二元选择问题，可以建立如下计量经济学模型：

$$\boldsymbol{Y} = \boldsymbol{X}\beta + \mu \tag{4.2.1}$$

式中 $\boldsymbol{Y}$ 为观测值为 1 和 0 的决策被解释变量，$\boldsymbol{X}$ 为解释变量，包括选择对象所具有的属性和选择主体所具有的属性。在模型(4.2.1)中，对于

$$Y_i = \boldsymbol{X}_i\beta + \mu_i$$

因为 $E(\mu_i)=0$，所以 $E(Y_i)=\boldsymbol{X}_i\beta$ 。令

$$p_i = P(Y_i = 1) \quad 1 - p_i = P(Y_i = 0)$$

于是

$$E(Y_i) = 1 \cdot P(Y_i = 1) + 0 \cdot P(Y_i = 0) = p_i$$

所以有

$$E(Y_i) = P(Y_i = 1) = \boldsymbol{X}_i\beta$$

对于该式右端的 $\boldsymbol{X}_i\beta$ ，并没有处于[0,1]范围内的限制，实际上很可能超出[0,1]的范围；而对于该式左端的 $P(Y_i=1)$，则要求处于[0,1]范围内。于是上式**左右端产生了矛盾**。另外，对于随机误差项，有

$$\mu_i = \begin{cases} 1 - \boldsymbol{X}_i\beta & \text{当 } Y_i = 1 \text{ 时，其概率为 } \boldsymbol{X}_i\beta \\ -\boldsymbol{X}_i\beta & \text{当 } Y_i = 0 \text{ 时，其概率为 } 1 - \boldsymbol{X}_i\beta \end{cases}$$

显然，具有这种概率结构的**随机误差项具有异方差性。由于存在这两方面的问题，所以模型(4.2.1)不能作为实际研究二元选择问题的模型**。

2. 效用模型

为了使得二元选择问题的研究成为可能，我们必须首先建立**随机效用模型**。

以公共交通工具和私人交通工具的选择问题为例。如果某一个体选择公共交通工具，他的效用为 U_i^1，上标表示选择结果，下标表示第 i 个个体。该效用是随机变量，并且由公共交通工具所具有的属性和决策个体所具有的属性解释。于是有

$$U_i^1 = \boldsymbol{X}_i\beta^1 + \varepsilon_i^1 \tag{4.2.2}$$

类似地，如果某一个体选择私人交通工具，他的效用为 U_i^0，该效用是随机变量，并且由私人交通工具所具有的属性和决策个体所具有的属性解释。于是有

$$U_i^0 = \boldsymbol{X}_i\beta^0 + \varepsilon_i^0 \tag{4.2.3}$$

请注意，在模型(4.2.2)和模型(4.2.3)中，效用是不可观测的，我们能够得到的观测值仍然是选择结果，即 1 和 0。但是很显然，如果不可观测的 $U_i^1 > U_i^0$，即对应于观测值为 1，因为该个体选择公共交通工具的效用大于选择私人交通工具的效用，他当然要选择公共交通工具；相反，如果不可观测的 $U_i^1 \leqslant U_i^0$，即对应于观测值为 0，因为该个体选择公共交通工具的效用小于选择私人交通工具的效用，他当然要选择私人交通工具。

将模型(4.2.2)与模型(4.2.3)相减：

$$U_i^1 - U_i^0 = \boldsymbol{X}_i(\beta^1 - \beta^0) + (\varepsilon_i^1 - \varepsilon_i^0)$$

记为

$$Y_i^* = \boldsymbol{X}_i\beta + \mu_i^* \tag{4.2.4}$$

这就是我们要研究的二元选择模型。这是一个线性模型，其中 Y_i^*，$\boldsymbol{X}_i$，β，μ_i^* 分别为模型的被解释变量、解释变量、待估计参数和随机误差项。由于 Y_i^* 是不可观测的，所以效用模型也被称为**潜变量模型**(latent variable model)。

再来看个体选择 $Y_i=1$ 的概率。显然应该有

$$P(Y_i = 1) = P(Y_i^* > 0) = P(\mu_i^* > -\boldsymbol{X}_i\beta) \tag{4.2.5}$$

3. 最大似然估计

模型(4.2.4)的被解释变量不可观测，显然该模型不可能采用最小二乘估计，只能采用最大似然估计。为了实现模型的最大似然估计，就必须为 μ_i^* 选择一种特定的概率分布。两种最常用的分布是标准正态分布和逻辑(logistic)分布，于是形成了两种最常用的二元选择模型——**Probit 模型和 Logit 模型**。

无论是标准正态分布还是逻辑分布，由于它们是对称的，存在

$$F(-t) = 1 - F(t)$$

式中 $F(t)$表示概率分布函数。于是式(4.2.5)可以改写为

$$\begin{aligned} P(Y_i = 1) &= P(Y_i^* > 0) = P(\mu_i^* > -\boldsymbol{X}_i\beta) \\ &= 1 - P(\mu_i^* \leqslant -\boldsymbol{X}_i\beta) \\ &= 1 - F(-\boldsymbol{X}_i\beta) = F(\boldsymbol{X}_i\beta) \end{aligned} \tag{4.2.6}$$

至此，可以得到模型(4.2.4)的似然函数

$$P(Y_1, Y_2, \cdots, Y_n) = \prod_{Y_i=0}(1 - F(\boldsymbol{X}_i\beta))\prod_{Y_i=1}F(\boldsymbol{X}_i\beta) \tag{4.2.7}$$

即

$$L = \prod_{i=1}^{n} (F(\boldsymbol{X}_i \beta))^{Y_i} (1 - F(\boldsymbol{X}_i \beta))^{1-Y_i} \tag{4.2.8}$$

对数似然函数为

$$\ln L = \sum_{i=1}^{n} (Y_i \ln F(\boldsymbol{X}_i \beta) + (1 - Y_i) \ln(1 - F(\boldsymbol{X}_i \beta))) \tag{4.2.9}$$

对数似然函数最大化的一阶条件为

$$\frac{\partial \ln L}{\partial \beta} = \sum_{i=1}^{n} \left[\frac{Y_i f_i}{F_i} + (1 - Y_i) \frac{-f_i}{(1 - F_i)} \right] \boldsymbol{X}_i = \boldsymbol{0} \tag{4.2.10}$$

式中 f_i 表示概率密度函数。显然，在样本数据的支持下，如果知道式(4.2.10)中的概率分布函数和概率密度函数，求解该方程组，可以得到模型参数估计量。

4.2.3 二元 Probit 离散选择模型及其参数估计

Probit 模型是将标准正态分布作为式(4.2.4)中 μ_i^* 的概率分布而推导得到的。因为正态分布被认为是任何分布的自然的和首先的选择，于是二元 Probit 模型成为最常用的二元选择模型。标准正态分布的概率分布函数是

$$F(t) = \int_{-\infty}^{t} (2\pi)^{-\frac{1}{2}} \exp(-x^2/2) \mathrm{d}x \tag{4.2.11}$$

概率密度函数是

$$f(x) = (2\pi)^{-\frac{1}{2}} \exp(-x^2/2) \tag{4.2.12}$$

1. 重复观测值不可以得到情况下二元 Probit 离散选择模型的参数估计

在重复观测值不可以得到情况下，式(4.2.10)写成

$$\begin{aligned} \frac{\partial \ln L}{\partial \beta} &= \sum_{Y_i=0} \frac{-f_i}{1-F_i} \boldsymbol{X}_i + \sum_{Y_i=1} \frac{f_i}{F_i} \boldsymbol{X}_i \\ &= \sum_{i=1}^{n} \left(\frac{q_i f(q_i \boldsymbol{X}_i \beta)}{F(q_i \boldsymbol{X}_i \beta)} \right) \boldsymbol{X}_i \\ &= \sum_{i=1}^{n} \lambda_i \boldsymbol{X}_i \\ &= \boldsymbol{0} \end{aligned} \tag{4.2.13}$$

其中，$q_i = 2y_i - 1$。

式(4.2.13)是关于β的非线性函数，不能直接求解，需采用完全信息最大似然法中所采用的迭代方法。

这里所谓“重复观测值不可以得到”，是指对每个决策者只有一个观测值。即使有多个观测值，也将其看成多个不同的决策者。

2. 重复观测值可以得到情况下二元 Probit 离散选择模型的参数估计

从理论上讲,“重复观测值可以得到”的情况是存在的,即对每个决策者有多个重复观测值。例如,观察某个人在外部条件不变情况下对公共交通工具和私人交通工具的多次重复选择。在这种情况下,可以采用广义最小二乘法估计二元选择模型。

对第 i 个决策者重复观测 n_i 次,选择 $Y_i=1$ 的次数比例为 p_i,那么可以将 p_i 作为真实概率 P_i 的一个估计量。于是有

$$p_i = P_i + e_i = F(\boldsymbol{X}_i\beta) + e_i \tag{4.2.14}$$

式中

$$E(e_i) = 0$$
$$\mathrm{Var}(e_i) = p_i(1-p_i)/n_i$$

对于标准正态分布的概率分布函数(7.2.11),定义“观测到的”“概率单位”(因此在一些教科书中将 Probit 模型译成“概率单位模型”)为

$$v_i = F^{-1}(p_i) = F^{-1}(P_i + e_i) \tag{4.2.15}$$

式中 $F^{-1}(\cdot)$是标准正态分布的概率分布函数的反函数。用台劳级数展开式(4.2.15),只保留一阶项,则有

$$F^{-1}(P_i + e_i) = F^{-1}(P_i) + \frac{e_i}{f(F^{-1}(P_i))} \tag{4.2.16}$$

于是式(4.2.15)可以改写为

$$v_i = F^{-1}(P_i) + u_i$$

其中

$$E(u_i) = 0$$
$$\mathrm{Var}(u_i) = \frac{P_i(1-P_i)}{n_i\,(f(F^{-1}(P_i)))^2}$$

因为

$$F^{-1}(P_i) = \boldsymbol{X}_i\beta$$

有

$$v_i = \boldsymbol{X}_i\beta + u_i$$
$$\mathbf{V} = \boldsymbol{X}\beta + \boldsymbol{U} \tag{4.2.17}$$

采用广义最小二乘法估计式(4.2.17),得到

$$\hat{\beta} = (\boldsymbol{X}'\Omega^{-1}\boldsymbol{X})^{-1}\boldsymbol{X}'\Omega^{-1}\mathbf{V} \tag{4.2.18}$$

式中Ω 为 U 的方差—协方差矩阵。在实际估计过程中用它的估计量代替,即

$$\hat{\beta} = (\boldsymbol{X}'\hat{\Omega}^{-1}\boldsymbol{X})^{-1}\boldsymbol{X}'\hat{\Omega}^{-1}\mathbf{V} \tag{4.2.19}$$

而$\hat{\Omega}$ 则由 P_i 的估计量 p_i 构成,为了提高估计量的质量,可以采用迭代方法反复求得 P_i

的估计量。

式(4.2.19)中 **V** 的观测值通过求解标准正态分布的概率分布函数

$$p_i = \int_{-\infty}^{v_i} (2\pi)^{-\frac{1}{2}} \exp(-t^2/2)\mathrm{d}t$$

的反函数得到，而其中的 p_i 是实际观测得到的。为了使得 p_i 的观测值比较可靠，一般要求对每个决策者都进行一定次数(例如10次左右)的观测。

4.2.4　二元 Logit 离散选择模型及其参数估计

Logit 模型是将逻辑分布作为式(4.2.5)中 μ_i^* 的概率分布而推导得到的。Börsch-Supan 于1987年指出，如果选择是按照效用最大化而进行的，具有极限值的逻辑分布是较好的选择，这种情况下的二元选择模型应该采用 Logit 模型。逻辑分布的概率分布函数是

$$F(t) = \frac{1}{1+\mathrm{e}^{-t}} \tag{4.2.20}$$

概率密度函数是

$$f(t) = \frac{\mathrm{e}^{-t}}{(1+\mathrm{e}^{-t})^2} \tag{4.2.21}$$

式(4.2.20)可以改写成

$$F(t) = \frac{\mathrm{e}^{t}}{1+\mathrm{e}^{t}} = \Lambda(t) \tag{4.2.22}$$

这里 $\Lambda(\cdot)$ 是通常用来表示逻辑分布的概率分布的符号。式(4.2.21)可以改写成

$$f(t) = \frac{\mathrm{e}^{t}}{(1+\mathrm{e}^{t})^2} = \Lambda(t)(1-\Lambda(t)) \tag{4.2.23}$$

1. 重复观测值不可以得到情况下二元 Logit 离散选择模型的参数估计

在重复观测值不可以得到情况下，将式(4.2.22)和式(4.2.23)代入式(4.2.10)，得到

$$\begin{aligned}\frac{\partial \ln L}{\partial \beta} &= \sum_{i=1}^{n}\left[\frac{Y_i f_i}{F_i} + (1-Y_i)\frac{-f_i}{(1-F_i)}\right]\boldsymbol{X}_i \\ &= \sum_{i=1}^{n}(Y_i - \Lambda(\boldsymbol{X}_i\beta))\boldsymbol{X}_i = \boldsymbol{0}\end{aligned} \tag{4.2.24}$$

式(4.2.24)是关于 β 的非线性函数，不能直接求解，需采用完全信息最大似然法中所采用的迭代方法。

同样，这里所谓“重复观测值不可以得到”，是指对每个决策者只有一个观测值。

2. 重复观测值可以得到情况下二元 Logit 离散选择模型的参数估计

在重复观测值可以得到的情况下，同样可以采用广义最小二乘法估计二元 Logit 选择模型。

由式(4.2.20)可以得到

$$\frac{F(t)}{1-F(t)} = \mathrm{e}^t \tag{4.2.25}$$

同样地，对第 i 个决策者重复观测 n_i 次，选择 $Y_i=1$ 的次数比例为 p_i，那么可以将 p_i 作为真实概率 P_i 的一个估计量。于是有

$$p_i = P_i + e_i = F(\boldsymbol{X}_i\beta) + e_i \tag{4.2.26}$$

其中

$$E(e_i) = 0$$
$$\mathrm{Var}(e_i) = p_i(1-p_i)/n_i$$

用样本重复观测得到的 p_i 构成“成败比例”$\frac{p_i}{1-p_i}$（因此在一些教科书中将 Logit 模型译成“对数成败比例模型”），取对数并进行台劳展开，有

$$\ln\left(\frac{p_i}{1-p_i}\right) \approx \ln\left(\frac{P_i}{1-P_i}\right) + \frac{e_i}{P_i(1-P_i)} \tag{4.2.27}$$

在式(4.2.25)中，用 P_i 代替 $F(t)$，再用 $\boldsymbol{X}_i\beta$ 代入 t，然后代入式(4.2.27)，得到

$$\ln\left(\frac{p_i}{1-p_i}\right) \approx \ln(\mathrm{e}^{\boldsymbol{X}_i\beta}) + u_i = \boldsymbol{X}_i\beta + u_i \tag{4.2.28}$$

令 $v_i = \ln\left(\frac{p_i}{1-p_i}\right)$，则有

$$v_i = \boldsymbol{X}_i\beta + u_i$$
$$\boldsymbol{V} = \boldsymbol{X}\beta + \boldsymbol{U} \tag{4.2.29}$$

用广义最小二乘法估计式(4.2.29)，得到

$$\hat{\beta} = (\boldsymbol{X}'\hat{\Omega}^{-1}\boldsymbol{X})^{-1}\boldsymbol{X}'\hat{\Omega}^{-1}\boldsymbol{V} \tag{4.2.30}$$

式中 $\hat{\Omega}$ 由 P_i 的估计量 p_i 构成，同样地，为了提高估计量的质量，可以采用迭代方法反复求得 P_i 的估计量。$\boldsymbol{V}$ 的观测值不需要求解概率分布函数的反函数，而是由实际观测得到的 p_i 直接计算得到。

4.2.5 实例

例 4.2.1 某商业银行从历史贷款客户中随机抽取 78 个样本，根据设计的指标体系分别计算它们的“商业信用支持度”(XY)和“市场竞争地位等级”(SC)，对它们贷款的结果(JG)采用二元离散变量，1 表示贷款成功，0 表示贷款失败。样本观测值见表 4.2.1。目的是研究 JG 与 XY、SC 之间的关系，并为正确贷款决策提供支持。“商业信用支持度”由一个指标体系计算得到，表征客户的财务状况，该变量越大，表明客户财务状况越差；“市场竞争地位等级”也由一个指标体系计算得到，表征客户的市场，该变量越大，表明客户市场状况越好。

表 4.2.1　样本观测值

JG	XY	SC	JGF	JG	XY	SC	JGF	JG	XY	SC	JGF
0	125.0	−2	0.000 0	0	1 500	−2	0.000 0	0	54.00	−1	0.000 0
0	599.0	−2	0.000 0	0	96.00	0	0.000 0	1	42.00	2	1.000 0
0	100.0	−2	0.000 0	1	−8.000	0	1.000 0	0	42.00	0	0.020 9
0	160.0	−2	0.000 0	0	375.0	−2	0.000 0	1	18.00	2	1.000 0
0	46.00	−2	0.000 0	0	42.00	−1	6.5E-13	0	80.00	1	6.4E-12
0	80.00	−2	0.000 0	1	5.000	2	1.000 0	1	−5.000	0	1.000 0
0	133.0	−2	0.000 0	0	172.0	−2	0.000 0	0	326.0	2	0.000 0
0	350.0	−1	0.000 0	1	−8.000	0	1.000 0	0	261.0	1	0.000 0
1	23.00	0	0.997 9	0	89.00	−2	0.000 0	1	−2.000	−1	0.999 9
0	60.00	−2	0.000 0	0	128.0	−2	0.000 0	0	14.00	−2	3.9E-07
0	70.00	−1	0.000 0	1	6.000	0	1.000 0	1	22.00	0	0.999 1
1	−8.000	0	1.000 0	0	150.0	−1	0.000 0	0	113.0	1	0.000 0
0	400.0	−2	0.000 0	1	54.00	2	1.000 0	1	42.00	1	0.998 7
0	72.00	0	0.000 0	0	28.00	−2	0.000 0	1	57.00	2	0.999 9
0	120.0	−1	0.000 0	1	25.00	0	0.990 6	0	146.0	0	0.000 0
1	40.00	1	0.999 8	1	23.00	0	0.997 9	1	15.00	0	1.000 0
1	35.00	1	0.999 9	1	14.00	0	1.000 0	0	26.00	−2	4.4E-16
1	26.00	1	1.000 0	0	49.00	−1	0.000 0	0	89.00	−2	0.000 0
1	15.00	−1	0.447 2	0	14.00	−1	0.549 8	1	5.000	1	1.000 0
0	69.00	−1	0.000 0	0	61.00	0	2.1E-12	1	−9.000	−1	1.000 0
0	107.0	1	0.000 0	1	40.00	2	1.000 0	1	4.000	1	1.000 0
1	29.00	1	1.000 0	0	30.00	−2	0.000 0	0	54.00	−2	0.000 0
1	2.000	1	1.000 0	0	112.0	−1	0.000 0	1	32.00	1	1.000 0
1	37.00	1	0.999 9	0	78.00	−2	0.000 0	0	54.00	0	1.4E-07
0	53.00	−1	0.000 0	1	0.000	0	1.000 0	0	131.0	−2	0.000 0
0	194.0	0	0.000 0	0	131.0	−2	0.000 0	1	15.00	0	1.000 0

1. 估计模型

采用 Eviews 中的 Probit 模型估计方法，以 JG 为被解释变量，常数项、XY 和 SC 为解释变量，得到如表 4.2.2 的输出结果。如果采用 Logit 模型，可以得到类似的结果。

表 4.2.2　模型估计输出结果

Dependent Variable：JG
Method：ML - Binary Probit
Date：10/06/04　Time：23：25
Sample：1 78
Included observations：78
Convergence achieved after 13 iterations
Covariance matrix computed using second derivatives

Variable	Coefficient	Std. Error	z-Statistic	Prob.
C	8.797 358	7.544 042	1.166 133	0.243 6
XY	−0.257 882	0.228 894	−1.126 645	0.259 9
SC	5.061 789	4.458 465	1.135 321	0.256 2
Mean dependent var	0.410 256	S.D. dependent var		0.495 064
S.E. of regression	0.090 067	Akaike info criterion		0.118 973
Sum squared resid	0.608 402	Schwarz criterion		0.209 616
Log likelihood	−1.639 954	Hannan-Quinn criter.		0.155 259
Restr. log likelihood	−52.802 24	Avg. log likelihood		−0.021 025
LR statistic (2 df)	102.324 6	McFadden R-squared		0.968 942
Probability(LR stat)	0.000 000			
Obs with Dep=0	46	Total obs		78
Obs with Dep=1	32			

用回归方程表示如下：

JGF = 1 − @CNORM(− (8.797 358 − 0.257 882 * XY + 5.061 789 * SC))

2. 模拟与预测

该方程表示，当 XY 和 SC 已知时，代入方程，可以计算贷款成功的概率 JGF。例如，将表 4.2.1 中第 1 个样本观测值 XY=125、SC=−2 代入方程右边，计算括号内的值为 33.561 4；查标准正态分布表，对应于 33.561 4 的累积正态分布为 1.0；于是，JG 的预测值 JGF=1−1.0=0，即对应于该客户，贷款成功的概率为 0。将表 4.2.1 中第 19 个样本观测值 XY=15、SC=−1 代入方程右边，计算括号内的值为 0.132 655 2；查标准正态分布表，对应于 0.132 655 2 的累积正态分布为 0.551 7；于是，JG 的预测值 JGF=1−0.551 7=0.448 3，即对应于该客户，贷款成功的概率为 0.448 3。

如果有一个新客户，根据客户资料，计算“商业信用支持度”(XY)和“市场竞争地位等级”(SC)，代入模型，就可以得到贷款成功的概率，以此决定是否给予贷款。

4.2.6　二元离散选择模型的检验

经过估计的二元离散选择模型是否是一个好的模型？类似于经典的单方程模型，需要进行检验。主要的检验包括拟合优度检验、总体显著性检验、变量显著性检验、预测(回代)效果检验、异方差性检验和省略变量检验等。其中变量显著性检验的原理及检验统计量与经典单方程模型相同,而异方差性检验和省略变量检验的原理及检验统计量比较复杂,这里只简单介绍拟合优度检验、总体显著性检验和预测(回代)效果检验。

需要说明的是,由于经典单方程计量经济学模型主要采用以最小二乘原理为基础的模型估计方法,其检验统计量大多是基于残差平方和而构建的,例如拟合优度检验的 R^2 统计量、总体显著性检验的 F 统计量、变量显著性检验的 t 或 z 统计量、约束回归检验的 F 统计量等。而包括离散选择模型在内的非经典计量经济学模型主要采用以最大似然原理为基础的模型估计方法,所以其检验统计量大多是基于似然函数值而构建的,例如 Wald 统计量、LR 统计量、LM 统计量等。

1. 拟合优度检验

设 L_0 为模型中所有解释变量的系数都为 0 时的似然函数值,显然有

$$\ln L_0 = n(P\ln P + (1-P)\ln(1-P))$$

式中 P 为样本观测值中被解释变量等于 1 的比例,n 为样本数目。设 L 为模型估计得到的似然函数值,构造一个统计量:

$$R^2 = 1 - \frac{\ln L}{\ln L_0}$$

显然,如果模型完全不拟合样本观测值,L 等于 L_0,则有 $R^2=0$;如果模型完全拟合样本观测值,L 等于 1,则有 $R^2=1$。所以 R^2 可以作为检验模型拟合优度的统计量,R^2 越接近 1,模型的拟合效果越好。

在例 4.2.1 的模型估计输出结果表 4.2.2 中可以发现,当模型中所有解释变量的系数都为 0 时,对数似然函数值 $\ln L_0=-52.802\ 24$,模型估计得到的似然函数值 $\ln L=-1.639\ 954$,计算得到 $R^2=0.968\ 942$。因此可以判断这是一个拟合效果较好的模型。(在表中统计量 R^2 被称为“McFadden R-squared”)

2. 总体显著性检验

总体显著性检验的 0 假设为:H_0:$\beta_1=\beta_2=\cdots=\beta_k=0$,备择假设为:解释变量的系数不全都为 0。构造一个似然比(Likelihood Ratio)统计量:

$$\mathrm{LR} = -2(\ln L_0 - \ln L) \sim \chi^2(k)$$

其中 L_0 为模型满足 0 假设(所有解释变量的系数都为 0)时的似然函数值,L 为模型估计得到的似然函数值。直观上看,如果 LR 较大,表明 L_0 与 L 之间的差较大,倾向于拒绝 0 假设而接受模型总体显著的备择假设。

对于例 4.2.1 的模型,由 $\ln L_0=-52.802\ 24$ 和 $\ln L=-1.639\ 954$,计算得到 LR=102.324 6。由 χ^2 分布表查得:$\chi^2_{0.01}(2)=9.21$,可见,在 0.01 的显著水平上,该模型拒绝

总体不显著的0假设。

3. 回代效果检验

当二元离散选择模型被估计后，将所有样本的解释变量观测值代入模型，计算得到每个样本的被解释变量选择1的概率，与每个样本被解释变量的实际观测值进行比较，以判断模型的预测(回代)效果，也是一种实际有效的模型检验方法。

对于例4.2.1的模型，表4.2.1中"JGF"列即为模型计算达到的每个样本的被解释变量选择1的概率。从中可见，除了2个样本外，所有样本都通过了回代检验。没有通过回代检验的2个样本中，1个样本的选择结果为1，回代算得的选择1的概率为0.447 2；另1个样本的选择结果为0，回代算得的选择1的概率为0.549 8。如何看待回代结果?存在一个临界值问题。

通常有多种方法确定临界值。一是**"朴素方法"**，即以0.50为临界值。该方法适合于全部样本中选择1和选择0的样本数目相当的情况。在例4.2.1的模型中，选择1和选择0的样本数目分别为32和46，差异较大，不适合采用该方法。二是**"先验方法"**，即以全部样本中选择1的样本所占的比例为临界值。例如在例7.2.1的模型中，选择1的样本的比例为0.41。但是，该方法适合于以全部个体作为样本的情况，而例4.2.1中的78个样本仅是贷款客户的极少部分，所以也不适合采用该方法。三是**"最优方法"**，即以"犯第一类错误最小"为原则确定临界值的方法。例如在例4.2.1的模型中，如果以0.50为临界值，则有2个样本发生"弃真"，即犯第一类错误；如果以0.41为临界值，则发生"弃真"的样本只有1个。所以以0.41作为临界值比较合适。

4.3 多元离散选择模型

除了二元离散选择模型之外，20世纪七八十年代以来，还发展了许多其他类型的离散选择模型，例如多元选择模型(model for multiple choices)、联立方程二元选择模型(multivariate binary choice model)等。本节将对多元选择模型作简单的介绍。

4.3.1 社会经济生活中的多元选择问题

在实际社会经济生活中，经常遇到多元选择问题。可以**将多元选择问题分为三类：一般多元选择问题**、**排序选择问题**(ordered multivariate choices)和**嵌套选择问题**(nested multiple choices)。

一般多元选择问题是最普遍的选择现象。决策者按照效用最大原则在多个可供选择的方案中进行选择。一类问题是决策者面临多项选择，例如，出行方式选择问题。决策者在多种方式(例如汽车、火车、飞机)中，根据决策者的属性(诸如职业、年龄、收入水平、健康状况等)和方案的属性(诸如舒适程度、耗费时间、费用等)进行选择，如果选择了某一方式，对于该决策者来讲，相对于其他方式，其效用是最大的。另一类问题是决策者对同一个选择对象的偏好程度。例如，商品购买问题。同一种商品，不同的消费者对它的偏好是不同的，诸如十分喜欢、一般喜欢、无所谓、一般厌恶、十分厌恶，以 0、1、2、3、4 表示。影响消费者偏好的因素有两部分，一是该商品本身所具有的属性，诸如性能、价格等；二是消费者个体所具有的属性，诸如收入水平、对该商品的需求程度等。再如，求职者对某种职业的选择问题，也可以描述为一个多元选择问题。还可以扩展到其他领域，一个典型的例子就是投票问题。在我们进行的任何投票中，在选票上一般都有 3 栏：同意、弃权、反对，这就是一个三元选择问题。如果是进行投票前的调查，甚至可以在调查表上列出 5 栏：强烈支持、一般支持、弃权、一般反对、强烈反对，这就是一个五元选择问题。

排序选择问题不同于一般多元选择问题，决策者作出某种选择并不意味着实现了效用最大，而是在条件制约下的无奈选择。一个典型的例子是商品的满意度调查。将对商品的满意度分为 5 等：十分满意、一般满意、无所谓、一般不满意、十分不满意，对已经购买了该商品的居民进行调查，会有不同的满意程度，该调查结果就是一个排序选择问题。

嵌套选择问题也称为分层选择。选择对象是分层次的，决策者必须逐层进行选择。例如，购房选择问题。购买者首先在可供选择的不同小区中选择某一小区，然后在该小区中选择房屋。前者的决定因素包括购买者的属性，诸如工作单位距小区的距离、是否有上学的子女等，以及小区的属性，诸如附近是否有好的学校、是否有充足的车位等。后者的决定因素也包括购买者的属性和小区房屋的属性，但是具体因素显然不同于前者。

接下来首先着重讨论描述一般多元选择问题的模型方法，然后简单介绍描述嵌套选择和排序选择问题的模型方法。

4.3.2　一般多元离散选择 Logit 模型

首先需要指出的是，**在多元离散选择模型中，应用最多的是 Logit 模型**。不同的教科书从不同的角度对此有不同的解释。例如，在多元离散选择模型中，因为 Probit 模型需要对多元正态分布的整体进行评价，所以它的应用受到限制；例如，因为逻辑分布更适合于效用最大化时的分布选择，所以应用最多的多元离散选择模型是 Logit 模型；再例如，因为 Logit 模型的似然函数能够快速可靠地收敛，当方案或者决策个体数量较大时，计算比较简便。无论从理论上如何解释，在实际应用中，一般都采用 Logit 模型，是一个不争的事实，其计算比较简便的特点也是显然的。所以，本节仅讨论多元 Logit 模型。

1. 一般多元选择 Logit 模型的思路

在二元选择模型中，通过构造选择的效用模型，将选择问题转化为效用比较问题，克服了直接构造选择结果模型(即以选择结果为被解释变量)所带来的障碍。在一般多元选择模型中，仍然沿着这一思路，通过构造选择的效用模型，以效用的最大化来表示对某一方案的选择，达到估计模型总体参数的目的。

类似于二元选择模型中的式(4.2.2)，如果决策者 i 在 $(J+1)$ 项可供选择方案中选择了第 j 项，那么其效用模型为

$$U_{ij} = \boldsymbol{X}_{ij}\beta + \varepsilon_{ij} \tag{4.3.1}$$

选择 j 的概率应该为

$$P(U_{ij} > U_{ik}) \quad k = 0,1,2,\cdots,J,k \neq j$$

McFadden 于 1973 年指出，如果 $(J+1)$ 个随机误差项互不相关，并且服从 Weibull 分布，即

$$F(\varepsilon_{ij}) = \mathrm{e}^{-\varepsilon_{ij}}$$

于是有

$$P(Y_i = j) = \frac{\mathrm{e}^{\boldsymbol{X}_{ij}\beta}}{\sum_{j=0}^{J} \mathrm{e}^{\boldsymbol{X}_{ij}\beta}} \tag{4.3.2}$$

这就导出了后面的条件 Logit 模型(conditional logit model)和多项 logit 模型(multinomial logit model)。

效用模型的解释变量中包括所有影响选择的因素，既包括决策者所具有的属性，也包括备选方案所具有的属性。备选方案所具有的属性是随着方案的变化而变化的，例如在不同的交通方式选择中，费用、耗费时间、安全性等因素是随着不同的交通方式变化的；决策者所具有的属性中一部分是随着方案的变化而变化的，例如决策者对不同交通方式的偏好程度等，而一部分是不随着方案的变化而变化的，例如决策者的年龄、收入、健康状况等。用 $\boldsymbol{Z}_{ij}$ 表示随着方案的变化而变化的那部分解释变量，$\boldsymbol{W}_i$ 表示不随着方案的变化而变化的那部分解释变量，于是式(4.3.2)变为

$$P(Y_i = j) = \frac{\mathrm{e}^{\boldsymbol{Z}_{ij}\gamma + \boldsymbol{W}_i\alpha}}{\sum_{j=0}^{J} \mathrm{e}^{\boldsymbol{Z}_{ij}\gamma + \boldsymbol{W}_i\alpha}} = \frac{\mathrm{e}^{\boldsymbol{Z}_{ij}\gamma}\mathrm{e}^{\boldsymbol{W}_i\alpha}}{\sum_{j=0}^{J} \mathrm{e}^{\boldsymbol{Z}_{ij}\gamma}\mathrm{e}^{\boldsymbol{W}_i\alpha}} \tag{4.3.3}$$

式中 γ，α 分别表示 $\boldsymbol{Z}_{ij}$ 和 $\boldsymbol{W}_i$ 的系数向量。

显然，$\boldsymbol{W}_i$ 对于选择第 j 个方案的概率不产生影响，可以从模型中去掉。因此式(4.3.3)可以写成

$$P(Y_i = j) = \frac{\mathrm{e}^{\boldsymbol{Z}_{ij}\gamma}\mathrm{e}^{\boldsymbol{W}_i\alpha}}{\mathrm{e}^{\boldsymbol{W}_i\alpha}\sum_{j=0}^{J} \mathrm{e}^{\boldsymbol{Z}_{ij}\gamma}} = \frac{\mathrm{e}^{\boldsymbol{Z}_{ij}\gamma}}{\sum_{j=0}^{J} \mathrm{e}^{\boldsymbol{Z}_{ij}\gamma}} \tag{4.3.4}$$

比较式(4.3.4)和式(4.3.2)，形式上没有区别，只是包含的解释变量数量不同。为了书写方便，在后面的模型中，我们仍然采用式(4.3.2)的形式。

实用的一般多元 Logit 选择模型又分两种情况。一是研究选择某种方案的概率与决策者的特征变量之间的关系；二是研究选择某种方案的概率与决策者的特征变量以及方案的特征变量之间的关系。下面将分别介绍特定的模型及其估计。

2. 多项 Logit 离散选择模型及其参数估计

多项 Logit 模型是 multinomial logit model 的直译，因为该类模型不考虑方案属性对选择结果的影响，所以也被意译为多元"名义"Logit 模型或者多元"纯"Logit 模型。

研究一类特定的问题，例如职业选择问题。有$(J+1)$种职业，以受教育程度、工作经历、性别、健康状况、种族等作为从事各种职业的个人的特征变量，利用大量的样本，试图研究每种职业与这些特征变量的关系。那么具有特征 X_i 的个体选择第 j 种职业的概率为

$$P(Y_i=j)=\frac{\mathrm{e}^{\boldsymbol{X}_i\beta_j}}{\sum\limits_{j=0}^{J}\mathrm{e}^{\boldsymbol{X}_i\beta_j}} \tag{4.3.5}$$

这里变量矩阵和参数向量的下标与式(4.3.2)不同。因为在特定的研究问题中，**$\boldsymbol{X}$ 中未包含备选方案所具有的属性变量，所以 $\boldsymbol{X}$ 的下标不出现 j；而参数向量β 对不同的选择方案(即不同的方程)是不同的，所以β 的下标出现 j。**

为了研究方便，进行标准化处理，令$\beta_0=\mathbf{0}$。于是有

$$P(Y_i=j)=\frac{\mathrm{e}^{\boldsymbol{X}_i\beta_j}}{1+\sum\limits_{k=1}^{J}\mathrm{e}^{\boldsymbol{X}_i\beta_k}} \quad j=1,2,\cdots,J \tag{4.3.6}$$

$$P(Y_i=0)=\frac{1}{1+\sum\limits_{k=1}^{J}\mathrm{e}^{\boldsymbol{X}_i\beta_k}}$$

可以计算得到"对数成败比"为

$$\ln\left(\frac{P_{ij}}{P_{i0}}\right)=\boldsymbol{X}_i\beta_j$$

$$\ln\left(\frac{P_{ij}}{P_{ik}}\right)=\boldsymbol{X}_i(\beta_j-\beta_k) \tag{4.3.7}$$

由于假设了原模型(4.3.1)中$(J+1)$个随机误差项互不相关，所以成败比率 P_j/P_k 与其他备选方案无关。实际上这一假设从经济行为上讲是不合理的，本节后面将讨论放弃这一假设的情况。

多项 Logit 离散选择模型的参数估计并不复杂。对于第 i 个决策者，如果选择了第 j 个备选方案，令 $d_{ij}=1$；如果没有选择第 j 个备选方案，令 $d_{ij}=0$。同时，对于第 i 个决策者，在$(J+1)$个备选方案中，只能选择其中之一，即只能存在 1 个 $d_{ij}=1$。于是，可以写出 $Y_{ij}(i=1,2,\cdots,n;\ j=0,1,2,\cdots,J)$的联合概率函数，由联合概率函数导出似然函数，进而得到对数似然函数为

$$\ln L=\sum_{i=1}^{n}\sum_{j=0}^{J}d_{ij}\ln P(y_i=j) \tag{4.3.8}$$

其微分形式为

$$\frac{\partial \ln L}{\partial \beta_j} = \sum_i (d_{ij} - P_{ij}) \boldsymbol{X}_i \quad j = 1,2,\cdots,J \tag{4.3.9}$$

$$\frac{\partial^2 \ln L}{\partial \beta_j \partial \beta'_l} = -\sum_{i=1}^{n} P_{ij}(\mathbf{1}(j=l) - P_{il}) \boldsymbol{X}_i \boldsymbol{X}'_i \tag{4.3.10}$$

式中

$$\mathbf{1}(j=l) = \begin{cases} 1 & \text{如果 } j = l \\ 0 & \text{如果 } j \neq l \end{cases}$$

令式(4.3.9)等于0,即为对数似然函数最大化的一阶条件,利用牛顿(Newton)迭代方法可以迅速地得到方程组的解,得到模型的参数估计量。如果海塞(Hessian)矩阵(4.3.10)为负,表明对数似然函数存在最大值。

但是,该模型参数估计量的经济意义难以直接解释。将式(4.3.6)对 $\boldsymbol{X}_i$ 微分,得到

$$\Delta_j = \frac{\partial P_j}{\partial \boldsymbol{X}_i} = P_i \left(\beta_j - \sum_{k=0}^{l} P_k \beta_k\right) = P_j(\beta_j - \bar{\beta}) \tag{4.3.11}$$

从中可以看出,模型参数具有对概率的边际贡献率的经济意义。

3. 条件 Logit 离散选择模型及其参数估计

从式(4.3.5)可见,在上面的模型中,只考虑了选择某种方案的概率与决策者的特征变量之间的关系。如果选择某种方案的概率不仅与决策者的特征变量有关,而且也与方案的特征变量有关,那么式(4.3.5)应该改写为

$$P(Y_i = j) = \frac{e^{\boldsymbol{X}_{ij}\beta}}{\sum_{j=1}^{J} e^{\boldsymbol{X}_{ij}\beta}} \tag{4.3.12}$$

称为条件 Logit 模型(conditional logit model)。**$\boldsymbol{X}$ 中包含备选方案所具有的属性变量,所以 $\boldsymbol{X}$ 的下标出现 j;而参数向量 β 对不同的选择方案(即不同的方程)是相同的,所以 β 的下标不出现 j。**

类似于多项 Logit 模型的参数估计方法,条件 Logit 模型的对数似然函数为

$$\ln L = \sum_{i=1}^{n} \sum_{j=1}^{J} d_{ij} \ln P(y_i = j) \tag{4.3.13}$$

其微分形式

$$\frac{\partial \ln L}{\partial \beta} = \sum_{i=1}^{n} \sum_{j=1}^{J} d_{ij} (\boldsymbol{X}_{ij} - \bar{\boldsymbol{X}}_i) \tag{4.3.14}$$

$$\frac{\partial^2 \ln L}{\partial \beta \partial \beta'} = -\sum_{i=1}^{n} \sum_{j=1}^{J} P_{ij} (\boldsymbol{X}_{ij} - \bar{\boldsymbol{X}}_i)(\boldsymbol{X}_{ij} - \bar{\boldsymbol{X}}_i)'$$

其中

$$\bar{\boldsymbol{X}}_i = \sum_{j=1}^{J} P_{ij}\boldsymbol{X}_{ij}$$

式(4.3.14)等于0,即为对数似然函数最大化的一阶条件,利用牛顿迭代方法可以迅速地得到方程组的解,得到模型的参数估计量。

4. 多元 Logit 离散选择模型的检验

多元 Logit 离散选择模型除了必须进行类似于二元选择模型的拟合优度检验、总体显著性检验和回代检验外,还需要进行不同选择方案之间的独立性检验,以及是否可以将某些选项进行合并的检验。一般的应用软件具有这些检验功能,将在下面的例题中讨论。

4.3.3 嵌套 Logit 模型

如果在多元离散选择模型(4.3.1)中,放弃$(J+1)$个随机误差项互不相关的假设,即不同的选择方案之间具有相关性,而且必须考虑这种相关性,那么一种可行的思路是将$(J+1)$个选择方案分为l组,在每组内部的选择方案之间不具有相关性,而组间则具有相关性。也就是将条件 Logit 模型中隐含的齐次方差性条件放松,允许方差在组间可以不同,但在组内仍然是同方差的。这样的模型被称为嵌套 Logit 模型(nested logit model)。

用$\boldsymbol{X}_{j|l}$表示在第l组内对选择第j种方案产生影响的变量,$\boldsymbol{Z}_l$表示对选择第l组产生影响的变量。于是

$$P(j,l) = P_{jl} = \frac{\mathrm{e}^{\boldsymbol{X}_{j|l}\beta+\boldsymbol{Z}_l\gamma}}{\sum_{l=1}^{L}\sum_{j=1}^{J_l}\mathrm{e}^{\boldsymbol{X}_{j|l}\beta+\boldsymbol{Z}_l\gamma}} \tag{4.3.15}$$

即

$$P_{jl} = P_{j|l}P_l = \left(\frac{\mathrm{e}^{\boldsymbol{X}_{j|l}\beta}}{\sum_{j=1}^{J_l}\mathrm{e}^{\boldsymbol{X}_{j|l}\beta}}\right)\left(\frac{\mathrm{e}^{\boldsymbol{Z}_l\gamma}}{\sum_{l=1}^{L}\mathrm{e}^{\boldsymbol{Z}_l\gamma}}\right)\frac{\left(\sum_{j=1}^{J_l}\mathrm{e}^{\boldsymbol{X}_{j|l}\beta}\right)\left(\sum_{l=1}^{L}\mathrm{e}^{\boldsymbol{Z}_l\gamma}\right)}{\left(\sum_{l=1}^{L}\sum_{j=1}^{J_l}\mathrm{e}^{\boldsymbol{X}_{j|l}\beta+\boldsymbol{Z}_l\gamma}\right)} \tag{4.3.16}$$

式(4.3.15)与式(4.3.16)没有任何区别,只是式(4.3.16)用条件概率表示。定义

$$I_l = \ln\sum_{j=1}^{J_l}\mathrm{e}^{\boldsymbol{X}_{j|l}\beta}$$

为第l组的"内值"(inclusive value)。化简式(4.3.16)得到

$$P_{j|l} = \frac{\mathrm{e}^{\boldsymbol{X}_{j|l}\beta}}{\sum_{j=1}^{J_l}\mathrm{e}^{\boldsymbol{X}_{j|l}\beta}} \qquad P_l = \frac{\mathrm{e}^{\boldsymbol{Z}_l\gamma+\boldsymbol{I}_l T_l}}{\sum_{l=1}^{L}\mathrm{e}^{\boldsymbol{Z}_l\gamma+\boldsymbol{I}_l T_l}} \tag{4.3.17}$$

这里新的参数T_l必须等于1才能产生原模型。所以可以利用$T_l=1$的约束重新描述条件 Logit 模型,然后再放松约束得到嵌套 Logit 模型。

嵌套 Logit 模型具有灵活的结构，在消费者选择中被广泛应用，而且被扩展到 3 层以上的结构。当然随着嵌套 Logit 模型层次结构的扩展，其复杂程度也呈几何级数增长。

嵌套 Logit 模型的参数估计方法有两类。一类是两阶段最大似然法，是一种有限信息估计方法。其具体步骤是：

(1) 在组内，作为一个简单的条件 Logit 模型，估计参数β；

(2) 计算每组的“内值”；

(3) 将每组看成是一种选择方案，再进行简单的条件 Logit 模型的估计，得到参数 γ 和 T 的估计量。此时用到的贡献变量是$\boldsymbol{Z}_l$和 $\boldsymbol{I}_l$。

另一类方法是完全信息最大似然法。将对数似然函数写为

$$\ln L = \sum_{i=1}^{n} \ln (P_{j|l} \times P_l)_i \tag{4.3.18}$$

完全信息最大似然法估计比两阶段最大似然法估计更有效。

4.3.4 排序多元离散选择模型

对于排序多元离散选择问题，上面讨论的一般多元离散选择模型就不适合了。因为在式(4.3.1)中，如果决策者 i 选择了 j，那么就意味着

$$U_{ij} > U_{ik} \quad k = 0,1,2,\cdots,J \quad k \neq j$$

但是在排序多元离散选择中，即使决策者 i 选择了 j，也不意味着上述效用比较关系一定成立。

直接将选择结果作为被解释变量，以 0、1、2、3 等作为样本观测值，采用普通回归分析的方法建立模型，当这些离散数据能够真实反映不同选择方案的效用差异时，也是可行的。但是实际上，这些离散数据只表示不同选择方案之间的顺序，并不反映不同选择方案的效用的真实差异。

排序 Probit 和 Logit 模型是采用与二元选择模型类似的思路建立的。以

$$Y^* = \boldsymbol{X}\beta + \mu \tag{4.3.19}$$

开始，这里的 Y^* 是无法观测的。人们观测到的是：

$$\begin{aligned} Y &= 0 \quad \text{如果 } Y^* \leqslant 0 \\ &= 1 \quad \text{如果 } 0 < Y^* \leqslant u_1 \\ &= 2 \quad \text{如果 } u_1 < Y^* \leqslant u_2 \\ &\vdots \\ &= J \quad \text{如果 } u_{J-1} \leqslant Y^* \end{aligned}$$

假定 μ 服从正态分布，并且标准化为服从期望为 0、方差为 1 的正态分布。那么可以得到如下的概率：

$$\begin{aligned} P(Y=0) &= \Phi(-\boldsymbol{X}\beta) \\ P(Y=1) &= \Phi(u_1 - \boldsymbol{X}\beta) - \Phi(-\boldsymbol{X}\beta) \end{aligned}$$

$$P(Y=2)=\Phi(u_2-\boldsymbol{X}\beta)-\Phi(u_1-\boldsymbol{X}\beta)$$

$$\vdots$$

$$P(Y=J)=1-\Phi(u_{J-1}-\boldsymbol{X}\beta) \qquad (4.3.20)$$

其中符号 Φ 表示正态分布的概率函数，即

$$\Phi(\boldsymbol{x})=\int_{-\infty}^{X}(2\pi)^{-\frac{1}{2}}\exp(-t^2/2)\mathrm{d}t$$

为了保证所有的概率都是正的，必须有

$$0<u_1<u_2<\cdots<u_{J-1}$$

显然，这是第 4.2 节中二元 Probit 选择模型的推广，其对数似然函数很容易得到，采用最大似然法可以估计模型的参数。排序 Probit 和 Logit 模型的估计比较简单，一般的应用计量经济学软件都可以方便地实现。

4.3.5 实例

首先列举一个简单的多项 Logit 模型实例，给出了所有数据以及模型估计和检验过程。读者可以利用给出的数据独立进行模型估计。

例 4.3.1 将例 4.2.1 中某商业银行从历史贷款客户中随机抽取的 78 个样本进一步细分，贷款结果 2 表示贷款成功，1 表示延滞还款，0 表示呆坏账。目的是研究贷款结果(JG)与"商业信用支持度"(XY)和"市场竞争地位等级"(SC)之间的关系。样本观测值见表 4.3.1 第 1、2、3 列。为此建立三元选择多项 Logit 模型。

表 4.3.1 例 4.3.1 数据表

JG	XY	SC	JG0	JG1	JG2	JG	XY	SC	JG0	JG1	JG2
0	125	−2	0.999 998	2.32E-06	7.18E-16	0	28	−2	0.998 628	0.001 371	6.78E-07
0	599	−2	1	6.54E-20	0	2	25	0	9.34E-05	0.141 827	0.858 08
0	100	−2	0.999 988	0.000 012	1.48E-13	2	23	0	6.33E-05	0.109 617	0.890 319
0	160	−2	1	2.31E-07	4.15E-19	2	14	0	1.01E-05	0.0316 82	0.968 308
0	46	−2	0.999 58	0.000 42	1.47E-08	0	49	−1	0.752 429	0.247 079	0.000 492
0	80	−2	0.999 955	4.48E-05	1.05E-11	1	14	−1	0.184 49	0.606 479	0.209 031
0	133	−2	0.999 999	1.37E-06	1.31E-16	1	61	0	0.006 79	0.964 119	0.029 091
0	350	−1	1	8.17E-10	9.18E-32	2	40	2	3.73E-13	0.000 191	0.999 809
2	23	0	6.33E-05	0.109 617	0.890 319	0	30	−2	0.998 797	0.001 202	4.43E-07
0	60	−2	0.999 833	0.000 167	7.43E-10	0	112	−1	0.994 833	0.005 167	9.63E-10
0	70	−1	0.923 841	0.076 152	6.89E-06	0	78	−2	0.999 949	5.11E-05	1.60E-11
2	−8	0	9.61E-08	0.001 281	0.998 719	2	0	0	5.27E-07	0.004 147	0.995 853
0	400	−2	1	3.19E-14	0	0	131	−2	0.999 999	1.56E-06	2.00E-16
1	72	0	0.014 235	0.979 912	0.005 853	0	54	−1	0.808 724	0.191 093	0.000 182
0	120	−1	0.996 942	0.003 059	1.76E-10	2	42	2	5.71E-13	0.000 257	0.999 743
2	40	1	3.10E-08	0.016 686	0.983 314	1	42	0	0.001 347	0.667 974	0.330 679
2	35	1	1.08E-08	0.008 061	0.991 939	2	18	2	3.43E-15	7.50E-06	0.999 993

续表

JG	XY	SC	JG0	JG1	JG2	JG	XY	SC	JG0	JG1	JG2
2	26	1	1.59E-09	0.002 155	0.997 845	1	80	1	2.22E-05	0.859 764	0.140 214
2	15	−1	0.200 259	0.616 384	0.183 357	2	−5	0	1.82E-07	0.001 99	0.998 01
0	69	−1	0.919 078	0.080 914	8.48E-06	0	326	2	0.225 833	0.774 167	2.08E-15
1	107	1	0.000 152	0.996 797	0.003 051	1	261	1	0.793 955	0.206 045	8.95E-14
2	29	1	3.01E-09	0.003 348	0.996 652	2	−2	−1	0.022 38	0.210 896	0.766 724
2	2	1	9.59E-12	0.000 063	0.999 937	0	14	−2	0.996 548	0.003 439	1.34E-05
2	37	1	1.64E-08	0.010 792	0.989 208	2	22	0	5.19E-05	0.096 051	0.903 897
0	53	−1	0.798 311	0.201 466	0.000 223	1	113	1	0.000 226	0.998 511	0.001 263
0	194	0	0.978 081	0.021 919	2.07E-12	2	42	1	4.72E-08	0.022 272	0.977 728
0	1 500	−2	1	0	0	2	57	2	1.39E-11	0.002 333	0.997 667
1	96	0	0.065 851	0.933 987	0.000 163	1	146	0	0.654 503	0.345 497	3.82E-08
2	−8	0	9.61E-08	0.001 281	0.998 719	2	15	0	1.25E-05	0.036 524	0.963 463
0	375	−2	1	1.65E-13	0	0	26	−2	0.998 435	0.001 564	1.04E-06
0	42	−1	0.656 401	0.341 691	0.001 908	0	89	−2	0.999 975	2.48E-05	1.54E-12
2	5	2	2.15E-16	1.11E-06	0.999 999	2	5	1	1.82E-11	0.000 098	0.999 902
0	172	−2	1	1.05E-07	3.22E-20	1	−9	−1	0.005 946	0.088 828	0.905 226
2	−8	0	9.61E-08	0.001 281	0.998 719	2	4	1	1.47E-11	8.46E-05	0.999 915
0	89	−2	0.999 975	2.48E-05	1.54E-12	0	54	−2	0.999 752	0.000 248	2.67E-09
0	128	−2	0.999 998	1.90E-06	3.79E-16	2	32	1	5.70E-09	0.005 198	0.994 803
2	6	0	1.88E-06	0.009 974	0.990 024	1	54	0	0.004 08	0.918 255	0.077 666
0	150	−1	0.999 574	0.000 426	2.95E-13	0	131	−2	0.999 999	1.56E-06	2.00E-16
2	54	2	7.35E-12	0.001 501	0.998 499	2	15	0	1.25E-05	0.036 524	0.963 463

1. 模型估计

采用 Stata 估计模型，估计结果见表 4.3.2。

表 4.3.2　模型参数估计结果

Multinomial logistic regression				Number of obs	=	78
				LR chi2(4)	=	134.60
				Prob > chi2	=	0.000 0
Log likelihood = −11.815 885				Pseudo R2	=	0.850 6

JG |	Coef.	Std. Err.	z	P>|z|	[95% Conf.	Interval]
1						
XY |	−0.065 819 3	0.031 630 4	−2.08	0.037	−0.127 813 7	−0.003 824 9
SC |	6.859 179	3.167 102	2.17	0.030	0.651 772 4	13.066 58
_cons |	8.970 724	4.500 354	1.99	0.046	0.150 191 4	17.791 26
2						
XY |	−0.213 066	0.064 194 5	−3.32	0.001	−0.338 884 9	−0.087 247 1
SC |	11.344 17	3.821 957	2.97	0.003	3.853 272	18.835 07
_cons |	14.451 98	4.921 404	2.94	0.003	4.806 21	24.097 76

(JG==0 is the base outcome)

估计结果显示，模型有较高的拟合优度和总体显著性；解释变量在5%的显著性水平下显著。以 JG=0 为基准，对于 JG=1 和 JG=2，“商业信用支持度”的系数为负，即当客户的财务状况越差（该变量观测值越大），获得贷款成功的概率越小，而且对 JG=2 的影响远大于对 JG=1 的影响。类似地，“市场竞争地位等级”的系数为正，即当客户的市场状况越好（该变量观测值越大），获得贷款成功的概率越大；而且对 JG=2 的影响远大于对 JG=1 的影响。显然，模型参数估计结果有合理的经济解释。

2. 预测

利用估计结果对样本客户贷款结果分别取 0、1 和 2 的概率进行预测，见表 4.3.1 中 JG0、JG1 和 JG2 列。除了个别样本客户外，预测结果和实际结果具有一致性。

3. 检验

对于多元选择模型，需要检验选择结果之间的独立性，以及是否可以将某些选择结果合并。结果如表 4.3.3 所示。

表 4.3.3　模型检验结果

IIA(Independent Irrelevant Alternatives) tests

Ho: Odds are independent of other alternatives.

Hausman tests of IIA assumption				Small-Hsiao tests of IIA assumption					
Omitted	Chi2	P>chi2	evidence	Omitted	lnL (full)	lnL (omit)	Chi2	p>chi2	evidence
1	0.000	1.000	for H0	1	0.000	0.000	0.000	1.000	for H0
2	0.109	0.991	for H0	2	−0.000	−0.000	0.000	1.000	for H0

tests for combining outcome categories

Ho: All coefficients except intercepts associated with given pair of outcomes are 0 (i. e., categories can be collapsed).

Wald tests				LR tests			
Categories tested	Chi2	df	P>chi2	Categories tested	Chi2	df	P>chi2
1-2	7.216	2	0.027	1-2	39.766	2	0.000
1-0	4.702	2	0.095	1-0	41.349	2	0.000
2-0	11.412	2	0.003	2-0	11.412	2	0.000

选择结果之间的独立性检验显示，选择结果 1 与选择结果 0、2 之间是独立的；选择结果 2 与选择结果 0、1 之间也是独立的。选择结果合并检验显示，选择结果 1 和 2、1 和 0、2 和 0 是不能合并的，即 0、1、2 选项均不可合并，也验证了 IIA 假设成立。

下面的例题由《经济研究》(2011 年第 4 期)的一篇论文整理而成。什么类型的问题适合于构造多元排序选择模型？在实际应用中难以把握。所以将例题的重点放在问题的描述以及结论的陈述方面，而不是模型的估计。

例 4.3.2 为了研究各种不同的养老模式对老年人健康水平和幸福感的影响，利用 2002 年、2005 年中国老年人口健康状况调查数据，建立多元排序选择模型。

将客观健康状况分为 5 个等级：非常健康、较健康、较不健康、很不健康、死亡，显然这是一个排序多元选择问题。影响因素包括居住模式(即养老模式，包含独居、只与配偶居住、多代合住、住养老院 4 种)以及其他因素，包含主要生活来源、医疗状况、初始健康水平、社会经济地位、健康行为，以及人口统计信息等，所有这些因素都属于决策者属性。

将主观幸福感分为 6 个等级：非常好、好、一般、差、非常差、死亡，显然这也是一个排序多元选择问题。影响因素与上述相同。

因为本例重点考察养老模式对老年人健康水平和幸福感的影响，考虑到养老模式和经济来源的二维性，进一步将养老模式细分，即每种模式下又分为经济独立、子女供养、政府补助 3 种，共 12 种养老模式。

模型估计结果显示，不同养老模式对老年人客观健康水平的影响，以子女供养的独居老人为参照组，经济独立或子女供养情况下生活独立的老年夫妻保持健康(即非常健康或较健康)的概率要比参照组分别高 13%～15%，死亡概率要低 13%～15%，属于最优的养老模式；其次是经济独立但选择多代合住的模式；……子女供养的养老院老人、依靠补助的独居老人和子女供养的独居老人(参照组)具有最差的客观健康水平。

模型估计结果显示，不同养老模式对老年人主观幸福感的影响，与子女供养的独居老人相比，经济与生活均独立的老年夫妻和依靠补助的养老院老人对生活最满意，感到非常幸福和幸福的概率要高出 14%；其次是子女供养但生活独立的老年夫妻和经济独立的养老院老人；……子女供养的养老院老人、依靠补助的独居老人和子女供养的独居老人(参照组)仍然具有最差的主观幸福感。

资料来源：刘宏，高松，王俊. 养老模式对健康的影响[J]. 经济研究，(4)，2011.

4.4 离散计数数据模型

离散计数数据模型(models for count data)的被解释变量观测值表现为非负整数，为计数事件的结果。该类模型属于离散被解释变量计量经济学模型(model with discrete dependent variable)，但不同于离散选择模型。在一些教科书中，将离散计数数据模型作为离散选择模型的一部分内容，是不合适的。本节将着重讨论离散计数数据模型的设定思路，然后对应用最为普遍的泊松回归模型进行较为详细的介绍，关于其他模型，只作简单介绍。而关于最新发展的选择性样本离散计数数据模型，以及面板数据离散计数数据模型等,读者可以阅读其他文献。

4.4.1 离散计数数据模型的提出

1. 经济社会研究中的离散计数问题

在接触离散计数数据模型之前,可以先考虑一个跟劳动力市场有关的例子:每个人在进入劳动力市场以前肯定都有一定的教育背景和职业经历,这些构成了一定的人力资本,个人凭借它得到工作机会。但是,一个很有意思的现象是,有的人终其一生都只为一个雇主工作,而有的人却经常炒自己上司的"鱿鱼"。究竟是哪些因素在决定雇员跳槽频率方面起着重要作用呢?有些经济学家据此将一定时间内雇员更换工作的次数作为跳槽频率的测度,试图通过实证分析来解决这类问题。这就引出了即将讨论的计数数据模型。

类似的问题很多。例如,为了研究不同型号的汽车的安全性,需要调查各种型号汽车在一个时期内发生事故的次数,以此为被解释变量建立模型,将可能影响事故发生的所有因素,包括汽车的型号,作为解释变量,以检验汽车的型号是否对事故的发生有显著影响。例如,为了检验农村合作医疗制度的效果和问题,可以在参加和没有参加合作医疗的农民中抽取样本,以一年内到医院就诊的次数为被解释变量建立模型,将可能影响就诊次数的所有因素,包括是否参加合作医疗,作为解释变量,以检验该因素是否有显著影响。例如,为了提高产品质量,就需要控制次品的数量,而次品的数量也表现为离散计数数据。

2. 计量经济学中的离散计数数据模型问题

以离散计数变量为被解释变量,研究它们的影响因素,构成了计量经济学的一类问题。这类问题的共同特点是:**被解释变量观测值表现为非负整数**。假设 Y 是计数变量,$\boldsymbol{X}$ 是一组解释变量,建立如下的经典线性模型:

$$Y_i = \boldsymbol{X}_i\beta + \mu_i \qquad E(\mu_i) = 0 \qquad i = 1,2,\cdots,n \tag{4.4.1}$$

则有

$$E(Y_i \mid \boldsymbol{X}_i) = \boldsymbol{X}_i\beta \qquad i = 1,2,\cdots,n \tag{4.4.2}$$

式(4.4.2)左端为非负整数,而右端并无限制,致使**左右端矛盾**。

如果对 Y 采用对数变换,可以解决非负限制问题。即

$$\log(Y_i) = \boldsymbol{X}_i\beta + \mu_i$$

但是,在计数数据应用中难以实现,因为相当比例的 Y 取值为 0。

当 Y 没有上界时,可以采用指数函数模型,即

$$E(Y_i \mid \boldsymbol{X}_i) = \exp(\boldsymbol{X}_i\beta)$$

非线性最小二乘方法(NLS)可以用于该模型的估计,但效果不理想。一是因为 NLS 估计量非有效,除非 $\mathrm{Var}(Y_i \mid \boldsymbol{X}_i)$ 为常数,而实际上,所有计数数据的标准分布都意味着异方差。

因此,**被解释变量观测值的非负整数特征,计数数据中零元素和绝对值较小的数据出**

现得较为频繁,而且离散特征十分明显,以及模型的异方差特征,决定了有必要引进描述非负整数特征的概率分布建立离散计数数据模型。20 世纪 70 年代末以来,许多学者在计数数据模型的处理方法方面作出了较大贡献。其中,最先提出的泊松分布在研究计数数据模型问题中应用非常广泛。

4.4.2 计数过程及其分布

1. 计数过程

如果 $N(t)$表示 t 时间前发生的事件总量,随机过程$\{N(t),t\geqslant 0\}$被称为**计数过程**。如果在任何时间区间上,事件发生数量的分布只由时间区间的长度决定,即

$$N(t_2+s)-N(t_1+s)\overset{\text{i.d.}}{\sim}N(t_2)-N(t_1)$$

则称该**计数过程是平稳的**。

2. 单变量泊松过程

假设在时间区间$\{t,t+\Delta t\}$上,事件发生 1 次的概率与 t 时间前发生的事件数量无关。那么,在时间区间$\{t,t+\Delta t\}$上,事件发生 1 次和 0 次的概率分别为

$$P\{N(t,t+\Delta t)=1\}=\lambda\Delta t+o(\Delta t)$$

$$P\{N(t,t+\Delta t)=0\}=1-\lambda\Delta t+o(\Delta t)$$

可以看出,在一个足够短的区间上,事件发生 2 次及以上的概率趋近于 0,即

$$P\{N(t,t+\Delta t)>1\}=o(\Delta t)$$

令在时间区间$\{0,t+\Delta t\}$上,事件发生 k 次的概率为

$$P\{N(0,t+\Delta t)=k\}=p_k(t+\Delta t) \tag{4.4.3}$$

显然有

$$p_k(t+\Delta t)=p_k(t)(1-\lambda\Delta t)+p_{k-1}(t)\lambda\Delta t+o(\Delta t) \tag{4.4.4}$$

即,在时间区间$\{0,t+\Delta t\}$事件发生 k 次的概率,等于 t 时刻已经发生 k 次的概率乘以$\{t,t+\Delta t\}$内发生 0 次的概率与 t 时刻已经发生$(k-1)$次的概率乘以$\{t,t+\Delta t\}$内发生 1 次的概率之和。

变换式(4.4.4),得到

$$\frac{p_k(t+\Delta t)-p_k(t)}{\Delta t}=-\lambda(p_k(t)-p_{k-1}(t))+o(\Delta t) \tag{4.4.5}$$

当 $\Delta t\to 0$ 时,有

$$\frac{\mathrm{d}p_k(t)}{\mathrm{d}t}=-\lambda(p_k(t)-p_{k-1}(t)) \tag{4.4.6}$$

采用初始条件 $p_0(0)=1$,即在 0 时刻事件发生 0 次的概率为 1,求解微分方程(4.4.4),并利用概率生成函数,得到单变量泊松过程:

$$P(X=k)=(k!)^{-1}\left.\frac{d^kP}{(ds)^k}\right|_{s=0}=\frac{(\lambda t)^k\exp(-\lambda t)}{k!} \tag{4.4.7}$$

3. 泊松分布

将式(4.4.7)中的时间区间长度标准化为 $t=1$，则可以得到参数为 λ 的标准泊松分布(Poisson distribution)：

$$P(X=k)=\frac{(\lambda)^k\exp(-\lambda)}{k!} \tag{4.4.8}$$

记为 $X\sim Po(\lambda)$。**泊松分布的一个重要特征是均值和方差相等**，称为**分散均衡**(equidispersion)。即

$$E(X)=\lambda,\mathrm{Var}(X)=\lambda$$

泊松分布是计数过程最常见的一类分布。所谓均值和方差相等，指的是，如果对同一个个体，例如某个人一年内到医院就诊的次数，进行无数次重复抽样，得到的计数数据序列的均值和方差相等。在实际社会经济生活中，所谓"重复抽样"是不可能实现的，只能根据对不同个体的一次抽样得到的序列近似地判断是否服从泊松分布。

如果 $X\sim Po(\lambda)$，$Y\sim Po(\mu)$，且 X，Y 互相独立，$Z=X+Y$，则 $Z\sim Po(\lambda+\mu)$。

4. 二项分布

如果计数过程 X 的均值小于方差，称为**分散不足**(underdispersion)。对于这样的计数过程，不再服从泊松分布，一般服从二项分布(binomial distribution)。即

$$P(X=k)=\binom{n}{k}p^k(1-p)^{n-k} \tag{4.4.9}$$

称 X 服从参数为 n 和 p 的二项分布，记为 $X\sim B(n,p)$，其中 $0<p<1$。容易得到

$$E(X)=np,\mathrm{Var}(X)=np(1-p)$$

显然存在：$E(X)>\mathrm{Var}(X)$。

5. 负二项分布

如果计数过程 X 的均值大于方差，称为**分散过度**(overdispersion)。对于这样的计数过程，同样不再服从泊松分布，一般服从负二项分布(negative binomial distribution)。即

$$P(X=k)=\frac{\Gamma(\alpha+k)}{\Gamma(\alpha)\Gamma(k+1)}\left(\frac{1}{1+\theta}\right)^{\alpha}\left(\frac{\theta}{1+\theta}\right)^{k} \tag{4.4.10}$$

称 X 服从参数为 α 和 θ 的负二项分布，记为 $X\sim NB(\alpha,\theta)$，其中 $0<\theta<1$，α 为正实数。容易得到

$$E(X)=\frac{\alpha(1-\theta)}{\theta},\mathrm{Var}(X)=\frac{\alpha(1-\theta)}{\theta^2}$$

显然存在：$E(X)<\mathrm{Var}(X)$。

6. 对数分布

另一种具有应用价值的计数过程分布是对数分布(logarithmic distribution),即

$$P(X=k)=\alpha\theta^k/k \tag{4.4.11}$$

式中 $\alpha=-[\log(1-\theta)]^{-1}$。容易得到

$$E(X)=\alpha\theta(1-\theta)^{-1},\mathrm{Var}(X)=\alpha\theta(1-\alpha\theta)(1-\theta)^{-2}$$

需要根据参数估计结果判断均值和方差的大小。

7. Katz 分布族

由上可见,计数过程如果以泊松分布作为标准,二项分布更集中于均值,而负二项分布更为分散。所有分布都向左侧倾斜(skewed to the left),说明在计数分布中,数值较小的数据出现的概率较高。

计数过程分布可以用递归概率比表示,即

$$\frac{P(X=k)}{P(X=k-1)}=\frac{p_k}{p_{k-1}}=f(k,\theta) \tag{4.4.12}$$

进一步将递归概率比定义为

$$\frac{p_k}{p_{k-1}}=\frac{\omega+\lambda(k-1)}{k} \tag{4.4.13}$$

称为 Katz 分布族。其中 $\omega>0$,且当 $\gamma<0$ 时,$k\leqslant\omega/\gamma$。并且有

$$E(X)=\frac{\omega}{1-\gamma},\quad \mathrm{Var}(X)=\frac{\omega}{(1-\gamma)^2}$$

可见,当 $\omega=\lambda,\gamma=0$ 时,表现为泊松分布;当 $\omega=\frac{np}{1-p},\gamma=-\frac{p}{1-p}$时,表现为二项分布;当 $\omega=\alpha\left(\frac{1}{1+\theta}\right),\gamma=-\frac{1}{1+\theta}$时,表现为负二项分布;当 $\omega=\theta,\gamma=\theta$ 时,表现为对数分布。

4.4.3 泊松回归模型

1. 泊松回归模型(Poisson regression model)

泊松回归模型假定,被解释变量(例如,在一定时间内的工作更换次数)Y_i 服从参数为λ_i 的泊松分布,其中 λ_i 与解释变量 $\boldsymbol{X}_i$ 存在某种关系。由式(4.4.7),该模型的初始方程为

$$\mathrm{Prob}(Y_i=y_i)=\frac{\mathrm{e}^{-\lambda_i}\lambda_i^{\,y_i}}{y_i!},\quad y_i=0,1,2,\cdots$$

最常用的关于 λ_i 的方程是对数线性模型,即

$$\ln\lambda_i=\boldsymbol{X}_i\beta \tag{4.4.14}$$

根据泊松分布的性质，容易得到

$$E[Y_i \mid \boldsymbol{X}_i] = \mathrm{Var}[Y_i \mid \boldsymbol{X}_i] = \lambda_i = \mathrm{e}^{\boldsymbol{X}_i\beta} \tag{4.4.15}$$

于是，

$$\frac{\partial E[Y_i \mid \boldsymbol{X}_i]}{\partial \boldsymbol{X}_i} = \lambda_i\beta$$

如果能够得出参数β的估计值，就可以很轻松地算出 λ_i，以及 Y_i 的期望值。

2. 泊松回归模型的估计

模型(4.4.15)是一个非线性模型，可以用两阶段最小二乘法估计其参数，不过更简单的方法是最大似然估计法。对数似然函数为

$$\ln L = \sum_{i=1}^{n}[-\mathrm{e}^{\boldsymbol{X}_i\beta} + Y_i\boldsymbol{X}_i\beta - \ln Y_i!] \tag{4.4.16}$$

该对数似然函数最大化的一阶条件为

$$\frac{\partial \ln L}{\partial \beta} = \sum_{i=1}^{n}(Y_i - \mathrm{e}^{\boldsymbol{X}_i\beta})\boldsymbol{X}_i = 0$$

海塞矩阵为

$$\frac{\partial^2 \ln L}{\partial \beta \partial \beta'} = -\sum_{i=1}^{n}\mathrm{e}^{\boldsymbol{X}_i\beta}\boldsymbol{X}_i\boldsymbol{X}_i'$$

对数似然函数的海塞矩阵对任何 $\boldsymbol{X}$ 和β 的取值是负定的，即对数似然函数(4.4.16)在稳定点有极大值，稳定点指满足一阶条件的β。于是，可以利用牛顿迭代法迅速地得到方程的参数估计值。可以证明，当模型设定正确时，该估计是一致估计。

估计得到$\hat{\beta}$ 以后，第 i 个样本的被解释变量的预测值可以由式(4.4.14)给出，预测值的方差为 $\hat{\lambda}_i^2\boldsymbol{X}_i'\boldsymbol{V}\boldsymbol{X}_i$，其中 $\boldsymbol{V}$ 是参数$\hat{\beta}$ 的渐近协方差矩阵的估计值。

3. 泊松回归模型的拟合优度检验

由于泊松回归模型的条件均值非线性，且回归方程存在异方差，所以它不能产生类似于经典线性模型中的 R^2 统计量。不过学者提出了若干个替代性的统计量，用于衡量该模型的拟合优度。

(1) Pdeudo R^2 统计量

$$R^2 = \frac{\sum_{i=1}^{n}\left[Y_i\log\left(\frac{\hat{\lambda}_i}{\bar{Y}}\right) - (\hat{\lambda}_i - \bar{Y})\right]}{\sum_{i=1}^{n}\left[Y_i\log\left(\frac{Y_i}{\bar{Y}}\right)\right]}$$

该统计量被应用软件(例如 Eviews 等)普遍采用。从直观看，如果完全拟合，即 $\hat{\lambda}_i = Y_i$，那么 $R^2 = 1-0 = 1$。所以，根据 R^2 是否接近 1 判断模型的拟合效果。

(2) R_p^2统计量

$$R_{\mathrm{p}}^2 = 1 - \frac{\sum_{i=1}^{n}\left[\frac{Y_i - \lambda_i}{\sqrt{\hat{\lambda}_i}}\right]^2}{\sum_{i=1}^{n}\left[\frac{Y_i - \bar{Y}}{\sqrt{\bar{Y}}}\right]^2}$$

该统计量通过将泊松模型同只有一种观察值的模型相比较的方法，考察该模型的拟合优度。但是这个统计量有时为负，而且会随变量的减少而变小。

(3) G^2统计量

$$G^2 = \sum_{i=1}^{n} d_i = 2\sum_{i=1}^{n} Y_i \ln(Y_i/\hat{\lambda}_i)$$

该统计量为各样本观察值的偏差(deviance)之和。如果拟合达到完美状态，则该统计量应为零。

(4) R_d^2 统计量

$$R_{\mathrm{d}}^2 = 1 - \frac{\sum_{i=1}^{n}\left[Y_i \log\left(\frac{Y_i}{\hat{\lambda}_i}\right) - (Y_i - \hat{\lambda}_i)\right]}{\sum_{i=1}^{n}\left[Y_i \log\left(\frac{Y_i}{\bar{Y}}\right)\right]}$$

该统计量具有较好的性质。如果我们用 $l(\varphi_i, y_i)$表示对数似然函数，其中 φ_i 为 y_i 的估计值，则泊松模型得出的对数似然函数为 $l(\hat{\lambda}_i, y_i)$，只有一种观察值的模型的函数为 $l(\bar{y}, y_i)$，理想模型的函数为 $l(y_i, y_i)$。于是有

$$R_{\mathrm{d}}^2 = \frac{l(\hat{\lambda}, Y_i) - l(\bar{Y}, Y_i)}{l(Y_i, Y_i) - l(\bar{Y}, Y_i)}$$

分子和分母都衡量了模型在只有一种观察值的模型基础上的改进，分母为改进的最大空间。所以该统计量的数值在 0 到 1 之间。

4. 泊松回归模型的假设检验

泊松回归模型假定被解释变量的均值等于方差，这是一个非常强的假设，许多学者对此提出质疑，并且发展了一些新的方法放松这一假设。如何检验这个假设条件是否成立？主要有以下两种。

(1) 基于回归的检验方法

零假设：H_0：$\mathrm{Var}(Y_i) = E(Y_i)$，备择假设：$H_1$：$\mathrm{Var}(Y_i) = E(Y_i) + \alpha(E(Y_i))$。定义：$E(Y_i) = \hat{\lambda}_i$ 和 $\mathrm{Var}(Y_i) = (Y_i - \hat{\lambda}_i)^2 = \hat{u}_i^2$，即用 $\hat{\lambda}_i$ 作为 $E(Y_i)$的估计，$\hat{u}_i^2$ 作为 $\mathrm{Var}(Y_i)$的估计。构造回归方程

$$\hat{u}_i^2 = \alpha\hat{\lambda}_i + \varepsilon_i$$

如果 α 的估计趋近于 1，则不拒绝零假设。或者构造回归方程

$$\frac{\hat{u}_i^2}{\hat{\lambda}_i} = \alpha + \beta\hat{\lambda}_i + \varepsilon_i$$

如果 α 的估计趋近于 1，β 的估计趋近于 0，则不拒绝零假设。

(2) 拉格朗日乘子检验法

从前面可知，泊松分布是负二项分布的一种特殊情况，也即是说，如果对负二项分布的某个参数施加一定的限制条件后，就能够得到泊松分布。在一般情况下，如果一个模型是在对另一个替代模型的参数加以限制的条件下得到的，那么我们就可以构造 LM 统计量。这里的统计量为

$$\text{LM} = \frac{\sum_{i=1}^{n} \hat{w}_i[(Y_i - \hat{\lambda}_i)^2 - Y_i]}{\sqrt{2\sum_{i=1}^{n} \hat{w}_i^2\hat{\lambda}_i^2}}$$

权重 $\hat{w}_i$ 的值取决于替代模型的分布函数。对负二项分布模型来说，这个权重为 1。所以在这种情况下，LM 统计量的形式要简单得多：

$$\text{LM} = n(\boldsymbol{e}'\boldsymbol{e} - \bar{Y}) / (2\lambda'\lambda)^{\frac{1}{2}}$$

利用泊松模型的估计结果，可以很容易地计算该统计量的值。统计量服从 χ^2 分布，自由度为受限参数的个数。如果统计值大于临界值，则拒绝原假设。

有时，我们会发现，采用上述(1)、(2)两个统计量的检验结果并不一致。具体原因比较复杂，基于回归的检验方法的备择假设形式比较特殊是其中的一个因素。

4.4.4 负二项分布回归模型

由于泊松回归模型存在必须假定被解释变量的均值等于方差的缺陷，人们提出了许多替代该模型的方法。其中应用得最多的是负二项分布模型(negative binomial regression model)。下面首先通过引入无法观察的随机影响来使泊松回归模型一般化：

$$\log Y_i = \boldsymbol{X}_i\beta + \varepsilon_i = \log\lambda_i + \log u_i \tag{4.4.17}$$

式(4.4.17)中的随机干扰项 ε_i 既可以反映经典回归方程中的随机误差，也可以反映宏观数据中常常出现的由跨截面数据引起的异方差。于是被解释变量的条件分布为

$$f(Y_i \mid u_i) = \frac{\mathrm{e}^{-\lambda_i u_i}(\lambda_i u_i)^{Y_i}}{Y_i!}$$

被解释变量的分布为

$$f(y_i \mid \boldsymbol{X}_i) = \int_0^{\infty} \frac{\mathrm{e}^{-\lambda_i u_i}(\lambda_i u_i)^{Y_i}}{Y_i!} g(u_i)\,\mathrm{d}u_i \tag{4.4.18}$$

为了数学上的方便，假定 $u_i = \exp(\varepsilon_i)$ 服从 Gamma 分布，且 $E[\exp(\varepsilon_i)] = 1$。于是，

$$g(u_i) = \frac{\theta^\theta}{\Gamma(\theta)}\mathrm{e}^{-\theta u_i} u_i^{\theta-1}$$

这样，式(4.4.18)变换为

$$f(y_i\,|\,\boldsymbol{X}_i)=\int_0^{\infty}\frac{\mathrm{e}^{-\lambda_i u_i}\ (\lambda_i u_i)^{Y_i}}{Y_i\,!}\ \frac{\theta^{\theta}}{\Gamma(\theta)}\mathrm{e}^{-\theta u_i}u_i^{\theta-1}\,\mathrm{d}u_i$$
$$=\frac{\Gamma(\theta+Y_i)}{\Gamma(Y_i+1)\Gamma(\theta)}r_i^{y_i}\ (1-r_i)^{\theta}$$

式中

$$r_i=\frac{\lambda_i}{\lambda_i+\theta} \tag{4.4.19}$$

这个分布是**负二项分布的一种形式**。其条件均值为 λ_i，条件方差为 $\lambda_i[1+(1/\theta)\lambda_i]$。该模型由 Cameron 和 Trivedi 在 1986 年提出。由概率密度可以求得最大似然函数，再通过迭代法求出参数估计。对于 $\theta=0$ 假设可以用 Wald 统计量或者似然比统计量进行检验。

4.4.5 零变换泊松模型

在某些情况下，**被解释变量为零值的产生过程与它取正值的过程差异很大**。于是就有人提出了零变换泊松模型(hurdle and zero-altered possion models)来描述这个事实。Mullahey(1986)最先提出了一个 Hurdle 模型，用白努利分布来描述被解释变量分别为零值和正值的概率。这一模型后来的形式如下：

$$\mathrm{Prob}(Y_i=0)=\mathrm{e}^{-\theta}$$
$$\mathrm{Prob}(Y_i=j)=\frac{(1-\mathrm{e}^{-\theta})\mathrm{e}^{-\lambda_i}\lambda_i^j}{j\,!(1-\mathrm{e}^{-\lambda_i})}\qquad j=1,2,\cdots$$

该方程改变了被解释变量取零值的概率，但是所有取值的概率之和保持为 1。

Mullahey(1986)，Lambert(1992)等人还分析了在 Hurdle 模型的一种扩展情况，即假定被解释变量的零值产生于两个区域(regime)中的一个。在一个区域里，被解释变量总是零，而在另一个区域里，被解释变量的取值符合泊松过程，既可能产生零，也可能产生其他数值。如 Lambert 对给定时间段内生产的次品数量建立的模型，在生产过程得到控制的情形下，次品产出为零，而生产过程不受控制时，产生的次品数量服从泊松分布，既可能为零，也可能不为零。模型形式如下：

$$\mathrm{Prob}[Y_i=0]=\mathrm{Prob}[\mathrm{regime1}]+\mathrm{Prob}[Y_i=0\,|\,\mathrm{regime2}]\mathrm{Prob}[\mathrm{regime2}]$$
$$\mathrm{Prob}[Y_i=j]=\mathrm{Prob}[Y_i=j\,|\,\mathrm{regime2}]\mathrm{Prob}[\mathrm{regime2}],j=1,2\cdots$$

如果我们用 Z 表示白努利分布的两种情况，事件发生在区域 1 时令 $Z=0$，发生在区域 2 时令 $Z=1$，并用 Y^* 表示区域 2 内被解释变量服从的泊松过程，则所有观察值都可以表示为 $Z\times Y^*$。于是上述分离模型可表示为(式中 F 为设定的分布函数)

$$\mathrm{Prob}[Z_i=0]=F(w_i,\gamma),$$
$$\mathrm{Prob}(Y_i=j\,|\,Z_i=1)=\frac{\mathrm{e}^{-\lambda_i}\lambda_i{}^j}{j\,!}$$

该分布的均值为

$$E[Y_i] = F \times 0 + (1-F) \times E[Y_i^* \mid Y_i^* > 0] = (1-F)\ \frac{\lambda_i}{1-\mathrm{e}^{-\lambda_i}}$$

Lambert(1992)和 Greene(1994)考虑了许多方法,其中包括应用本章前述的 Logit 和 Probit 模型描述两个区域各自的发生概率。这些修正的方法都改变了泊松过程,即均值和方差不再相等。关于分离模型的进一步探讨比较复杂,请读者自行参考 Greene 的教科书和相关文献。

4.4.6 实例

例 4.4.1 为了分析本科生在本科期间不及格课程门数的原因,以及检验文理科是否是显著的影响因素,建立了以不及格课程门数(Unpass)为被解释变量的计数数据模型。经过调查与分析,选择了如下解释变量:高考成绩(Score)——反映基础水平,平均每周用于学习的时间(Stime)——反映学习的努力程度,理文科虚变量(Dsa)和健康状况虚变量(Dbody)。样本数据见表 4.4.1。

表 4.4.1 样本数据

	Unpass	Score	Stime	Dsa	Dbody		Unpass	Score	Stime	Dsa	Dbody
1	0	715	50	1	1	26	0	658	55	0	0
2	0	690	50	1	1	27	2	567	30	1	1
3	0	678	60	1	1	28	0	632	50	0	1
4	1	590	30	0	1	29	0	578	60	0	1
5	1	563	40	1	1	30	0	599	50	1	1
6	0	590	55	1	1	31	0	605	55	1	1
7	0	588	55	1	1	32	0	624	55	1	1
8	0	634	55	1	0	33	1	550	35	1	1
9	0	653	60	0	1	34	0	590	50	0	1
10	2	543	40	0	1	35	0	636	50	0	0
11	0	623	60	0	1	36	0	622	50	1	0
12	0	668	60	0	1	37	0	580	60	1	1
13	0	662	50	0	1	38	1	560	40	1	1
14	0	658	60	1	1	39	0	674	55	1	1
15	0	647	60	1	1	40	0	643	50	1	1
16	1	588	30	0	0	41	2	543	30	1	1
17	0	612	55	0	1	42	0	690	55	1	1
18	0	654	55	1	1	43	4	510	25	0	1
19	1	535	40	1	1	44	0	610	50	1	1
20	0	605	60	0	1	45	0	602	50	1	1
21	0	644	60	0	1	46	3	542	35	0	0
22	3	550	25	0	0	47	0	577	60	1	1
23	0	705	60	1	0	48	0	636	55	1	0
24	0	689	60	1	1	49	2	542	40	1	1
25	0	678	55	0	1	50	0	660	50	1	1

首先建立泊松回归模型，采用 Eviews 中的 Count Data 模型估计方法，估计结果见表 4.4.2。

表 4.4.2　泊松回归模型估计输出结果

Dependent Variable：UNPASS

Method：ML/QML-Poisson Count (Quadratic hill climbing)

Variable	Coefficient	Std. Error	z-Statistic	Prob.
C	17.856 95	5.472 895	3.262 799	0.001 1
SCORE	−0.026 641	0.010 851	−2.455 166	0.014 1
STIME	−0.076 245	0.036 483	−2.089 902	0.036 6
DSA	0.383 000	0.577 529	0.663 170	0.507 2
DBODY	−0.625 398	0.613 718	−1.019 032	0.308 2
R-squared	0.820 892	Mean dependent var		0.480 000
Adjusted R-squared	0.804 971	S. D. dependent var		0.952762
S. E. of regression	0.420 759	Akaike info criterion		0.985 657
Sum squared resid	7.966 728	Schwarz criterion		1.176 859
Log likelihood	−19.641 42	Hannan-Quinn criter.		1.058 468
Restr. log likelihood	−51.149 42	Avg. log likelihood		−0.392 828
LR statistic (4 df)	63.016 01	LR index (Pseudo-R2)		0.615 999
Probability(LR stat)	6.73E-13			

用回归方程表示如下：

UNPASS ＝@EXP(17.856 95 − 0.026 641 * SCORE − 0.076 245 * STIME + 0.383 000 * DSA − 0.625 398 * DBODY)

从该估计结果发现，检验拟合优度的 Pdeudo R^2 统计量的值为 0.616，表明模型具有比较好的拟合优度；检验总体显著性的 LR 统计量的值为 63.02，表明模型具有很高的总体显著性；通过变量显著性的 Z 检验发现，理文科虚变量(Dsa)和健康状况虚变量(Dbody)对不及格门数的影响并不显著。

采用基于回归的检验方法检验被解释变量的均值等于方差，得到回归方程：$\hat{u}_i^2 = 0.356\,6\hat{\lambda}_i$，系数估计值不趋近于 1，则拒绝均值等于方差的零假设。由简单统计分析得到，序列 UNPASS 的均值为 0.48，方差为 0.907 8，可以认为该序列为分散过度型。采用负二项分布回归模型，估计结果见表 4.4.3。

用回归方程表示如下：

UNPASS ＝@EXP(21.464 41 − 0.031 521 * SCORE − 0.103 991 * STIMEZ + 0.123 340 * DSA − 0.231 555 * DBODY)

从该估计结果发现，检验拟合优度的 Pdeudo R^2 统计量的值为 0.465，表明模型具有比较好的拟合优度；检验总体显著性的 LR 统计量的值为 43.39，表明模型具有很高的总体显著性；通过变量显著性的 Z 检验发现，理文科虚变量(Dsa)和健康状况虚变量(Dbody)对不及格门数的影响并不显著。

表 4.4.3 负二项分布回归模型估计输出结果

Dependent Variable: UNPASS

Method: QML-Negative Binomial Count (Quadratic hill climbing)

Variable	Coefficient	Std. Error	z-Statistic	Prob.
C	21.464 41	8.101 235	2.649 523	0.008 1
SCORE	−0.031 521	0.015 369	−2.051 014	0.040 3
STIME	−0.103 991	0.053 139	−1.956 951	0.050 4
DSA	0.123 340	0.883 149	0.139 660	0.888 9
DBODY	−0.231 555	1.031 336	−0.224 520	0.822 4
R-squared	−0.952 009	Mean dependent var		0.480 000
Adjusted R-squared	−1.125 521	S. D. dependent var		0.952 762
S. E. of regression	1.389 047	Akaike info criterion		1.197 211
Sum squared resid	86.825 38	Schwarz criterion		1.388 414
Log likelihood	−24.930 29	Hannan-Quinn criter.		1.270 022
Restr. log likelihood	−46.626 37	Avg. log likelihood		−0.498 606
LR statistic (4 df)	43.392 18	LR index (Pseudo-R2)		0.465 318
Probability(LR stat)	8.58E-09			

4.5 选择性样本数据计量经济学模型

如果被解释变量的样本观测值并不是在截面个体中独立随机抽取的，称为选择性样本(selective samples model)，以这样的数据建立的模型称为选择性样本数据计量经济学模型，是一类受限被解释变量模型(model with limited dependent variable)。

4.5.1 社会经济生活中的选择性样本问题

经济社会生活中的选择性样本问题很多，这里主要讨论常见的两类。

一类是“**截断**”(truncation)问题。即不能从全部截面个体，而**只能从一部分个体中随机抽取被解释变量的样本观测值**。又可以分为两种情况。一是，所抽取的部分个体的观测值都大于或者小于某个确定值，即出现“掐头”或者“去尾”的现象，与其他个体的观测值相比较，存在明显的“截断点”。例如，以居民收入为被解释变量建立居民收入模型。从理论上讲，居民收入样本数据应该从 0 到无穷大，但是由于客观条件所限，只能在收入处于某一数值(例如 1 000 元)以上或者某一数值(例如 100 000 元)以下的个体中取得样本观测值，获得的被解释变量观测值处于一个区间之中。二是，所抽取的样本观测值来自于具有某些特征的部分个体，但是样本观测值的大小与其他个体的观测值相比较，并不存在明显的“截断点”。例如，利用上市公司为样本研究企业的效率，显然，上市公司是全部企业的一个选择性样本，但是上市公司的效率并不一定都大于或者小于非上市公司。上市公司是全部企业的一个子集，但是上市公司的效率数据并不显示为全部企业效率数据的一个子集。

一类是"归并"问题，即**将被解释变量的处于某一范围的样本观测值都用一个相同的值代替**。这类问题经常出现在"检查"、"调查"活动中，因此也称为"检查"(censoring)问题，在一些文献中译为"删失"问题。例如，以居民对某一种商品的需求量为被解释变量，建立需求函数模型。需求量的观测值是无法得到的，一般用实际购买量作为需求量的观测值。如果这种商品是限量购买的，正如我国过去长时期内所实行的那样，比如每户最多只能购买 100，那么得到的观测值将处于 0 与 100 之间，而且会有相当比例的观测值为 100。对于购买量小于 100 的个体，有理由认为这个购买量代表了他的需求量；但是对于购买量等于 100 的个体，他的需求量很可能大于 100，所以这个购买量并不代表他的需求量。也就是说，凡是实际需求量大于 100 的，都用 100 作为样本观测值，即是将大于 100 的观测值作了"归并"。这类问题在微观经济活动调查中普遍存在。

无论是"截断数据"，还是"归并数据"，都违背了经典计量经济学模型对被解释变量样本观测值的要求。从这样的样本数据出发，如果采用经典的方法估计模型，显然是不合适的。这就需要发展专门的模型理论方法。

4.5.2 "截断"数据计量经济学模型的最大似然估计

如果一个单方程计量经济学模型，只能从"掐头"或者"去尾"的连续区间随机抽取被解释变量的样本观测值，那么很显然，抽取每一个样本观测值的概率以及抽取一组样本观测值的联合概率，与被解释变量的样本观测值不受限制的情况是不同的。如果能够知道在这种情况下抽取一组样本观测值的联合概率函数，那么就可以通过该函数极大化求得模型的参数估计量。这就是估计具有明确截断点的截断数据计量经济学模型的基本思路。

1. 截断分布

所谓"截断分布"，是完整分布的一部分，指**"截断随机变量"的分布**。

如果一个连续随机变量 ξ 的概率密度函数为 $f(\xi)$，a 为该随机变量分布范围内的一个常数，那么有

$$f(\xi \mid \xi > a) = \frac{f(\xi)}{P(\xi > a)} \tag{4.5.1}$$

这是由条件概率的定义导出的。

例如，如果 ξ 服从均匀分布 $U(a,b)$，但是它只能在 (c,b) 内取得样本观测值，那么取得每一个样本观测值的概率为

$$f(\xi|\xi>c)=\frac{f(\xi)}{P(\xi>c)}=\frac{\frac{1}{b-a}}{\int_c^b \frac{1}{b-a}\mathrm{d}\xi}=\frac{1}{b-c}$$

请读者注意，原来均匀分布随机变量的概率密度函数是$\frac{1}{b-a}$，而“截断随机变量”的概率密度函数是$\frac{1}{b-c}$，即在(c,b)内取得样本观测值的概率大于在(a,b)内取得样本观测值的概率。同样，在式(4.5.1)中，分母是一个处于(0,1)之间的数，则一定存在$f(\xi|\xi>a)>f(\xi)$，这是截断问题的关键之点。

如果ξ服从正态分布$N(\mu,\sigma)$，但是它只能在大于常数a的范围内取得样本观测值，那么取得每一个样本观测值的概率为

$$\begin{aligned}f(\xi\mid\xi>a)&=\frac{f(\xi)}{P(\xi>a)}\\&=\frac{(2\pi\sigma^2)^{-1/2}\mathrm{e}^{-(\xi-\mu)^2/(2\sigma^2)}}{1-\Phi(\alpha)}\\&=\frac{\frac{1}{\sigma}\varphi\left(\frac{\xi-\mu}{\sigma}\right)}{1-\Phi(\alpha)}\end{aligned}\tag{4.5.2}$$

式中，$\alpha=\frac{a-\mu}{\sigma}$，$\varphi(\cdot)$是标准正态分布概率密度函数，$\Phi(\cdot)$是标准正态分布条件概率函数。显然，

$$P(\xi>a)=1-\Phi\left(\frac{a-\mu}{\sigma}\right)=1-\Phi(\cdot)$$

2. 截断被解释变量数据计量经济学模型的最大似然估计

已知截断被解释变量的概率密度函数，自然会想到，可以采用最大似然法估计模型。对于模型

$$Y_i=\boldsymbol{X}_i\beta+\mu_i\quad \mu_i\sim N(0,\sigma^2)\tag{4.5.3}$$

有

$$Y_i\,|\,\boldsymbol{X}_i\sim N(\boldsymbol{X}_i\beta,\sigma^2)$$

如果Y_i只能在大于a的范围内取得观测值，从式(4.5.2)可以得到Y_i的概率密度函数为

$$f(Y_i)=\frac{\frac{1}{\sigma}\varphi((Y_i-\boldsymbol{X}_i\beta)/\sigma)}{1-\Phi((a-\boldsymbol{X}_i\beta)/\sigma)}$$

于是式(4.5.3)的对数似然函数为

$$\ln L = -\frac{n}{2}(\ln(2\pi) + \ln\sigma^2) - \frac{1}{2\sigma^2}\sum_{i=1}^{n}(Y_i - \boldsymbol{X}_i\beta)^2$$
$$- \sum_{i=1}^{n}\ln\left(1 - \Phi\left(\frac{a - \boldsymbol{X}_i\beta}{\sigma}\right)\right) \tag{4.5.4}$$

该对数似然函数的极大化条件为

$$\frac{\partial \ln L}{\partial\begin{pmatrix}\beta\\ \sigma^2\end{pmatrix}} = \sum_{i=1}^{n}\left(\left(\frac{Y_i - \boldsymbol{X}_i\beta}{\sigma^2} - \frac{\lambda_i}{\sigma}\right)\boldsymbol{X}_i - \frac{1}{2\sigma^2} + \frac{(Y_i - \boldsymbol{X}_i\beta)^2}{2\sigma^4} - \frac{\alpha_i\lambda_i}{2\sigma^2}\right)$$
$$= \sum_{i=1}^{n}\boldsymbol{g}_i = \boldsymbol{0} \tag{4.5.5}$$

式中

$$\alpha_i = (a - \boldsymbol{X}_i\beta)/\sigma$$
$$\lambda_i = \varphi(\alpha_i)/(1 - \Phi(\alpha_i))$$

求解式(4.5.5)即可以得到模型的参数估计量。当然，由于这是一个复杂的非线性问题，需要采用迭代方法求解式(4.5.5)，例如牛顿法。

如果对模型进行再参数化，可以使得估计过程较为简单。以 $a=0$ 为例，令 $\gamma=\beta/\sigma$ 和 $\theta=1/\sigma$，得到

$$\ln L = \frac{n}{2}\ln(2\pi) + n\ln\theta - \frac{1}{2}\sum_{i=1}^{n}(\theta Y_i - \gamma\boldsymbol{X}_i)^2 - \sum_{i=1}^{n}\ln\Phi(\boldsymbol{X}_i\gamma)$$

这里利用了 $1-\Phi(-t)=\Phi(t)$。对该对数似然函数极大化，求得 Γ 和 θ 的估计量后再利用 $\sigma=1/\theta$ 和 $\beta=\gamma/\theta$ 求得原参数估计量。

注意：式(4.5.4)表示的对数似然函数与不考虑截断分布情况下的对数似然函数比较，多了最后一项，而该项肯定为正，所以考虑截断分布情况下的对数似然函数值必然大于不考虑截断分布情况下的对数似然函数值。而不考虑截断分布情况下的最大似然估计等价于最小二乘估计，从这里可以看出，对于实际的截断样本，如果采用 OLS 估计，将得到有偏的估计结果。

3. 为什么截断被解释变量数据计量经济学模型不能采用普通最小二乘估计

对于截断被解释变量数据计量经济学模型，如果仍然把它看做经典的线性模型，采用普通最小二乘法估计(4.5.3)，会产生什么样的结果？

因为 Y_i 只能在大于 a 的范围内取得观测值，那么 Y_i 的条件均值为

$$E(Y_i \mid Y_i > a) = \int_a^{\infty} Y_i\varphi(Y_i \mid Y_i > a)\mathrm{d}Y_i$$
$$= \boldsymbol{X}_i\beta + \sigma\frac{\varphi((a - \boldsymbol{X}_i\beta)/\sigma)}{1 - \Phi((a - \boldsymbol{X}_i\beta)/\sigma)} \tag{4.5.6}$$

式(4.5.6)所示的条件均值是解释变量和待估参数的非线性函数。将式(4.5.6)记为

$$E(Y_i \mid Y_i > a) = \boldsymbol{X}_i\beta + \sigma\lambda(\alpha_i) \tag{4.5.7}$$

式中 $\alpha_i = \dfrac{\alpha - \boldsymbol{X}_i\beta}{\sigma}$，于是有

$$\begin{aligned}\frac{\partial E(Y_i \mid Y_i > a)}{\partial \boldsymbol{X}_i} &= \beta + \sigma\left(\frac{\mathrm{d}\lambda_i}{\mathrm{d}\alpha_i}\right)\frac{\partial \alpha_i}{\partial \boldsymbol{X}_i} \\ &= \beta + \sigma(\lambda_i^2 - \alpha_i\lambda_i)\left(\frac{-\beta}{\sigma}\right) \\ &= \beta(1 - \lambda_i^2 + \alpha_i\lambda_i) \\ &= \beta(1 - \delta(\alpha_i))\end{aligned} \tag{4.5.8}$$

将式(4.5.7)写成

$$Y_i \mid Y_i > a = E(Y_i \mid Y_i > a) + u_i = \boldsymbol{X}_i\beta + \sigma\lambda(\alpha_i) + u_i \tag{4.5.9}$$

式中 u_i 是被解释变量观测值与条件期望值之差，具有 0 均值和异方差。其方差为

$$\mathrm{Var}(u_i) = \sigma^2(1 - \lambda_i^2 + \lambda_i\alpha_i) = \sigma^2(1 - \delta_i)$$

对比式(4.5.3)与式(4.5.9)后发现，由于被解释变量数据的截断问题，使得原模型(4.5.3)变换为式(4.5.9)的模型。如果采用普通最小二乘法直接估计式(4.5.3)，第一，**实际上忽略了一个非线性项** λ_i；第二，**忽略了随机误差项实际上的异方差性**。这就造成参数估计量的偏误，称为"选择性偏误"。而且如果不了解解释变量的分布，要估计该偏误的严重性也是很困难的。

4.5.3 "截断"数据计量经济学模型的 Heckman 两步估计

从上可以看到，如果对截断被解释变量数据计量经济学模型采用最大似然估计，必须首先求得"截断分布"，为此，必须存在明确的"截断点"。在实际的截断数据模型中，这个条件经常不能被满足，诸如利用上市公司为样本研究全部企业的行为，就不存在明确的被解释变量的"截断点"。关于这类模型的估计，Heckman 于 1979 年提出了两步修正法。下面以一个实例说明两步修正法的原理和步骤。

1. Heckman 两步修正模型

为了研究企业经理报酬 W 与影响因素 $\boldsymbol{X}$ 之间的关系，在上市公司中随机抽取 n_1 个企业为样本，建立了如下的模型：

$$W_i = \boldsymbol{X}_i\beta_1 + \varepsilon_{1i} \quad i = 1,2,\cdots,n_1 \tag{4.5.10}$$

显然，这是一个选择性样本问题，采用 OLS 估计该模型，必然存在选择性偏误。

为了修正该偏误，在全部企业(包括上市和未上市)中随机抽取 n_2 个企业为样本，建立了如下的二元离散选择模型：

$$Y_i^* = \boldsymbol{Z}_i\beta_2 + \varepsilon_{2i} \quad i = 1,2,\cdots,n_2 \tag{4.5.11}$$

式中 Y^* 表示上市倾向，上市企业的上市倾向大于(等于)0，非上市企业的上市倾向小于 0；$\boldsymbol{Z}$ 表示影响上市倾向的所有因素。

假定 $E(\varepsilon_1)=0, E(\varepsilon_2)=0, \varepsilon_1$ 与 ε_2 正相关。于是有

$$E(\varepsilon_{1i}|Y_i^* \geqslant 0) = E(\varepsilon_{1i}|\varepsilon_{2i} \geqslant -\boldsymbol{Z}_i\beta_2)$$

进而得到

$$E(W_i|\boldsymbol{X}_i, Y_i^* \geqslant 0) = \boldsymbol{X}_i\beta_1 + E(\varepsilon_{1i}|\varepsilon_{2i} \geqslant -\boldsymbol{Z}_i\beta_2)$$

进一步表示为

$$E(W_i|\boldsymbol{X}_i, Y_i^* \geqslant 0) = \boldsymbol{X}_i\beta_1 + \rho\sigma_1\lambda_i \tag{4.5.12}$$

式中，ρ 为 ε_1 与 ε_2 的相关系数；σ_1, σ_2 分别为 ε_1 与 ε_2 的标准差；λ_i 称为**"逆米尔斯比"**(inverse mills ratio)，具体表达式为

$$\lambda_i = \frac{\phi\left(\dfrac{\boldsymbol{Z}_i\beta_2}{\sigma_2}\right)}{\Phi\left(\dfrac{\boldsymbol{Z}_i\beta_2}{\sigma_2}\right)} \tag{4.5.13}$$

根据式(4.5.12)，将模型(4.5.10)修正为

$$W_i = \boldsymbol{X}_i\beta_1 + \rho\sigma_1\lambda_i + \mu_i \quad i = 1,2,\cdots,n_1 \tag{4.5.14}$$

该模型已经修正了选择性偏误，可以采用 OLS 进行估计。

2. Heckman 两步估计步骤

如何估计模型(4.5.14)？具体步骤如下：

第一步：利用从全部企业(包括上市和未上市)中随机抽取的样本，估计二元 Probit 模型(4.5.11)；利用估计结果 $\hat{\beta}_2, \hat{\sigma}_2$ 和式(4.5.13)，计算 $\hat{\lambda}_i$。

第二步，利用选择性样本观测值和计算得到的 $\hat{\lambda}_i$，将($\rho\sigma_1$)作为一个待估计参数，估计模型(4.5.14)，得到 β_1 的估计值。

显然，如此估计得到的 $\hat{\beta}_1$ 是无偏估计量。注意，在抽取样本时必须保证所有选择性样本包含于全部样本之中，即 n_2 中必须包含 n_1。

4.5.4 "归并"数据计量经济学模型的最大似然估计

1. 研究问题的思路

以一种简单的情况为例，讨论"归并"问题的计量经济学模型。即假设被解释变量服从正态分布，其样本观测值以 0 为界，凡小于 0 的都归并为 0，大于 0 的则取实际值。如果以 Y^* 表示原始被解释变量，以 Y 表示归并后的被解释变量，那么则有

$$\begin{aligned} Y &= 0 && \text{当 } Y^* \leqslant 0 \\ Y &= Y^* && \text{当 } Y^* > 0 \end{aligned} \quad \text{且 } Y^* \sim N(\mu, \sigma^2) \tag{4.5.15}$$

讨论这种简单的情况并不失一般性。如果样本观测值不是以 0 为界，而是以某一个数值 a 为界，则有

$$\begin{aligned} Y &= a && \text{当 } Y^* \leqslant a \\ Y &= Y^* && \text{当 } Y^* > a \end{aligned} \quad \text{且 } Y^* \sim N(\mu, \sigma^2)$$

单方程线性“归并”问题的计量经济学模型为

$$Y_i = \boldsymbol{X}_i\beta + \varepsilon_i \quad \varepsilon_i \sim N(0,\sigma^2) \tag{4.5.16}$$

注意，这里的被解释变量是 Y 而不是 Y^*。如果能够得到 Y_i 的概率密度函数，那么就可以方便地采用最大似然法估计模型，这就是研究这类问题的思路。由于该模型是由托宾(Tobin)于1958年最早提出的，所以也称为 Tobit 模型。

2. “归并”变量的正态分布

由于原始被解释变量 Y^* 服从正态分布，根据式(4.5.15)，可以得到 Y 的分布：

$$P(Y=0)=P(Y^*\leqslant 0)=\Phi\left(-\frac{\mu}{\sigma}\right)=1-\Phi\left(\frac{\mu}{\sigma}\right)$$

$$P(Y)=P(Y^*) \quad 当 Y^*>0 \tag{4.5.17}$$

3. 归并被解释变量数据计量经济学模型的最大似然估计

根据式(4.5.17)，很容易得到模型(4.5.16)的对数似然函数：

$$\ln L=\sum_{Y_i>0}-\frac{1}{2}\left(\ln(2\pi)+\ln\sigma^2+\frac{(Y_i-\boldsymbol{X}_i\beta)^2}{\sigma^2}\right)+\sum_{Y_i=0}\ln\left(1-\Phi\left(\frac{\boldsymbol{X}_i\beta}{\sigma}\right)\right) \tag{4.5.18}$$

显然，式(4.5.18)表示的**对数似然函数由两部分组成：一部分对应于没有限制的观测值**，即前一部分，是经典回归部分；**一部分对应于受到限制的观测值**，即后一部分。因此，这是一个非标准的似然函数，它实际上是离散分布与连续分布的混合。

对式(4.5.18)极大化，就可以求得具有良好性质的参数估计量。如果对式(4.5.18)进行再参数化，可使得估计过程更为简单。即令 $\gamma=\beta/\sigma$ 和 $\theta=1/\sigma$，得到

$$\ln L=\sum_{Y_i>0}-\frac{1}{2}(\ln(2\pi)-\ln\theta^2+(\theta Y_i-\boldsymbol{X}_i\gamma)^2)+\sum_{Y_i=0}\ln(1-\Phi(\boldsymbol{X}_i\gamma)) \tag{4.5.19}$$

对式(4.5.19)极大化，由于海塞矩阵始终是负正定的，应用牛顿法求解时较为简单，且收敛速度较快。得到 γ 和 θ 的估计量后再利用 $\gamma=\beta/\sigma$ 和 $\theta=1/\sigma$ 求得原参数估计量。

注意：式(4.5.18)表示的对数似然函数与不考虑归并数据情况下的对数似然函数比较，前者必然大于后者。而不考虑归并数据情况下的最大似然估计等价于最小二乘估计，从这里也可以看出，对于实际的归并样本，如果采用 OLS 估计，同样将得到有偏的估计结果。

4. 归并被解释变量模型最大似然估计的条件

上述似然函数是以一个基本假设为条件的，即假设归并数据中不可观测的部分和可观测的部分具有相同的分布，例如都服从正态分布。如果这一条件得不到满足，就不能得到上述似然函数，最大似然估计将遇到困难。这时，**Heckman 两步估计是一种合适的估计方法。**

4.5.5 选择性样本的经验判断和检验

1. 经验判断

在实际应用研究中，选择性样本问题可以说无处不在，因为完全独立随机抽样的条件是很难满足的。那么，是否所有的研究都必须考虑选择性样本问题？有一些经验方法可供参考。

选择性样本问题是对微观截面个体而言的，所以对于时间序列样本，不考虑选择性样本问题。

如果以截面上的全部个体作为样本，不考虑截断问题。如果按照抽样理论选取截面上的部分个体作为样本，尽管样本观测值处于某一范围之内，也不考虑截断问题。如果按照特定的规则选取截面上的部分个体作为样本，必须考虑截断问题。

对于截面数据样本，是否考虑归并问题，一般根据样本观测值的经济背景决定。

2. 选择性样本模型的检验

选择性样本模型采用截面数据，一般截面数据模型必须进行的检验，同样适用于选择性样本模型。例如**异方差性检验**，因为截面数据模型一般存在异方差。可以假定异方差的某种结构形式，构造具有异方差的非线性最大似然函数，然后进行异方差的参数约束检验。参见第 2.1 节的异方差性的非线性最大似然估计。

选择性样本模型的一个重要的特殊的检验是**分布设定检验**(Misspecification of Prob $[y^*<0]$)，即**不能观察到实际样本观测值的样本点是否与能观察的样本点同分布**？在构造截断问题模型的似然函数时，假定被截断的样本点与能观察的样本点具有相同的分布；同样在构造归并问题模型的似然函数时，也假定不可观察的样本点与能观察的样本点具有相同的分布。

如果从总体的被解释变量观测值 $Y_i \geqslant 0$ 的区间中抽取 n 个选择性样本点，所有被解释变量观测值 $Y_i \geqslant 0$；再在 $Y_i<0$ 的区间中抽取 m 个样本点，将被解释变量观测值设定为 $Y_i=0$。现欲检验 $Y_i<0$ 区间的样本是否与 $Y_i \geqslant 0$ 的区间具有相同的分布，可以构造如下 LR 统计量：

$$\mathrm{LR}=-2(\ln L_{\mathrm{T}}-(\ln L_{\mathrm{P}}+\ln L_{\mathrm{TR}})) \tag{4.5.20}$$

式中，LR 为似然比统计量，L_{T} 为 $(m+n)$ 个样本的归并模型似然函数值，L_{P} 为 $(m+n)$ 个样本的二元 Probit 模型似然函数值，L_{TR} 为 n 个样本的截断模型似然函数值。由式(4.5.18)有

$$\ln L_{\mathrm{T}}=\sum_{Y_i>0}-\frac{1}{2}\left(\ln(2\pi)+\ln\sigma^2+\frac{(Y_i-\boldsymbol{X}_i\beta)^2}{\sigma^2}\right)+\sum_{Y_i=0}\ln\left(1-\Phi\left(\frac{\boldsymbol{X}_i\beta}{\sigma}\right)\right) \tag{4.5.21}$$

由式(4.5.4)有

$$\ln L_{\mathrm{TR}}=-\frac{n}{2}(\ln(2\pi)+\ln\sigma^2)-\frac{1}{2\sigma^2}\sum_{i=1}^{n}(Y_i-\boldsymbol{X}_i\beta)^2 -\sum_{i=1}^{n}\ln\left(1-\Phi\left(\frac{-\boldsymbol{X}_i\beta}{\sigma}\right)\right) \tag{4.5.22}$$

由式(4.2.9)有

$$\ln L_{\mathrm{P}}=\sum_{Y_i=0}\ln\left(1-\Phi\left(\frac{\boldsymbol{X}_i\beta}{\sigma}\right)\right)+\sum_{Y_i=1}\ln\Phi\left(\frac{\boldsymbol{X}_i\beta}{\sigma}\right) \tag{4.5.23}$$

显然，如果 $Y_i<0$ 与 $Y_i \geqslant 0$ 两个区间具有相同的分布，式(4.5.22)与式(4.5.23)相加等于式(4.5.21)，即式(4.5.21)中的 $\ln L_{\mathrm{T}}=(\ln L_{\mathrm{P}}+\ln L_{\mathrm{TR}})$。所以，**如果 LR 统计量足够**

小，就不拒绝具有相同分布的假设。

4.5.6 实例

例 4.5.1 以一个简单的实例，对样本施加不同的选择性假设，并分别估计模型，通过对估计结果的比较，进一步理解选择性样本问题。

根据对农民消费行为的分析，发现农民的消费水平(Y)既取决于来自于农业生产经营的持久收入($X1$)，也受到来自于从事非农生产的瞬时收入($X2$)的影响。现有某地区 50 户农户的人均消费、人均持久收入和人均瞬时收入的样本观测值，试图建立该地区农民消费模型。模型为

$$Y_i = \beta_0 + \beta_1 X1_i + \beta_2 X2_i + \mu_i \quad i = 1,2,\cdots,50$$

样本观测值见表 4.5.1。

表 4.5.1 样本观测值数据表

	Y	X1	X2		Y	X1	X2
1	5 800.0	1 258.3	7 317.2	26	2 002.2	1 399.1	1 035.9
2	3 341.1	1 738.9	4 489.0	27	2 181.0	1 070.4	1 189.8
3	2 495.3	1 607.1	2 194.7	28	1 855.5	1 167.9	966.2
4	2 253.3	1 188.2	1 992.7	29	2 179.0	1 274.3	1 084.1
5	2 772.0	2 560.8	781.1	30	2 247.0	1 535.7	1 224.4
6	3 066.9	2 026.1	2 064.3	31	2 032.4	2 267.4	469.9
7	2 700.7	2 623.2	1 017.9	32	3 349.7	2 440.4	2 709.3
8	2 618.2	2 622.9	929.5	33	3 304.1	1 919.8	2 324.2
9	5 015.7	3 330.2	3 350.0	34	4 254.0	3 017.3	2 941.0
10	4 135.2	1 497.9	4 315.3	35	3 902.9	3 436.7	1 829.2
11	5 800.0	1 403.1	5 531.7	36	4 241.3	3 326.7	1 880.1
12	2 420.9	1 472.8	1 496.3	37	5 800.0	2 938.7	5 062.3
13	3 591.4	1 691.4	3 143.4	38	3 655.0	2 238.6	2 270.3
14	2 676.6	1 609.2	1 850.3	39	3 532.7	2 681.3	2 380.7
15	3 143.8	1 948.2	2 420.1	40	4 417.2	3 129.3	2 990.2
16	2 229.3	1 844.6	1 416.4	41	3 388.5	2 890.6	1 916.6
17	2 732.5	1 934.6	1 484.8	42	3 725.2	2 828.5	2 207.3
18	3 013.3	1 342.6	2 047.0	43	4 020.8	2 257.3	2 652.4
19	3 886.0	1 313.9	3 765.9	44	4 140.4	2 072.9	2 390.2
20	2 413.9	1 596.9	1 173.6	45	2 422.0	1 537.6	1 462.3
21	2 232.2	2 213.2	1 042.3	46	2 924.8	2 279.0	1 090.5
22	2 205.2	1 234.1	1 639.7	47	3 349.2	1 570.1	1 867.6
23	2 395.0	1 405	1 597.4	48	2 766.5	1 583.2	1 397.4
24	1 627.1	961.4	1 023.2	49	3 347.9	2 111.6	1 937.0
25	2 195.6	1 570.3	680.2	50	3 231.1	2 228.5	1 752.2

假设样本观测值：(1)不受限制的随机抽取；(2)在人均消费大于 1 500 元的范围内随机抽取；(3)在人均消费大于 1 500 元、小于 6 000 元的范围内随机抽取；(4)人均消费为 5 800 元的观测值为≥5 800 元的归并。分别估计模型，结果如表 4.5.2 所示。

表 4.5.2 估计结果

假设	估计方法	$\hat{\beta}_1$	$\hat{\beta}_2$	对数似然函数值
(1)	OLS、ML	0.647 4	0.635 8	−345.498 0
(2)	ML	0.663 1	0.641 4	−344.841 5
(3)	ML	0.657 1	0.668 5	−343.771 9
(4)	ML	0.638 0	0.679 8	−327.952 6

比较(1)、(2)、(3)假设下的对数似然函数值可见，随着截断区间的缩小，抽取同一个样本的概率增大，致使对数似然函数值增大。比较(1)和(4)假设下的对数似然函数值可见，将样本中 3 个 5 800 元的观测值视为≥5 800 元的归并时，抽取该观测值的概率显著增大，致使模型估计的对数似然函数值显著增大。

4.6 持续时间数据被解释变量计量经济学模型

持续时间数据(duration data)分析早就被应用于自然科学领域。例如，电子元器件的使用寿命问题，已经持续使用一段时间的元器件是否需要及时更换，当然是工程师们十分关心的问题。再如，经过手术的病人的存活时间问题，也总是医生最为关心的问题。但是，在社会经济研究领域引入持续时间分析的历史并不长。**持续时间分析**(duration analysis)也被称为**转换分析**(transition analysis)。在各个专门领域也常采用其他专门术语。例如，在生物统计学中，该类问题被称为**生存分析**(survival analysis)；在运行管理研究中被称为**失效时间分析**(failure time analysis)；在保险研究中被称为**风险分析**(hazard analysis)，等等。本节只简单介绍这类模型的基本思路，有兴趣的读者在实际应用时还需要参考其他文献。

4.6.1 计量经济学中持续时间分析问题的提出

“持续”问题，即以某项活动的持续时间作为研究对象的问题。在计量经济学模型中，模型的被解释变量观测值表现为已经持续的时间。可以从以下两个方面提出持续时间数据被解释变量计量经济学模型问题。

1. 社会经济生活中的持续时间问题

例如，失业问题是人们普遍关注的问题。尤其是仍然处于失业状态的失业者，希望知道自己在近期内能够重新就业的可能性有多大。从直观上看，存在两种完全不同的答案：

一种是失业时间越长，在近期内能够重新就业的可能性就越大，因为你已经等待了足够的时间；另一种是失业时间越长，在近期内能够重新就业的可能性就越小，因为你在相当长的时间内都没有能够重新就业，说明你不具备重新就业的条件。两种答案，似乎都有道理。

再如，在国外的教科书中经常作为例子的罢工问题。已经持续了一段时间的罢工能否在最近结束？从直观上看，也存在两种完全不同的答案：一种是持续时间越长，在近期内能够解决问题、结束罢工的可能性就越大，因为罢工已经持续了足够的时间，双方都有尽快结束的愿望；另一种是持续的时间越长，在近期内能够结束的可能性就越小，因为之所以持续了这么长时间，说明引起罢工的原因是复杂的，在这么长时间内都没有能够解决，近期也很难有进展。两种答案，也都有道理。

其他诸如购买问题，已经使用了相当长时间的物品是否需要在近期内重新购买等，都属于以持续时间作为研究对象的经济问题。

2. 持续时间被解释变量的计量经济学问题

以失业的持续时间分析为例，看看这类计量经济学问题的特征。

以失业的持续时间 t 作为被解释变量，以年龄、受教育程度、家庭状况、工作经历、健康状况等作为解释变量，建立如下失业模型：

$$T_i = \boldsymbol{X}_i\beta + \varepsilon_i \quad i = 1,2,\cdots,n \tag{4.6.1}$$

对大量的失业者(包括曾经的失业者)进行调查，以他们的失业持续时间作为被解释变量的观测值，然后估计模型，是经典计量经济学模型中通常的做法。但是，在这个问题中有3个特殊之处。

第一，**失业已经持续的时间并不是失业持续时间的真实反映**，不能作为失业持续时间的观测值。所以必须将样本观测值分为两类，一类是对已经重新工作的失业者进行的调查，一类是对仍处于失业状态的失业者进行的调查。对于前者，失业持续时间的观测值是真实的；而对于后者，样本观测值实际上是第4.5节中介绍的“归并”数据。

第二，**取得解释变量的样本观测值存在困难**。因为在失业持续的时间内，年龄、家庭状况、健康状况等是变化的，这是显而易见的。能够得到的仅是失业已经持续到 t 时刻的解释变量的样本观测值，并不能用来解释整个持续时间。

第三，也是最重要的，**失业者关心的不是如何解释失业已经持续的时间，而是希望知道在观测值 t 时刻之后的最短时间内能够重新就业的可能性为多大**。而直接估计模型(4.6.1)，只是解释失业已经持续的时间，不能回答失业者最关心的问题。

基于以上特殊之处，必须发展专门的模型方法，研究持续时间被解释变量计量经济学模型问题。

4.6.2 转换比率与转换比率模型

在持续时间被解释变量计量经济学模型中，人们最关心的是“转换”，即从已经持续的状态转换为相反的状态。例如，从生存到死亡，从正常运行到失效，从罢工到复工，从失业到就业。所以，将以持续时间作为被解释变量的模型变换为以转换比率为被解释变量的模型，是这类问题的关键思路。

仍然以失业问题为例。首先从上述持续时间被解释变量计量经济学模型的第3个特征入手，并假设解释变量的样本观测值在失业持续的时间内是不变化的，即忽略上述第2个问题。

1. 转换比率

假设随机变量 T 具有连续的概率密度函数 $f(t)$，t 是 T 的一个观测值，即事件已经持续的时间。那么应该有

$$P(T \leqslant t) = F(t) = \int_0^t f(z)\mathrm{d}z$$

因为持续时间非负，所以积分从0开始。不难理解，持续时间不少于 t 的概率为

$$S(t) = 1 - F(t) = P(T \geqslant t)$$

称 $S(t)$ 为生存函数。而人们最关心的事件在 t 之后的一个短时间 Δ 内转换的概率，可以表示为 $P(t \leqslant T \leqslant t+\Delta \mid T \geqslant t)$，还可以用下列函数来进一步表示：

$$\begin{aligned}\lambda(t) &= \lim_{\Delta\to 0}\frac{P(t \leqslant T \leqslant t+\Delta \mid T \geqslant t)}{\Delta}\\ &= \lim_{\Delta\to 0}\frac{F(t+\Delta)-F(t)}{\Delta S(t)}\\ &= \frac{f(t)}{S(t)}\end{aligned} \tag{4.6.2}$$

称式(4.6.2)为**转换比率**。事件以该比率在已经持续 t 时间后发生转换结束，显然该比率的大小即是人们关心的问题的答案。

转换比率与 t 的概率密度函数 $f(t)$、条件分布函数 $F(t)$ 和生存函数 $S(t)$ 之间存在如下关系：

$$\lambda(t) = \frac{-\mathrm{d}\ln S(t)}{\mathrm{d}t} \tag{4.6.3}$$

$$f(t) = S(t)\lambda(t) \tag{4.6.4}$$

由式(4.6.3)得到

$$\ln S(t) = -\int_0^t \lambda(z)\mathrm{d}z \overset{令}{=} -\Lambda(t)$$

则有

$$S(t)=\mathrm{e}^{-\Lambda(t)} \tag{4.6.5}$$

2. 不考虑外生变量的转换比率模型

既然人们更关心事件在 t 之后的一个短时间 Δ 内发生转换的可能性，而该可能性又可以通过转换比率来描述，那么可以直接建立转换比率模型，估计转换比率的参数，然后再通过积分得到生存函数 $S(t)$ 和条件分布函数 $F(t)$。这就是持续时间被解释变量计量经济学模型的总的研究思路。

如何构造和求解转换比率模型，首先通过两个简单的例子来说明。

(1) 转换比率为一个常数

假设转换比率为一个常数 λ，即假设事件在 t 之后的一个短时间 Δ 内转换的概率是相同的，与已经持续的时间 t 无关。这种事件在实际中也是存在的，被称为“无记忆”的过程。例如，购买彩票中奖的概率与已经持续没有中奖的时间无关。那么即有

$$\frac{-\mathrm{d}\ln S(t)}{\mathrm{d}t}=\lambda$$

该微分方程的解是

$$\ln S(t)=k-\lambda t$$

$$S(t)=K\mathrm{e}^{-\lambda t} \tag{4.6.6}$$

其中 K 是积分常数。因为

$$S(0)=P(T\geqslant 0)=1$$

由式(4.6.6)得到 $K=1$，进一步得到模型的解为

$$S(t)=\mathrm{e}^{-\lambda t}$$

这就是说 t 的生存函数 $S(t)$ 服从指数分布。这种分布已经被广泛地用于电子元器件的持续时间模型中。

如何估计常数 λ? 因为对于指数分布，有

$$E(t)=1/\lambda$$

那么 λ 的最大似然估计量为

$$\hat{\lambda}=1/\bar{t}$$

其中的 $\bar{t}$ 由样本观测值计算得到，于是得到转换比率的估计量。至此，该持续时间计量经济学问题研究完毕。

(2) 转换比率为一个线性函数

假设转换比率为一个线性函数，即

$$\lambda(t)=\alpha+\beta t$$

那么有

$$\Lambda(t)=\int_0^t\lambda(z)\mathrm{d}z=\alpha t+\frac{1}{2}\beta t^2$$

$$f(t)=S(t)\lambda(t)=\lambda(t)\mathrm{e}^{-\Lambda(t)} \tag{4.6.7}$$

由 t 的密度函数和样本观测值，利用最大似然法，可以得到参数 α,β 的估计量，进而得到转换比率的估计量，使该持续时间计量经济学问题得到解决。

如果得到参数 β 的估计量为正，表示转换比率随着持续时间的增长而增大，也表示在 t 之后的一个短时间 Δ 内结束事件的概率随着持续时间的增长而增大；如果得到参数 β 的估计量为负，则反之。

3. 几种常用的转换比率模型

在上面的描述中，首先对转换比率作出假设，导出生存函数 $S(t)$ 和密度函数 $f(t)$，然后利用最大似然法估计参数。如果人们并不首先对转换比率作出假设，而是直接对生存函数 $S(t)$ 所服从的分布作出假设，然后直接估计该分布的参数，结果是相同的。这就是实际中通常采用的思路。其过程如下：

$$S(t)\xrightarrow{(4.6.3)}\lambda(t)\xrightarrow{(4.6.4)}f(t)\xrightarrow{\text{ML}}\text{参数估计量}\longrightarrow\text{转换比率}$$

除了指数分布（对应于转换比率为常数）外，经常被作为生存函数 $S(t)$ 的分布假设的还有韦伯分布、对数正态分布、对数逻辑分布等。例如，对于韦伯分布，有

$$S(t)=\mathrm{e}^{-(\lambda t)^{p}}$$

对于对数正态分布，有

$$S(t)=\Phi(-p\ln(\lambda t))$$

对于对数逻辑分布，有

$$S(t)=1/(1+(\lambda t)^{p})$$

对于生存函数 $S(t)$ 的每种分布，都有对应的转换比率函数。例如服从韦伯分布的生存函数，其对应的转换比率函数是一个单调增函数，形式为

$$\lambda(t)=\lambda p\ (\lambda t)^{p-1}$$

λ 和 p 分别为位置参数（location parameter）和规模参数（scale parameter）。模型参数估计的任务就是估计这些分布函数中的 λ,p 等。

4. 考虑两类样本数据的最大似然估计

正如前面提及的，必须**将持续时间样本观测值分为两类**，一类是对已经结束的事件进行的调查，一类是对仍处于持续过程中的事件进行的调查。对于前者，持续时间的观测值是真实的；而对于后者，样本观测值实际上是“归并”数据。那么，参考第 4.5 节中所介绍的，转换比率模型的对数似然函数为

$$\ln L=\sum_{\text{非归并观测值}}\ln f(t\mid(\lambda,p))+\sum_{\text{归并观测值}}\ln S(t\mid(\lambda,p)) \tag{4.6.8}$$

因为 $f(t)=S(t)\lambda(t)$，所以上式可以写成

$$\ln L=\sum_{\text{非归并观测值}}\ln\lambda(t\mid(\lambda,p))+\sum_{\text{所有观测值}}\ln S(t\mid(\lambda,p)) \tag{4.6.9}$$

在实际应用中采用哪种形式，依方便而定。

5. 考虑外生变量的转换比率模型

在上面的描述中，实际上是依赖持续时间样本观测值和分布假设估计模型参数，没有引入影响持续时间的各种因素。所以上述模型不是经典意义上的计量经济学模型，没有揭示事件持续的因果关系。

对事件持续进行因果分析，则要引入影响持续时间的各种因素。但是，人们并不建立式(4.6.1)的模型，而是以转换比率为被解释变量，以影响持续时间的各种因素为解释变量建立模型，而且为了估计的方便，对模型的关系类型作出特定的假设。例如，对于生存函数 $S(t)$ 服从韦伯分布的情况，建立如下模型：

$$\lambda_i = \mathrm{e}^{-\boldsymbol{X}_i\beta} \tag{4.6.10}$$

并且假设在持续的时间内，$\boldsymbol{X}_i$ 具有不变的观测值。

构造如下与式(4.6.10)等价的线性模型：

$$w_i = p\ln(\lambda_i t_i) = p(\ln t_i - \boldsymbol{X}_i\beta) \tag{4.6.11}$$

对服从韦伯分布的概率密度函数和生存函数进行变量置换，显然有

$$f(w_i) = p\exp(w_i - \mathrm{e}^{w_i})$$

$$S(w_i) = \exp(-\mathrm{e}^{w_i})$$

前者为模型(4.6.11)的概率密度函数，后者为它的生存函数。于是就可以采用最大似然法估计模型(4.6.11)。

考虑到持续时间样本观测值分为两类，令

$$\begin{cases} \delta_i = 1 & \text{如果持续时间观测值取自已经转换事件的个体} \\ \delta_i = 0 & \text{如果持续时间观测值取自尚未转换事件的个体} \end{cases}$$

于是对数似然函数为

$$\ln L = \sum_{i=1}^{n} (\delta_i \ln f(w_i) + (1 - \delta_i)\ln S(w_i)) \tag{4.6.12}$$

可以进一步化简为

$$\ln L = \sum_{i=1}^{n} (\delta_i(w_i - \ln\sigma) - \mathrm{e}^{w_i}) \tag{4.6.13}$$

式中 $\sigma=1/p$。

对式(4.6.13)求极大，利用 $\partial w_i/\partial\sigma == -w_i/\sigma$ 和 $\partial w_i/\partial\beta = -\boldsymbol{X}_i/\sigma$，得到关于参数估计量的方程组，采用牛顿迭代方法求解方程组，即得到参数估计量。

4.6.3　实例

例 4.6.1　医生在诊断肺癌时，常常需要做一个判断，即病人还能够生存多长时间，或者哪些因素影响着病人的生存时间(更具体地说，某种特殊治疗能否显著延长病人

的生存时间)。合理地回答这些问题对医生和相关研究者的帮助甚大。基于对这些问题的准确回答,医生能够给病人制定更合理的治疗方案,研究者可以对相关课题进行更为深入的研究。本例题试图通过对相关临床数据的分析找出影响肺癌患者生存时间的因素,并根据分析结果提出有临床意义的结论和建议。

1. 数据来源和相关说明

本例题所利用的数据来源于(美国)退伍军人管理局肺癌研究集团(Veterans Administration Lung Cancer Study Group)。该数据共包含了 137 个进展期肺癌(Advanced Lung Cancer)患者的资料,其中 128 人在研究期间死去,9 人活过了最后的研究期限。对于每一个病人,研究者收集并研究了表 4.6.1 中的变量。

表 4.6.1 变量说明(数据来源于 Prentice(1973))

变量序号	变量名称	解释意义
1	Stime	从研究开始到死亡的生存时间(单位:天)
2	Status	生存状态(1=死亡;0=生存)
3	Treat	治疗方法(1=标准疗法;2=实验疗法)
4	Age	确诊时年龄(单位:年)
5	Karn	病人体征的卡式评分(10,20,…,90;10,20,30 表示完全入院治疗;40,50,60 表示部分时间入院;70,80,90 表示能够自我照顾)
6	Diag. time	从确诊到研究开始的时间(月)
7	Cell	肿瘤细胞类型(1=鳞状;2=小;3=腺鳞状;4=大)
8	Prior	研究之前有无治疗(0=无;10=有)

其中,生存时间(Stime)是被解释变量,其他变量均为解释性变量。需要注意的是,生存状态为"死亡"(即 Status=1)时,Stime 即为实际的生存时间;生存状态为"生存"(即 Status=0)时,意味着在该研究结束之前,没有观测到病人的确切生存时间,因此从数据中仅仅知道他的生存时间要大于 Stime 的取值,但是到底大多少是不知道的。

本例题采用 R 程序实现描述性分析和模型估计。

2. 描述性分析

为了获得对数据的整体概念,并注意到被解释为生存数据的特点,利用生存函数来考察生存时间和各个解释性变量之间的关系。

在进行模型估计之前,分别对各个变量与生存时间之间的关系进行描述性分析,是十分必要的。这里限于篇幅,将具体内容省略。通过描述性分析,可以得到以下初步结论:卡式评分(Karn)是影响肺癌患者生存时间的显著因素;治疗方法(Treat)、确诊时年龄(Age)、肿瘤细胞类型(Cell)、研究之前有否治疗(Prior)对肺癌患者生存时间有一定影响；其中，治疗方法(Treat)、肿瘤细胞类型(Cell)对患者生存时间的影响在不同生存时间范围内各自不同；从确诊到研究开始的时间(Diag. time)对肺癌患者生存时间基本无影响。

3. 加速死亡模型及模型选择

从描述性分析中可以看到，确实有部分因素对病人的生存时间有影响。为了进一步准确地找出这些因素并量化其影响程度，首先使用生存分析中常用的加速死亡模型进行拟合。模型为

$$\log(\mathrm{Stime}_i) = \boldsymbol{X}_i\beta + \varepsilon_i$$

式中，

$$\boldsymbol{X}_i = (1, \mathrm{Treat}_i, \mathrm{Age}_i, \mathrm{Karn}_i, \mathrm{Diag.\ time}_i, \mathrm{Cell}, \mathrm{Prior}_i), \beta = (\beta_0, \beta_1, \beta_2, \beta_3, \beta_4, \beta_5, \beta_6)'$$

首先假设残差项服从 Weibull 分布，估计结果如表 4.6.2 所示。

表 4.6.2 加速死亡模型(Weibull 分布)

变量名	系数估计值	标准差	z 统计量	p 值
截距项	3.153 85	0.713 00	4.423 3	9.72e-06
Treat	−0.184 65	0.181 88	−1.015 2	0.310
Age	0.001 07	0.009 06	0.117 6	0.906
Karn	0.035 30	0.004 98	7.089 9	1.34e-12
Diag. time	−0.002 98	0.008 92	−0.334 3	0.738
Cell	−0.136 73	0.074 57	−1.833 5	0.066 7
Prior	0.011 18	0.021 77	0.513 7	0.607
(Model) p=1.1e-08				

从表 4.6.2 首先可以看到，模型整体非常显著(p 值=1.1e-08)，即各解释性变量联合起来对因变量的解释程度非常高。再逐个分析各解释性变量，可以得到如下结论：在 10%的显著性水平下，卡式评分(Karn)能够显著影响肺癌患者的生存时间，且影响为正——卡式评分越高的患者，其生存时间越长；在 10%的显著性水平下，肿瘤细胞类型(Cell)能够显著影响肺癌患者的生存时间，且影响为负——肿瘤细胞越大的患者，其生存时间越短；其他 4 个因素(治疗方法、确诊时年龄、从确诊到研究开始的时间、研究之前有否治疗)对肺癌患者生存时间没有显著影响。

该结果与描述性分析中得到的初步结论基本一致。为考察该模型的稳定性，假设残差项服从指数分布，再次对加速死亡模型进行拟合，得到与 Weibull 分布假设非常类似的结果，如表 4.6.3 所示。

表 4.6.3 加速死亡模型(指数分布)

变量名	系数估计值	标准差	z 统计量	p 值
截距项	3.148 91	0.710 36	4.433	9.30e-06
Treat	−0.184 34	0.182 45	−1.010	0.312
Age	0.001 08	0.009 09	0.119	0.905
Karn	0.035 32	0.004 98	7.095	1.30e-12
Diag. time	−0.002 97	0.008 95	−0.331	0.740
Cell	−0.136 46	0.074 73	−1.826	0.067 8
Prior	0.011 15	0.021 84	0.511	0.610
(Model) $p=6.1e\text{-}10$				

以上分析表明,本例对于不同分布假设并不敏感,因此,利用加速死亡模型得到的结论较为可靠。

为了获得更为可靠的结果,利用 AIC 信息准则来进行模型选择。从残差项服从指数分布的加速死亡模型中,可以得到选择结果如表 4.6.4 所示。

表 4.6.4 AIC 加速死亡模型(指数分布)

变量名	系数估计值	标准差	z 统计量	p 值
截距项	2.916 8	0.322 19	9.05	1.39e-19
Karn	0.035 5	0.004 73	7.51	5.95e-14
Cell	−0.128 0	0.074 13	−1.73	0.084 1
(Model) $p=2.8e\text{-}12$				

从表 4.6.4 可以看到,模型整体显著性水平得到改善,p 值有所提高。进一步,AIC 发现了两个重要解释性变量,分别是卡式评分(Karn)、肿瘤细胞类型(Cell)。AIC 所选出的模型关于这两个变量的结论与全模型相同,依然认为卡式评分越高的患者生存时间越长,肿瘤细胞越大的患者生存时间越短。以上三种模型结果较为一致,从另一方面验证了利用加速死亡模型得到的结论较为可靠。

4. Cox 等比例转换模型及模型选择

为了获得更全面、更可靠的结论,考虑使用 Cox 等比例转换模型,表达式为

$$h(\text{Stime}_i) = h_0(\text{Stime}_i) \cdot \exp\{\boldsymbol{X}_i\beta\}$$

式中,$\boldsymbol{X}_i$,β 内容同前,$h(\text{Stime}_i)$为风险函数,表示给定个体 i 已经存活了 Stime_i 时间,该个体立刻死亡的可能性;$h_0(\text{Stime}_i)$为基准风险函数,即该个体在不受外生变量影响的情况下的风险函数,该模型不对 $h_0(\text{Stime}_i)$的函数形式做任何假设,在计算似然函数过程中,$h_0(\text{Stime}_i)$在分子和分母中相互抵消。

通过极大化似然函数的方法得到模型拟合结果,如表 4.6.5 所示。

表 4.6.5 Cox 等比例转换模型

变量名	系数估计值	标准差	z 统计量	p 值
Treat	0.226 809	0.188 115	1.206	0.227 9
Age	−0.003 641	0.009 151	−0.398	0.690 7
Karn	−0.035 331	0.005 401	−6.541	6.1e-11
Diag. time	0.002 164	0.009 065	0.239	0.811 3
Cell	0.129 691	0.077 649	1.670	0.094 9
Prior	−0.007 843	0.022 285	−0.352	0.724 9
(Model) p=4.915e-09				

从表 4.6.5 可以看到，在 10%的显著性水平下，卡式评分(Karn)、肿瘤细胞类型(Cell)依然是显著的影响因素。值得注意的是，Cox 模型所拟合出来的卡式评分系数为负、肿瘤细胞类型系数为正，恰好与加速死亡模型结果相反。表明卡式评分高的患者，风险函数较小；肿瘤细胞大的患者，风险函数较大。这与加速死亡模型的结论相同。进一步表明，卡式评分(Karn)、肿瘤细胞类型(Cell)是非常重要的影响因素。

为获得更为可靠的结果，利用 AIC 信息准则来进行模型选择，如表 4.6.6 所示。

表 4.6.6 AIC Cox 等比例风险模型

变量名	系数估计值	标准差	z 统计量	p 值
Karn	−0.034 65	0.005 16	−6.715	1.88e-11
Cell	0.120 70	0.077 47	1.558	0.119
(Model) p=5.947e-11				

从表 4.6.6 可以看出，AIC 准则所选出的模型依然包含卡式评分(Karn)、肿瘤细胞类型(Cell)两个解释性变量。卡式评分高的患者风险函数低，这与加速死亡模型的结论一致；但肿瘤细胞类型这一解释性变量的显著程度有所下降。

由此可见，加速死亡模型与 Cox 等比例风险模型给出了略微不同的结论，但从保守而稳妥的角度，可以认为卡式评分(Karn)、肿瘤细胞类型(Cell)这两个因素都能显著影响肺癌患者的生存时间，而且卡式评分(Karn)的影响尤为明显。

4.7 本章思考题与练习题

4.7.1 思考题

1. 二元选择问题为什么不能建立经典的回归模型？效用模型为什么不能采用最小二乘估计？

2. 重复观测值不可以得到情况下二元离散选择模型的 ML 估计的原理是什么？

3. 如何正确解读例4.2.1的输出结果?

4. 一般多元选择模型、排序选择模型和嵌套选择模型各自适用的研究对象之间的区别是什么?

5. 一般多元选择Logit模型设定的思路是什么？多项Logit模型和条件Logit模型的区别是什么?

6. 如何正确解读例4.3.1的输出结果?

7. 离散计数问题为什么不能建立经典的回归模型?

8. 泊松分布、二项分布和负二项分布的特征是什么？各自适用什么样的计数问题?

9. 在某计数数据问题研究中，被解释变量 y 的观测值 $y_i(i=1,2,\cdots,n)$ 为非负计数数据，由观测值计算得到：$\frac{1}{n}\sum_{i=1}^{n}y_i=\mu$，$\frac{1}{n}\sum_{i=1}^{n}(y_i-\mu)^2=\lambda$。因为计算得到的 μ 明显不等于 λ，所以该问题不适于建立泊松回归模型。这样的说法是否正确？为什么?

10. 面对不可重复抽样的计数数据问题，如何判断其分布和建立的模型类型?

11. 如何正确理解泊松回归模型的特征、数学表达式和估计方法?

12. 如何检验泊松回归模型被解释变量的均值等于方差的假设?

13. 对于截面数据模型，只要被解释变量是连续的随机变量，且样本观测值是在不受限制的情况下随机抽样得到的，采用OLS方法和ML方法估计模型将得到相同的结构参数估计结果。这句话是否正确？为什么?

14. 如何区分"截断"被解释变量和"归并"被解释变量?

15. 为什么"截断"被解释变量问题不能建立经典计量经济学模型？为什么"归并"被解释变量问题不能建立经典计量经济学模型?

16. "截断"被解释变量数据计量经济学模型的最大似然函数与经典计量经济学模型的最大似然函数的区别是什么？它是如何导出的?

17. 为什么"截断"被解释变量数据计量经济学模型不能采用普通最小二乘估计？如果采用普通最小二乘估计，会产生什么后果?

18. 对于"截断"被解释变量数据计量经济学模型，什么情况下宜采用最大似然法直接估计？什么情况下宜采用Heckman两步修正法估计?

19 ."归并"被解释变量数据计量经济学模型的最大似然函数与经典计量经济学模型的最大似然函数的区别是什么？它是如何导出的?

20. 为什么持续时间被解释变量问题不能建立经典计量经济学模型？持续时间被解释变量模型研究的思路是什么?

4.7.2 练习题

1. 本科毕业生面临读研究生和参加工作两种选择，选择结果用 y 表示，作为被解释变量，其观测值分别为1和0（读研究生为1，参加工作为0）；以影响选择的各个因素 $\boldsymbol{X}$ 为解释变量；建立如下的线性模型：

$$y_i=\beta_0+\beta_1x_{1i}+\beta_2x_{2i}+\cdots+\beta_kx_{ki}+\mu_i \quad \mu_i\sim N(0,\sigma^2) \quad i=1,2,\cdots,n$$

采用Probit模型并估计模型，其中 $\hat{\beta}_2=0.5$。试回答：

（1）“变量 x_{2i} 增加1个单位，第 i 个本科生选择读研究生的概率增加0.5。”这种说法是否正确？为什么？

（2）“由于 $\hat{\beta}_2=0.5$ 不随个体 i 变化，所以对于任何个体 i，x_{2i} 增加1个单位所引起的选择读研究生的概率增加相同的数量。”这种说法是否正确？为什么？

2. 在多项（multinomial）Logit模型中将第 i 个决策者选择第 j 个方案的概率表示为 $P(y_i=j)=\dfrac{e^{\boldsymbol{X}_i\beta_j}}{\sum_k e^{\boldsymbol{X}_i\beta_k}}$，而在条件（conditional）Logit模型中则表示为 $P(y_i=j)=\dfrac{e^{\boldsymbol{X}_{ij}\beta}}{\sum_k e^{\boldsymbol{X}_{ik}\beta}}$。比较解释变量 $\boldsymbol{X}$ 的下标的差异，并说明含义；比较参数 β 的下标的差异，并说明原因。

3. 目前高等学校为家庭经济困难学生提供了5种资助方式：助困类奖学金、助学金、国家助学贷款、勤工助学、补助（含免除学杂费），如果试图建立资助方式选择模型，请回答：在多项（multinomial）Logit模型、条件（conditional）Logit模型、排序（ordered）Logit模型和嵌套（nested）Logit模型中应该建立哪类模型？应该选择哪些解释变量？

4. 自己选择研究对象，采集样本，完成一个计数数据问题的建模全过程。

5. 某一截面数据计量经济学模型 $y_i=\beta'\boldsymbol{X}_i+\mu_i$，被解释变量服从正态分布，其样本观测植为 $y_1,y_2,\cdots,y_n$，其中 y_1,y_2,y_3 取相同值 a，其他观测值均大于 a。分别将该组样本看做未受限制的随机抽取样本、以 a 为截断点（truncation）的选择性样本、以 a 为归并点（censoring）的选择性样本，分别采用ML方法估计模型。比较3种情况下的对数似然函数值的大小，并加以简单证明。

6. 随机抽取3 000户农户，调查一年内借贷的情况，结果是2 000户没有发生借贷，1 000户发生了借贷。进一步调查发现，在没有发生借贷的农户中，一部分确实没有借贷需求，另一部分是有借贷需求但因各种原因没有发生借贷。以借贷额 y 为被解释变量，以家庭收入、家庭支出等影响因素 $x_1,x_2,\cdots,x_k$ 为解释变量，建立农户借贷因素分析模型。

（1）能否利用全部3 000户农户样本建立经典回归模型？为什么？

（2）能否只利用1 000户发生借贷的农户为样本建立经典回归模型？为什么？

（3）能否利用全部3 000户农户样本建立“归并”数据模型（Tobit）？为什么？如果能够，其条件是什么？

（4）研究该问题的最佳模型是什么？写出模型的理论形式。

（5）如果欲检验所有农户的借贷需求是否都服从正态分布，应该如何构造检验统计量？

7. 阅读例5.6.1，理解持续时间问题计量经济学模型的建模思路，以及模型的应用。

CHAPTER 5

第5章

面板数据计量经济学模型

本章讨论现代计量经济学的另一个分支——面板数据(panel data)计量经济学模型。panel data 有多种中文名称,诸如面板数据、综列数据、平行数据、时空数据等,在本书中采用面板数据。本章分 4 节,重点介绍广为应用的几类模型。第 5.1 节对面板数据计量经济学模型进行总的概述,并讨论模型设定检验的原理和方法；第 5.2 节、第 5.3 节和第 5.4 节分别介绍变截距面板数据模型、变系数面板数据模型和动态面板数据模型,重点是模型的估计方法。

5.1 面板数据计量经济学模型概述

5.1.1 面板数据模型的发展

所谓面板数据,指在时间序列上取多个截面,在这些截面上同时选取样本观测值所构成的样本数据,反映了空间和时间两个维度的经验信息。

1. 经济分析中的面板数据问题

在经济分析中,尤其是通过建立计量经济学模型所进行的经济分析中,经常发现,只利用截面数据或者只利用时间序列数据不能满足分析目的的需要。

例如,如果分析生产成本问题,只利用截面数据,即选择同一截面上不同规模的企业数据作为样本观测值,可以分析成本与企业规模的关系,但是不能分析技术进步对成本的影响；只利用时间序列数据,即选择同一企业在不同时点上的数据作为样本观测值,可以分析成本与技术进步的关系,但是不能分析企业规模对成本的影响。如果采用面板数据,即在不同的时间上选择不同规模的企业数据作为样本观测值,无疑既可以分析成本与技术进步的关系,也可以分析成本与企业规模的关系。

再如，分析外商直接投资对我国各个地区经济增长的影响，它既与各地区经济发展水平、基础条件、教育水平等因素有关，也与国家在各个时期的总体经济发展水平和宏观政策有关，同时地区之间还存在互相影响。只利用截面数据，即选择同一时间上不同地区的数据作为样本观测值，可以在同时考虑各地区经济发展水平、基础条件、教育水平等因素的情况下，分析外商直接投资对各个地区经济增长的影响。但是无法考虑国家的总体经济发展水平和宏观政策的影响，因为它们对于不同的地区是相同的。只利用各个地区的时间序列数据，可以在考虑国家的总体经济发展水平和宏观政策的情况下，分别研究每个地区外商直接投资对经济增长的影响，但是却无法考虑不同地区之间的相关性。如果采用面板数据，即在不同的时间上选择不同地区的数据作为样本观测值，则既考虑了各地区经济发展水平、基础条件、教育水平等因素，也考虑了国家的总体经济发展水平和宏观政策等因素，同时还考虑到不同地区之间的相关性，这样才能客观、准确地分析外商直接投资对各个地区经济增长的影响。

2. 计量经济学模型方法中的面板数据问题

计量经济学模型方法的核心是依据样本信息估计总体参数，那么，**充分利用尽可能多的样本信息，是任何一项计量经济学应用研究必须遵循的基本原则**。毫无疑问，采用面板数据比单纯采用横截面数据或时间序列数据会使得模型分析更加有效，**面板数据计量经济学模型理论正是基于样本信息的充分利用而发展的**。

在具体的模型方法方面，采用面板数据比单纯采用横截面数据或时间序列数据也有许多优势。例如，可以显著地增加自由度，使得统计推断更加有效；可以降低变量之间的共线性，使得参数估计量更具有效性；有助于在从不同的经济理论出发建立的互相竞争的模型中识别出正确的模型；可以减少甚至消除模型估计偏差；等等。

3. 面板数据模型的发展

正如第1.2节中综述的，最早将面板数据引入计量经济学模型的是Mundlak(1961)、Balestra和Nerlove(1966)。但是他们只是将面板数据作为一组**混合数据**(Pooled Data)样本用以估计经典的计量经济学模型。Kuh(1963)发展了面板数据模型的设定检验，面板数据计量经济学模型理论体系开始建立，并逐渐发展形成了现代计量经济学的一个相对独立的分支。而面板数据模型理论方法的发展和应用研究的开展主要发生在20世纪80～90年代。

目前，面板数据模型已经成为应用最为广泛的计量经济学模型。在我国，目前的应用研究主要集中于两个领域。一是宏观经济领域，以地区作为个体，因为宏观经济面板数据依赖于统计，比较容易获取。二是金融市场，以公开披露的上市公司的面板数据为样本观测值。随着以家庭、个人作为个体的微观面板数据资源的逐渐丰富，微观面板数据模型将成为面板数据计量经济学应用研究的主要领域。

在面板数据计量经济学理论研究方面，主要有两个前沿领域。一个是面板数据非线性模型研究，或者称为面板数据非经典计量经济学模型研究。例如，面板数据离散选择模型、面板数据计数数据模型、面板数据选择性样本模型等。另一个是面板数据单位根和协整检验理论方法研究。有关这两个领域，限于本书的篇幅和定位，本章将不予讨论。

5.1.2　经典面板数据模型的类型

下面以经典线性面板数据计量经济学模型为例，介绍各种模型。

模型 1：**截面个体变系数模型**，简称变系数模型。其形式为

$$Y_{it}=\alpha_i+\boldsymbol{X}_{it}\beta_i+\mu_{it},\ i=1,\cdots,n,\ t=1,\cdots,T \tag{5.1.1}$$

式中 $\boldsymbol{X}_{it}$ 为 $1\times K$ 向量，β_i 为 $K\times1$ 向量，K 为解释变量的数目。

$$\boldsymbol{X}_{it}=(X_{1it},X_{2it},\cdots,X_{Kit})\quad \beta_i=(\beta_{1i},\beta_{2i},\cdots,\beta_{Ki})'$$

误差项 μ_{it} 均值为零，方差为 σ_u^2。该模型表示，在横截面个体之间，存在个体影响（变截距），也存在变化的经济结构，因而结构参数在不同横截面个体上是不同的。

模型 2：**截面个体变截距模型**，简称变截距模型。其形式为

$$Y_{it}=\alpha_i+\boldsymbol{X}_{it}\beta+\mu_{it},\ i=1,\cdots,n,\ t=1,\cdots,T \tag{5.1.2}$$
$$\beta=(\beta_1,\beta_2,\cdots,\beta_K)'$$

该模型表示，在横截面个体之间，存在个体影响（变截距），但是不存在变化的经济结构，因而结构参数在不同横截面个体上是相同的。

模型 3：**截面个体截距、系数不变模型**。其形式为

$$Y_{it}=\alpha+\boldsymbol{X}_{it}\beta+\mu_{it},\quad i=1,\cdots,n,\quad t=1,\cdots,T \tag{5.1.3}$$

该模型表示，在横截面个体之间，不存在个体影响（变截距），也不存在变化的经济结构，因而模型的截距和结构参数在不同横截面个体上是相同的。

模型 4：**截面个体不变截距、变系数模型**。其形式为

$$Y_{it}=\alpha+\boldsymbol{X}_{it}\beta_i+\mu_{it},\quad i=1,\cdots,n,\quad t=1,\cdots,T \tag{5.1.4}$$

该模型表示，在横截面个体之间，不存在个体影响，但是存在变化的经济结构，因而模型截距相同，而结构参数在不同横截面个体上是不同的。该模型在实际应用中很少出现，从经济行为方面看，如果在不同横截面个体上结构参数存在差异，那么模型截距一般肯定也存在差异。对于该模型，本章不予讨论。

模型 5：**时点变系数模型**。其形式为

$$Y_{it}=\alpha_t+\boldsymbol{X}_{it}\beta_t+\mu_{it},\ i=1,\cdots,n,\ t=1,\cdots,T \tag{5.1.5}$$
$$\beta_t=(\beta_{1t},\beta_{2t},\cdots,\beta_{Kt})'$$

该模型表示，在不同的时点之间，存在个体影响（变截距），也存在变化的经济结构，因而结构参数在不同时点是不同的。该模型在实际应用中也很少出现，从经济行为方面看，不同

个体之间的行为差异往往比同一个个体在不同时点上的行为差异更为明显。例如，不同地区的居民消费倾向的差异往往比同一个地区居民在不同时点上的消费倾向的差异更为明显。而且从模型理论方法角度看，模型 5 与模型 1 是相同的。所以对于该模型，本章也不予讨论。

模型 6：**截面个体和时点变截距模型**。其形式为

$$Y_{it} = \alpha_i + \gamma_t + \boldsymbol{X}_{it}\beta + \mu_{it}\,,\ i = 1,\cdots,n,\ t = 1,\cdots,T \tag{5.1.6}$$
$$\beta = (\beta_1, \beta_2, \cdots, \beta_K)'$$

该模型表示，在横截面个体之间，存在个体影响，同时在不同的时点之间，存在时点影响，但是不存在变化的经济结构，因而结构参数在不同横截面个体上是相同的。这是一类在实际应用中常见的模型。该模型在理论方法上，可以视为一个半参数模型，模型的截距在每个样本点上都是不同的。从应用的角度，人们希望既控制截面个体影响，也控制时点影响，然后求得平均意义上的不变的结构参数。该模型的估计方法与模型 2 并无大的差别，所以本章也不予专门讨论。

5.1.3　经典面板数据模型的设定检验

1. 模型设定检验的目的

采用面板数据，由于可以构造比单独采用横截面数据或时间序列数据更现实的结构模型，计量经济学的经验研究大大地丰富了。但面板数据包括两维的数据(横截面和时间)，如果模型设定不正确，将造成较大的偏差，估计结果与实际将相差甚远。所以，在建立面板数据模型时必须控制不可观察的个体和(或)时间的特征以避免模型设定的偏差并改进参数估计的有效性。

如果可获得的数据是来自简单可控制的实验，则可以应用标准统计方法。不幸的是，多数面板数据是来自经济活动的复杂过程。这样，若假设经济变量 Y 在每个时点上都是由参数化的概率分布函数 $P(Y|\beta)$ 生成的，实际上是不现实的。忽视这种在横截面或时间上参数的本质上的差异可能会导致参数估计不是一致估计或估计出的参数值无意义。例如，考虑模型(5.1.1)，参数 α_i 和 β_i 在不同的横截面样本点(即同一横截面的不同个体样本点)上不同，在不同时间上相同。这样，在不同的横截面样本点上，Y 的抽样分布是不同的。但在同一横截面样本点上，Y 在不同时间上的抽样分布是相同的。此时，若对该面板数据建立模型(5.1.3)，则参数的最小二乘估计将不可能是一致估计，且估计值无任何意义。

于是，建立面板数据模型的第一步是检验刻画被解释变量 Y 的参数是否在所有横截面个体上和时间上都是常数，即检验所研究的问题属于上述模型 1、2、3 中的哪一种，以确定模型的形式。

2. F 检验

广泛使用的检验是通过构造 F 统计量的检验。主要检验两个假设：

假设 1：系数在不同的横截面个体上都相同，但截距不相同。

$$H_1: Y_{it} = \alpha_i + \boldsymbol{X}_{it}\beta + \mu_{it}$$

假设 2：截距和系数在不同的横截面个体上都相同。

$$H_2: Y_{it} = \alpha + \boldsymbol{X}_{it}\beta + \mu_{it}$$

显然，如果接受了假设 2，则没有必要进行进一步的检验。如果拒绝了假设 2，就应该检验假设 1，判断系数是否都相同。如果假设 1 被拒绝，就应该采用模型(5.1.1)。

采用经典计量经济学模型中的约束回归检验，可以方便地实现上述检验。 因为相对于模型(5.1.1)，假设 1 等于施加了约束：$\beta_1=\beta_2=\cdots=\beta_n$，约束数目为 $K\times(n-1)$。相对于模型(5.1.1)，假设 2 等于施加了约束：$\beta_1=\beta_2=\cdots=\beta_n$，$\alpha_1=\alpha_2=\cdots=\alpha_n$，约束数目为 $(K+1)\times(n-1)$。

经典计量经济学模型中的约束回归检验 F 统计量为

$$F = \frac{(\mathrm{RSS_R} - \mathrm{RSS_U})/(k_\mathrm{U} - k_\mathrm{R})}{\mathrm{RSS_U}/(m - k_\mathrm{U} - 1)} \sim F(k_\mathrm{U} - k_\mathrm{R}, m - k_\mathrm{U} - 1) \qquad (5.1.7)$$

式中，$\mathrm{RSS_R}$ 为受约束回归模型的残差平方和，$\mathrm{RSS_U}$ 为无约束回归模型的残余平方和，k_U，k_R 分别为无约束与受约束回归模型的解释变量的个数(不包括常数项)，m 为样本数。

比照式(5.1.7)，容易构造检验 H_2 的 F 统计量：

$$F_2 = \frac{(S_3 - S_1)/[(n-1)(K+1)]}{S_1/[nT - n(K+1)]} \sim F[(n-1)(K+1), n(T-K-1)] \qquad (5.1.8)$$

和检验 H_1 的 F 统计量：

$$F_1 = \frac{(S_2 - S_1)/[(n-1)K]}{S_1/[nT - n(K+1)]} \sim F[(n-1)K, n(T-K-1)] \qquad (5.1.9)$$

式中，S_1，S_2，S_3 分别为模型 1、2、3 的回归残差平方和。

从直观上看，如果(S_3-S_1)很小，即有约束回归(模型 3)与无约束回归(模型 1)的回归残差平方和没有显著差异，F_2 的值则小，低于临界值，不拒绝 H_2，则将模型设定为截距和系数在不同的横截面个体上都相同的模型，即模型 3。如果(S_3-S_1)较大，即有约束回归(模型 3)与无约束回归(模型 1)的回归残差平方和存在显著差异，F_2 的值则大，大于临界值，拒绝 H_2，不能将模型设定为模型 3。需要继续检验假设 1。

同样从直观上看，如果(S_2-S_1)很小，即有约束回归(模型 2)与无约束回归(模型 1)的回归残差平方和没有显著差异，F_1 的值则小，低于临界值，不拒绝 H_1，将模型设定为系数在不同的横截面个体上都相同，但截距不相同的模型，即模型 2。如果(S_2-S_1)较大，F_1 的值则大，大于临界值，拒绝 H_1，不能将模型设定为模型 2。那么截距和系数在不同的横截面个体上不相同的模型 1，就是最终的选择。

在实际应用研究中，回归残差平方和 S_1,S_2,S_3 可以通过分别估计模型1、2、3得到。也可以通过下面的方法计算得到。

3. 回归残差平方和 S_1,S_2,S_3 的计算

记

$$\bar{Y}_i=\frac{1}{T}\sum_{t=1}^{T}Y_{it},\quad \bar{X}_i=\frac{1}{T}\sum_{t=1}^{T}X_{it}$$

模型(5.1.1)参数的最小二乘估计为

$$\hat{\beta}_i=\boldsymbol{W}_{xx,i}^{-1}\boldsymbol{W}_{xy,i},\quad \hat{\alpha}_i=\bar{Y}_i-\bar{\boldsymbol{X}}_i\hat{\beta}_i$$

称为群内估计，其中

$$\boldsymbol{W}_{xx,i}=\sum_{t=1}^{T}(\boldsymbol{X}_{it}-\bar{\boldsymbol{X}}_i)'(\boldsymbol{X}_{it}-\bar{\boldsymbol{X}}_i),\quad \boldsymbol{W}_{xy,i}=\sum_{t=1}^{T}(\boldsymbol{X}_{it}-\bar{\boldsymbol{X}}_i)'(Y_{it}-\bar{Y}_i),$$

$$W_{yy,i}=\sum_{t=1}^{T}(Y_{it}-\bar{Y}_i)^2$$

第 i 群的残差平方和是

$$\mathrm{RSS}_i=W_{yy,i}-\boldsymbol{W}'_{xy,i}\boldsymbol{W}_{xx,i}^{-1}\boldsymbol{W}_{xy,i}$$

模型(5.1.1)的残差平方和为 $S_1=\sum_{i=1}^{n}\mathrm{RSS}_i$。

模型(5.1.2)参数的最小二乘估计为

$$\hat{\beta}_w=\boldsymbol{W}_{xx}^{-1}\boldsymbol{W}_{xy},\quad \hat{\alpha}_i=\bar{Y}_i-\bar{\boldsymbol{X}}_i\hat{\beta}_w$$

式中，$\boldsymbol{W}_{xx}=\sum_{i=1}^{n}\boldsymbol{W}_{xx,i}$，$\boldsymbol{W}_{xy}=\sum_{i=1}^{n}\boldsymbol{W}_{xy,i}$。令 $W_{yy}=\sum_{i=1}^{n}W_{yy,i}$，模型(5.1.2)的残差平方和为

$$S_2=W_{yy}-\boldsymbol{W}'_{xy}\boldsymbol{W}_{xx}^{-1}\boldsymbol{W}_{xy}$$

模型(5.1.3)参数的最小二乘估计为

$$\hat{\beta}=\boldsymbol{T}_{xx}^{-1}\boldsymbol{T}_{xy},\hat{\alpha}=\bar{Y}-\bar{\boldsymbol{X}}\hat{\beta}$$

式中

$$\boldsymbol{T}_{xx}=\sum_{i=1}^{n}\sum_{t=1}^{T}(\boldsymbol{X}_{it}-\bar{\boldsymbol{X}})'(\boldsymbol{X}_{it}-\bar{\boldsymbol{X}}),\quad \boldsymbol{T}_{xy}=\sum_{i=1}^{n}\sum_{t=1}^{T}(\boldsymbol{X}_{it}-\bar{\boldsymbol{X}})'(Y_{it}-\bar{Y})$$

$$T_{yy}=\sum_{i=1}^{n}\sum_{t=1}^{T}(Y_{it}-\bar{Y})^2,\quad \bar{Y}=\frac{1}{nT}\sum_{i=1}^{n}\sum_{t=1}^{T}Y_{it},\quad \bar{\boldsymbol{X}}=\frac{1}{nT}\sum_{i=1}^{n}\sum_{t=1}^{T}\boldsymbol{X}_{it}$$

模型(5.1.3)的残差平方和为

$$S_3=T_{yy}-\boldsymbol{T}'_{xy}\boldsymbol{T}_{xx}^{-1}\boldsymbol{T}_{xy}$$

由此可以得到下列结论：

(1) $S_1/\sigma_u^2\sim\chi^2[n(T-K-1)]$；

(2) 在 H_2 下，$S_3/\sigma_u^2\sim\chi^2[nT-(K+1)]$ 和 $(S_3-S_1)/\sigma_u^2\sim\chi^2[(n-1)(K+1)]$；

(3) $(S_3-S_1)/\sigma_u^2$ 与 S_1/σ_u^2 独立。

所以，检验 H_2 的 F 统计量：

$$F_2=\frac{(S_3-S_1)/[(n-1)(K+1)]}{S_1/[nT-n(K+1)]}\sim F[(n-1)(K+1),n(T-K-1)]$$

同时得到下列结论：

(1) 在 H_1 下，$S_2/\sigma_u^2\sim\chi^2[n(T-1)-K]$ 和 $(S_2-S_1)/\sigma_u^2\sim\chi^2[(n-1)K]$；

(2) $(S_2-S_1)/\sigma_u^2$ 与 S_1/σ_u^2 独立。

所以，得到检验 H_1 的 F 统计量：

$$F_1=\frac{(S_2-S_1)/[(n-1)K]}{S_1/[nT-n(K+1)]}\sim F[(n-1)K,n(T-K-1)]$$

4. 说明

显然，**面板数据模型的设定检验是建立面板数据应用模型的第一步和不可缺少的步骤，但是在实际应用研究中，研究者经常根据研究目的的需要设定模型类型，这是目前面板数据模型应用研究中存在的一个突出问题**。例如，某经济研究类学术刊物 2011 年第 1～6 期共刊载研究论文 68 篇，其中采用面板数据的应用研究论文 25 篇，可见面板数据模型应用研究之广泛。在 25 篇论文中，13 篇采用截面个体和时点变截距模型(模型 6)，6 篇采用截面个体变截距模型(模型 2)，5 篇采用截面个体截距、系数不变模型(模型 3)，1 篇采用截面个体变系数模型(模型 1)，而且几乎全部没有进行严格的模型设定检验。

下例就是一个根据研究目的需要设定面板数据模型类型的错误典型。

例 5.1.1 在一篇研究我国工业资本配置效率的论文中，将整个工业分为 39 个行业，以每个行业的固定资产增长率 $\ln\frac{I_{it}}{I_{i,t-1}}$ 为被解释变量，以行业的利润增长率 $\ln\frac{V_{it}}{V_{i,t-1}}$ 为解释变量，选择 39 个行业 9 年的全部 351 组数据为样本。显然，利润增长率的系数表示资本配置效率，模型的变量选择是正确的。

为了进行资本配置效率的国际比较，必须求得一个不变的资本配置效率，于是首先设定了截距和系数都不变的模型：

$$\ln\frac{I_{it}}{I_{i,t-1}}=\alpha+\beta\ln\frac{V_{it}}{V_{i,t-1}}+\mu_{it}$$

估计该模型，发现我国工业的资本配置效率不仅低于发达国家，也低于大多数发展中国家。

为了进行资本配置效率在不同时间之间的比较，必须求得一个仅随时间变化的资本配置效率，于是首先设定了时点变系数模型：

$$\ln\frac{I_{it}}{I_{i,t-1}}=\alpha_t+\beta_t\ln\frac{V_{it}}{V_{i,t-1}}+\mu_{it}$$

估计该模型，发现我国工业的资本配置效率呈逐年下滑趋势。

为了进行资本配置效率在不同行业之间的比较，必须求得一个仅随行业变化的资本配置效率，于是首先设定了截面个体变系数模型：

$$\ln \frac{I_{it}}{I_{i,t-1}} = \alpha_i + \beta_i \ln \frac{V_{it}}{V_{i,t-1}} + \mu_{it}$$

估计该模型，发现了我国工业中若干资本配置效率较高的行业和若干资本配置效率较低的行业。

5.2　变截距面板数据模型

截面个体变截距面板数据模型(panel data models with variable intercepts)又分**固定效应**(fixed-effects)和**随机效应**(random-effects)两类。前者指模型的截距对于不同的截面个体存在实质上的差异，后者指模型的截距对于不同的截面个体只存在随机扰动的差异。本节将分别讨论两类模型的估计方法，然后介绍一种固定效应与随机效应的检验方法。

5.2.1　固定效应变截距模型

固定效应变截距模型可表示为

$$Y_{it} = \alpha_i + \boldsymbol{X}_{it}\beta + \mu_{it} \quad i = 1,\cdots,n \quad t = 1,\cdots,T \tag{5.2.1}$$

式中 $\boldsymbol{X}_{it}$ 为 $1\times K$ 向量，β 为 $K\times 1$ 向量，α_i 为个体影响，μ_{it} 为随机误差项，为模型中被忽略的随横截面和时间变化的因素的影响，假设其均值为零，方差为 σ_μ^2，并假定 μ_{it} 与 $\boldsymbol{X}_{it}$ 不相关。

1. 最小二乘虚拟变量模型及其参数估计

假定横截面的个体影响可以用常数项 α_i 的差异来表示，每个 $\alpha_i(i=1,\cdots,n)$ 都是一个待估未知参数。**显然，如果对每一个截面个体设置一个虚变量，那么 $\alpha_i(i=1,\cdots,n)$ 就是对应的虚变量的系数，这就是固定效应变截距模型估计的基本思路。**

令 $\boldsymbol{Y}_i$ 和 $\boldsymbol{X}_i$ 是第 i 个个体的 T 个观测值向量和矩阵，并令 μ_i 是随机误差项 $T\times 1$ 向量。于是式(5.2.1)可写成

$$\boldsymbol{Y}_i = \boldsymbol{e}\alpha_i + \boldsymbol{X}_i\beta + \mu_i, \quad i = 1,\cdots,n \tag{5.2.2}$$

式中，

$$\boldsymbol{Y}_i = \begin{pmatrix} Y_{i1} \\ Y_{i2} \\ \vdots \\ Y_{iT} \end{pmatrix}_{T\times 1}, \boldsymbol{e} = \begin{pmatrix} 1 \\ 1 \\ \vdots \\ 1 \end{pmatrix}_{T\times 1}, \beta = \begin{pmatrix} \beta_1 \\ \beta_2 \\ \vdots \\ \beta_K \end{pmatrix}_{K\times 1}, \mu_i = \begin{pmatrix} \mu_{i1} \\ \mu_{i2} \\ \vdots \\ \mu_{iT} \end{pmatrix}, \boldsymbol{X}_i = \begin{pmatrix} X_{1i1} & X_{2i1} & \cdots & X_{Ki1} \\ X_{1i2} & X_{2i2} & \cdots & X_{Ki2} \\ \vdots & \vdots & \vdots & \vdots \\ X_{1iT} & X_{2iT} & \cdots & X_{KiT} \end{pmatrix}_{T\times K}$$

可以将式(5.2.2)写成

$$Y = [\boldsymbol{d}_1, \boldsymbol{d}_2, \cdots, \boldsymbol{d}_n, \boldsymbol{X}]\begin{bmatrix}\alpha \\ \beta\end{bmatrix} + \mu \tag{5.2.3}$$

式中，

$$\boldsymbol{Y} = \begin{pmatrix}\boldsymbol{Y}_1 \\ \boldsymbol{Y}_2 \\ \vdots \\ \boldsymbol{Y}_n\end{pmatrix}_{nT\times 1}, \quad [\boldsymbol{d}_1, \boldsymbol{d}_2, \cdots, \boldsymbol{d}_n] = \begin{pmatrix}\boldsymbol{e} & 0 & \cdots & 0 \\ 0 & \boldsymbol{e} & \cdots & 0 \\ \vdots & \vdots & \vdots & \vdots \\ 0 & 0 & \cdots & \boldsymbol{e}\end{pmatrix}_{nT\times n},$$

$$\boldsymbol{X} = \begin{pmatrix}\boldsymbol{X}_1 \\ \boldsymbol{X}_2 \\ \vdots \\ \boldsymbol{X}_n\end{pmatrix}_{nT\times K}, \quad \alpha = \begin{pmatrix}\alpha_1 \\ \alpha_2 \\ \vdots \\ \alpha_n\end{pmatrix}_{n\times 1}, \quad \mu = \begin{pmatrix}\mu_1 \\ \mu_2 \\ \vdots \\ \mu_n\end{pmatrix}_{nT\times 1}$$

式中$\boldsymbol{d}_i$是代表第i个截面个体的虚拟变量。

令$\boldsymbol{D} = [\boldsymbol{d}_1, \boldsymbol{d}_2, \cdots, \boldsymbol{d}_n]$，则式(5.2.3)等价于

$$\boldsymbol{Y} = \boldsymbol{D}\alpha + \boldsymbol{X}\beta + \mu \tag{5.2.4}$$

该模型通常被称为**最小二乘虚拟变量模型**（LSDV，least-squares dummy-variable），有时也称之为协方差分析模型（analysis-of-covariance model），解释变量既有定量的，也有定性的。

如果n充分小，此模型可以当做具有$n+K$个参数的多元回归模型，其参数可由普通最小二乘法进行估计。当n很大，甚至成千上万，OLS计算可能超过任何计算机的能力。此时，可用下列分块回归的方法进行模型参数的估计。

当n很大时，例如在微观面板数据模型研究中，经常以数千个家庭户作为截面个体样本，那么从式(5.2.4)中可见，主要是待估参数α_i的数目很大，而参数β的数目并没有变化。所以，**分块回归的思路是，首先设法消去参数α_i，估计参数β；然后再在每个截面个体上利用变量的观测值和参数β的估计值，计算参数α_i的估计量。**

令$\boldsymbol{Q} = \boldsymbol{I}_T - \frac{1}{T}\boldsymbol{e}\boldsymbol{e}'$，因为$\boldsymbol{I}_T\boldsymbol{e} = \frac{1}{T}\boldsymbol{e}\boldsymbol{e}'\boldsymbol{e}$，所以$\boldsymbol{Q}\boldsymbol{e} = 0$。则由式(5.2.2)左乘$\boldsymbol{Q}$，有

$$\boldsymbol{Q}\boldsymbol{Y}_i = \boldsymbol{Q}\boldsymbol{e}\alpha_i + \boldsymbol{Q}\boldsymbol{X}_i\beta + \boldsymbol{Q}\mu_i = \boldsymbol{Q}\boldsymbol{X}_i\beta + \boldsymbol{Q}\mu_i \tag{5.2.5}$$

式(5.2.5)左乘$\boldsymbol{X}_i$，得到

$$\boldsymbol{X}_i'\boldsymbol{Q}\boldsymbol{Y}_i = \boldsymbol{X}_i'\boldsymbol{Q}\boldsymbol{X}_i\beta + \boldsymbol{X}_i'\boldsymbol{Q}\mu_i$$

$$\sum_i \boldsymbol{X}_i'\boldsymbol{Q}\boldsymbol{Y}_i = \left(\sum_i \boldsymbol{X}_i'\boldsymbol{Q}\boldsymbol{X}_i\right)\beta + \sum_i \boldsymbol{X}_i'\boldsymbol{Q}\mu_i$$

$$\hat{\beta}_{\mathrm{CV}} = \left[\sum_{i=1}^{n} \boldsymbol{X}_i'\boldsymbol{Q}\boldsymbol{X}_i\right]^{-1}\left[\sum_{i=1}^{n} \boldsymbol{X}_i'\boldsymbol{Q}\boldsymbol{Y}_i\right] \tag{5.2.6}$$

式(5.2.6)被称为**参数β的协方差估计**。β的协方差估计是无偏的，且当n或T趋于无穷

大时，为一致估计。它的协方差阵为

$$\mathrm{Var}(\hat{\beta}_{\mathrm{CV}}) = \sigma_\mu^2 \left[\sum_{i=1}^{n} \boldsymbol{X}_i' \boldsymbol{Q} \boldsymbol{X}_i \right]^{-1} \tag{5.2.7}$$

模型截距 α_i 的估计为

$$\hat{\alpha}_i = \bar{Y}_i - \bar{\boldsymbol{X}}_i \hat{\beta}_{\mathrm{CV}} \tag{5.2.8}$$

$$\mathrm{Var}(\hat{\alpha}_i) = \frac{\sigma_\mu^2}{T} + \bar{\boldsymbol{X}}_i \mathrm{Var}(\hat{\beta}_{\mathrm{CV}}) \bar{\boldsymbol{X}}_i' \tag{5.2.9}$$

该截距的估计是无偏估计，并且当 T 趋于无穷大时为一致估计。

模型方差 σ_μ^2 的估计量为

$$s^2 = \sum\nolimits_{i=1}^{n} \sum\nolimits_{t=1}^{T} (Y_{it} - \hat{\alpha}_i - \boldsymbol{X}_{it} \hat{\beta}_{\mathrm{CV}})^2 / (nT - n - K) \tag{5.2.10}$$

至此，完成了模型的全部参数估计。

2. 固定效应变截距模型的异方差性

截面个体变截距面板数据模型既然利用了截面个体信息和时间序列信息，那么，在固定效应变截距模型中，横截面个体一般都存在异方差。由经典计量经济学模型理论可知，在存在异方差的情况下，模型参数的 OLS 估计仍是无偏和一致估计，但是不具有有效性。所以，对于固定效应变截距模型的 LSDV 估计，为了使得统计推断有效，需要对参数估计的协方差阵进行调整。

令 $\boldsymbol{Z}=[\boldsymbol{D}, X]$，则参数 LSDV 估计协方差阵的 White 一致估计为

$$\mathrm{Est.\,Var}[\hat{\alpha}, \hat{\beta}_{\mathrm{CV}}] = (\boldsymbol{Z}'\boldsymbol{Z})^{-1} \boldsymbol{Z}' \boldsymbol{E}^2 \boldsymbol{Z} (\boldsymbol{Z}'\boldsymbol{Z})^{-1} \tag{5.2.11}$$

式中 $\boldsymbol{E}$ 为最小二乘(LSDV)残差的对角阵。

在一般的应用软件中，可以方便地进行协方差阵调整。

3. 不齐数据的固定效应变截距模型

对于一组面板数据，由于统计或者调查的原因，经常会出现有些横截面个体的数据较多，而另一些横截面个体的数据较少的情况。我们称这种面板数据为**不齐面板数据**(unbalanced panel data)。对于不齐面板数据样本，上述的模型参数估计过程只需作稍微修正，就可用于这种数据模型的参数估计。第一，设第 i 横截面个体的数据个数为 T_i，在计算 s^2，$\mathrm{Var}(\hat{\beta}_{\mathrm{CV}})$，$\mathrm{Var}(\hat{\alpha}_i)$ 和 F 统计量时，将总的数据个数 nT 换为 $\sum_{i=1}^{n} T_i$。第二，第 i 横截面变量的均值应是 T_i 个数据的平均，变量总平均为

$$\bar{\bar{X}} = \frac{\sum_{i=1}^{n} \sum_{t=1}^{T_i} X_{it}}{\sum_{i=1}^{n} T_i} = \sum_{i=1}^{n} w_i \bar{X}_i \tag{5.2.12}$$

式中 $w_i = T_i / (\sum_{i=1}^{n} T_i)$。于是

$$\hat{\beta}_{\mathrm{CV}} = \left[\sum_{i=1}^{n} \boldsymbol{X}_i' \boldsymbol{Q}_i \boldsymbol{X}_i\right]^{-1} \left[\sum_{i=1}^{n} \boldsymbol{X}_i' \boldsymbol{Q}_i \boldsymbol{Y}_i\right] \tag{5.2.13}$$

其中，$\boldsymbol{Q}_i = \boldsymbol{I}_{T_i} - \frac{1}{T_i}\boldsymbol{e}\boldsymbol{e}'$。

4. 截面个体属性变量问题

在截面个体变截距固定效应面板数据模型中，截面个体影响通过不同的参数 α_i 加以表达，那么，**一些对被解释变量产生显著影响的个体属性变量是否需要作为模型的解释变量**？例如，如果被解释变量是消费，截面个体为个人，显然性别差异会影响个人的消费；如果被解释变量是出口，截面个体为地区，显然每个地区是否是港口，会影响地区的出口；等等。在一般的经典计量经济学应用模型中，都会有相当数目的定性解释变量，用虚变量表示，那么，在变截距固定效应面板数据模型中，是否可以在解释变量中引入若干虚变量？

对于模型(5.2.2)

$$\boldsymbol{Y}_i = \boldsymbol{e}\alpha_i + \boldsymbol{X}_i\beta + \mu_i, \quad i = 1, \cdots, n$$

如果除了解释变量 $\boldsymbol{X}_i$ 外，再引入 1 个虚变量 $\boldsymbol{Z}_i$，模型变为

$$\boldsymbol{Y}_i = \boldsymbol{e}\alpha_i + \boldsymbol{X}_i\beta + \boldsymbol{Z}_i\gamma + \mu_i, \quad i = 1, \cdots, n \tag{5.2.14}$$

对于不同的 i，$\boldsymbol{Z}_i$ 的观测值为 0 或者 1，显然 $\boldsymbol{Z}_i\gamma$ 的引入等于改变了 α_i 的值。或者说，通过模型(5.2.2)得到的 α_i 估计量的差异包含了属性变量 $\boldsymbol{Z}_i$ 对 Y_i 的影响。所以，**在截面个体变截距固定效应面板数据模型的解释变量中，不需要包含不随时间改变的个体属性变量。**如果引入这些变量，模型估计将无法进行。

5.2.2 随机效应变截距模型

1. 随机效应变截距模型的 FGLS 估计

随机效应变截距模型的表达式为

$$Y_{it} = \rho + \boldsymbol{X}_{it}\beta + \alpha_i + \mu_{it} \tag{5.2.15}$$

其中$(\rho+\alpha_i)$为变截距。将截距分为两部分：一部分不随截面个体变化，是截距的主体部分，用 ρ 表示；一部分随截面个体变化，是截距的扰动部分，用 α_i 表示，假定它与模型的随机干扰项 μ_{it} 一样是随机变量。**显然，将 α_i 和 μ_{it} 一起构成组合随机项，然后根据该组合随机项的性质选择模型的估计方法，就是随机效应变截距模型估计的基本思路。**

假定 α_i 与 $\boldsymbol{X}_{it}$ 不相关。进一步假定

$$E[\mu_{it}] = E[\alpha_i] = 0, E[\mu_{it}^2] = \sigma_\mu^2, \quad E[\alpha_i^2] = \sigma_\alpha^2$$

$$E[\mu_{it}\alpha_j] = 0, E[\mu_{it}\mu_{js}] = 0 (t \neq s, \ i \neq j), E[\alpha_i\alpha_j] = 0 (i \neq j) \tag{5.2.16}$$

令 $w_{it}=\mu_{it}+\alpha_i$,则

$$E[w_{it}^2]=\sigma_\mu^2+\sigma_\alpha^2, E[w_{it}w_{is}]=\sigma_\alpha^2(t\neq s)$$
$$\Omega=E[\boldsymbol{w}_i\boldsymbol{w}_i']=\sigma_\mu^2\boldsymbol{I}_T+\sigma_\alpha^2\boldsymbol{ee}'$$
$$\boldsymbol{V}=(E\boldsymbol{w}_i\boldsymbol{w}_j')_{nT\times nT}=\boldsymbol{I}\otimes\Omega \tag{5.2.17}$$

所以,给定 X_{it},Y_{it} 的方差为 $\sigma_y^2=\sigma_\mu^2+\sigma_\alpha^2$。称 σ_μ^2 和 σ_α^2 为方差成分,有时也称模型(5.2.14)为方差成分(或误差成分)模型。

由上述假定可知,w_{it} 与 $\boldsymbol{X}_{it}$ 不相关,OLS 将得到参数的无偏和一致估计。但是,如果采用可行的广义最小二乘法(FGLS)进行模型参数估计,无论是理论还是实践都表明,**与 OLS 估计比较,FGLS 更有效**。采用 FGLS 估计,首先需要估计组合随机项的方差—协方差矩阵Ω,下面分两种情况讨论。

(1) Ω 已知时的 GLS 估计

将式(5.2.15)改写为

$$\boldsymbol{Y}_i=\widetilde{\boldsymbol{X}}_i\delta+\boldsymbol{w}_i, i=1,\cdots,n \tag{5.2.18}$$

式中,$\widetilde{\boldsymbol{X}}_i=(\boldsymbol{e},\boldsymbol{X}_i)$,$\delta'=(\rho,\beta')$,$\boldsymbol{w}_i'=(w_{i1},\cdots,w_{in})$。容易证明

$$\Omega^{-1}=\frac{1}{\sigma_\mu^2}(\boldsymbol{I}_T-\theta^2\boldsymbol{ee}'), \Omega^{-1/2}=\frac{1}{\sigma_\mu}(\boldsymbol{I}_T-\frac{\theta}{T}\boldsymbol{ee}') \tag{5.2.19}$$

式中

$$\theta=1-\frac{\sigma_\mu}{(T\sigma_\alpha^2+\sigma_\mu^2)^{1/2}} \tag{5.2.20}$$

方程(5.2.18)两边左乘以$\Omega^{-1/2}$,得到

$$\Omega^{-1/2}\boldsymbol{Y}_i=\Omega^{-1/2}\widetilde{\boldsymbol{X}}_i\delta+\Omega^{-1/2}\boldsymbol{w}_i \tag{5.2.21}$$

再进行 OLS 估计,就得到参数δ 的广义最小二乘估计为

$$\hat{\delta}=\left[\sum_{i=1}^{n}\widetilde{\boldsymbol{X}}_i'\Omega^{-1}\widetilde{\boldsymbol{X}}_i\right]^{-1}\left[\sum_{i=1}^{n}\widetilde{\boldsymbol{X}}_i'\Omega^{-1}\boldsymbol{Y}_i\right] \tag{5.2.22}$$

它的协方差阵为

$$\mathrm{Var}(\hat{\delta})=\sigma_\mu^2\left[\sum_{i=1}^{n}\widetilde{\boldsymbol{X}}_i'\Omega^{-1}\widetilde{\boldsymbol{X}}_i\right]^{-1} \tag{5.2.23}$$

(2) Ω 未知时的 FGLS 估计

如果Ω 未知,根据式(5.2.17),为实现 FGLS 估计,首先必须求出Ω 中未知量 σ_μ^2 和 σ_α^2 的无偏估计。

对方程(5.2.15)两边在时间上求平均得到:

$$\bar{Y}_i=\rho+\bar{\boldsymbol{X}}_i\beta+\alpha_i+\bar{\mu}_i \tag{5.2.24}$$

式(5.2.15)减去式(5.2.24),得到

$$Y_{it}-\bar{y}_i=[\boldsymbol{X}_{it}-\bar{\boldsymbol{X}}_i]\beta+[\mu_{it}-\bar{\mu}_i] \tag{5.2.25}$$

Greene(1997)推荐 σ_μ^2 和 σ_α^2 的无偏估计为

$$\hat{\sigma}_\mu^2=\frac{\sum_i\sum_t[(Y_{it}-\bar{Y}_i)-(\boldsymbol{X}_{it}-\bar{\boldsymbol{X}}_i)\widetilde{\beta}]^2}{(nT-n-K)},$$

$$\hat{\sigma}_\alpha^2=\frac{\sum_{i=1}^n(\bar{Y}_i-\tilde{\rho}-\bar{\boldsymbol{X}}_i\widetilde{\beta})^2}{n-(K+1)}-\frac{\hat{\sigma}_\mu^2}{T} \tag{5.2.26}$$

式中 $\tilde{\rho}$ 和$\widetilde{\beta}$ 是 ρ 和β 的一致估计。例如

$$(\tilde{\rho},\widetilde{\beta})'=\left[\sum_{i=1}^n(\widetilde{\boldsymbol{X}}_i'\boldsymbol{ee}'\widetilde{\boldsymbol{X}}_i)\right]^{-1}\left[\sum_{i=1}^n(\widetilde{\boldsymbol{X}}_i'\boldsymbol{ee}'\boldsymbol{Y}_i)\right]$$

得到 σ_μ^2 和 σ_α^2 的无偏估计后,就可得到未知数 θ 和未知矩阵$\Omega^{-1/2}$的估计:

$$\hat{\theta}=1-\frac{\hat{\sigma}_\mu}{(T\hat{\sigma}_\alpha^2+\hat{\sigma}_\mu^2)^{1/2}},\quad \hat{\Omega}^{-1/2}=\frac{1}{\hat{\sigma}_\mu}\left(\boldsymbol{I}_T-\frac{\hat{\theta}}{T}\boldsymbol{ee}'\right)$$

对方程(5.2.15)两边左乘以$\Omega^{-1/2}$的估计阵,得到

$$\hat{\Omega}^{-1/2}\boldsymbol{Y}_i=\hat{\Omega}^{-1/2}\boldsymbol{e}\rho+\hat{\Omega}^{-1/2}\boldsymbol{X}_i\beta+\hat{\Omega}^{-1/2}\boldsymbol{w}_i \tag{5.2.27}$$

对式(5.2.27) 进行 OLS 估计,得到参数的 FGLS 估计。

2. 随机效应变截距模型的 ML 估计

由第 2.1 节可知,非线性最大似然估计(ML)在估计具有异方差性和序列相关性的模型时,可以同时实现模型结构参数和描述随机项方差—协方差结构的参数的估计。显然,对于Ω 未知的随机效应变截距面板数据模型(5.2.15),ML 估计可以同时估计模型的结构参数 ρ 和β ,以及Ω 中的参数 σ_μ^2 和 σ_α^2。

当 α_i 和 μ_{it} 是随机变量且服从正态分布时,模型(5.2.15)的对数似然函数为

$$\begin{aligned}\ln L=&-\frac{nT}{2}\ln 2\pi-\frac{n}{2}\ln|\boldsymbol{V}|-\frac{1}{2}\sum_{i=1}^n(\boldsymbol{Y}_i-\boldsymbol{e}\rho-\boldsymbol{X}_i\beta)'\boldsymbol{V}^{-1}(\boldsymbol{Y}_i-\boldsymbol{e}\rho-\boldsymbol{X}_i\beta)\\ =&-\frac{nT}{2}\ln 2\pi-\frac{n(T-1)}{2}\ln\sigma_\mu^2-\frac{n}{2}\ln(\sigma_\mu^2+T\sigma_\alpha^2)\\ &-\frac{1}{2\sigma_\mu^2}\sum_{i=1}^n(\boldsymbol{Y}_i-\boldsymbol{e}\rho-\boldsymbol{X}_i\beta)'Q(\boldsymbol{Y}_i-\boldsymbol{e}\rho-\boldsymbol{X}_i\beta)\\ &-\frac{T}{2(\sigma_\mu^2+T\sigma_\alpha^2)}\sum_{i=1}^n(\bar{Y}_i-\rho-\bar{\boldsymbol{X}}_i\beta)^2\end{aligned} \tag{5.2.28}$$

式中$|\boldsymbol{V}|=\sigma_\mu^{2(T-1)}(\sigma_\mu^2+T\sigma_\alpha^2)$。

对数似然函数的一阶偏导数为

$$\frac{\partial\ln L}{\partial\rho}=\frac{T}{(\sigma_\mu^2+T\sigma_\alpha^2)}\sum_{i=1}^n(\bar{Y}_i-\rho-\bar{\boldsymbol{X}}_i\beta) \tag{5.2.29}$$

$$\frac{\partial \ln L}{\partial \beta} = \frac{1}{\sigma_\mu^2}\left[\sum_{i=1}^{n}(\boldsymbol{Y}_i - \boldsymbol{e}\rho - \boldsymbol{X}_i\beta)'\boldsymbol{Q}\boldsymbol{X}_i - \frac{T\sigma_\mu^2}{(\sigma_\mu^2 + T\sigma_\alpha^2)}\sum_{i=1}^{n}(\bar{Y}_i - \rho - \bar{\boldsymbol{X}}_i\beta)\bar{\boldsymbol{X}}_i\right] \tag{5.2.30}$$

$$\frac{\partial \ln L}{\partial \sigma_\mu^2} = -\frac{n(T-1)}{2\sigma_\mu^2} - \frac{n}{2(\sigma_\mu^2 + T\sigma_\alpha^2)} + \frac{1}{2\sigma_\mu^4}\sum_{i=1}^{n}(\boldsymbol{Y}_i - \boldsymbol{e}\rho - \boldsymbol{X}_i\beta)'\boldsymbol{Q}(\boldsymbol{Y}_i - \boldsymbol{e}\rho - \boldsymbol{X}_i\beta)$$

$$+ \frac{T}{2(\sigma_\mu^2 + T\sigma_\alpha^2)^2}\sum_{i=1}^{n}(\bar{Y}_i - \rho - \bar{\boldsymbol{X}}_i\beta)^2 \tag{5.2.31}$$

$$\frac{\partial \ln L}{\partial \sigma_\alpha^2} = -\frac{nT}{2(\sigma_\mu^2 + T\sigma_\alpha^2)} + \frac{T}{2(\sigma_\mu^2 + T\sigma_\alpha^2)^2}\sum_{i=1}^{n}(\bar{Y}_i - \rho - \bar{\boldsymbol{X}}_i\beta)^2 \tag{5.2.32}$$

令上述对数似然函数的偏导数为0,采用迭代方法求解该非线性方程组,就得到参数的最大似然估计 $\hat{\rho}$、$\hat{\beta}$、$\hat{\sigma}_\mu^2$ 和 $\hat{\sigma}_\alpha^2$。

3. 截面个体属性变量问题

包含截面个体属性变量的随机效应变截距面板数据模型表达式为

$$\boldsymbol{Y}_i = \boldsymbol{e}\rho + \boldsymbol{e}\alpha_i + \boldsymbol{X}_i\beta + \boldsymbol{Z}_i\gamma + \mu_i, \quad i = 1,\cdots,n \tag{5.2.33}$$

当假定 α_i 随机且与 $\boldsymbol{X}_i$ 和$\boldsymbol{Z}_i$ 不相关时,类似于式(5.2.5),在方程(5.2.33)两边左乘(协方差)变换矩阵 $\boldsymbol{Q}$,消除$\boldsymbol{Z}_i$,$\boldsymbol{e}\rho$ 和 $\boldsymbol{e}\alpha_i$ 后,有

$$\boldsymbol{Q}\boldsymbol{Y}_i = \boldsymbol{Q}\boldsymbol{X}_i\beta + \boldsymbol{Q}\mu_i \tag{5.2.34}$$

应用 OLS 估计式(5.2.34),就得到β的 CV 估计。

为了估计γ,将方程(5.2.33)在每个横截面样本点上对时间求平均,得到

$$\bar{Y}_i - \bar{\boldsymbol{X}}_i\beta = \rho + \boldsymbol{Z}_i\gamma + \alpha_i + \bar{\mu}_i, \quad i = 1,\cdots,n \tag{5.2.35}$$

将 $\alpha_i + \bar{\mu}_i$ 视为组合误差项,最小化$\sum_{i=1}^{n}(\alpha_i + \bar{\mu}_i)^2$,得到

$$\hat{\gamma} = \left[\sum_{i=1}^{n}(\boldsymbol{Z}_i - \bar{\boldsymbol{Z}})(\boldsymbol{Z}_i - \bar{\boldsymbol{Z}})'\right]^{-1}\left\{\sum_{i=1}^{n}(\boldsymbol{Z}_i - \bar{\boldsymbol{Z}})\left[(\bar{Y}_i - \bar{Y}) - (\bar{\boldsymbol{X}}_i - \bar{\boldsymbol{X}})\beta\right]\right\}$$

$$\hat{\rho} = \bar{Y} - \bar{\boldsymbol{X}}\beta - \hat{\boldsymbol{Z}}\hat{\gamma} \tag{5.2.36}$$

式中 $\bar{\boldsymbol{Z}} = \frac{1}{n}\sum_{i=1}^{n}\boldsymbol{Z}_i$,$\bar{\boldsymbol{X}} = \frac{1}{n}\sum_{i=1}^{n}\bar{\boldsymbol{X}}_i$,$\bar{Y} = \frac{1}{n}\sum_{i=1}^{n}\bar{Y}_i$。将$\beta$的 CV 估计代入到式(5.2.35)就得到$\gamma$和 ρ 的估计。当 n 趋于无穷大时,上述估计是一致估计。当 n 固定,T 趋于无穷大时,β的估计仍为一致估计,但γ的估计不再是一致估计。

当 α_i 随机且与 $\boldsymbol{X}_i$ 和$\boldsymbol{Z}_i$ 相关时,上述估计不再是 BLUE 估计。参数的 BLUE 估计是 GLS 估计。读者可参考 Lee(1978)等文献。

4. 随机效应变截距模型的异方差和序列相关问题

(1) 异方差

由于面板数据中包括截面个体,异方差性一般都存在。**这里不考虑模型随机项 μ_{it} 的异方差性,只讨论随机效应 α_i 的异方差性。**

假设在不同横截面上随机效应 α_i 的方差不同，为 $\sigma_{\alpha_i}^2$。只需对同方差时参数的估计稍做修正，就可适应于异方差情形。首先，将Ω 未知时的 FGLS 估计中的未知参数 θ 改为

$$\theta_i = 1 - \frac{\sigma_\mu}{(T\sigma_{\alpha_i}^2 + \sigma_\mu^2)^{1/2}} \tag{5.2.37}$$

此时，$\mathrm{Var}[w_{it}] = \sigma_\mu^2 + \sigma_{\alpha_i}^2$。式(5.2.26)的估计 $\hat{\sigma}_\mu^2$ 仍提供了 σ_μ^2 的一致估计。$\sigma_\mu^2 + \sigma_{\alpha_i}^2$ 的一致估计为

$$\frac{\sum_{t=1}^{T}(e_{it} - \bar{e}_i)^2}{T-1} \tag{5.2.38}$$

式中 e_{it} 为 OLS 估计的残差。于是得到 $\sigma_{\alpha_i}^2$ 的估计为

$$\hat{\sigma}_{\alpha_i}^2 = \frac{\sum_{t=1}^{T}(e_{it} - \bar{e}_i)^2}{T-1} - \hat{\sigma}_\mu^2 \tag{5.2.39}$$

(2) 序列相关

随机效应变截距面板数据模型的基本假设是模型随机项 μ_{it} 关于个体随机效应 α_i 是条件序列不相关。但有时包含在 μ_{it} 中的不可观测变量的影响在时间上存在系统性变化，例如遗漏解释变量所产生的影响。这些变量不能用常数或在时间上独立同分布的干扰项表示。**为此，有必要放松 μ_{it} 序列无关的假定。**

将模型(5.2.15)改写为

$$Y_{it} = \rho + \boldsymbol{X}_{it}\beta + \alpha_i + \mu_{it}, \quad \mu_{it} = \eta\mu_{i,t-1} + \varepsilon_{it} \tag{5.2.40}$$

其中 ε_{it} 是均值为 0、方差为 σ_ε^2 的独立同分布的变量。如果知道序列相关系数 η，可将模型转换为

$$Y_{it} - \eta Y_{i,t-1} = \alpha(1-\eta) + (\boldsymbol{X}_{it} - \eta\boldsymbol{X}_{i,t-1})\beta + \alpha_i(1-\eta) + \varepsilon_{it} \tag{5.2.41}$$

可以经过如下计算过程得到β 的渐近有效估计。

第一步：式(5.2.40)减均值消去个体影响 α_i，即

$$Y_{it} - \bar{Y}_i = (\boldsymbol{X}_{it} - \bar{\boldsymbol{X}}_i)\beta + (\mu_{it} - \bar{\mu}_i) \tag{5.2.42}$$

第二步：对式(5.2.42)进行 OLS 估计，利用最小二乘残差去估计序列相关系数 η。

第三步：估计 σ_ε^2 和 σ_α^2

$$\begin{aligned}\hat{\sigma}_\varepsilon^2 = \frac{1}{nT}\sum_{i=1}^{n}\sum_{t=1}^{T}\{&(Y_{it} - \bar{Y}_i) - (1-\bar{\eta})\hat{\rho} - \hat{\eta}(Y_{i,t-1} - \bar{Y}_{i,-1}) \\ &- [(\boldsymbol{X}_{it} - \bar{\boldsymbol{X}}_i) - (\boldsymbol{X}_{i,t-1} - \bar{\boldsymbol{X}}_{i,-1}\bar{\eta})]\hat{\beta}\}^2\end{aligned} \tag{5.2.43}$$

$$\hat{\sigma}_\alpha^2 = \frac{1}{(1-\bar{\eta})^2}\cdot\frac{1}{n}\sum_{i=1}^{n}[\bar{Y}_i - \hat{\rho}(1-\hat{\eta}) - \hat{\eta}\bar{Y}_{i,-1} - (\bar{\boldsymbol{X}}_i - \bar{\boldsymbol{X}}_{i,-1}\bar{\eta})\hat{\beta}]^2 - \frac{1}{T}\hat{\sigma}_\varepsilon^2 \tag{5.2.44}$$

第四步：利用 η、σ_ε^2 和 σ_α^2 的估计计算式(5.2.41)中组合随机项($\alpha_i(1-\eta)+\varepsilon_{it}$)的协方差矩阵，然后用 GLS 方法估计式(5.2.41)的参数。

5. 不齐数据的随机效应变截距模型

在随机效应模型中，不齐数据问题增加了一些模型估计上的困难。

第一，在式(5.2.17)中，由于对角分块阵的大小不同，$\boldsymbol{V}$ 不再是 $\boldsymbol{I}\otimes\Omega$ 。$\boldsymbol{V}^{-1/2}$ 的第 i 个对角分块是

$$\Omega_i^{-1/2}=\frac{1}{\sigma_\mu}\left(\boldsymbol{I}_{T_i}-\frac{\theta_i}{T_i}\boldsymbol{ee}'\right),\theta_i=1-\frac{\sigma_\mu}{(T_i\sigma_\alpha^2+\sigma_\mu^2)^{1/2}}$$

可见，横截面间异方差的来源是横截面各个体的时间序列的数据数目 T_i 的差异。这样，对于 GLS 或需要估计方差成分的 FGLS，都需要在变量替换式(5.2.21)或式(5.2.27)中将 θ 换成 θ_i，将 Ω 换成 Ω_i。

第二，虽然 LSDV 估计仍给出 σ_μ^2 的一致估计，但不能给出 σ_α^2 的一致估计。因

$$\mathrm{Var}\left[\alpha_i+\frac{\sum_{t=1}^{T_i}\mu_{it}}{T_i}\right]=\sigma_\alpha^2+\frac{\sigma_\mu^2}{T_i}$$

随着横截面个体的不同而不同。若 $Q_n=\dfrac{1}{n}\sum\limits_{i=1}^{n}\dfrac{1}{T_i}$ 的极限存在，则 σ_α^2 的一致估计为

$$\hat{\sigma}_\alpha^2=\frac{\sum\limits_{i=1}^{n}(\bar{Y}_i-\tilde{\rho}-\bar{\boldsymbol{X}}_i\tilde{\beta})^2}{n-(K+1)}-\hat{\sigma}_\mu^2Q_n$$

接下去就可进行 FGLS 估计。

5.2.3　固定效应和随机效应的检验

1. 固定效应和随机效应的 Hausman 检验

比较式(5.2.1)表示的固定效应变截距模型：

$$Y_{it}=\alpha_i+\boldsymbol{X}_{it}\beta+\mu_{it},\quad i=1,\cdots,n,t=1,\cdots,T$$

和式(5.2.15)表示的随机效应变截距模型：

$$Y_{it}=\rho+\boldsymbol{X}_{it}\beta+\alpha_i+\mu_{it},\quad i=1,\cdots,n,t=1,\cdots,T$$

可以发现，固定效应变截距模型中的个体影响 α_i 随截面个体而变化，即随解释变量 $\boldsymbol{X}_i$ 观测值的变化而变化，换句话说，个体影响 α_i 与解释变量 $\boldsymbol{X}_i$ 是相关的；而随机效应变截距模型中的个体影响($\rho+\alpha_i$)包含不随截面个体变化的主体部分 ρ 和随机扰动部分 α_i，那么可以认为该个体影响与解释变量 $\boldsymbol{X}_i$ 是不相关的。正是基于这一发现，**Hausman(1978)提出的关于固定效应和随机效应设定的检验，就是检验个体随机效应与解释变量 $\boldsymbol{X}_i$ 之间的正交性。**

Hausman 构造 Wald 统计量 W：

$$W=[\boldsymbol{b}-\hat{\beta}]'\hat{\Sigma}^{-1}[\boldsymbol{b}-\hat{\beta}] \tag{5.2.45}$$

式中，$\boldsymbol{b}$ 是固定效应变截距 LSDV 模型的估计结果，$\hat{\beta}$ 是随机效应变截距模型采用 FGLS 估计的结果，$\hat{\Sigma}$ 为二估计量之差的方差—协方差矩阵，可以证明等于二者方差—协方差矩阵之差。该统计量服从自由度为 k 的 χ^2 分布，k 为模型解释变量数目。

关于式(5.2.45)的统计量，可以进行如下直观解释。在个体效应与解释变量不相关的假设(0 假设)下，固定效应变截距模型的 OLS 估计 $\boldsymbol{b}$ 是渐近无偏的(一致的)，但非有效；随机效应变截距模型的 FGLS 估计$\hat{\beta}$ 是渐近无偏和有效的。因此，$\boldsymbol{b}$ 和$\hat{\beta}$ 之间没有系统性偏差，致使统计量 W 的值比较小。如果个体效应与解释变量相关，$\boldsymbol{b}$ 仍然是无偏估计，而$\hat{\beta}$ 则不具有渐近无偏性，$\boldsymbol{b}$ 和$\hat{\beta}$ 之间存在系统性偏差，致使统计量 W 的值比较大。所以，给定显著性水平 α，如果计算得到的统计量 W 的值小于 χ^2 分布临界值，则不拒绝个体效应与解释变量不相关的假设，即在$(1-\alpha)$的概率下，选择随机效应变截距模型优于固定效应变截距模型。如果统计量 W 的值大于 χ^2 分布临界值，则应该选择固定效应变截距模型。

Hausman 检验是普遍采用的一种固定效应和随机效应的检验方法，大部分计量经济学应用软件包都提供了计算该统计量的功能，并且给出检验结果，即采用随机影响模型好于固定影响模型的概率。

2. 经验方法

一种经验方法认为，当 T 很大而 N 有限时，固定效应和随机效应模型的估计结果差异不大，如何设定并不重要，一般设定为固定效应模型。一方面理由是，当 T 很大而截面个体有限时，个体效应主要由时间序列决定。而此时采用固定效应模型，由于截面个体数目有限，不会因为个体虚变量太多而造成模型估计困难。

另一种经验方法认为，当 N 很大而 T 有限时，固定影响和随机影响的估计结果差异较大，如何设定十分重要。当截面个体是总体的所有单位时，即所有截面个体全部作为样本，则固定影响模型是一个合理的模型。如果截面个体是随机地抽自一个大的总体，即样本信息是关于部分个体的，而推断是关于总体的，则应考虑随机影响模型，认为总体中个体的差异服从随机分布可能更合适。

5.2.4 截面个体变截距面板数据模型实例

为了使读者能够了解建立变截距面板数据模型的主要步骤，下面选择《高等计量经济学》(李子奈、叶阿忠)中的两个简单的实例。

1. 一个固定效应变截距模型——我国城镇居民储蓄模型

例 5.2.1 建立我国城镇居民储蓄模型。

(1) 模型设定

以城镇居民家庭人均年储蓄额为被解释变量，以城镇居民家庭人均年可支配收入(其他因素经过检验表明不显著)为被解释变量。因为我国不同地区居民平均收入水平差距较大，为了将地区之间的影响引入模型，采用面板数据作为样本数据。选择北京、贵州、辽宁、吉林、新疆、安徽、山东、广东、山西、湖南、青海、上海等 12 个省(市区)1992—1998 年共 84 组数据，并消除了价格因素。利用上述检验方法，计算得到

$$S_1 = 1\,385\,549 \quad S_2 = 1\,744\,353 \quad S_3 = 4\,519\,840$$

$$F_1 = 0.85 \quad F_2 = 3.70$$

查 F 分布表，给定 10% 的显著性水平，得到临界值：

$$F(22,36) = 1.85 \quad F(11,36) = 2.07$$

由于 $F_2 > 1.85$，所以拒绝 H_2；由于 $F_1 < 2.07$，所以接受 H_1。因此模型应该采用模型 2 的形式，为一变截距模型。具体形式为

$$S_{it} = \alpha_i + \beta I_{it} + \mu_{it} \quad i = 1,2,\cdots,12 \quad t = 1992,\cdots,1\,998$$

式中 S，I 分别表示人均年储蓄额和人均年可支配收入。

(2) 固定效应影响变截距模型的估计

将模型假定为固定效应变截距模型，引入虚变量使之成为式(5.2.2)的形式。对模型进行估计，本例采用 Eviews 软件，当然采用其他软件也是一样的。估计结果为

$$\hat{\beta} = 0.521\,9$$

$$\hat{\alpha}_1 = -577.351\,0 \quad \hat{\alpha}_2 = -1\,029.709 \quad \hat{\alpha}_3 = -775.157\,3$$

$$\hat{\alpha}_4 = -720.057\,3 \quad \hat{\alpha}_5 = -877.626\,4 \quad \hat{\alpha}_6 = -1\,004.523$$

$$\hat{\alpha}_7 = -989.062\,5 \quad \hat{\alpha}_8 = -1\,628.885 \quad \hat{\alpha}_9 = -687.383\,2$$

$$\hat{\alpha}_{10} = -1\,144.251 \quad \hat{\alpha}_{11} = -789.093\,1 \quad \hat{\alpha}_{12} = -1\,191.264$$

(3) 结论

从模型可以看出，对所选择的 12 个地区，虽然有相同的储蓄倾向，但是实际储蓄水平有较大的差异。如果分地区分别建立以时间序列数据为样本的模型，不能得到不同地区具有相同储蓄倾向的结论；如果以不同地区的截面数据为样本建立模型，则不能考察不同地区的不同储蓄水平。

2. 一个随机效应变截距模型——我国城镇居民消费模型

例 5.2.2 建立我国城镇居民消费函数模型。

(1) 模型设定

根据经典模型中关于消费函数模型的讨论，以城镇居民家庭人均年生活费支出为

被解释变量，以城镇居民家庭人均年可支配收入和前期人均年生活费支出为被解释变量。因为我国不同地区居民平均收入水平差距较大，为了将地区之间的影响引入模型，采用面板数据作为样本数据。选择北京、山西、内蒙古、辽宁、上海、福建、江西、河南、湖南、广东、贵州、四川、陕西、新疆等14个省市区1994—1998年共70组数据，并消除了价格因素。利用上述检验方法，计算得到

$$S_1 = 110\,795.4 \quad S_2 = 178\,591.7 \quad S_3 = 376\,378.5$$

$$F_1 = 0.658\,980 \quad F_2 = 1.720\,966$$

查F分布表，给定10%的显著性水平，得到临界值：

$$F(39,28) = 1.57 \quad F(26,28) = 1.63$$

由于$F_2 > 1.57$，所以拒绝H_2；由于$F_1 < 1.63$，所以接受H_1。因此模型应该采用模型2的形式，为一变截距模型。具体形式为

$$C_{it} = \alpha_i + \beta_1 I_{it} + \beta_2 C_{it-1} + \mu_{it} \quad i = 1,2,\cdots,14 \quad t = 1994,\cdots,1998$$

其中C,I分别表示人均年生活费支出和人均年可支配收入。

(2) 固定或者随机效应模型的确定

对本例进行Hausman检验，采用SAS软件，结果表明采用随机效应模型好于固定效应模型的概率是96.35%。所以决定采用随机效应模型：

$$C_{it} = \alpha + \beta_1 I_{it} + \beta_2 C_{it-1} + \varepsilon_i + \mu_{it} \quad i = 1,2,\cdots,14 \quad t = 1994,\cdots,1998$$

(3)模型的估计

采用FGLS方法估计该随机效应变截距模型。在SAS软件中默认的是Ω未知时的FGLS方法。估计结果为

$$\hat{C}_{it} = 260.277 + 0.537\,2 I_{it} + 0.248\,8 C_{it-1}$$

$$i = 1,2,\cdots,14 \quad t = 1994,\cdots,1998$$

所有检验全部通过。

(4) 讨论

从结果来看，读者也许会问，它与截距与系数都不变的模型有什么区别？如果采用OLS方法估计模型：

$$C_{it} = \alpha + \beta_1 I_{it} + \beta_2 C_{it-1} + \mu_{it} \quad i = 1,2,\cdots,14 \quad t = 1994,\cdots,1998$$

得到的参数估计值依次为18.119、0.515 4和0.376 0，显然不同于前者，而且不能通过全部检验。

5.3 变系数面板数据模型

如果在截面个体上不仅存在第5.2节描述的个体影响，还存在结构变化，即对于不同的截面个体，面板数据模型解释变量的系数发生变化，称为截面个体变系数面板数据模型

(panel data models with variable coefficients)。截面个体变系数面板数据模型又分**固定效应**(fixed-effects)和**随机效应**(random-effects)两类。前者指模型的结构系数对于不同的截面个体存在实质上的差异,后者指模型的结构系数对于不同的截面个体只存在随机扰动的差异。本节将分别讨论两类模型的估计方法。

5.3.1 变系数面板数据模型表达及含义

系数随横截面个体而改变的面板数据模型的表达式为

$$Y_{it} = \boldsymbol{X}_{it}\beta_i + \mu_{it}, \quad i = 1, \cdots, n;\ t = 1, \cdots, T \tag{5.3.1}$$

式中 $\boldsymbol{X}_{it}$ 和β_i 是解释变量和参数向量。也可写成

$$\boldsymbol{Y}_i = \boldsymbol{X}_i\beta_i + \mu_i, \quad i = 1, 2, \cdots, n \tag{5.3.2}$$

式中

$$\boldsymbol{Y}_i = \begin{pmatrix} Y_{i1} \\ Y_{i2} \\ \vdots \\ Y_{iT} \end{pmatrix}_{T\times 1}, \quad \boldsymbol{X}_i = \begin{pmatrix} X_{1i1} & X_{2i1} & \cdots & X_{Ki1} \\ X_{1i2} & X_{2i2} & \cdots & X_{Ki2} \\ \vdots & \vdots & \vdots & \vdots \\ X_{1iT} & X_{2iT} & \cdots & X_{KiT} \end{pmatrix}_{T\times K}, \quad \beta_i = \begin{pmatrix} \beta_{i1} \\ \beta_{i2} \\ \vdots \\ \beta_{iK} \end{pmatrix}, \quad \mu_i = \begin{pmatrix} \mu_{i1} \\ \mu_{i2} \\ \vdots \\ \mu_{iT} \end{pmatrix}$$

注意,这里将模型的变截距用 β_{i1} 表示,而 $\boldsymbol{X}_i$ 中第 1 列元素全部为 1,模型的解释变量数目为$(K-1)$。或者说,将截距项也看成是一个观测值始终为 1 的虚变量的系数。关于这一点,下面不再重复。

在社会经济生活中,变系数面板数据模型具有很好的经济解释。例如,在例 5.2.1 中,如果对于不同的地区,城镇居民具有不同的储蓄倾向,就应该建立变系数模型;在例 5.2.2 中,如果对于不同的地区,城镇居民具有不同的消费倾向,也应该建立变系数模型。而从直观分析,除了居民可支配收入外,其他被忽略的变量在不同地区的差异,诸如社会文化传统、社会发展水平(包括社会保障水平),甚至地区的区位等,不仅造成模型截距的差异,也会造成储蓄倾向或消费倾向的差异。所以,**从客观描述经济行为的角度,变系数面板数据模型具有很好的适用性**。

但是,从计量经济学模型应用的角度,由于变系数面板数据模型的结构参数是随截面个体变化的,带来了应用的局限。人们更希望在控制截面个体影响(有时包含时点影响)的情况下,得到各个截面个体在"平均"意义上的结构参数,这就是第 5.1 节中模型 2

$$Y_{it} = \alpha_i + \boldsymbol{X}_{it}\beta + \mu_{it}$$

和模型 6

$$Y_{it} = \alpha_i + \gamma_t + \boldsymbol{X}_{it}\beta + \mu_{it}$$

被广泛采用的原因。在实际应用研究中,变系数面板数据模型并不多见。

当然,正确的思路是首先进行模型设定检验,然后根据检验结论建立相应的模型。以上只是对理论与实际应用中的一个矛盾现象进行的解释,或者说是辩解。

5.3.2 固定效应变系数面板数据模型的估计

当将β_i视为不同的固定的常数时，式(5.3.2)可写成

$$\boldsymbol{Y} = \boldsymbol{X}\beta + \mu \tag{5.3.3}$$

式中

$$\boldsymbol{Y} = \begin{pmatrix} \boldsymbol{Y}_1 \\ \boldsymbol{Y}_2 \\ \vdots \\ \boldsymbol{Y}_n \end{pmatrix}_{nT\times 1}, \quad \boldsymbol{X} = \begin{pmatrix} \boldsymbol{X}_1 & 0 & \cdots & 0 \\ 0 & \boldsymbol{X}_2 & \cdots & 0 \\ \vdots & \vdots & \vdots & \vdots \\ 0 & 0 & \cdots & \boldsymbol{X}_n \end{pmatrix}_{nT\times nK}, \quad \beta = \begin{pmatrix} \beta_1 \\ \beta_2 \\ \vdots \\ \beta_n \end{pmatrix}_{nK\times 1}, \quad \mu = \begin{pmatrix} \mu_1 \\ \mu_2 \\ \vdots \\ \mu_n \end{pmatrix}_{nT\times 1}$$

1. 截面个体不相关的模型估计

如果随机项在不同横截面个体之间不相关，即

$$E(\mu_i\mu_j') = 0, i \neq j \text{ 且 } E(\mu_i\mu_i') = \sigma_i^2\boldsymbol{I}$$

模型(5.3.3)的参数估计极为简单，即**以每个截面个体的时间序列数据为样本，采用经典单方程模型的估计方法分别估计其参数**。即使采用GLS估计同时得到$\beta=(\beta_1',\cdots,\beta_n')'$的GLS估计量，也是与在每个横截面个体上$\beta_i$的经典单方程估计一样。

在这里，可以将模型(5.3.3)看成一个由n个方程组成的联立方程模型，由于方程之间不存在相关性，分别估计每个方程并没有信息损失。即使采用系统估计方法同时估计所有方程的参数，与单方程估计是等价的，因为没有增加任何信息。

这里附带回答一个问题：**建立面板数据模型时需要多长的时间序列样本**？显然，时间序列样本的长度至少应该使得这里的参数估计有效。如果时间序列样本太短，例如在应用研究中出现的3年、4年的情况，那么截面个体变系数面板数据模型无法有效估计，模型设定检验将无法进行，面板数据模型的理论方法将无法实现。这种情况下，只能将样本看成一组混合数据(pooled data)，而不是真正意义的面板数据。

2. 截面个体相关的模型估计

如果模型随机项在不同横截面个体之间相关，即随机项在不同横截面个体之间的协方差不为零，$E(\mu_i\mu_j')\neq 0, i\neq j$，则$\beta=(\beta_1',\cdots,\beta_n')'$的GLS估计量比在每个横截面个体上$\beta_i$的经典单方程估计更有效。

记

$$\Omega_{ij} = E(\mu_i\mu_j')$$

$$\boldsymbol{V} = \begin{bmatrix} \Omega_{11} & \Omega_{12} & \cdots & \Omega_{1n} \\ \Omega_{21} & \Omega_{22} & \cdots & \Omega_{2n} \\ \vdots & \vdots & \vdots & \vdots \\ \Omega_{n1} & \Omega_{n2} & \cdots & \Omega_{nn} \end{bmatrix}_{nT\times nT} \tag{5.3.4}$$

参数的 GLS 估计为

$$\hat{\beta}_{\mathrm{GLS}} = (\boldsymbol{X}'\boldsymbol{V}^{-1}\boldsymbol{X})^{-1}\boldsymbol{X}'\boldsymbol{V}^{-1}\boldsymbol{Y} \tag{5.3.5}$$

问题在于，如何得到协方差矩阵的估计量？模型随机项在不同横截面个体之间相关，称为**空间相关。关于空间相关性的描述，远比时间序列相关性复杂得多**。例如，如果时间序列 μ_t 存在一阶相关，即 $\mu_t=\rho\mu_{t-1}+\varepsilon_t$，可以认为存在 $\mu_{t-1}=\rho\mu_{t-2}+\varepsilon_{t-1}$，…，即相关系数是相同的。那么有

$$\mathrm{Cov}(\mu,\mu')=\frac{\sigma_\varepsilon^2}{1-\rho^2}\begin{bmatrix}1 & \rho & \cdots & \rho^{n-1}\\ \rho & 1 & \cdots & \rho^{n-2}\\ \vdots & & & \\ \rho^{n-1} & \rho^{n-2} & \cdots & 1\end{bmatrix}=\sigma^2\Omega$$

式中Ω 中只有 1 个未知参数 ρ。只要求得 ρ 的估计，就可以得到关于该时间序列相关性的描述。但是，对于截面序列 μ_i，如果存在一阶相关，即 $\mu_i=\rho\mu_{i-1}+\varepsilon_i$，从经济行为分析出发，不能认为存在 $\mu_{i-1}=\rho\mu_{i-2}+\varepsilon_{i-1}$，……，那么，在描述其相关性的方差—协方差矩阵中，参数数目为 $n(n-1)$。

关于随机项协方差矩阵的构造，有许多专门的研究。一种可行的简单方法是：首先采用经典单方程模型的估计方法分别估计每个横截面个体上的β_i，再计算残差估计值，以此构造随机项协方差矩阵的估计量，类似于经典单方程模型的 GLS 那样。

5.3.3 随机效应变系数面板数据模型的估计

当将β_i 视为不同的随机数时，即令$\beta_i=\beta+\alpha_i$，并且假定：

$$E\alpha_i=0,E(\alpha_i\alpha_j')=\begin{cases}\Delta & i=j\\ 0 & i\neq j\end{cases}$$

$$E(\boldsymbol{X}_{it}\alpha_j')=0,E(\mu_i\mu_j')=\begin{cases}\sigma_i^2\boldsymbol{I}_{\mathrm{T}} & i=j\\ 0 & i\neq j\end{cases}$$

式(5.3.2)可写成

$$\boldsymbol{Y}=\boldsymbol{X}\beta+\widetilde{\boldsymbol{X}}\alpha+\mu \tag{5.3.6}$$

式中

$$\boldsymbol{Y}=\begin{pmatrix}\boldsymbol{Y}_1\\ \boldsymbol{Y}_2\\ \vdots\\ \boldsymbol{Y}_n\end{pmatrix}_{nT\times 1},\boldsymbol{X}=\begin{pmatrix}\boldsymbol{X}_1\\ \boldsymbol{X}_2\\ \vdots\\ \boldsymbol{X}_n\end{pmatrix}_{nT\times K}\quad \widetilde{\boldsymbol{X}}=\begin{pmatrix}\widetilde{\boldsymbol{X}}_1 & 0 & \cdots & 0\\ 0 & \widetilde{\boldsymbol{X}}_2 & \cdots & 0\\ \vdots & \vdots & \vdots & \vdots\\ 0 & 0 & \cdots & \widetilde{\boldsymbol{X}}_n\end{pmatrix}_{nT\times nK}$$

$$\beta=\begin{pmatrix}\beta_1\\ \beta_2\\ \vdots\\ \beta_n\end{pmatrix}_{nK\times 1},\alpha=\begin{pmatrix}\alpha_1\\ \alpha_2\\ \vdots\\ \alpha_n\end{pmatrix}_{nK\times 1},\mu=\begin{pmatrix}\mu_1\\ \mu_2\\ \vdots\\ \mu_n\end{pmatrix}_{nT\times 1}$$

复合扰动项($\widetilde{\boldsymbol{X}}\alpha+\mu$)的协方差矩阵是对角分块阵,其第 i 个对角分块为

$$\Phi_i=\boldsymbol{X}_i\Delta\boldsymbol{X}'_i+\sigma_i^2\boldsymbol{I}_T \tag{5.3.7}$$

在上述假设下,当$(1/nT)\boldsymbol{X}'\boldsymbol{X}$ 收敛于非零常数矩阵时,$\boldsymbol{Y}$ 对 $\boldsymbol{X}$ 的简单回归虽然可以得到参数β 的无偏估计,但该估计不是有效估计,且计算估计量的协方差矩阵的普通最小二乘计算公式不正确,常常导致无效的统计推断。

β 的最佳线性无偏估计是 GLS 估计:

$$\hat{\beta}_{\mathrm{GLS}}=\Big[\sum_{i=1}^{n}\boldsymbol{X}'_i\Phi_i^{-1}\boldsymbol{X}_i\Big]^{-1}\Big[\sum_{i=1}^{n}\boldsymbol{X}'_i\Phi_i^{-1}\boldsymbol{Y}_i\Big]=\sum_{i=1}^{n}W_i\hat{\beta}_i \tag{5.3.8}$$

式中

$$W_i=\Big\{\sum_{i=1}^{n}[\Delta+\sigma_i^2(\boldsymbol{X}'_i\boldsymbol{X}_i)^{-1}]^{-1}\Big\}^{-1}[\Delta+\sigma_i^2(\boldsymbol{X}'_i\boldsymbol{X}_i)^{-1}]^{-1}$$

和

$$\hat{\beta}_i=(\boldsymbol{X}'_i\boldsymbol{X}_i)^{-1}\boldsymbol{X}'_i\boldsymbol{Y}_i$$

式(5.3.8)的最后表达式说明,**随机效应变系数面板数据模型参数$\boldsymbol{\beta}$ 的 GLS 估计是每一个横截面个体上 OLS 估计的加权平均**。权与它们的协方差成比例。

GLS 估计的协方差矩阵为

$$\mathrm{Var}(\hat{\beta}_{\mathrm{GLS}})=\Big[\sum_{i=1}^{n}\boldsymbol{X}'_i\Phi_i^{-1}\boldsymbol{X}_i\Big]^{-1}=\Big\{\sum_{i=1}^{n}[\Delta+\sigma_i^2(\boldsymbol{X}'_i\boldsymbol{X}_i)^{-1}]^{-1}\Big\}^{-1} \tag{5.3.9}$$

可以采用最小二乘估计$\hat{\beta}_i=(\boldsymbol{X}'_i\boldsymbol{X}_i)^{-1}\boldsymbol{X}'_iY_i$ 和它们的残差$\hat{\mu}_i=\boldsymbol{Y}_i-\boldsymbol{X}_i\hat{\beta}_i$ 计算得到σ_i^2 和Δ 的无偏估计:

$$\hat{\sigma}_i^2=\frac{\hat{\mu}'_i\hat{\mu}_i}{T-K}=\frac{1}{T-K}\boldsymbol{Y}'_i(\boldsymbol{I}-\boldsymbol{X}_i(\boldsymbol{X}'_i\boldsymbol{X}_i)^{-1}\boldsymbol{X}'_i)\boldsymbol{Y}_i \tag{5.3.10}$$

$$\hat{\Delta}=\frac{1}{n-1}\sum_{i=1}^{n}(\hat{\beta}_i-n^{-1}\sum_{j=1}^{n}\hat{\beta}_j)(\hat{\beta}_i-n^{-1}\sum_{j=1}^{n}\hat{\beta}_j)'-\frac{1}{n}\sum_{i=1}^{n}\hat{\sigma}_i^2(\boldsymbol{X}'_i\boldsymbol{X}_i)^{-1} \tag{5.3.11}$$

5.3.4 变系数面板数据模型实例

下例选自《计量经济分析方法与建模》(高铁梅主编),试图通过该简单实例,说明在进行面板数据模型应用研究中,**模型设定检验是不可缺少的重要步骤**。

例 5.3.1 选择我国 29 个省(市、区)的面板数据,建立城镇居民消费函数模型。根据绝对收入假设消费理论,以城镇居民人均消费 C_{it} 为被解释变量,以城镇居民人均可

支配收入 I_{it} 为解释变量。选择1991—1994年数据为样本，进行模型设定检验，计算得到

$$F_1 = 1.17 \quad F_2 = 2.80$$

在5%显著性水平上，将模型设定为变截距模型：

$$C_{it} = \alpha_i + \beta I_{it} + \mu_{it} \quad i = 1,2,\cdots,29 \quad t = 1991,\cdots,1994$$

估计得到各地区相同的边际消费倾向估计量：$\hat{\beta}=0.77$。

选择1991—2003年数据为样本，重新进行模型设定检验，计算得到

$$F_1 = 6.491 \quad F_2 = 8.635$$

于是，在5%显著性水平上，应该将模型设定为变系数模型：

$$C_{it} = \alpha_i + \beta_i I_{it} + \mu_{it} \quad i = 1,2,\cdots,29 \quad t = 1991,\cdots,2003$$

可见，随着时间的推移，各地区的边际消费倾向发生了不同的变化。

表5.3.1 各地区边际消费倾向估计量

地区	$\hat{\beta}$	地区	$\hat{\beta}$	地区	$\hat{\beta}$
AH	0.74	HN	0.69	SC	0.80
BJ	0.79	HUB	0.81	SD	0.72
FJ	0.69	HUN	0.82	SH	0.72
GD	0.78	JL	0.78	SX	0.73
GS	0.79	JS	0.70	SHX	0.84
GX	0.72	JX	0.67	TJ	0.74
GZ	0.76	LN	0.80	XJ	0.79
HB	0.72	NMG	0.73	YN	0.78
HEN	0.75	NX	0.82	ZJ	0.72
HLJ	0.71	QH	0.77		

根据对实际情况的分析，除了城镇居民人均可支配收入外的其他影响人均消费的因素，例如宏观经济环境和政策等，对居民消费的影响在不同地区之间具有相关性。因此，应该假定模型的随机项在不同的截面个体之间是相关的，所以必须选择GLS估计模型。在应用软件(例如Eviews)中可以通过选择“cross-section weights”实现GLS估计。估计得到各地区不同的边际消费倾向估计量，见表5.3.1。从中可以看出，各地区城镇居民边际消费倾向确实存在明显的差异，其中最高达到0.84，而最低仅为0.67。

5.4 动态面板数据模型

在第5.1节关于面板数据模型类型的讨论中，并没有将动态面板数据模型作为一种独立的模型类型。原因在于，第5.1节是关于参数形态所进行的模型分类，而动态模型是相对于静态模型而言，区别体现于解释变量而不是参数形态。由于动态面板数据模型具有

较多的应用，并且在模型估计方面具有特殊性，本节将进行简要的讨论。

5.4.1 动态面板数据模型表达及含义

动态面板数据模型，即指包含滞后被解释变量作为解释变量的模型。截面个体变截距动态面板数据模型表达式为

$$Y_{it}=\gamma Y_{i,t-1}+\boldsymbol{X}_{it}\beta+\alpha_i+\mu_{it},\quad i=1,\cdots,n;\ t=1,\cdots,T \tag{5.4.1}$$

其中，

$$E\mu_{it}=0,E(\mu_{it}\mu_{js})=\begin{cases}\sigma_\mu^2 & i=j\quad 且\quad t=s\\ 0 & 否则\end{cases} \tag{5.4.2}$$

将滞后被解释变量作为解释变量引入模型，是经典计量经济学模型的一种常见模型，具有很好的经济解释。例如，根据相对收入假说消费理论，消费具有不可逆性，当期的消费除了受到当期收入等因素影响外，还受到前一时期消费水平的影响。那么，为了分析这种“棘轮效应”，就必须将前一时期消费水平作为消费函数模型的解释变量。例如，以各个地区的外商直接投资作为被解释变量建立模型，由于经济行为一般所具有的“惯性”，前一个时期的外商直接投资显然对当期的投资额会产生影响，它实际上是该地区吸引外商直接投资的综合能力的反映。

将滞后被解释变量作为解释变量引入模型，带来的一个明显的问题是随机解释变量问题。滞后被解释变量是随机变量，而且当模型的随机项存在序列相关时，滞后被解释变量与模型的随机项相关，参数的 OLS 估计不再具有一致性。**如何处理随机解释变量问题，既是经典动态模型理论方法的核心，也是动态面板数据模型要解决的主要问题**。

在应用研究中一个值得讨论的现象是，研究者为了进行比较，针对同一个研究对象和同样的面板数据，**同时建立静态的和动态的面板数据模型，这样是否合理**？式(5.4.1)对应的静态模型表达式为

$$Y_{it}=\boldsymbol{X}_{it}\beta+\alpha_i+\mu_{it},\quad i=1,\cdots,n;\ t=1,\cdots,T \tag{5.4.3}$$

比较式(5.4.1)和式(5.4.3)，除了滞后被解释变量以外完全一样。那么人们不禁要问，对于一个客观的经济行为，是否存在两种不同的经验解释？或者说对于一组面板数据，是否存在两个不同的数据生成过程？答案显然是否定的。

那么接下来的问题是，**动态面板数据模型是一个经济模型还是统计模型**？经济模型描述和揭示经济行为关系，而统计模型描述的是数据之间的统计关系。尽管许多动态模型可以从经济意义上进行解释，例如上述的消费的不可逆性，但是它在实质上仍然是一个统计模型。极端的例子是 1 阶自回归模型，或者是下面将讨论的不包含外生解释变量的动态面板数据模型，显然它只描述了经济变量当期值和前一时期值之间的统计关系。所

以，在建立面板数据模型时，需要慎用动态面板数据模型，特别是对模型参数进行经济意义的解释时，需要严格区分经济关系和统计关系。在本节最后的例题中，将进一步加以说明。

5.4.2　固定效应动态面板数据模型及估计

1. 不包含外生解释变量的动态面板数据模型估计

首先考虑不包含外生解释变量的截面个体变截距动态面板数据模型：

$$Y_{it} = \gamma Y_{i,t-1} + \alpha_i + \mu_{it}, \quad |\gamma| < 1, \quad i = 1,\cdots,n;\ t = 1,\cdots,T \tag{5.4.4}$$

如果 μ_{it} 是正态分布，且 Y_{i0} 是给定的常数，则模型(5.4.4)参数 γ 的 ML 估计在 T 较小时是有偏估计，详细推导请见 Anderson 和 Hsiao(1982)。而**采用工具变量法可得到在 T 固定、$n \to \infty$ 时参数 γ 的一致估计**。具体如下：

对式(5.3.4)取差分消除 α_i，得到

$$(Y_{it} - Y_{i,t-1}) = \gamma(Y_{i,t-1} - Y_{i,t-2}) + (\mu_{it} - \mu_{i,t-1}), \quad i = 1,\cdots,n;\ t = 1,\cdots,T \tag{5.4.5}$$

模型(5.4.5)中 $(Y_{i,t-1} - Y_{i,t-2})$ 与 $(\mu_{it} - \mu_{i,t-1})$ 相关，不能直接采用 OLS 估计。因为 $Y_{i,t-2}$ 和 $(Y_{i,t-2} - Y_{i,t-3})$ 与 $(Y_{i,t-1} - Y_{i,t-2})$ 相关，但与 $(\mu_{it} - \mu_{i,t-1})$ 不相关，所以它们是有效的工具变量。

以 $(Y_{i,t-2} - Y_{i,t-3})$ 作为 $(Y_{i,t-1} - Y_{i,t-2})$ 的工具变量，得到

$$\hat{\gamma}_{\mathrm{IV}} = \frac{\sum_{i=1}^{n}\sum_{t=3}^{T}(Y_{it} - Y_{i,t-1})(Y_{i,t-2} - Y_{i,t-3})}{\sum_{i=1}^{n}\sum_{t=3}^{T}(Y_{i,t-1} - Y_{i,t-2})(Y_{i,t-2} - Y_{i,t-3})} \tag{5.4.6}$$

以 $Y_{i,t-2}$ 作为 $(Y_{i,t-1} - Y_{i,t-2})$ 的工具变量，得到

$$\hat{\gamma}_{\mathrm{IV}} = \frac{\sum_{i=1}^{n}\sum_{t=2}^{T}(Y_{it} - Y_{i,t-1})Y_{i,t-2}}{\sum_{i=1}^{n}\sum_{t=2}^{T}(Y_{i,t-1} - Y_{i,t-2})Y_{i,t-2}} \tag{5.4.7}$$

在 $n \to \infty$ 或 $T \to \infty$ 时，式(5.4.6)和式(5.4.7)都是参数 γ 的一致估计。于是进一步得到

$$\hat{\alpha}_i = \bar{Y}_i - \hat{\gamma}\bar{Y}_{i,-1}, \quad i = 1,\cdots,n$$

实现了模型(5.4.4)的参数估计。

2. 包含外生解释变量的动态面板数据模型估计

在包含外生解释变量的情况下，截面个体变截距动态面板数据模型表达式为

$$Y_{it} = \gamma Y_{i,t-1} + \boldsymbol{X}_{it}\beta + \alpha_i + \mu_{it}, \quad i = 1,\cdots,n;\ t = 1,\cdots,T \tag{5.4.8}$$

类似地，首先采用工具变量方法估计差分模型，得到 γ 和 β 的一致估计量，然后求得 α_i 的估计量。

5.4.3 随机效应动态面板数据模型及估计

1. 随机效应动态面板数据模型的描述

如果模型(5.4.8)中 α_i 为随机变量,可以将模型写成

$$Y_{it} = \gamma Y_{i,t-1} + \boldsymbol{Z}_i\rho + \boldsymbol{X}_{it}\beta + v_{it}, \quad i = 1,\cdots,n;\ t = 1,\cdots,T \tag{5.4.9}$$

式中,$\boldsymbol{Z}_i$ 是诸如性别、民族等不随时间变化的 $1\times K_1$ 阶属性外生变量向量;$\boldsymbol{X}_{it}$ 是随时间变化的 $1\times K_2$ 阶外生变量向量,且让它的第一个元素为1,以代表随机效应变截距中不变的主体部分,显然,变截距以$(\beta_1+\alpha_i)$表示;$v_{it}=\alpha_i+\mu_{it}$;γ 是 1×1 阶,ρ 和β 分别是$K_1\times1$ 阶和 $K_2\times1$ 阶的参数向量。并且假设

$$|\gamma|<1, E\alpha_i = E\mu_{it} = 0, E(\alpha_i\boldsymbol{Z}_i) = 0, E(\alpha_i\boldsymbol{X}_{it}) = 0, E(\alpha_i\mu_{jt}) = 0$$

$$E(\alpha_i\alpha_j) = \begin{cases}\sigma_\alpha^2 & (i=j)\\ 0 & (i\neq j)\end{cases}, \quad E(u_{it}u_{js}) = \begin{cases}\sigma_\mu^2 & (i=j)\\ 0 & (i\neq j)\end{cases}$$

在随机效应动态面板数据模型中,初始值 Y_{i0} 的状态对模型的估计方法选择和估计量的性质具有不可忽视的影响。下面讨论不同的初始值 Y_{i0} 的状态:

(1) Y_{i0} 固定。即将 Y_{i0} 作为给定的常数。

(2) Y_{i0} 随机。

一个横截面个体可能开始于某一任意位置 Y_{i0},并渐近地移向稳定的位置:$((\alpha_i+\boldsymbol{Z}_i\rho)/(1-\gamma)+\sum_{j=0}\boldsymbol{X}_{i,t-j}\beta\gamma)$。但如果何时开始抽样的决定是任意的,并且与 Y_{i0} 的值无关,那么,将 Y_{i0} 视为固定是值得怀疑的,因为 $E(\alpha_iY_{i0})=0$ 意味着个体影响 α_i 在第0期对模型不产生影响,但影响第一期以及之后的观察值。

Y_{i0} 随机,即假定 Y_{i0} 是均值为 μ_{y0},方差为 σ_{y0}^2 的随机量,表示为 $Y_{i0}=\mu_{y0}+\varepsilon_i$。该假定的合理性在于人们将 y_{it} 视为状态,而且并不关心怎样到达初始状态,只需要知道它的分布具有有限的均值和方差。其中又分两种情况:

① Y_{i0} 独立于 α_i,即 $\mathrm{Cov}(\varepsilon_i,\alpha_i)=0$。在这种情况下,初始赋值的影响逐渐随时间消失,初始值与随机效应 α_i 是独立的,只不过这里的初始值不是固定的而是来自均值为 μ_{y0}、方差为 σ_{y0}^2 总体的随机变量。

② Y_{i0} 与 α_i 相关。记它们的协方差为 $\varphi^2\sigma_{y0}^2$,则随着时间的推移,初始赋值 $\varepsilon_i=Y_{i0}-\mu_{y0}$ 通过它与 α_i 的相关性影响 Y_{it} 的未来值,并最终达到

$$\varphi\varepsilon_i/(1-\gamma) = \lim_{t\to\infty} E[Y_{it} - \boldsymbol{Z}_i\rho/(1-\gamma) - \sum_{j=0}^{t-1}(\boldsymbol{X}_{i,t-j}\beta\gamma \mid \varepsilon_i)]$$

2. 最大似然估计

假定 α_i 和 μ_{it} 服从正态分布,关于初始条件的不同假定蕴含着不同形式的似然函数。

（1）Y_{i0} 固定情况下的似然函数为

$$L_1 = (2\pi)^{-nT/2} \mid \boldsymbol{V} \mid^{-n/2} \exp\left\{-\frac{1}{2}\sum_{i=1}^{n}(\boldsymbol{Y}_i - \boldsymbol{Y}_{i,-1}\gamma - \boldsymbol{Z}_i\rho - \boldsymbol{X}_i\beta)' \right.$$

$$\left. \boldsymbol{V}^{-1}(\boldsymbol{Y}_i - \boldsymbol{Y}_{i,-1}\gamma - \boldsymbol{Z}_i\rho - \boldsymbol{X}_i\beta)\right\} \quad (5.4.10)$$

式中，

$$\boldsymbol{Y}_i = (Y_{i1},\cdots,Y_{iT})', \boldsymbol{Y}_{i,-1} = (Y_{i0},\cdots,Y_{i,T-1})', \quad \boldsymbol{Z}_i = \boldsymbol{e}Z_i, \boldsymbol{e} = (1,\cdots,1)'$$

$$\boldsymbol{X}_i = (X_{i1},\cdots,X_{iT})', \quad \boldsymbol{V} = \sigma_\mu^2 \boldsymbol{I}_{\mathrm{T}} + \sigma_\alpha^2 \boldsymbol{ee}'$$

（2）Y_{i0} 随机，独立于 α_i 情况下的似然函数为：

$$L_{21} = L_1 (2\pi)^{-n/2} (\sigma_{y0}^2)^{-n/2} \exp\left\{-\frac{1}{2\sigma_{y0}^2}\sum_{i=1}^{n}(Y_{i0} - \mu_{y0})^2\right\} \quad (5.4.11)$$

（3）Y_{i0} 随机，并与 α_i 相关情况下的似然函数为

$$L_{22} = (2\pi)^{-\frac{nT}{2}}(\sigma_\mu^2)^{-\frac{n(T-1)}{2}}(\sigma_\mu^2 + Ta)^{-\frac{n}{2}}$$

$$\times \exp\left\{-\frac{1}{2\sigma_\mu^2}\sum_{i=1}^{n}\sum_{t=1}^{T}[Y_{it} - \gamma Y_{it-1} - \boldsymbol{Z}_i\rho - \boldsymbol{X}_{it}\beta - \varphi(Y_{i0} - \mu_{y0})]^2\right.$$

$$\left. + \frac{a}{2\sigma_\mu^2(\sigma_\mu^2 + Ta)}\sum_{i=1}^{n}\left\{\sum_{t=1}^{T}[Y_{it} - \gamma Y_{i,t-1} - \boldsymbol{Z}_i\rho - \boldsymbol{X}_{it}\beta - \varphi(Y_{i0} - \mu_{y0})]\right\}^2\right\}$$

$$\times (2\pi)^{-\frac{n}{2}}(\sigma_{y0}^2)^{-\frac{n}{2}}\exp\left\{-\frac{1}{2\sigma_{y0}^2}\sum_{i=1}^{n}(Y_{i0} - \mu_{y0})^2\right\} \quad (5.4.12)$$

其中　$a = \sigma_\alpha^2 - \varphi^2\sigma_{y0}^2$。

使得上述似然函数达到最大化，就得到相应情况下参数的最大似然估计。表 5.4.1 列出了各种情况下参数估计量的性质。

表 5.4.1　动态随机效应模型参数 MLE 估计的一致性质

	参数	n 固定且 $T\to\infty$	T 固定且 $n\to\infty$
情况(1)：y_{i0} 固定	$\gamma,\beta,\sigma_\mu^2$	一致估计	一致估计
	ρ,σ_α^2	非一致估计	一致估计
情况(2)：y_{i0} 随机			
① y_{i0} 与 α_i 独立	$\gamma,\beta,\sigma_\mu^2$	一致估计	一致估计
	$\mu_{y0},\rho,\sigma_\alpha^2,\sigma_{y0}^2$	非一致估计	一致估计
② y_{i0} 与 α_i 相关	$\gamma,\beta,\sigma_\mu^2$	一致估计	一致估计
	$\mu_{y0},\rho,\sigma_\alpha^2,\sigma_{y0}^2,\varphi$	非一致估计	一致估计

3. 工具变量估计

当横截面个体数目较多、时序长度较短时，由于不同初始条件下似然函数不同，所以初始条件的错误选择将导致得到的估计与正确的估计不是渐近等价的，也可能不是一致

估计。有时，关于初始条件的选择是否正确，并没有什么判断依据。此时，当然希望得到与初始条件无关的参数的一致估计，同时也为 ML 迭代过程提供参数的初始值。工具变量法是一种适用的方法。工具变量法参数一致估计的计算步骤如下：

第一步：对方程(5.4.9)进行差分，有

$$Y_{it}-Y_{i,t-1}=\gamma(Y_{i,t-1}-Y_{i,t-2})+(\boldsymbol{X}_{it}-\boldsymbol{X}_{i,t-1})\beta+\mu_{it}-\mu_{i,t-1} \tag{5.4.13}$$

可利用 $Y_{i,t-2}$ 和 $(Y_{i,t-2}-Y_{i,t-3})$ 作为 $(Y_{i,t-1}-Y_{i,t-2})$ 的工具变量，并利用工具变量法得到 γ 和 β 的估计 $\widetilde{\gamma}$ 和 $\widetilde{\beta}$。

第二步：将估计出的 $\widetilde{\gamma}$ 和 $\widetilde{\beta}$ 代入对式(5.4.12)在时间上求平均的方程

$$\bar{Y}_i-\gamma\bar{Y}_{i,-1}-\bar{\boldsymbol{X}}_i\beta=\boldsymbol{Z}_i\rho+\alpha_i+\bar{\mu}_i \tag{5.4.14}$$

式中，$\bar{Y}_i=\sum_{t=1}^{T}Y_{it}/T$，$\bar{Y}_{i,-1}=\sum_{t=1}^{T}Y_{i,t-1}/T$，$\bar{\boldsymbol{X}}_i=\sum_{t=1}^{T}\boldsymbol{X}_{it}/T$，$\bar{\mu}_i=\sum_{t=1}^{T}\mu_{it}/T$。对式(5.4.14)采用 OLS，得到 ρ 的估计 $\widetilde{\rho}$。

第三步：估计 σ_μ^2 和 σ_α^2，得到

$$\hat{\sigma}_\mu^2=\frac{\sum_{i=1}^{n}\sum_{t=2}^{T}[(Y_{it}-Y_{i,t-1})-\widetilde{\gamma}(Y_{i,t-1}-Y_{i,t-2})-(\boldsymbol{X}_{it}-\boldsymbol{X}_{i,t-1})\widetilde{\beta}]^2}{2n(T-1)}$$

$$\hat{\sigma}_\alpha^2=\frac{\sum_{i=1}^{n}(\bar{Y}_i-\widetilde{\gamma}\bar{Y}_{i,-1}-\widetilde{\boldsymbol{Z}}_i\widetilde{\rho}-\bar{\boldsymbol{X}}_i\widetilde{\beta})^2}{n}-\frac{1}{T}\hat{\sigma}_\mu^2$$

上述估计与初始值 Y_{i0} 无关。当 n 或 T 趋于无穷大时，γ、β 和 σ_μ^2 是一致估计；而 ρ 和 σ_α^2 的估计只有当 n 趋于无穷大时，才是一致估计。

5.4.4 动态面板数据模型实例

下面的例题选自一篇应用研究论文，采用工具变量方法估计动态面板数据模型。该估计方法是简单的，所以有关数据和估计步骤没有列出。主要将通过例题讨论本节开始提出的问题：动态面板数据模型是一个经济模型还是统计模型？

例 5.4.1 为了考察城镇居民收入差距对消费的影响和消费的“棘轮效应”，建立了关于城镇居民消费的动态面板数据模型。使用的全国分省数据，包括北京、上海、天津、广东、江苏、浙江、山东、福建、海南、吉林、辽宁、湖北、湖南、江西、安徽、内蒙古、四川、广西、贵州、陕西、青海、宁夏、新疆、西藏等 24 个省(区、市)，其余省(区、市)由于统计资料不满足而没有纳入研究范围，数据来源于 1992—2006 年各省(区、市)的统计年鉴。总体回归模型设定为

$$\begin{aligned}\mathrm{lnXF}_{it}=&\gamma\cdot\mathrm{lnXF}_{i,t-1}+\beta_1\cdot\mathrm{lnSRP}_{it}+\beta_2\cdot\mathrm{lnSRT}_{it}\\&+\beta_3\cdot\mathrm{CPI}_{it}+\beta_4\cdot\mathrm{GINI}_{it}+F_i+D_t+\mu_{it}\end{aligned}$$

式中：$\ln XF_{i,t}$、$\ln XF_{i,t-1}$分别代表第i省t时期和$t-1$时期城镇居民的消费；$\ln SRP_{it}$、$\ln SRT_{it}$分别表示第i省t时期的城镇居民持久收入和暂时收入的自然对数；CPI_{it}是第i省t时期的消费价格指数；$GINI_{it}$是第i省t时期城镇居民的基尼系数，用来衡量城镇居民收入差异；F_i代表第i省的固定效应或随机效应水平，用来反映那些由于地区差异而对消费有显著影响但本身很难量化的影响因素；D_t为时间虚拟变量，用来反映各省随时间而变化的因素对消费的影响；μ_{it}代表第i省t时期的随机误差项。

通过 Hausman 检验，选取了固定效应的变截距模型。并选用$\ln XF_{i,t-2}$和$\ln XF_{i,t-3}$作为解释变量$\ln XF_{i,t-1}$的工具变量。通过广义矩估计方法得到如下估计方程，其中括号内的数值代表t检验统计量，J统计量表明这两个工具变量是有效的。

$$\begin{aligned}\ln XF_{it} = {} & \underset{(9.3892)}{0.5218\ln XF_{i,t-1}} + \underset{(7.3274)}{0.3325\ln SRP_{it}} + \underset{(6.8246)}{0.0117\ln SRT_{it}} - \underset{(-2.3275)}{0.0781CPI_{it}} \\ & - \underset{(-4.0623)}{0.3498GINI_{it}} - \underset{(-2.9820)}{0.0219D_{1998}} + \underset{(3.7054)}{0.0337D_{2002}} + F_i \end{aligned} \tag{5.4.15}$$

$\bar{R}^2 = 0.9841, F = 3649.5,\quad DW = 1.8821,\quad J-\text{statistic} = 0.1438$

模型的截距估计量见表 5.4.2。

表 5.4.2　动态模型变截距 F_i 的估计值

地区	北京	上海	天津	广东	浙江	江苏	山东	福建
F_i 值	0.5482	0.5625	0.5246	0.5329	0.5008	0.4775	0.4828	0.5098
地区	海南	吉林	辽宁	湖北	湖南	江西	安徽	内蒙古
F_i 值	0.5169	0.5144	0.5274	0.5096	0.5114	0.4549	0.4808	0.5085
地区	四川	广西	贵州	陕西	青海	宁夏	新疆	西藏
F_i 值	0.5016	0.5057	0.4889	0.5229	0.4958	0.5195	0.4698	0.5078

动态模型的估计结果表明，消费的"棘轮效应"显著，滞后一期的消费对当期消费具有显著的正向影响。从数量上看，城镇居民上期消费每增长1%，引起当期消费平均增长0.5218%；居民消费的持久收入弹性和暂时收入弹性分别为0.3325和0.0117；收入差距对消费有显著影响，城镇居民基尼系数的绝对值每增加0.01，消费平均将减少约0.35%。

如果不考虑消费的"棘轮效应"，建立静态变截距面板数据模型。

$$\ln XF_{it} = \beta_1 \cdot \ln SRP_{it} + \beta_2 \cdot \ln SRT_{it} + \beta_3 \cdot CPI_{it} + \beta_4 \cdot GINI_{it} + F_i + D_t + \mu_{it}$$

通过 Hausman 检验，选取了固定效应的变截距模型。模型的估计结果如下：

$$\begin{aligned}\ln XF_{it} = {} & \underset{(30.328)}{0.7763\ln SRP_{it}} + \underset{(5.294)}{0.0297\ln SRT_{it}} - \underset{(-2.619)}{0.0405CPI_{it}} - \underset{(-2.937)}{0.3259GINI_{it}} \\ & - \underset{(-2.971)}{0.0247D_{1998}} + \underset{(5.016)}{0.0761D_{2002}} + F_i \end{aligned} \tag{5.4.16}$$

$$\bar{R}^2 = 0.9802, \quad F = 3612.9, \quad DW = 1.9926$$

模型的截距估计量见表 5.4.3。

表 5.4.3 静态模型变截距 F_i 的估计值

地区	北京	上海	天津	广东	浙江	江苏	山东	福建
F_i 值	0.9821	0.9793	0.9429	0.9712	0.9055	0.8661	0.8373	0.9049
地区	海南	吉林	辽宁	湖北	湖南	江西	安徽	内蒙古
F_i 值	0.9213	0.9001	0.9322	0.9031	0.8974	0.7935	0.8627	0.8804
地区	四川	广西	贵州	陕西	青海	宁夏	新疆	西藏
F_i 值	0.8982	0.9019	0.8725	0.9231	0.8896	0.9317	0.8422	0.9023

静态模型估计结果表明，居民消费的持久收入弹性和暂时收入弹性分别为 0.7763 和 0.0297；收入差距对消费有显著影响，城镇居民基尼系数的绝对值每增加 0.01，消费平均将减少约 0.33%。

比较式(5.4.15)和式(5.4.16)发现，由于动态模型中引入了前期消费 $\ln XF_{i,t-1}$ 作为解释变量，致使其他解释变量的系数在两个模型中差异很大。**从统计学的角度解释，**$\ln XF_{i,t-1}$ 与其他解释变量之间存在统计相关性。**从经济学的角度解释，**前期消费对当期消费的影响，即消费的"棘轮效应"，并不是直接的，而是间接的，是通过改变当期收入等因素而实现的。从动态模型的估计结果出发所进行的经济关系的定量解释，例如前述的"居民消费的持久收入弹性和暂时收入弹性分别为 0.3325 和 0.0117；城镇居民基尼系数的绝对值每增加 0.01，消费平均将减少约 0.35%"等，都是不可靠的。正是在这个意义上说，**动态面板数据模型不是经济模型，而是统计模型。**

5.5 本章思考题与练习题

5.5.1 思考题

1. 从实际经济问题研究出发，理解：为什么采用面板数据比单纯采用横截面数据或时间序列数据会使得模型分析更加有效？

2. 面板数据与混合数据(pooled data)的区别和联系是什么？

3. 面板数据模型的主要类型有哪些？各自具有怎样的经济学解释？

4. 为什么说面板数据模型设定检验实际上是约束回归检验？

5. 固定效应变截距模型估计的基本思路是什么？在固定效应变截距模型中，个体属性变量为什么一般不作为模型的解释变量？

6. 采用分块回归的方法进行固定效应变截距模型参数估计时，"分块"是如何体现的？

7. 对于随机效应变截距模型，为什么 FGLS 估计比 OLS 估计更有效？采用 FGLS 估计时，如何获得组合随机项方差—协方差矩阵的估计？

8. 固定效应和随机效应的 Hausman 检验的原理和步骤是什么？

9. 从直观上看，变系数面板数据模型具有很好的经济解释，为什么在实际应用研究中更多地采用变截距模型？

10. 对于固定效应变系数面板数据模型，从经济行为方面分析，截面个体不相关假定符合实际吗？如果以每个截面个体的时间序列数据为样本，采用经典单方程模型的估计方法分别估计模型参数，还能够体现面板数据模型的优越性吗？

11. 如何理解“随机效应变系数面板数据模型参数的 GLS 估计是每一个横截面个体上 OLS 的矩阵加权平均”？

12. 动态面板数据模型实质上是一个经济模型还是统计模型？

13. 固定效应动态面板数据模型估计的核心问题是什么？如何解决？

14. 随机效应动态面板数据模型估计的核心问题是什么？如何解决？

5.5.2　练习题

1. 以我国各省(市、区)农村居民人均消费性支出 Y(元/年)为被解释变量，以人均农业生产经营收入 X_1(元/年)和其他收入 X_2(元/年)为解释变量，其他因素对 Y 的影响都不显著，建立如下农村居民消费函数模型(1)、(2)和(3)：

$$Y_{it} = \beta_0 + \beta_1 X_{1it} + \beta_2 X_{2it} + \mu_{it} \tag{1}$$

$$Y_{it} = \beta_{0i} + \beta_1 X_{1it} + \beta_2 X_{2it} + \mu_{it} \tag{2}$$

$$Y_{it} = \beta_{0i} + \beta_{1i} X_{1it} + \beta_{2i} X_{2it} + \mu_{it} \tag{3}$$

$$i = 1,2\cdots,31 \quad t = 1,2,\cdots,20$$

经分别估计模型得到残差平方和分别为 $S1$、$S2$ 和 $S3$。

(1) 直观判断，指出 $S1$、$S2$ 和 $S3$ 的大小顺序，并说明理由。

(2) 从约束回归检验原理出发，写出实现该模型设定检验的具体过程(检验统计量的自由度必须写出具体数值)。

(3) 如果经检验应该采用模型(2)，且为固定效应(fixed effect)，将模型用如下矩阵方程表示：$\boldsymbol{Y}=\boldsymbol{Z}\gamma+\mu$。分别写出矩阵 $\boldsymbol{Y}$、$\boldsymbol{Z}$、γ 和 μ 的具体形式，并指出每个矩阵的阶数。

(4) 如果采用模型(2)，模型随机项在同一个体上同方差、不存在序列相关，在不同的个体之间存在异方差和同期相关、异期不相关。写出随机项的方差—协方差矩阵的形式。

(5) 在符合题(4)中假设的情况下，应该采用什么方法估计模型(2)？为什么？

2. 以例 5.1.1 的我国工业资本配置效率研究为题，以每个行业的固定资产增长率 $\ln\dfrac{I_{it}}{I_{i,t-1}}$ 为被解释变量，以行业的利润增长率 $\ln\dfrac{V_{it}}{V_{i,t-1}}$ 为解释变量，采集若干或者全部工业分行业的面板数据，完成模型设定、模型估计和应用分析的全过程。

3. 阅读下列材料并回答问题(讨论题)：

在一篇基于省份变系数面板数据模型研究贸易与直接投资自由化对我国经济增长的影响的论文中，为了分析贸易自由化对我国经济增长的影响，构建以C-D生产函数为基础的横截面固定效应和自由化变量的时间变系数的面板数据模型，并采用我国30个省(市、区)14年的面板数据为样本估计模型。由于我国各省(区、市)的经济发展差异较大，因此模型中设置了反映各地区差异的固定效应的截距项。另外，由于样本引用的时间数据跨度为14年，因此有理由认为在这些年份中外贸易依存度和外资依存度对经济增长的影响是不完全相同的，因此模型将这两个变量的系数设置为随时间变动而变化的变系数，同时这样的设定可以忽略那些对于各地区来说相同但随时间不同的无法观测的自由化的变量对经济增长的影响。于是，模型设定为

$$\log(Y_{it}) = \delta_i + \beta_1 \log(K_{it}) + \beta_2 \log(L_{it}) + \alpha_t \log(\mathrm{TD}_{it}) + \gamma_t \log(\mathrm{FD}_{it}) + \varepsilon_{it}$$

$$i = 1,2,\cdots,30;\ t = 1,2,\cdots 14$$

其中，Y 表示国内生产总值，K 表示物质资本存量，L 表示年末就业人口，TD表示外贸依存度，FD表示外资依存度，下标 i 表示地区，t 表示年份。δ_i 是模型的固定效应项，反映了地区之间的差异；β_1 和 β_2 分别表示物质资本存量和年末就业人口的系数；α_t 和 γ_t 分别表示外贸依存度和外资依存度的系数随着时间的变动而变动。估计结果显示，模型的拟合优度达到了0.997，F 值为2 398，说明模型整体是显著的，模型的解释变量几乎完全解释了被解释变量的波动。为了确认模型中横截面固定效应的存在，进一步进行了冗余固定效应的似然比检验，结果表明，模型是存在横截面固定效应的。模型中存在随时间变化的变系数进行约束回归检验，结果表明，变量TD存在着显著的随时间变动的系数；在10%的显著性水平上，可以认为变量FD存在着显著的随时间变动的系数。

请回答：

(1) 该研究中的模型设定过程是否规范？为什么？

(2) 该应用研究是否有实际价值？为什么？

(3) 简述关于该问题的正确的研究步骤。

CHAPTER 6

第6章

非参数计量经济学模型

前面第 3、第 4、第 5 章讨论的现代计量经济学模型，都属于参数模型。本章讨论现代计量经济学的另一个分支——非参数计量经济学模型，包括无参数模型和半参数模型。本章分 5 节，重点介绍非参数计量经济学模型的估计方法，包括无参数模型的局部逼近估计和全局逼近估计，以及半参数模型的估计。

6.1 非参数计量经济学模型概述

6.1.1 非参数计量经济学模型的发展

正如第 1.2 节中所综述的，经典计量经济学模型具有一个共同的特点，即变量之间的结构关系给定，未知量是一组个数有限且为常数的参数，可以通过样本数据加以估计，因而被称为**参数模型**。但是，经典模型的常参数假设与实际经济现象经常产生冲突，也成为人们批评计量经济学模型的一个主要问题。另外，参数模型虽然简明而易于处理，用途广泛，但是普遍存在设定误差问题，因为在实践中，模型函数形式很少是已知的，如果函数形式设定错误，产生的后果是严重的。

是否可以不事先设定模型结构关系(即函数形式)，而是采用适当的方法从样本观测数据信息中估计出模型结构关系？**非参数计量经济学模型**(nonparametric econometric models)正是基于这样的思路发展的。

讨论非参数计量经济学模型的发展，重要的是澄清以下几个问题。

第一，**非参数计量经济学模型适用于什么样的研究对象**？首先，很明显，如果人们对于研究对象中蕴涵的结构关系和待估参数的分布有清楚的认识，建立参数模型是适当的；反之，由于参数模型容易造成模型设定偏误，则应该采用非参数模型。其次，由于非参数模型对研究对象的结构关系没有做出假设，或者说非参数模型与参数模型比较少了许多假设，所以，非参数估计量倾向于比正确设定的参数估计量更慢地收敛于被研究的对象。并且，参数模型参数估计量的收敛速度不依赖于变量数目，而非参数估计量的收敛速度是随着变量个数的增加而指数递减，即存在“维数诅咒”(curse of dimensionality)。因此，如果模型包含的变量过多，非参数模型的估计将产生困难。另外，既然非参数模型的结构关系依赖于样本数据而不是先验假定，所以充足的样本数据是必要的。总起来讲，**非参数计量经济学模型主要适用于人们对于待估参数分布了解较少、变量的数量较少并且拥有大量的观察数据集合的计量经济学问题。**

第二，**非参数计量经济学模型理论的核心是什么？**由于非参数模型不存在模型设定问题，所以非参数计量经济学模型理论的核心是估计方法，**非参数计量经济学模型的发展就是模型估计理论与方法的发展。**非参数模型估计理论与方法在近三十几年获得了较迅速的发展。从密度函数的非参数估计发展到条件密度函数的非参数估计；从非参数回归模型发展到半参数回归模型；从非参数回归函数估计发展到非参数条件分位数函数估计；从横截面数据或时间序列数据的非参数回归模型估计发展到面板数据的非参数回归模型估计；从解释变量都是连续变量的非参数模型发展到解释变量为混合离散和连续变量的非参数模型。但是，就非参数计量经济模型估计的方法类型来讲，主要有两大类估计方法：局部逼近(权函数方法)和整体逼近(级数估计)。目前应用较为普遍的仍然是权函数估计，最常见的权函数估计是核估计和局部线性估计。

第三，既然非参数模型不能将经济活动中变量之间的结构关系明确地加以描述，那么**它是否属于经济数学模型？**虽然非参数模型并不事先假定经济活动中变量之间的结构关系，但是通过估计可以获得这种结构关系，而且具有明确的数学描述。所以它毫无疑问属于经济数学模型，应该将它纳入计量经济学模型的范围。

第四，**非参数计量经济学模型的应用价值是什么？**既然非参数模型不能将经济活动中变量之间的结构关系明确地加以描述，显然，它不能用于传统意义的结构分析和经济预测。但是，非参数模型有更好的拟合效果，可以说是所有类型经济数学模型中拟合效果最好的。由此而引出的对已经发生的经济活动的推断具有更高的精度，所得到的反映经济变量之间关系的结构参数，例如乘数、弹性等，更加反映经济活动的实际。从这些结构参数出发进行的预测可以得到更加可靠的结果。

非参数计量经济学模型局部逼近(权函数)估计理论发展于1980年前后。Watson和Nadaraja(1964)提出回归模型的核估计。Stone(1977)讨论了权函数估计的矩相合性。Stone(1977,1980,1982)系统地研究了非参数模型的局部多项式拟合，得到非参数估计收敛于实际回归函数的最优速度。Cleveland(1979)提出局部线性拟合的稳健估计。Devroye和Wagner(1980)证明了核估计的相合性。Mack和Müller(1989)与Chu和Marron(1991)得到了局部线性拟合的逐点渐近偏和方差。Fan和Gijbels(1992)得到了局部多项式拟合的理论窗宽选择。Fan 和 Gijbels(1995)得到了由数据导出的窗宽选择。Gasser,Müller 和 Mammitzsch(1985)与 Granovsky 和 Müller (1991)先后得到了局部多项式拟合的最佳核函数。Fan(1992)在理论上证明了局部多项式拟合能自动地进行有效的边界修正且具有数据类型的适应性。Fan(1993)证明了局部线性拟合几乎是最佳的线性平滑方法。Ruppert 和 Wand(1994)将一元的结论推广到多元情形。Ruppert 等(1995)提出局部最小二乘估计的有效窗宽选择方法。

非参数计量经济学模型整体逼近(级数)估计主要发展于 1980 年后,目前仍在发展之中。常用的整体逼近估计方法包括正交序列估计、多项式样条估计和惩罚最小二乘法。早期的主要文献包括：Grace Wahba(1970s)提出了级数估计；Stone(1982)讨论了级数估计量在独立同分布(I. I. d.)样本下的一致收敛速度；Stone(1985),Cox(1988),Andrews(1991)讨论了级数估计量在 I. I. d. 样本下的渐近性质；Ullah(1985)讨论了 I. I. d. 样本下基于级数估计方法的模型设定检验；White and Wooldridge(1991)级数估计在时间序列的应用。近期的研究则集中于放宽独立同分布样本假定下的级数估计。

6.1.2　非参数计量经济学模型的主要类型

非参数计量经济学模型的基本类型有**无参数模型**(nonparametric model)和**半参数模型**(semiparametric model)。一般情况下,如无特别说明,经常将无参数模型称为非参数模型。

非参数模型(无参数模型)假定所有解释变量与被解释变量之间的关系都是不明确的。其表达式为

$$Y_i = m(\boldsymbol{X}_i) + \mu_i,\quad i = 1,2,\cdots,n \tag{6.1.1}$$

式中,$\boldsymbol{Y}$ 为被解释变量,$\boldsymbol{X}$ 为解释变量向量,$m(\cdot)$是未知函数,μ_i 是均值为零的随机误差,假定μ_i 与解释变量 $\boldsymbol{X}_i$ 不相关。模型(6.1.1)假定回归函数的形式未知,需要估计出整个回归函数。通常在应用时,由于受维数诅咒的限制,解释变量个数只有 1 或 2 个,也可以根据数据量的大小适当增加到 3 或 4 个,更多的解释变量将带来模型估计的困难。

半参数模型假定一部分解释变量与被解释变量之间的关系是先验设定的,另一部分解释变量与被解释变量之间的关系是不明确的。其表达式为

$$Y_i = \beta'\boldsymbol{Z}_i + g(\boldsymbol{X}_i) + \mu_i,\quad i = 1,2,\cdots,n \tag{6.1.2}$$

式中 $\boldsymbol{Z}$ 为一部分解释变量向量,β 为待估参数向量,$\boldsymbol{X}$ 为另一部分解释变量向量,$g(\cdot)$是未知函数,μ_i 是均值为零的随机误差,假定μ_i 与解释变量 $\boldsymbol{Z}_i$ 和 $\boldsymbol{X}_i$ 不相关。模型(6.1.2)假定一部分解释变量与被解释变量的关系为线性关系,这部分解释变量为参数部分的解释变量；而其他解释变量与被解释变量的关系未知,这部分解释变量为非参数部分的解释变量；回归函数为参数部分的线性关系再加非参数部分的未知函数关系。通常在应用时,同样由于受“维数诅咒”的限制,非参数部分的解释变量个数只有 1 个或 2 个,而参数

部分的解释变量个数不受限制。

从模型表达式(6.1.1)和式(6.1.2)可以看到,非参数计量经济学模型的基本类型是针对随机抽样的连续被解释变量的截面数据而言的。类似于第4章所讨论的,如果被解释变量观测值是离散的,则发展了**离散被解释变量非参数模型**;如果被解释变量观测值是受到限制的,则发展了**受限被解释变量非参数模型**。类似于第3章所讨论的,如果面对时间序列数据,则发展了**时间序列非参数模型**。同样类似于第5章所讨论的,如果面对面板数据,则发展了**面板数据非参数模型**。另外,如果面对的研究对象是一个经济系统,系统中变量互相影响,并且无法先验设定变量之间的函数关系,则需要建立**非参数联立方程模型**。所有这些类型的非参数计量经济学模型,都是各个计量经济学分支的前沿研究领域。在本章中只讨论基本的基于随机抽样截面数据的非参数计量经济学模型。

6.2 非参数模型局部逼近估计方法

本节介绍非参数计量经济模型的主要估计方法,即局部逼近的权函数方法。该估计方法的思路是利用权函数对局部观测值进行加权平均,以获得密度函数或回归函数的估计。本节首先介绍密度函数的非参数核估计,然后分别讨论非参数回归模型的核估计和局部线性估计。

6.2.1 密度函数的非参数核估计

关于密度函数的参数估计方法,这里不作介绍。任何参数方法的“阿基里斯之踵”(“Achilles heel”,来自希腊神话,意思是“唯一致命的弱点”)就是在估计之前分析者必须为待估对象设定正确的参数函数形式。仔细想一想会发现,参数方法在某种程度上是循环论证的。最初准备估计一个未知的密度函数,但是却必须首先假定密度函数的形式实际上是已知的(当然,已知的函数形式里包含一些未知的参数)。由于已经把估计置于密度的函数形式已知的假设上,那么自然会遇到参数模型被“误设”的可能性,即与抽样数据的总体不一致。例如,如果假定 X 取自一个正态分布总体,实际上等于施加了许多潜在很强的约束性假设:对称(symmetry),单峰(uni-modality),单调递减远离峰值(monotonically decreasing away from the mode)等。如果真实的密度事实上是非对称或者拥有多峰,或是非单调远离峰值,那么这种分布正态性假定可能为真实的密度提供了一个误导性的特征,并且可能因此产生错误的估计和导致不合理的推断。

读者很可能指出,由于已经估计了一个参数概率密度函数,人们能够检验这个分布的基本假定的有效性。当然,这种观点完全可以被认可。然而,通常拒绝一个分布假设并不能够提供任何清晰的其他选择。也就是说,通过检验可以拒绝正态性假设,但是这种拒绝使得问题又回到起点,只是排除了仅仅是众多候选分布中的一个。基于这种背景,研究者应该会考虑用非参数方法来替代。

非参数方法设法避开在估计之前需要设定参数函数形式所产生的问题。它不是假定人们知道待估对象的准确函数形式，而是假定它满足一些常规的条件，例如平滑性(smoothness)和可微性(differentiability)。然而，这不是没有代价的。既然对密度函数的函数形式施加比参数方法更少的结构，那么非参数方法就需要更多的数据信息才能达到正确设定的参数模型相同的精确度。

在社会科学领域，概率密度函数的估计是数据分析的基础。检验两个分布(或其矩)是否相同可能是所有数据分析中最基本的检验。例如，经济学家把大量的注意力用于研究收入分布以及它们在不同地区和时间如何变化。当政府制定工资政策或增进社会福利的宏观政策时，往往需要知道居民收入的分布情况；当政府制定某项产业政策时，往往需要知道相关产业企业的某些经济指标的分布情况。所以，经济变量的密度函数的估计就显得很重要。概率密度函数的估计不仅是人们通常直接关注的对象，它们的估计也是回归模型估计的重要基石。例如，可直接使用非参数或半参数方法建模的条件均值(即"回归函数")是条件概率密度函数的函数，而条件概率密度函数本身是无条件概率密度函数的一个比值。

1. 一元密度函数的核估计

假设 $X_1,\cdots,X_n$ 同分布，其密度函数为未知的 $f(x)$。可以从经验分布函数导出密度函数的核估计。**经验分布函数**为

$$F_n(x)=\frac{1}{n}(X_1,\cdots,X_n\text{ 中小于 }x\text{ 的个数}) \tag{6.2.1}$$

取**核函数**为均匀核：

$$K_0(x)=\begin{cases}0.5 & \text{当 } -1\leqslant x<1\\ 0 & \text{其他}\end{cases}$$

则密度函数的估计为

$$\hat{f}_n(x)=[F_n(x+h_n)-F_n(x-h_n)]/2h_n=\frac{1}{2h_n}\int_{x-h_n}^{x+h_n}\mathrm{d}F_n(t)$$

$$=\int_{x-h_n}^{x+h_n}\frac{1}{h_n}K_0\left(\frac{t-x}{h_n}\right)\mathrm{d}F_n(t)=\frac{1}{nh_n}\sum_{i=1}^{n}K_0\left(\frac{X_i-x}{h_n}\right)$$

其中 h_n 为**窗宽**。将核函数放宽就得到一般的密度函数核估计：

$$\hat{f}_n(x)=\frac{1}{nh_n}\sum_{i=1}^{n}K\left(\frac{X_i-x}{h_n}\right) \tag{6.2.2}$$

可见，密度函数的非参数核估计方法是基于密度函数与分布函数的关系而发展起来的一种估计方法。核函数 $K(\cdot)$起加权作用，窗宽 h_n 起控制估计精度的作用。

下面是除了均匀核外的其他常用核函数，包括：高斯核 $K_1(u)=(2\pi)^{-1/2}\exp(-u^2/2)$，

Epanechnikov 核 $K_2(u)=0.75(1-u^2)_+$，三角形核 $K_3(u)=(1-|u|)_+$，四次方核 $K_4(u)=\frac{15}{16}((1-|u|^2)_+)^2$，六次方核 $K_5(u)=\frac{70}{81}((1-|u|^3)_+)^3$。图 6.2.1 为它们的曲线图。

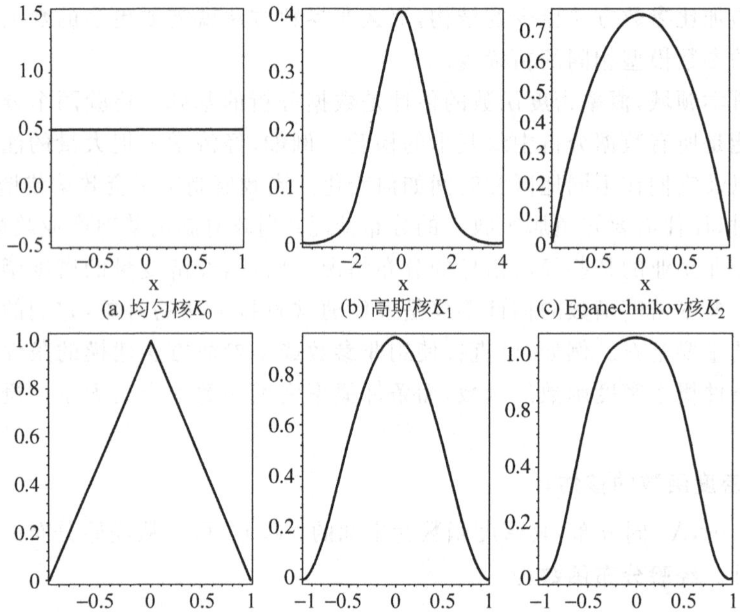

(a) 均匀核K_0　(b) 高斯核K_1　(c) Epanechnikov核K_2

(d) 三角形核K_3　(e) 四次方核K_4　(f) 六次方核K_5

图 6.2.1　常用核函数

2. 核估计的大样本性质

设 $X_1,\cdots,X_n$ 相互独立。记 $\mathrm{supp}(f)=\{\boldsymbol{x}: f(\boldsymbol{x})>0\}$。设 $\boldsymbol{x}\in \mathrm{supp}(f)\subset R^d$ 为 $\mathrm{supp}(f)$ 的内点，假设当 $n\to+\infty$ 时，$h_n\to 0$，$nh_n\to+\infty$，则核估计具有如下性质：

(1) $\mathrm{Bias}(\hat{f}_n(x))=\frac{h_n^2}{2}\mu_2(K)f^{(2)}(x)+o(h_n^2)$；

(2) $\mathrm{Var}(\hat{f}_n(x))=(nh_n)^{-1}f(x)R(K)+o((nh_n)^{-1})+o(n^{-1})$；

(3) $\hat{f}_n(x)\xrightarrow{p}f(x)$；

(4) $(nh_n)^{1/2}(\hat{f}_n(x)-\mathrm{E}\,\hat{f}_n(x))\xrightarrow{d}N(0,f(x)R(K))$；

(5) 若 $(nh_n)^{1/2}h_n^2\to 0$，则 $(nh_n)^{1/2}(\hat{f}_n(x)-f(x))\xrightarrow{d}N(0,f(x)R(K))$。

由性质(1)和(2)可见，窗宽 h_n 越小，核估计的偏差越小，但核估计的方差越大。反之，窗宽 h_n 增大，则核估计的方差变小，但核估计的偏差却增大。所以，窗宽 h_n 的变化不可能既使核估计的偏差减小，同时也使核估计的方差变小。假定研究者感兴趣的不是调整窗宽以适应 $f(x)$的逐点估计，而是为所有的点 x 在整体上调整窗宽，也就是，相对于 $f(\cdot)$支撑上的所有 x($f(\cdot)$的支撑被定义为满足 $f(x)>0$ 的点 x 的集合，即$\{x: f(x)>0\}$)。在这种情况下可以通过最小化$\hat{f}(x)$的“积分均方误”(“integrated MSE”，IMSE)来选择最优的窗宽 h。因而，**最佳窗宽选择的标准必须在核估计的偏差和方差之间作一个权衡**，即使得积分均方误差

$$\text{AMISE} = \int[(\text{Bias}(\hat{f}))^2 + \text{Var}(\hat{f})]\mathrm{d}x$$

达到最小。由性质(1)和(2)知，$\text{AMISE} \approx c_1 h_n^4 + c_2 (nh_n)^{-1}$，所以，**最佳的窗宽选择**为

$$h_n = cn^{-1/5}$$

其中，c 为某常数。此时，$\text{AMISE} = o(n^{-4/5})$。可见，核估计在内点处的收敛速度为 $o(n^{-2/5})$。应用最佳的理论窗宽 $h_n = cn^{-1/5}$，必须先估计 c，而对 c 估计会产生偏差，所以，最佳窗宽的选择在实际应用中是不断地调整 c，使得采用窗宽 $h_n = cn^{-1/5}$ 的核估计达到满意的估计结果。

由核估计的性质(5)可知，置信水平为 95%的 $f(x)$的一个置信区间为

$$\hat{f} \pm 1.96\,(nh_n)^{-1/2}\,[R(K)\,\hat{f}]^{1/2} \tag{6.2.3}$$

3. 窗宽的交错鉴定法选择方法

理论和实践都说明，非参数核估计量对核函数的选择相对不敏感。然而，非参数核估计量对窗宽选择是敏感的。不同窗宽获得未知分布的估计甚至具有完全不同的性质。如果核方法仅被用于“探索的”目的，那么人们先选择一个小的 h 值得到一个光滑程度不高的密度估计并让眼睛凭直觉增加窗宽以获得光滑程度较好的密度估计。此外，人们可能选择 h 的一个取值范围并画出相应的密度估计。然而，出于严谨的分析和推断目的，必须采用被普遍认可的具有最优性质的窗宽选择方法。人们把窗宽选择的重要性类比于在函数级数展开中阶数的选择；在近似中包括了越多的项，相应的模型变得越灵活。而一个核估计量的窗宽越小，它变得越灵活。然而，增加灵活性(减少估计的潜在偏误)必然导致增加可变性(提高估计的潜在方差)。从这方面来看，人们自然会考虑以下旨在权衡估计的偏误平方(squared bias)和方差的窗宽选择方法。

下面介绍 Rudemo(1982)和 Bowman(1984)提出的**交错鉴定法确定窗宽**的方法。选择窗宽使得

$$\text{ISE}(h_n) = \int(\hat{f}(x) - f(x))^2\mathrm{d}x = \int\hat{f}^2\mathrm{d}x + \int f^2\mathrm{d}x - 2\int\hat{f}f\mathrm{d}x$$

达到最小，等价于最小化

$$\mathrm{ISE}\,(h_n)_0 = \int \hat{f}^2 \mathrm{d}x - 2\int \hat{f} f \mathrm{d}x$$

因$\int \hat{f} f \mathrm{d}x = E(\hat{f})$，所以，$\int \hat{f} f \mathrm{d}x$的一个无偏估计为$n^{-1}\sum_{i=1}^{n} \hat{f}_{-i}(X_i)$，其中$\hat{f}_{-i}$是将第$i$个观测点剔除后的估计。不难推出

$$\begin{aligned}\int \hat{f}^2 \mathrm{d}x &= n^{-2}h_n^{-2}\sum_{i=1}^{n}\sum_{j=1}^{n}\int_x K\left(\frac{X_i - x}{h_n}\right)K\left(\frac{X_j - x}{h_n}\right)\mathrm{d}x \\ &= n^{-2}h_n^{-1}\sum_{i=1}^{n}\sum_{j=1}^{n}\int_t K\left(\frac{X_i - X_j}{h_n} - t\right)K(t)\mathrm{d}t\end{aligned}$$

于是，$\int \hat{f}^2 \mathrm{d}x$可用$n^{-2}h_n^{-1}\sum_{i=1}^{n}\sum_{j=1}^{n} K\cdot K\left(\frac{X_i - X_j}{h_n}\right)$来估计，其中$K\cdot K(u) = \int_t K(u-t)K(t)\,\mathrm{d}t$。所以，Rudemo 和 Bowman 提出的交错鉴定法实际上是选择h_n使

$$\mathrm{ISE}\,(h_n)_1 = n^{-2}h_n^{-1}\sum_{i=1}^{n}\sum_{j=1}^{n} K\cdot K\left(\frac{X_i - X_j}{h_n}\right) - 2n^{-1}\sum_{i=1}^{n}\hat{f}_{-i}(X_i) \tag{6.2.4}$$

达到最小。当K是$N(0,1)$密度函数时，$K\cdot K$是$N(0,2)$密度函数，

$$\begin{aligned}\mathrm{ISE}(h_n)_1 =& \frac{1}{2\sqrt{\pi}n^2 h_n}\sum_i\sum_j \exp\left(-\frac{1}{4}\left(\frac{X_i - X_j}{h_n}\right)^2\right) \\ &- \frac{2}{\sqrt{2\pi}n(n-1)h_n}\sum_i\sum_{j\neq i}\exp\left(-\frac{1}{2}\left(\frac{X_i - X_j}{h_n}\right)^2\right)\end{aligned}$$

4. 窗宽的直接插入选择方法

M. P. Wand 和 M. C. Jones(1995)在 *Kernel Smoothing* 一书中介绍了一种直接插入选择窗宽的方法。

由大样本性质，得到

$$h_{\mathrm{AMISE}} = \left[\frac{R(K)}{(\mu_2(K))^2 R(f'')}\right]^{1/5} n^{-1/5} \tag{6.2.5}$$

式中$R(g) = \int g^2(x)\mathrm{d}x$。可见，窗宽选择的关键是估计$R(f'')$。

因为

$$R(f^{(s)}) = \int [f^{(s)}(x)]^2 \mathrm{d}x = (-1)^s \int f^{(2s)}(x) f(x)\mathrm{d}x$$

记

$$\psi_r = E\{f^{(r)}(X)\} = \int f^{(r)}(x) f(x)\mathrm{d}x$$

它的估计为

$$\hat{\psi}_r(g) = n^{-2}\sum_{i=1}^{n}\sum_{j=1}^{n} K_g^{(r)}(X_i - X_j) \tag{6.2.6}$$

使得 $\hat{\psi}_r(g)$ 的渐近积分误差达最小的最优窗宽为

$$g_{\text{AMISE}} = \left[\frac{2K^{(r)}(0)}{-\mu_2(K)\psi_{r+2}n}\right]^{1/(r+3)} \tag{6.2.7}$$

这样，为了估计 h_{AMISE}，必须估计 ψ_4。为了估计 ψ_4，又必须估计 ψ_6，如此依次进行下去。可以使用 l 阶段直接插入的窗宽选择方法，即第 l 阶段假定密度函数是正态，从而得到 ψ_{4+2l} 的估计，进而应用式(6.2.7)递推获得 h_{AMISE} 的估计 $\hat{h}_{\text{DPI},l}$。

若 f 是具有方差 σ^2 的正态密度函数，则

$$\psi_r = \frac{(-1)^{r/2}r!}{(2\sigma)^{r+1}(r/2)!\pi^{1/2}} \tag{6.2.8}$$

于是，两阶段直接插入的窗宽选择方法步骤如下：

第一步，在密度函数是正态的假定下，应用式(6.2.8)估计 ψ_8，$\hat{\psi}_8=105/(32\pi^{1/2}\hat{\sigma}^9)$。

第二步，应用式(6.2.8)的窗宽 $g_1=[-2K^{(6)}(0)/\{\mu_2(K)\hat{\psi}_8 n\}]^{1/9}$，得到 ψ_6 的估计 $\hat{\psi}_6(g_1)$。

第三步，应用式(6.2.8)的窗宽 $g_2=[-2K^{(4)}(0)/\{\mu_2(K)\hat{\psi}_6(g_1)n\}]^{1/7}$，得到 ψ_4 的估计 $\hat{\psi}_4(g_2)$。

第四步，最后，得到窗宽的估计

$$\hat{h}_{\text{DPI},2} = \left[\frac{R(K)}{(\mu_2(K))^2\hat{\psi}_4(g_2)}\right]^{1/5} n^{-1/5} \tag{6.2.9}$$

l 阶段直接插入的窗宽选择方法可使用 R 软件中由 M. P. Wand 编写的 KernSmooth 软件包进行计算。函数 dpik()用于选择一元密度函数核估计的两阶段直接插入的窗宽。函数 bkde()用于一元密度函数的核估计。

此外，还可以用软件包 locfit 中的函数 lscv()进行最小二乘交错鉴定法(the least squares cross-validation method)的窗宽选择。也可以用软件包 localfit 中函数 density. lf()进行局部似然拟合(local likelihood fitting)。

5. 多元密度函数的核估计

设 p 维随机向量 $\boldsymbol{X}$ 的密度函数 $f(x)=f(x_1,\cdots,x_p)$ 未知，$\boldsymbol{X}_1,\boldsymbol{X}_2,\cdots,\boldsymbol{X}_n$ 是它的一个独立同分布的样本，则 $f(x)$ 的核估计为

$$\hat{f}_n(x) = \frac{1}{nh_n^p}\sum_{i=1}^{n} K\left(\frac{X_i - x}{h_n}\right) \tag{6.2.10}$$

式中 $K(\cdot)$ 是满足

$$K(\boldsymbol{u}) \geqslant 0,\quad \int K(\boldsymbol{u})\mathrm{d}\boldsymbol{u} = 1,\quad \int K(\boldsymbol{u})\boldsymbol{u}\mathrm{d}\boldsymbol{u} = 0,\quad \int K(\boldsymbol{u})\boldsymbol{u}\boldsymbol{u}^{\mathrm{T}}\mathrm{d}\boldsymbol{u} = \mu_2(K)\boldsymbol{I} \tag{6.2.11}$$

的多元核函数,其中 **0** 为零向量,$\boldsymbol{I}$ 为单位阵。满足这些条件最常用的核函数为

$$K(u)=\frac{d(d+2)}{2S_d}(1-u_1^2-\cdots-u_d^2)_+ \tag{6.2.12}$$

式中 $S_d=2\pi^{d/2}/\Gamma(d/2)$。

可以证明,多元密度函数的核估计在内点处具有一致性和渐近正态性。

6.2.2 非参数回归模型的核估计

与概率密度函数一样,在实践中真实回归模型的函数形式也是难以先验给定的。由于参数方法要求研究者在估计回归模型前设定模型的准确参数形式,所以人们必须面对假设的模型可能与真实数据生成过程不一致的问题,并且必须处理参数回归模型可能被严重误设而带来的问题。要进行有效的推断,人们必须正确设定的不仅仅是条件均值函数,而且也包括异方差函数和序列相关函数。例如 C-D 生产函数模型假定技术进步是中性的,技术进步独立于要素投入量的变化,要素替代弹性为 1,具有一次齐次性即不变规模报酬等,这些假定在现实中很难同时成立。因而当模型及参数的假定与实际背离(也包括模型的随机干扰项的正态性假定与实际背离)时,就容易造成模型设定误差。此时,基于经典假设模型所作出的推断的表现可能很差。正如在前面提到的,人们当然能够检验假定的参数模型是否正确,但拒绝某个参数模型则没有为备择模型的形式提供什么信息。也就是说,拒绝假设的模型不会因此产生一个正确设定的模型。

非参数回归模型不要求研究者对潜在数据生成过程做出函数形式的假设。假定人们不知道待估对象的准确函数形式,而是假设该对象存在且满足某些正则条件(regularity conditions),比如平滑性(可微性)和矩条件(moment conditions)。当然,需要再次指出,这样做不是没有代价的。由于对问题施加了较少的结构限制,那么非参数方法就要求更多的数据信息,才能达到与一个正确设定的参数模型相同的准确度。

1. 非参数回归模型的核估计

设 Y 为被解释变量,$\boldsymbol{X}=(X_1,\cdots,X_d)$ 为解释变量向量,是影响 Y 的 d 个显著因素。给定样本观测值 $(Y_1,\boldsymbol{X}_1),(Y_2,\boldsymbol{X}_2),\cdots,(Y_n,\boldsymbol{X}_n)$,并假定 $(Y_i,\boldsymbol{X}_i)$ 独立同分布,建立**非参数回归模型**:

$$Y_i=m(\boldsymbol{X}_i)+\sigma(\boldsymbol{X}_i)\varepsilon_i,\quad i=1,\cdots,n \tag{6.2.13}$$

式中 $m(\cdot)$ 是未知的函数,$m(\boldsymbol{X}_i)=E(Y_i|\boldsymbol{X}_i)$,$\varepsilon_i$ 是均值为零、方差为 1 且与 $\boldsymbol{X}_i$ 独立的序列,随机误差项 $\mu_i=\sigma(\boldsymbol{X}_i)\varepsilon_i$,其条件方差为 $\sigma^2(\boldsymbol{X}_i)=E(\mu_i^2|\boldsymbol{X}_i)$。

未知函数的 $m(\cdot)$ 核估计表达式为

$$\hat{m}_n(\boldsymbol{x})=\frac{\sum_{i=1}^{n}K_{h_n}(\boldsymbol{X}_i-\boldsymbol{x})Y_i}{\sum_{j=1}^{n}K_{h_n}(\boldsymbol{X}_j-\boldsymbol{x})} \tag{6.2.14}$$

其中窗宽 $h_n>0$，核函数 $K_{h_n}(\boldsymbol{u})=h_n^{-d}K(\boldsymbol{u}h_n^{-1})$，核函数 $K(\boldsymbol{u})\geqslant 0$。

容易推得

$$\min_{\theta}\sum_{i=1}^{n}W_{ni}(\boldsymbol{x})(Y_i-\theta)^2=\sum_{i=1}^{n}W_{ni}(\boldsymbol{x})(Y_i-\hat{m}_n(\boldsymbol{x}))^2$$

所以，**核估计等价于局部加权最小二乘估计。**

当 $d=1$(即只有1个解释变量)时，若 $K(\cdot)$ 是$[-1,1]$上的均匀概率密度函数，则 $m(x)$ 的 Nadaraya-Watson 核估计就是落在$[x-h_n,x+h_n]$的 X_i 对应的 Y_i 的简单算术平均值，如图6.2.2所示。所以，称参数 h_n 为窗宽，h_n 越小，参加平均的 Y_i 就越少，h_n 越大，参加平均的 Y_i 就越多。

当 $d=1$(即只有1个解释变量)时，若 $K(\cdot)$ 是$[-1,1]$上的概率密度函数，则 $m(x)$ 的 Nadaraya-Watson 核估计就是落在$[x-h_n,x+h_n]$的 X_i 对应的 Y_i 的加权算术平均值。若 $K(\cdot)$ 是$(-\infty,\infty)$上原点对称的标准正态密度函数，则 $m(\boldsymbol{x})$ 的 Nadaraya-Watson 核估计就是 Y_i 的加权算术平均值，当 X_i 落得离 x 越近时，权数就越大，落得离 x 越远时，权数就越小，当 X_i 落在$[x-3h_n,x+3h_n]$之外时，权数基本上为零。

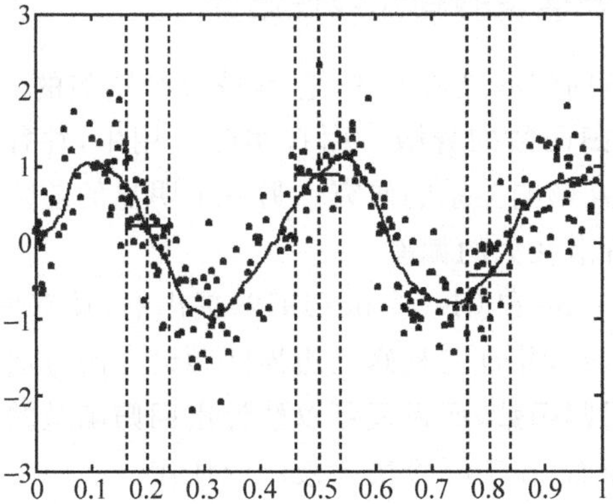

图6.2.2　核估计原理的示意图

2. 非参数回归模型核估计的性质

非参数回归模型的核估计具有如下性质：

(1) $E\{\hat{m}_n(x)\mid \boldsymbol{X}_1,\cdots,\boldsymbol{X}_n\}-m(\boldsymbol{x})$

$$=\mu_2(K)h_n^2\left[\boldsymbol{D}_f^{\mathrm{T}}(\boldsymbol{x})\boldsymbol{D}_m(\boldsymbol{x})f(\boldsymbol{x})^{-1}+\frac{1}{2}\mathrm{tr}\{\boldsymbol{H}_m(\boldsymbol{x})\}\right]+o_p(h_n^2)$$

(2) $\mathrm{Var}\{\hat{m}_n(\boldsymbol{x})\mid \boldsymbol{X}_1,\cdots,\boldsymbol{X}_n\}=n^{-1}h_n^{-d}R(K)\sigma^2(\boldsymbol{x})f(\boldsymbol{x})^{-1}+o_p(n^{-1}h_n^{-d})$

(3) 当 $h_n=cn^{-1/(d+4)}$ 时，$n^{2/(d+4)}[\hat{m}_n(\boldsymbol{x})-m(\boldsymbol{x})]\xrightarrow{L}$

$$N\left(\frac{\mu_2(K)c^2}{2f(\boldsymbol{x})}[\boldsymbol{D}_f^{\mathrm{T}}(\boldsymbol{x})\boldsymbol{D}_m(\boldsymbol{x})+f(\boldsymbol{x})\mathrm{tr}\{\boldsymbol{H}_m(\boldsymbol{x})\}],\frac{R(K)\sigma^2(\boldsymbol{x})}{c^d f(\boldsymbol{x})}\right)$$

式中$\boldsymbol{D}_v(\boldsymbol{x})$为$v(\boldsymbol{x})$的导数，$\boldsymbol{H}_m(\boldsymbol{x})=\left[\dfrac{\partial^2 m(x)}{\partial x_i \partial x_j}\right]_{d\times d}$。

由上述性质容易推得，$\hat{m}_n(\boldsymbol{x})$的渐近均方误差为

$$\text{AMSE}=\left[\mu_2(K)h_n^2\left[\boldsymbol{D}_f^{\mathrm{T}}(\boldsymbol{x})\,\boldsymbol{D}_m(\boldsymbol{x})f(\boldsymbol{x})^{-1}+\frac{1}{2}\mathrm{tr}\{\boldsymbol{H}_m(\boldsymbol{x})\}\right]\right]^2+n^{-1}h_n^{-d}R(K)\sigma^2(\boldsymbol{x})f(\boldsymbol{x})^{-1}$$

当d较大时，存在所谓的维数诅咒现象。为了清楚地了解这个问题，由 AMSE 的公式可知，AMSE 的收敛速度为$n^{-4/(d+4)}$。当$d=1$时，取$n_1=100$。则当$n_d^{-4/(d+4)}=100^{-4/5}$(即$n^d=100^{(d+4)/5}$)时，$d$元变量的 AMSE 的收敛速度才与一元变量时的收敛速度相同。表 6.2.1 列出了多个解释变量情况下的n^d值。

表 6.2.1 维数诅咒现象

d	2	3	4	5	6	7	8	9	10
$n_d=100^{(d+4)/5}$	252	631	1 585	3 982	10 000	25 119	63 096	158 490	398 108

6.2.3 非参数回归模型的局部线性估计

尽管核估计方法是核回归的经典方法，它不是没有缺陷的。**核估计方法只能估计出回归函数，不能估计出回归函数的导数**。而在实际应用中，往往需要获得回归函数的导数，以便进行变量之间相互影响关系的研究。另一个明显的缺陷是，当在支撑的边界附近估计一个回归函数时它有潜在大的偏差。

局部线性估计是由 Stone 和 Cleveland(1979)提出的，具有局部线性核估计的许多性质(如它们的方差是相同的)，并且它是修正边界问题最好的方法之一。而且，**局部线性估计方法不仅可以估计出回归函数，而且还可以估计出回归函数的导数**，可以应用于经济变量的相互影响的研究。因而，在实际应用中被广泛使用。

1. 局部线性估计

非参数回归函数$m(\boldsymbol{x})$的局部线性估计为

$$\hat{m}_n(\boldsymbol{x};\,h_n)=\boldsymbol{e}_1^{\mathrm{T}}\,(\boldsymbol{X}_x^{\mathrm{T}}\boldsymbol{W}_x\boldsymbol{X}_x)^{-1}\boldsymbol{X}_x^{\mathrm{T}}\boldsymbol{W}_x\boldsymbol{Y} \qquad (6.2.15)$$

式中，

$$\boldsymbol{e}_1^{\mathrm{T}}=(1,0,\cdots,0),\quad \boldsymbol{X}_x=(\boldsymbol{X}_{x,1},\cdots,\boldsymbol{X}_{x,n})^{\mathrm{T}},\quad \boldsymbol{X}_{x,i}=(1,(\boldsymbol{X}_i-\boldsymbol{x}))^{\mathrm{T}},$$
$$\boldsymbol{W}_x=\mathrm{diag}\{K_{h_n}(\boldsymbol{X}_1-\boldsymbol{x}),\cdots,K_{h_n}(\boldsymbol{X}_n-\boldsymbol{x})\},\quad \boldsymbol{Y}=(Y_1,\cdots,Y_n)^{\mathrm{T}}。$$

易见，最小化

$$\sum_{i=1}^{n}\{Y_i-m(\boldsymbol{x})-\boldsymbol{D}_m^{\mathrm{T}}(\boldsymbol{x})(\boldsymbol{X}_i-\boldsymbol{x})\}^2K_{h_n}(\boldsymbol{X}_i-\boldsymbol{x}) \qquad (6.2.16)$$

的解，截距为式(6.2.15)，斜率为回归函数偏导数的估计。当$d=1$时，若$K(\cdot)$是$[-1,1]$上的均匀概率密度函数$K_1(\cdot)$，则$m(\boldsymbol{x})$的局部线性估计就是落在$[x-h,x+h]$的X_i与

其对应的 Y_i 关于局部模型

$$Y_i = m(\boldsymbol{x}) + m'(\boldsymbol{x})(X_i - x) + e_i \tag{6.2.17}$$

的最小二乘估计，如图 6.2.3 所示。若 $K(\cdot)$是$[-1,1]$上的概率密度函数 $K_2(\cdot)$，则 $m(\boldsymbol{x})$的局部线性估计就是落在$[x-h_n, x+h_n]$的 X_i 与其对应的 Y_i 关于局部模型(6.2.17)的加权最小二乘估计，当 X_i 越接近 x 时，对应 Y_i 的权数就越大，反之，则越小。若 $K(\cdot)$是$(-\infty,\infty)$上原点对称的标准正态密度函数 $K_3(\cdot)$，则 $m(\boldsymbol{x})$的局部线性估计就是局部模型(6.2.17)的加权最小二乘估计，当 X_i 离 x 越近时，权数就越大，反之，就越小，当 X_i 落在$[x-3h_n, x+3h_n]$之外时，权数基本上为零。

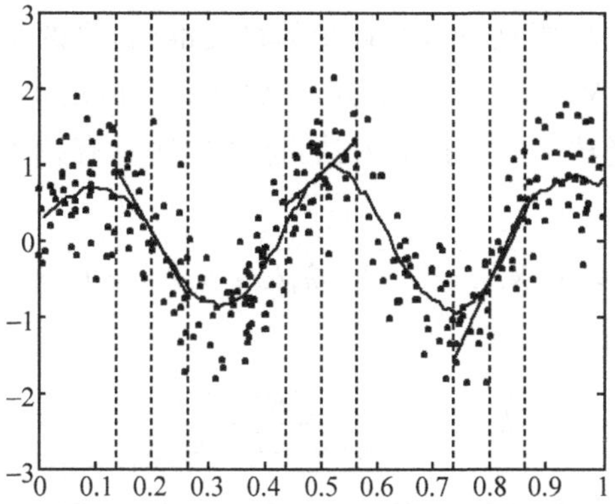

图 6.2.3　局部线性估计原理的示意图

2. 局部线性估计的性质

非参数回归模型的局部线性估计具有如下性质：

(1) $E\{\hat{m}_n(\boldsymbol{x};\ h_n)\mid \boldsymbol{X}_1,\cdots,\boldsymbol{X}_n\} - m(\boldsymbol{x}) = \dfrac{1}{2}h_n^2\mu_2(K)\mathrm{tr}\{\boldsymbol{H}_m(\boldsymbol{x})\} + o_p(h_n^2)$

(2) $\mathrm{Var}\{\hat{m}_n(\boldsymbol{x};\ h_n)\mid \boldsymbol{X}_1,\cdots,\boldsymbol{X}_n\} = n^{-1}h_n^{-d}R(K)\sigma^2(\boldsymbol{x})f(\boldsymbol{x})^{-1} + o_p(n^{-1}h_n^{-d})$

(3) $n^{2/(d+4)}[\hat{m}_n(\boldsymbol{x};\ h_n) - m(\boldsymbol{x})] \xrightarrow{L}$

$$N\left(\frac{c^2}{2}\mu_2(K)\mathrm{tr}\{\boldsymbol{H}_m(\boldsymbol{x})\},\ c^{-d}R(K)\sigma^2(\boldsymbol{x})f(\boldsymbol{x})^{-1}\right)$$

其中，$\boldsymbol{H}_m(\boldsymbol{x}) = \left[\dfrac{\partial^2 m(\boldsymbol{x})}{\partial x_i \partial x_j}\right]_{d\times d}$。

由上述性质可知，核估计的渐近方差与局部线性回归估计相同，但偏却多了一项；局部线性估计的渐近偏与解释变量的密度函数无关，因而具有数据类型的适应性，即既适合均匀分布的解释变量，又适合非均匀分布的解释变量。由于局部线性估计是模型局部台劳线性展开的局部加权最小二乘估计，比局部台劳零阶展开的核估计的局部展开项多了线性项，所以，局部线性估计的性质好于核估计。由于局部线性估计的渐近方差趋于零，由切贝谢夫不等式知，局部线性估计为一致估计。易见，局部线性估计在内点处的收敛速度为 $n^{-2/(d+4)}$。

3. 一元情形的窗宽选择

在非参数回归模型估计中，窗宽的选择非常重要。在一些情况下，可以用肉眼观察选择出合适的窗宽，但更多时候有必要建立自动选择窗宽的准则。目前常用的窗宽选择法可大致分为两类：第一种称为**快速简易法**(quick and simple)，即它由一些简单的易计算的公式组成，目的是找出"合理"的窗宽，但不保证在数学上它们是接近最优窗宽的；第二种称为高技术法(hitech)，它根据一些统计量的最优准则，目的是得到各种待估计函数形式下理想的窗宽。M. P. Wand 和 M. C. Jones(1995)在假定 $\sigma^2(x)=\sigma^2$ 下给出了一种非参数回归最佳窗宽的选择法——直接插入法，这种方法具有特别的理论和实用价值。最小化加权条件 MISE

$$\text{MISE}\{\hat{m}_n(\cdot;h_n)\mid X_1,\cdots,X_n\}=E\left[\int\{\hat{m}_n(x;h_n)-m(x)\}^2 f(x)\mathrm{d}x\mid X_1,\cdots,X_n\right]$$

可得理论上的最优窗宽为

$$h_{\text{AMISE}}=\left[\frac{\sigma^2 R(K)}{n\mu_2(K)^2\theta_{22}}\right]^{1/5} \tag{6.2.18}$$

式中，$\theta_{22}=\int[m''(x)]^2 f(x)\mathrm{d}x$。M. P. Wand 和 M. C. Jones(1995) 给出了 σ^2 和 θ_{22} 的估计 $\hat{\sigma}^2$ 和 $\hat{\theta}_{22}$，将之代入式(6.2.18)，就得到直接插入法选择的窗宽

$$\hat{h}_{\text{DPI}}=\left[\frac{\hat{\sigma}^2 R(K)}{n\mu_2(K)^2\hat{\theta}_{22}}\right]^{1/5} \tag{6.2.19}$$

在 R 软件中提供了一元非参数回归模型局部线性估计的软件包 KernSmooth，其中有选择窗宽的函数，给直接插入法窗宽选择的应用者带来了极大的便利。

注意：应用直接插入法窗宽选择的前提条件是随机误差项同方差 $\sigma^2(\boldsymbol{x})=\sigma^2$，如果随机误差项是异方差，则应该将变量进行变量变换，使得变量变换后建立的非参数回归模型的随机误差项同方差，才可以应用直接插入法进行窗宽选择。

6.2.4 实例

例 6.2.1 老忠实喷泉(Old Faithful Geyser)是位于美国黄石国家公园(Yellowstone National Park)的一个旅游名胜。300 次喷发的持续时间(分钟)如图 6.2.4 所示，两阶段直接插入的窗宽选择方法得到的窗宽估计为 $\hat{h}_{\text{DPI},2}=0.1438196$，图 6.2.5 为其密度函数的核估计。该例为 R 软件包 KernSmooth 自带的一个例子。

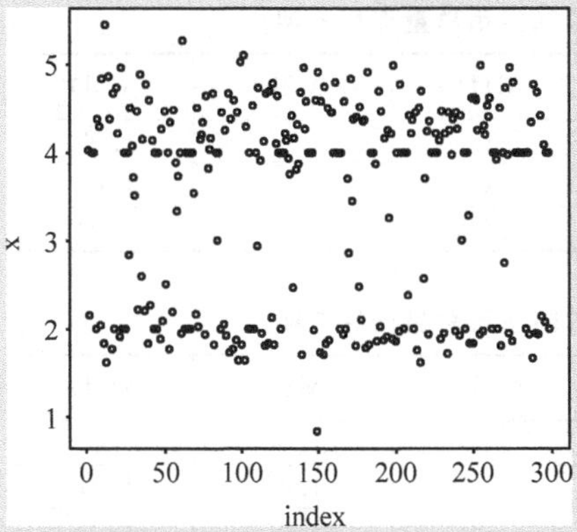

图 6.2.4　300 个观察值

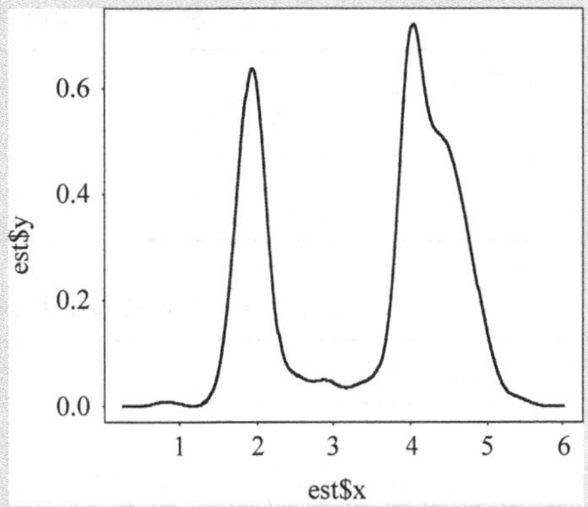

图 6.2.5　密度函数的核估计

例 6.2.2　关于通货膨胀预测和货币增长的研究。该例来自 Qi Li 和 Jeffrey Scott Racine(2007)。在货币领域中盛行的传统知识是货币增长应该促进通货膨胀。然而，实证结果却恰恰相反，也就是货币增长对通货膨胀没有影响。而且，这个实证上的结论对样本期的变化和不同的计量方法都是稳健的(见 Leeper 和 Roush(2003)与 Stock 和 Watson(1999))。这个理论和经验的不一致在宏观经济学中是一个很著名的谜。这方面的许多实证研究是使用如下形式的线性向量自回归模型(VAR)(linear autoregressive model)进行研究的：

$$X_t = \alpha + \beta(L) X_{t-1} + \varepsilon_t$$

其中 $X_t=(\pi_t, Z_t)'$，π_t 是 t 时的通货膨胀率，且 Z_t 是货币总量的增长率。

Bachmeier，Leelahanon 和 Li(2007)使用从 1959 年 1 月到 2002 年 5 月的月度数据基于非参数的视角重新研究了这个问题。使用的货币总量是 M1，M2 和 M3，以及相应的 M1，M2 和 M3 的 Divisia 金融服务指数，其中通货膨胀使用消费者价格指数来衡量。

使用来自 Bachmeier 等(2007)的数据，首先考虑使用一个关于通货膨胀和货币增长的二元 VAR 模型预测通货膨胀，预测区间为 1994 年 2 月至 2002 年 4 月。分别对 $s=1,6$ 和 12 进行预测。每个模型的均值平方预测误差(MSPE)都被计算。使用信息量 SIC 选择通货膨胀和经济增长的最优滞后期为两期，所以，预测方程是

$$\pi_t = \alpha_0 + \alpha_1 \pi_{t-s} + \alpha_2 \pi_{t-s-1} + \alpha_3 \Delta m_{t-s} + \alpha_4 \Delta m_{t-s-1} + \varepsilon_t$$

其中 m_t 可以是这六种货币总量测度($\Delta m_t = m_t - m_{t-1}$)的任何一个。考虑稳健性的缘故，报告了货币总量的 1 期和 2 期滞后值的结果，并且表 6.2.2 和表 6.2.3 报告了 VAR 模型两种情况(包括/排除每个滞后一期和二期的货币总量)的 MSPE 比率；小于 1.00 的值意味着在给定的预测期内，包括此滞后货币总量的模型较排除此滞后货币总量的模型改进了预测。

表 6.2.2　参数模型的相对 MSPE(包括/排除货币总量滞后一期)

时期/月	M1	M2	M3	M1D	M2D	M3D
1	1.05	1.02	1.06	1.00	1.00	1.00
6	0.90	1.00	1.11	1.00	1.04	1.06
12	0.93	0.96	1.09	1.00	1.02	1.04

表 6.2.3　参数模型的相对 MSPE(包括/排除货币总量滞后二期)

时期/月	M1	M2	M3	M1D	M2D	M3D
1	1.04	0.99	1.04	1.00	1.00	1.00
6	0.91	1.00	1.10	0.99	1.04	1.07
12	0.92	0.94	1.06	1.00	1.01	1.05

表 6.2.2 和表 6.2.3 显示,包括货币并不能增强系统对通货膨胀的预测。对包括货币总量 1 期滞后的情形,18 个结果中 9 个预测更差,3 个改进,且 6 个没有变化。对包括货币总量 2 期滞后的情形,18 个结果中 8 个预测更差,5 个改进,和 5 个没有变化。总体来看,使用货币增长预测通货膨胀在参数模型中可以被看做是相当弱的。也就是包括货币总量反而导致更低效率的预测。

将参数 AR(2)模型的预测和如下形式

$$\pi_t = g(\pi_{t-s}, \pi_{t-s-1}) + \varepsilon_t$$

的非参数 AR(2)模型(采用核估计)的预测进行比较,其中 g(·)是未知的。对估计样本采用交错鉴别法,然后使用交错鉴别带宽来生成样本外预测(注意到 Bachmeier 等(2007)使用了一个更复杂的两步交错鉴别程序。因此,这里报告的结果与在 Bachmeier 等(2007)中报告的结果有微小的不同,因为使用了不同的带宽选择程序)。表 6.2.4 报告了非参数 AR(2)模型的相对 MSPE 以及参数 AR(2)模型的 MSPE。

表 6.2.4　非参数模型/参数模型的相对 MSPE

时期/月	相对 MSPE
1	0.98
6	1.01
12	0.88

表 6.2.4 说明,1 个月和 6 个月时期的交错鉴别非参数 AR(2)模型与参数 AR(2)模型的预测能力不相上下,但对于 12 个月时期情形,非参数模型的预测比参数模型的有较大改进。这意味着 12 个月时期的参数模型设定错误。人们开始怀疑货币总量对通货膨胀预测无效率的结论实际上是参数错误设定的一个典型产物。因此,考虑如下形式的非参数模型:

$$\pi_t = g(\pi_{t-s}, \pi_{t-s-1}, \Delta m_{t-s}, \Delta m_{t-s-1}) + \varepsilon_t \qquad (6.2.20)$$

其中 g(·)是未知的，仍使用交错鉴别法选择窗宽。

表 6.2.5 和表 6.2.6 给出了非参数模型的相对 MSPE，有包括货币总量和不包括货币总量两种情形。这些结果显示，当包括滞后 1 期的货币总量时，18 个结果中有 2 个预测更差(在参数模型中是 9 个)，9 个改进(在参数模型中是 3 个)，以及 7 个没有变化(在参数模型中是 6 个)；当包括滞后 2 期的货币总量时，18 个结果中有 3 个预测更差，8 个改进，以及 7 个没有变化。显然，在非参数模型中，使用货币增长作为通货膨胀的一个预测变量在事实上是非常有帮助的，因为总体而言包括货币总量导致更准确的预测。

表 6.2.5　非参数模型的相对 MSPE(包括/不包括滞后 1 期的货币总量)

时期/月	M1	M2	M3	M1D	M2D	M3D
1	1.07	1.00	0.85	0.92	0.89	0.89
6	0.96	0.95	1.15	1.00	1.00	1.00
12	0.96	0.84	0.98	1.00	1.00	1.00

表 6.2.6　非参数模型的相对 MSPE(包括/不包括滞后 2 期的货币总量)

时期/月	M1	M2	M3	M1D	M2D	M3D
1	1.07	0.98	1.06	1.00	1.00	0.88
6	1.00	0.96	1.07	1.00	1.00	1.00
12	0.99	0.83	0.98	1.00	0.97	0.93

所以，非参数方法意味着货币增长对通货膨胀的影响是非线性的，而不是线性的。因此，前面的那个谜看起来是由于错误地使用了线性关系的一个典型产物。

6.3　非参数模型全局逼近估计方法简介

前面介绍的非参数回归模型的核估计和局部线性估计属局部逼近估计方法，局部估计方法用于预测时只能预测数据区域内的回归函数值，对于附近没有观察点的回归函数值就无法预测。全局逼近估计用于预测时就不存在局部估计所存在的问题，它不仅可以预测数据区域内的回归函数值，也可以预测数据区域外的回归函数值。全局逼近估计也称为级数估计，常用的方法包括正交序列估计、多项式样条估计和惩罚最小二乘估计。本节将对这些方法在**独立同分布样本假定**下的原理作简单介绍。

6.3.1　正交序列估计简介

设回归函数为$[a,b]$区间上连续函数 $m(x)\in C[a,b]$，假设 $\{\varphi_i\}_{j=0}^{\infty}$ 构成$[a,b]$区间上的一组正交基，即它们满足

$$\int_a^b \varphi_i(x)\varphi_j(x)\mathrm{d}x = \delta_{ij} = \begin{cases} 0, & i \neq j \\ c_i, & i = j \end{cases} \tag{6.3.1}$$

式中 c_i 是常数，则 $m(x)$ 有正交序列展开 $m(x) = \sum_{i=1}^{\infty}\theta_i\varphi_i(x)$。可将非参数回归模型

$$Y_i = m(X_i) + \sigma(X_i)\varepsilon_i$$

近似为

$$Y_i = \sum_{j=1}^{m}\theta_j\varphi_j(X_i) + v_i \tag{6.3.2}$$

式中 m 是一个足够大的数。对模型(6.3.2)进行最小二乘估计，得到

$$\hat{\theta} = (\boldsymbol{Z}^{\mathrm{T}}\boldsymbol{Z})^{-1}\boldsymbol{Z}^{\mathrm{T}}\boldsymbol{Y} \tag{6.3.3}$$

式中 $\boldsymbol{Z}=(\boldsymbol{Z}_1,\cdots,\boldsymbol{Z}_m)$，$\boldsymbol{Z}_i=(\varphi_i(X_1),\cdots,\varphi_i(X_n))^{\mathrm{T}}$。于是，$m(x)$的正交序列估计为

$$\hat{m}_n(x) = \boldsymbol{z}(x)^{\mathrm{T}}\hat{\theta} \tag{6.3.4}$$

式中 $\boldsymbol{z}(x)=(\varphi_1(x),\cdots,\varphi_m(x))^{\mathrm{T}}$。

可见，**正交序列估计是基于函数逼近的思想并利用一组正交基来逼近。**

设解释变量为确定性变量。记 $v(x)=\sigma_\mu^2(z(x)^{\mathrm{T}}(\boldsymbol{Z}^{\mathrm{T}}\boldsymbol{Z})^{-1}z(x))$，则当 $n\to\infty, m\to\infty$ 时，正交序列估计有如下性质：

(1) $v(x)^{-1/2}(\hat{m}_n(x)-E\hat{m}_n(x))\xrightarrow{d}N(0,1)$；

(2) $v(x)^{-1/2}(E\hat{m}_n(x)-m)\to 0$；

(3) $\hat{\sigma}_\mu^2 = n^{-1}\sum_{i=1}^{n}(Y_i-\hat{m}_n(X_i))^2$ 是 σ_μ^2 的一个一致估计。

正交序列估计的关键是寻找正交基。下面列出常用的两个正交基，即 Legendre 多项式正交基和 Fourier 基。

区间$[-1,1]$上 Legendre 多项式正交基为

$$P_0(x) = 1/\sqrt{2}, \quad P_1(x) = x/\sqrt{2/3},$$
$$P_{m+1}(x) = [(2m+1)xP_m(x) - mP_{m-1}(x)]/(m+1), \quad m = 1,2,\cdots$$

Legendre 多项式正交基$\{P_j(x)\}_{j=0}^{\infty}$满足

$$\int_{-1}^{1}P_i(x)P_j(x)\mathrm{d}x = \begin{cases} 0, & i \neq j \\ 1, & i = j \end{cases}$$

区间$[0,1]$上 Fourier 正交基为

$$q_1(x) = 1, \quad q_{2k}(x) = \sqrt{2}\cos(2\pi kx), \quad q_{2k+1}(x) = \sqrt{2}\sin(2\pi kx)(k = 1,2,\cdots)$$

Fourier 正交基$\{q_j(x)\}_{j=1}^{\infty}$满足

$$\int_0^1 q_i(x)q_j(x)\mathrm{d}x = \begin{cases} 0, & i \neq j \\ 1, & i = j \end{cases}$$

6.3.2　多项式样条估计简介

样条估计最初是由 Whittaker(1923)作为一种数值分析的工具提出的。到 20 世纪 60 年代,Schoenberg(1964)将它用于数值模拟,导出样条估计,但真正作为一种非参数回归分析方法研究样条估计则始于上世纪 70 年代 Wahba 的一系列工作。现在的理论和经验都表明样条估计是一种有效的统计数据分析的工具。

设 $t_1,\cdots,t_m$ 是固定节点序列,$-\infty<t_1<\cdots<t_m<+\infty$。

$$B_i(x)=(x-t_i)_+^3,\quad (i=1,\cdots,m)$$

$$B_{m+1}(x)=1,B_{m+2}(x)=x,\quad B_{m+3}(x)=x^2,B_{m+4}(x)=x^3 \tag{6.3.5}$$

则三阶多项式样条函数可表示成

$$\sum_{i=1}^{m+4}\theta_i B_i(x) \tag{6.3.6}$$

最小化

$$\sum_{i=1}^{n}\Big(Y_i-\sum_{j=1}^{m+4}\theta_j B_j(X_i)\Big)^2 \tag{6.3.7}$$

可得到 θ_i 的估计 $\hat{\theta}_i(i=1,\cdots,m+4)$。于是,非参数回归函数 $m(x)$的多项式样条估计为

$$\hat{m}_n(x)=\sum_{i=1}^{m+4}\hat{\theta}_i B_i(x) \tag{6.3.8}$$

多项式样条估计在实际应用中必须解决**节点的选择问题**。可按照如下方法选择节点:先取正整数 k,令 $m=[n/k]$,取 $t_i=X_{(ki)}(i=1,\cdots,m)$;对于第 $i(1\leqslant i\leqslant m)$个节点,检验 $H_0:\theta_i=0$,根据 t 统计量删除接受假设的节点;调整 k 直到获得满意的估计效果。

可见,**多项式样条估计是利用多项式样条函数逼近回归函数的一种估计方法**。

6.3.3　惩罚最小二乘法简介

如果考虑单纯的最小二乘问题,求函数 $m(X_i)$使得

$$\sum_{i=1}^{n}[Y_i-m(X_i)]^2$$

达到最小,则该问题的解有无数多个。例如,通过所有观测点的折线的表达式为一个解,通过所有观测点的任意光滑曲线的表达式也都是解。但这些解没有应用价值,因为它的残差全部为 0,随机误差项产生的噪声没有排除,因而这种解不是我们所需要的。为了寻求既可排除随机误差项产生的噪声,又使得解具有一定的光滑性(二阶导数连续),可以采用如下的惩罚最小二乘法,就是使

$$\sum_{i=1}^{n}[Y_i-m(X_i)]^2+\lambda\int_0^1[m''(x)]^2\mathrm{d}x \tag{6.3.9}$$

达到最小的解$\hat{m}_{n,\lambda}(\cdot)(\lambda>0)$。这里$\lambda$称为平滑参数。该问题有唯一解，其解为$Y_i(i=1,\cdots,n)$的线性组合，该解的求解过程复杂且没有显式表达式，在此省略。对于通过所有观测点的折线虽然使得式(6.3.9)第一项平方和为零，但它不满足光滑性；对于直线，虽然很光滑且使得式(6.3.9)的第二项为零，但却会使得式(6.3.9)的第一项平方和过大。所以，惩罚最小二乘法实际上就是在最小二乘法和解的光滑性之间进行权衡，式(6.3.9)的第二项实际上就是对第一项平方和过小的一个惩罚。

惩罚最小二乘法的平滑参数λ是人为确定的，并不是对每一个λ，惩罚最小二乘法的解都能够充分排除随机误差项产生的噪声。当$\lambda=0$时，通过所有观测点的任意光滑曲线的解没有意义；当$\lambda=+\infty$时，直线解也没有意义。平滑参数λ完全控制了非参数回归模型的惩罚最小二乘估计的估计效果。在实际应用中必须不断地调整λ，直到找到满意的解为止。所以，存在一个问题：最佳的平滑参数λ如何选择？对于该问题可采用如下的广义交错鉴定法选择最佳λ。首先，由解$\hat{m}_{n,\lambda}(\cdot)$得到矩阵$\boldsymbol{H}_\lambda$：

$$(\hat{m}_{n,\lambda}(X_1),\cdots,\hat{m}_{n,\lambda}(X_n))^{\mathrm{T}} = \boldsymbol{H}_\lambda \boldsymbol{Y}$$

其次，求λ，使得

$$[\mathrm{tr}(\boldsymbol{I}-\boldsymbol{H}_\lambda)]^{-2}\sum_{i=1}^{n}[Y_i-\hat{m}_{n,\lambda}(X_i)]^2$$

达到最小。

总之，惩罚最小二乘法是在最小二乘法和解的光滑性之间进行权衡而发展起来的一种估计方法。

6.4 半参数计量经济学模型

由前面的讨论可知，当多元非参数回归模型的解释变量个数为d时，完全非参数回归模型估计的收敛速度为$O(n^{-2/(d+4)})$，将随着解释变量的增加而越来越慢。这意味着要达到相同估计精度，解释变量多的模型需要的数据个数远大于解释变量少的模型。为了克服这一障碍，人们不得不寻找新的出路。众所周知，参数线性回归模型和非线性回归模型的最小二乘估计和最大似然估计的收敛速度为$O(n^{-1/2})$，能不能在模型中既有参数部分又有非参数部分以提高模型整体估计的收敛速度？答案是肯定的。本节介绍的半参数计量经济模型，其参数部分估计的收敛速度仍为$O(n^{-1/2})$，非参数部分估计在内点处的收敛速度都达到了$O(n^{-2/(d_1+4)})$（解释变量个数为d，非参数部分的解释变量个数为d_1，$d_1<d$)，都快于$O(n^{-2/(d+4)})$。近年来，由于半参数回归模型在微观经济等领域的广泛应用，使得这类模型成为非参数计量经济学研究的一个热点。本节首先介绍一般半参数线性回归模型，然后介绍半参数二元离散选择模型。

6.4.1　半参数线性回归模型

Stone 于 1977 年提出如下回归模型：

$$Y_i = \beta' \boldsymbol{Z}_i + g(\boldsymbol{X}_i) + \mu_i \tag{6.4.1}$$

式中$\boldsymbol{Z}_i = (Z_{1i}, \cdots, Z_{d_0 i})$，$\boldsymbol{X}_i = (X_{1i}, \cdots, X_{d_1 i})$，$\beta$是未知参数向量，$g(\cdot)$是未知函数，$\mu_i(i=1,\cdots,n)$是均值为零的随机误差序列，假定 μ_i 与解释变量$\boldsymbol{Z}_i$ 和$\boldsymbol{X}_i$ 不相关。该模型有线性参数部分$\beta'\boldsymbol{Z}_i$，作为主要部分把握被解释变量的大势走向，适于外延预测；还有非参数部分 $g(\boldsymbol{X}_i)$，可以对被解释变量作局部调整，使模型更好地拟合样本观测值。由于式(6.4.1)结合了参数模型和非参数模型，所以称为**半参数回归模型**。由于这种模型既含参数分量，又含非参数分量，可以概括和描述众多实际问题，因而引起广泛的重视。例如，我国每月商品进口额一方面与国内生产总值有关，而且是正的线性相关关系；另一方面，还与季节有关，不同月份的商品进口额明显不同，且变化较大，但每年的季节变化对商品进口额的影响相似。若假定商品进口额与季节因素的关系未知，则对我国商品进口额建立的回归模型就是半参数回归模型。模型(6.4.1)**没有常数项**，这是因为有了常数项模型不可识别，不能唯一估计出常数项和未知函数 $g(\cdot)$，应该把常数项合并到未知函数 $g(\cdot)$中去，这样模型(6.4.1)可识别，可唯一估计出参数β和未知函数 $g(\cdot)$。对于模型(6.4.1)的估计方法有许多种，例如，最小二乘核估计、最小二乘近邻估计、最小二乘局部线性估计、最小二乘正交序列估计和最小二乘样条估计等。

1. 最小二乘核估计

半参数线性回归模型的最小二乘核估计是由 Denby(1984，1986)提出的，它分三步进行估计。

第一步，先设β已知，估计 $g(x)$。对模型(6.4.1)方程两边取 $\boldsymbol{X}_i$ 的条件数学期望，得到

$$g(\boldsymbol{X}_i) = E(Y_i \mid \boldsymbol{X}_i) - \beta' E(\boldsymbol{Z}_i \mid \boldsymbol{X}_i)$$

应用核估计分别获得 $E(Y_i|\boldsymbol{X}_i)$和 $E(\boldsymbol{Z}_i|\boldsymbol{X}_i)$的核估计$\hat{E}(Y_i|\boldsymbol{X}_i)$和$\hat{E}(\boldsymbol{Z}_i|\boldsymbol{X}_i)$，于是，得到$g(\boldsymbol{x})$的核估计：

$$\hat{g}(\boldsymbol{x}, \beta) = \hat{E}(Y_i \mid \boldsymbol{X}_i) - \beta' \hat{E}(\boldsymbol{Z}_i \mid \boldsymbol{X}_i) \tag{6.4.2}$$

第二步，估计β。将式(6.4.2)代入模型(6.4.1)，得到

$$Y_i - \hat{E}(Y_i \mid \boldsymbol{X}_i) = \beta'(\boldsymbol{Z}_i - \hat{E}(\boldsymbol{Z}_i \mid \boldsymbol{X}_i)) + v_i$$

得到β的最小二乘估计$\hat{\beta}$。

第三步，得到 $g(\boldsymbol{x})$的最终估计：

$$\hat{g}(\boldsymbol{x}) = \hat{E}(Y_i \mid \boldsymbol{X}_i) - \hat{\beta}' \hat{E}(\boldsymbol{Z}_i \mid \boldsymbol{X}_i) \tag{6.4.3}$$

可以证明，最小二乘核估计参数部分估计的收敛速度为 $O(n^{-1/2})$，非参数部分估计在内点处的收敛速度为 $O(n^{-2/(d_1+4)})$。在估计过程中，窗宽 h_n 不仅控制了半参数线性回归模型中非参数函数的核估计效果，而且也控制了模型参数最小二乘估计的效果。

2. 最小二乘局部线性估计

最小二乘核估计不能估计出非参数部分函数的导数，在具体应用中具有较大的局限性。而最小二乘局部线性估计可以估计出非参数部分函数的导数，因而，该估计方法在实际应用中被广泛使用。半参数线性回归模型的最小二乘局部线性估计分四步进行。

第一步，先设β已知，基于模型 $Y_i-\beta'\boldsymbol{Z}_i=g(\boldsymbol{X}_i)+u_i$，得到 $g(\boldsymbol{x})$的局部线性估计$\hat{g}(\boldsymbol{x},\beta)$，同时也可以获得其导数的估计。

第二步，基于参数模型 $Y_i=\beta'\boldsymbol{Z}_i+\hat{g}(\boldsymbol{X}_i,\beta)+\nu_i$，得到$\beta$的最小二乘估计$\hat{\beta}$。

第三步，得到 $g(\boldsymbol{x})$的最终估计$\hat{g}(\boldsymbol{x})=\hat{g}(\boldsymbol{x},\hat{\beta})$，以及其导数的最终估计。

参数向量β和非参数函数 $g(\boldsymbol{x})$的局部线性估计的矩阵表达式为

$$\hat{\beta}=(\widetilde{\boldsymbol{Z}}^{\mathrm{T}}\widetilde{\boldsymbol{Z}})^{-1}\widetilde{\boldsymbol{Z}}^{\mathrm{T}}\widetilde{\boldsymbol{Y}},\quad \hat{g}(\boldsymbol{x})=\boldsymbol{S}^{\mathrm{T}}(\boldsymbol{x})(\boldsymbol{Y}-\hat{\beta}\boldsymbol{Z}) \tag{6.4.4}$$

其中，

$$\widetilde{\boldsymbol{Z}}=(\boldsymbol{I}-\boldsymbol{S})\boldsymbol{Z},\quad \boldsymbol{Z}=(\boldsymbol{Z}_1,\cdots,\boldsymbol{Z}_n)^{\mathrm{T}},\quad \widetilde{\boldsymbol{Y}}=(\boldsymbol{I}-\boldsymbol{S})\boldsymbol{Y}$$
$$\boldsymbol{Y}=(Y_1,\cdots,Y_n)^{\mathrm{T}}$$
$$\boldsymbol{S}=[\boldsymbol{S}(\boldsymbol{X}_1),\cdots,\boldsymbol{S}(\boldsymbol{X}_n)]^{\mathrm{T}},\quad \boldsymbol{S}^{\mathrm{T}}(x)=\boldsymbol{e}_1^{\mathrm{T}}(\boldsymbol{X}_x^{\mathrm{T}}\boldsymbol{W}_x\boldsymbol{X}_x)^{-1}\boldsymbol{X}_x^{\mathrm{T}}\boldsymbol{W}_x$$
$$\boldsymbol{e}_1=(1,0,\cdots,0)^{\mathrm{T}}$$
$$\boldsymbol{X}_x=(\boldsymbol{X}_{x,1},\cdots,\boldsymbol{X}_{x,n})^{\mathrm{T}},\quad \boldsymbol{X}_{x,i}=(1,(\boldsymbol{X}_i-\boldsymbol{x})^{\mathrm{T}})^{\mathrm{T}}$$
$$\boldsymbol{W}_x=\mathrm{diag}\{K_{h_n}(\boldsymbol{X}_1-\boldsymbol{x}),\cdots,K_{h_n}(\boldsymbol{X}_n-\boldsymbol{x})\}$$

将 $\boldsymbol{e}_1=(1,0,\cdots,0)^{\mathrm{T}}$ 换成 $\boldsymbol{e}_i=(0,\cdots,0,1,0,\cdots,0)^{\mathrm{T}}$（第 i 个为 1，其他为零），容易获得$g(\boldsymbol{x})$导数估计的表达式。

同样可以证明，最小二乘局部线性估计参数部分估计的收敛速度为 $O(n^{-1/2})$，非参数部分估计在内点处的收敛速度为 $O(n^{-2/(d_1+4)})$。在估计过程中，窗宽 h_n 不仅控制了半参数线性回归模型中非参数部分的局部线性估计效果，而且也控制了模型参数部分最小二乘估计的效果。

6.4.2 半参数二元离散选择模型

二元离散选择模型是微观计量经济学的一个重要模型类型，在第 4.2 节中有详细的介绍。为了估计二元离散选择参数模型，必须基于效用模型（即潜在被解释变量的回归方程）的随机误差项分布已知的假定，或者是标准正态分布，或者是逻辑分布，或者是其他极值分布。但是，现实中该假定不一定成立，错误的分布设定必然导致错误的推断。**半参数**

二元离散选择模型中效用模型的随机误差项的分布是待估计的未知函数，这样就可以有效克服二元离散选择模型的应用缺陷。由于半参数模型估计的收敛速度慢于参数模型，必须有足够多的样本才能实现半参数模型的估计，如果样本数目不多，还是采用参数模型进行拟合。

设不可观察的潜在变量为 Y_i^*，比如个体购买汽车的效用与不购买汽车的效用之差，其可观察的变量是 Y_i，若个体购买汽车的效用大于不购买汽车的效用，即 $Y_i^*>0$，则 $Y_i=1$，个体作出购买汽车的选择；反之，若个体购买汽车的效用小于或等于不购买汽车的效用，即 $Y_i^*\leqslant 0$，则 $Y_i=0$，个体作出不购买汽车的选择。影响个体购买汽车的效用和不购买汽车的效用的因素很多，如个体的收入 X_i、汽车的价格 Z_i、个体乘公交车上班的成本和城市的交通情况等。于是，将半参数二元离散选择模型设定为

$$Y_i^* = a + bX_i + cZ_i + \mu_i^* \tag{6.4.5}$$

式中，解释变量 X_i 和 Z_i 是确定性变量，μ_i^* 是零均值分布为 $F(\mu)$ 的随机误差项。假定 $F(\mu)$ 未知，为一对称分布，即 $F(\mu)=1-F(-\mu)$。影响因素可以是离散型的变量，也可以是连续型的变量，可以不止两个。经典的模型假定 $F(\mu)$ 已知，最常用的是 Probit 模型和 Logit 模型，这两个模型分别假定模型的随机误差项的分布为标准正态分布：

$$F(\mu) = \int_{-\infty}^{\mu} (2\pi)^{-1/2} \mathrm{e}^{-s^2/2} \mathrm{d}s$$

和 Logistic 分布：

$$F(\mu) = 1/(1 + \mathrm{e}^{-\mu})$$

然而，现实中，个体购买汽车的效用和不购买汽车的效用不可观察，因而随机误差项的分布具体是什么形式也是未知的。所以，半参数二元离散选择模型比经典的模型更符合实际情况。

根据上述界定，显然有

$$\begin{aligned} P(Y_i = 1) &= P(Y_i^* > 0) = P(a + bX_i + cZ_i + \mu_i^* > 0) \\ &= P(\mu_i^* > -(a + bX_i + cZ_i)) = F(a + bX_i + cZ_i) \end{aligned} \tag{6.4.6}$$

式中，$P(\cdot)$表示概率。由于 Y_i 是取值为 0 和 1 的离散变量，所以，

$$E(Y_i) = P(Y_i = 1) \tag{6.4.7}$$

结合式(6.4.6)和式(6.4.7)，有

$$E(Y_i) = F(a + bX_i + cZ_i) \tag{6.4.8}$$

于是模型(6.4.8)转化为

$$Y_i = F(a + bX_i + cZ_i) + \mu_i \tag{6.4.9}$$

式中函数 $F(\cdot)$未知，μ_i 为随机误差项，均值为零 $E\mu_i=0$，但存在异方差，即

$$E(\mu_i^2) = F(a + bX_i + cZ_i)(1 - F(a + bX_i + cZ_i))$$

所以，**半参数二元离散选择模型实际上是一个半参数单方向投影追踪异方差模型**。为了

使模型(6.4.9)可以识别,必须给定 a 和给定 b 或 c,不妨假定 $a=0$ 和 $b=1$,在该假定下 X_i 是影响 Y_i 的不可缺少的因素。对于模型(6.4.9),可采用上节介绍的最小二乘核估计方法进行估计。

也可以用**最大似然核估计方法**估计模型(6.4.9)。$\{Y_i\}$的对数似然函数为

$$L=\sum_{i=1}^{n}[(1-Y_i)\log(1-F(X_i+cZ_i))+Y_i\log F(X_i+cZ_i)] \qquad (6.4.10)$$

对参数 c 和未知函数 $F(\cdot)$的最大似然核估计分三步进行。

第一步,假定 c 已知,基于模型(6.4.9),得到 $F(w)$的核估计:

$$\hat{F}(w,c)=\sum_{i=1}^{n}W_{ni}(w,c)Y_i \qquad (6.4.11)$$

其中,$W_{nj}(w,b)=K\left(\frac{X_j+cZ_j-w}{h_n}\right)\Big/\sum_{k=1}^{n}K\left(\frac{X_k+cZ_k-w}{h_n}\right)$。

第二步,得到 c 的最大似然估计,即最大化对数似然函数

$$\sum_{i=1}^{n}[(1-Y_i)\log(1-\hat{F}(X_i+cZ_i,c))+Y_i\log\hat{F}(X_i+cZ_i,c)] \qquad (6.4.12)$$

记 c 的最大似然估计为$\hat{c}$。

第三步,得到 $F(w)$的最终估计:

$$\hat{F}(w)=\hat{F}(w,\hat{c})=\sum_{i=1}^{n}W_{ni}(w,\hat{c})Y_i \qquad (6.4.13)$$

6.4.3 实例

下面通过一个实例对参数离散选择模型和半参数离散选择模型的效果进行比较。

例 6.4.1 研究邮寄目录对直销的作用。通常从人口统计资料及个体历史购买决策的记录中挑出最可能成为回头客的目标客户。例如,人们可能考虑只向那些最可能成为回头客或者“最像”回头客的人邮寄目录。于是,直销的成功或者失败,直接依赖于如何识别哪些客户最可能做出购买的选择。

Racine (2002) 考虑了一个行业标准数据库,这个数据库来自 Direct Marketing Association (DMA),包含了一个每年向它的顾客邮寄一般及专门的目录若干次的高档礼品行业公司的数据,时间期限从 1971 年 12 月到 1992 年 6 月。DMA 收集的数据包括订单,14 个产品组中每组的购买量,购买时间以及购买方式。在 1992 年秋季较早时候向现有数据库中顾客至少发送了一份目录之后,数据就出现了三个月的缺口。然后从 1992 年 9 月到 1992 年 12 月的数据进行了更新。这里先用前面 1971 年 12 月到 1992 年 6 月的数据建立模型,然后利用后面 1992 年 9 月到 1992 年 12 月的数据进行评估。在第一个时间期限 1971 年 12 月到 1992 年 6 月抽出一个 4 500 顾客的随机子集,

用于建模和预测一个顾客购买的可能性，接着，用从后面时期 1992 年 9 月到 1992 年 12 月抽取的包含 1 500 个随机挑选的个体，来评估模型预测的准确性。即先利用 $n_1=4\,500$ 的数据估计参数 Logit 和 Probit 模型和半参数的离散选择模型，再利用 $n_2=1\,500$ 的后续数据进行评估。

两个相互独立的数据集和评测数据集，容量分别为 $n_1=4\,500$ 和 $n_2=1\,500$，每个顾客均有一份记录。选取 14 个产品组的中部第 8 个产品组。研究中涉及的变量如下：

(1) Response：决定是否购买；

(2) LTDFallOrders：累计秋季订单；

(3) LastPurchSeason：购买发生季节(在数据库中，当购买发生在 1 月至 6 月此项记为 1，购买发生在 7 月至 12 月记为 2，若没有购买发生记为 −1)；

(4) Orders4YrsAgo：最近五年中的订单；

(5) LTDPurchGrp8：累计购买；

(6) DateLastPurch：上次购买发生时间(12/71 记为 0，1/72 记为 1，以此类推)。

这些变量的统计特征见表 6.4.1 和表 6.4.2。

表 6.4.1 数据集统计情况($n_1=4\,500$)

变量	均值	标准差	最小值	最大值
Response	0.09	0.28	0	1
LTDFallOrders	1.36	1.38	0	15
LastPurchSeason	1.62	0.53	−1	2
Orders4YrsAgo	0.26	0.55	0	5
LTDPurchGrp8	0.09	0.31	0	4
DateLastPurch	37.31	27.34	0	117

表 6.4.2 评测数据集统计情况($n_2=1\,500$)

变量	均值	标准差	最小值	最大值
Response	0.08	0.27	0	1
LTDFallOrders	1.32	1.38	0	14
LastPurchSeason	1.63	0.51	−1	2
Orders4YrsAgo	0.25	0.52	0	4
LTDPurchGrp8	0.08	0.29	0	3
DateLastPurch	36.44	26.95	0	116

模型用其样本外(out-of-sample)表现来评测，样本外表现则是基于 McFadden, Puig and Kirschner(1977)的标准($p_{11}+p_{22}-p_{21}^2-p_{12}^2$，其中 p_{ij} 为 2×2 混淆矩阵中第 i 行 j 列元素，表示为所有元素加总后的一部分。混淆矩阵是指模型真实结果与预测结果对比的一个列表。对角元素包含正确的预测结果而非对角线元素包含不正确(混淆)

的结果)与购买的正确归类率(最终确实购买的顾客中被准确预测到的所占的比例)。Logit模型的结果以混淆矩阵的形式在表 6.4.3 给出,半参数指数模型的结果在表 6.4.4 中给出。

表 6.4.3 Logit 模型的混淆矩阵与归类率

	预测不购买	预测购买
实际没购买	1 378	1
实际购买	108	9
预测准确率:91.95%		
正确归类率:92.47%		
不购买的正确归类率:99.64%		
购买的正确归类率:7.69%		

表 6.4.4 半参数离散选择模型的混淆矩阵与归类率

	预测不购买	预测购买
实际没购买	1 361	22
实际购买	75	42
预测准确率:93.26%		
正确归类率:93.53%		
不购买的正确归类率:98.41%		
购买的正确归类率:35.90%		

从表 6.4.3 和表 6.4.4 中可以发现,半参数离散选择模型对后续数据得出的预测表现要优于参数 Logit 模型。另外注意,尽管在 McFadden 等(1977)标准下,参数模型看起来表现不错,但是在对确实购买的这类人的预测上表现并不佳。

6.5 本章思考题与练习题

6.5.1 思考题

1. 非参数计量经济学模型适用于什么样的研究对象?

2. 非参数计量经济学模型理论的核心是什么?

3. 无参数模型和半参数模型在模型形式和功能上的差异是什么?

4. 为什么说非参数计量经济模型的权函数估计方法属于局部逼近估计方法?核估计和局部线性估计的区别是什么?

5. 概率密度函数估计有什么应用价值?为什么说密度函数的非参数核估计方法是基于密度函数与分布函数的关系而发展起来的一种估计方法?

6. 非参数模型核估计中核函数 K(·)的作用是什么？为什么说核估计等价于局部加权最小二乘估计？

7. 非参数模型权函数估计中窗宽的作用是什么？如何选择最佳窗宽？

8. 为什么说局部线性估计也等价于局部加权最小二乘估计？

9. 非参数计量经济模型全局逼近估计以及正交序列估计、多项式样条估计和惩罚最小二乘估计的基本思路是什么？

10. 半参数线性模型最小二乘核估计的原理和步骤是什么？半参数线性模型最小二乘局部线性估计的原理和步骤是什么？

6.5.2　练习题

1. 选择一个简单的研究题目，建立非参数模型(无参数模型)，分别采用核函数估计和局部线性估计方法估计模型，熟悉这两种权函数估计方法，分析各自的优缺点。

2. 选择一个简单的研究题目，分别建立参数模型、半参数模型和无参数模型，估计模型，并利用模型进行样本期预测，比较各种模型的预测结果，分析各类模型的优缺点。

3. 阅读例 6.2.2 关于通货膨胀预测和货币增长的研究，对该例进行评价。

CHAPTER 7

第7章

空间计量经济学模型

空间计量经济学模型是现代计量经济学的一个新的分支。在经典截面数据模型中，以及在本书第4章讨论的非经典截面数据模型和第5章讨论的面板数据模型中，都忽略了截面个体之间的空间效应问题。在模型中引入截面个体之间的空间效应，则是空间计量经济学模型的任务。本章分4节，主要讨论空间效应和空间计量经济学模型的假设检验，以及两类主要的模型——空间滞后模型和空间误差模型的估计方法。

7.1 空间计量经济学模型概述

7.1.1 空间计量经济学模型的发展

1. 概述

空间计量经济学(spatial econometrics)是在20世纪七八十年代开始出现的一个计量经济学分支学科。按照Anselin(1988)给出的定义，其基本内容是在计量经济学模型中考虑经济变量的空间效应，并进行一系列相应的模型设定、估计、检验以及预测的计量经济学模型方法。

Goodchild(1992)指出，几乎所有的空间数据都具有空间依赖或者空间自相关特征，也就是说一个地区空间单元的某种经济地理现象或某一属性值与邻近地区空间单元上同一现象或属性值是相关的。空间依赖性打破了大多数传统经典统计学和计量经济学中相互独立的基本假设，是对传统方法的继承和发展。

将空间效应纳入计量模型分析的框架下，便面临着两方面的问题。一是如何正确地将空间效应引入既有的模型，或者根据空间效应的特殊性构造新的计量经济学模型；二是对于新的模型，如何进行估计和检验。相比于时间的单一维度性质，空间的多维度性质是空间计量分析的一个重要特点。空间多维度性既提高了模型描述经济联系的真实性，同时又增加了计量经济学分析的难度。

空间效应可以分为**空间相关性**(spatial dependence)和**空间异质性**(spatial heterogeneity)。空间相关性是描述经济变量存在相关性的一种方法，而这一相关性是体现在空间结构上的。当然，空间相关性并不是局限在地理意义上的相关性。例如，该空间结构可以是人与人之间的关系，也可以是不同政策的辐射能力等。而空间异质性描述的是不同经济个体间存在的差异性，并且强调这一差异是由于(广义的)空间分布或者空间结构特点导致的。

2. 从计量经济学模型的角度提出问题

从计量经济学模型的角度提出空间计量经济学问题，实质是关于模型残差性质的分析，主要是残差与解释变量的正交性问题。

考虑截面数据模型：

$$Y_i = \sum_{k=1}^{K} X_{ik}\beta_k + \varepsilon_i = \boldsymbol{X}_i{}'\beta + \varepsilon_i, \quad i = 1,\cdots,N \tag{7.1.1}$$

假设模型满足识别条件，即在模型中，有 $N > K$ 条件成立。如果对模型(7.1.1)的参数进行估计，参数估计量的无偏性要求样本矩条件$\frac{1}{N}\sum_{i=1}^{N} X_{ik}\varepsilon_i = 0$，或者写成 $E[\boldsymbol{X}'\varepsilon \mid \boldsymbol{X}]=0$。

假设模型中存在空间相关性，并且假设模型中 N 个样本为对应的 N 个区域，也就是说，第 i 个区域与第 j 个区域的**被解释变量存在一定的相关性**。类似于分析异方差问题时所讨论的，这一区域之间的相关性不是凭空产生的，而是由模型中被解释变量、解释变量的空间相关性造成的。例如，如果被解释变量是人均 GDP，其中一个解释变量是投资，由于投资造成的影响存在空间效应，从而使得被解释变量存在空间相关性。如果这一空间相关性没有被参数化出来，可以认为相关性在一定程度上体现在残差中，从而可以将残差写成 $\varepsilon_i = f(X_i)$，于是前面的残差与解释变量正交性便无法得到满足，即

$$E[\boldsymbol{X}'\varepsilon \mid \boldsymbol{X}] = E[\boldsymbol{X}'f(\boldsymbol{X}) \mid \boldsymbol{X}] \neq 0$$

从而得到的 OLS 估计量不是无偏估计量。

当然，正如在经典计量经济学教科书中所讨论的，可以通过工具变量来构造矩条件，如果有 $\boldsymbol{Z}$ 可以作为工具变量，即满足：

$$E[\boldsymbol{Z}'\varepsilon \mid \boldsymbol{X},\boldsymbol{Z}] = 0$$

则仍然可以得到无偏估计量。但是这里便遇到两个问题，一是如果寻找合适的工具变量；二是此时的工具变量估计量虽然满足无偏性，但是在估计的过程中损失了空间相关性的信息，没有把空间关系的结构充分地参数化出来。后者是更加重要的问题，因为丢失掉的信息很可能具有经济学含义，并且从计量经济学的角度来讲，这一估计量不是有效估计量。

另外，在模型的小样本估计中，为了进行模型参数的检验，需要假设残差 ε_i 满足一定

的分布条件。通常假设其满足联合正态分布,但是这一假设是存在问题的,尤其是在残差中含有空间相关性信息时,这一假设更加值得怀疑。在大样本情况下,虽然不需要直接假设残差满足联合正态分布,样本矩条件的收敛,以及正态分布假设是通过大数定律(LLN)和中心极限定理(CLT)来保证的。但是,在LLN和CLT中,仍然需要对个体残差的独立性做相应的假设,如果残差存在相关性,LLN和CLT便不再成立。

当时间序列存在相关性时,一般将这一问题分为平稳序列和非平稳序列两个方面进行考虑。如果时间序列是平稳的,则随着时间间隔的增大,时间相关性以几何级数衰减,则在大样本情况下,仍然可以保证LLN和CLT成立,例如满足平稳性条件的AR(1)模型。如果时间序列是非平稳的,通过一定的处理,可以将其转化为平稳过程,则LLN和CLT仍然可以保证通过残差构造的矩条件满足一定的收敛性以及分布条件,例如$I(1)$模型。

在空间计量经济学中,采用相似的思路处理残差问题。假设已知在模型(7.1.1)中,残差ε_i存在空间相关性,即$E[\varepsilon_i\varepsilon_j]=\sigma_{ij}^2$,则可以通过一定的结构,将这一空间相关性表示出来,写成$\varepsilon_i=f_i(*)+\mu_i$,其中没有表示成结构函数的残差$\mu_i$不存在空间相关性(或者说满足构造LLN和CLT的假设条件),则经典的分析思路便是适用的。

3. 从经济学的角度提出问题

前面的讨论指出,当模型残差与解释变量不满足正交性,而这一问题是由于存在空间相关性造成的,直接利用IV得到的估计量虽然是无偏的,但是损失了样本的信息,并且损失的信息是有经济学含义的。例如,以地区作为截面个体,以地区GDP为被解释变量,地区的基础设施投资作为一个解释变量,显然,由于基础设施投资的外部性,某个地区的GDP会受到邻近地区基础设施投资,甚至是邻近地区GDP的影响。但是,邻近地区基础设施投资和GDP都没有作为该地区GDP的解释变量,它们的影响归入模型的残差项,并且带来空间相关性。直接利用IV估计模型,虽然可以得到无偏估计,却损失了这些经济信息。如果希望既可以得到无偏估计,又避免这些经济信息的损失,那么就需要将这些信息从模型残差项中分离出来。

在方程$\varepsilon_i=f_i(*)+\mu_i$中,$f_i(*)$描述了对第$i$个样本产生影响,但是没有写入原方程(7.1.1)中的信息。如果将模型(7.1.1)改写成

$$Y_i=\boldsymbol{X}_i'\beta+f_i(*)+\mu_i$$

并且有$f_i(*)=f_i(Y_{-i},\boldsymbol{X}_{-i})$,则模型

$$Y_i=\boldsymbol{X}_i'\beta+f_i(Y_{-i},\boldsymbol{X}_{-i})+\mu_i \tag{7.1.2}$$

描述了临近区域的经济行为对于特定样本i的影响,其中$(Y_{-i},\boldsymbol{X}_{-i})$表示$(Y_1,\cdots,Y_N,\boldsymbol{X}_1,\cdots,\boldsymbol{X}_N)$中不包含$(Y_i,\boldsymbol{X}_i)$的其他元素组成的集合。显然,在揭示经济变量间的相互影响方面,模型(7.1.2)比模型(7.1.1)更加有效。模型(7.1.2)即是空间计量经济学模型。

从理论上讲，任何计量经济学模型，如果残差结构中存在空间相关性，并且这一空间相关性能够被参数化出来（即写成 $f_i(y_{-i},\boldsymbol{X}_{-i})$ 的形式），**都属于空间计量经济学的范畴。**

7.1.2　空间计量经济学模型的类型

空间相关性（也称为空间依赖性）是空间效应识别的一个来源，主要表现在**空间实质相关**（spatially substantive dependence）和**空间扰动相关**（spatial nuisance dependence）两个方面。实质相关反映现实中存在的空间交互作用（spatial interaction effects），比如区域经济要素的流动、创新的扩散、技术溢出等，它们是区域间经济或创新差异演变过程中的真实成分，是确确实实存在的空间交互影响。扰动相关是由归入随机干扰项的，没有作为解释变量的影响因素的空间相关性所引起的。

空间相关性表现出的空间效应可以用不同的模型来表征和刻画：当被解释变量之间的空间依赖性对模型显得非常关键而导致了空间相关时，即为空间滞后模型；当模型的误差项在空间上相关时，即为空间误差模型。空间滞后模型和空间误差模型是空间计量经济学模型的基本类型。

1. 空间滞后模型

空间滞后模型（spatial lag model，SLM）**描述的是空间实质相关**。其模型表达式为

$$\boldsymbol{Y}=\rho\boldsymbol{WY}+\boldsymbol{X}\beta+\varepsilon,\quad \varepsilon\sim N[0,\sigma^2\boldsymbol{I}] \tag{7.1.3}$$

式中，$\boldsymbol{Y}=(Y_1,\cdots,Y_N)'$ 为被解释变量，$\boldsymbol{X}=(\boldsymbol{X}_1,\cdots,\boldsymbol{X}_k)$ 是解释变量矩阵，ρ 为空间效应系数，$\beta=(\beta_1,\cdots,\beta_k)'$ 为参数向量；$\boldsymbol{W}$ 为空间矩阵，是空间计量经济学模型的核心，具体表达为

$$\boldsymbol{W}=\begin{bmatrix}0 & w_{12} & \cdots & w_{1N}\\ w_{21} & 0 & \cdots & w_{2N}\\ \vdots & \vdots & \ddots & \vdots\\ w_{N1} & w_{N2} & \cdots & 0\end{bmatrix}$$

其中 w_{ij} 描述了第 j 个截面个体与第 i 个截面个体被解释变量之间的相关性。

由于 SLM 模型与时间序列中的自回归模型相类似，因此，SLM 也被称做**空间自回归模型**（spatial autoregressive model，SAR）。

空间滞后模型的经济学含义是，如果所关注的经济变量存在利用空间矩阵表示的空间相关性，则仅仅考虑其自身的解释变量 $\boldsymbol{X}$ 不足以很好地估计和预测该变量的变化趋势。例如，一个地区的房价会受到相邻区域房价的影响，如果我们只考虑当地的供需情况，便忽略了周边地区人口和资金的流动性对该地区的潜在影响；而在模型中考虑适当的由于空间结构造成的影响（周边地区的房价），便可以较好地控制这一空间效应造成的影响。

2. 空间误差模型

空间误差模型(spatial error model,SEM)**描述的是空间扰动相关和空间总体相关**(spatially global dependence)。其模型表达式为

$$Y = X\beta + \varepsilon, \quad \varepsilon = \lambda W\varepsilon + \mu, \quad \mu \sim N[0, \sigma^2 I] \tag{7.1.4}$$

式中,λ 为空间误差相关系数,度量了邻近个体关于被解释变量的误差冲击对本个体观察值的影响程度;空间矩阵 $\boldsymbol{W}$ 的元素 w_{ij} 描述了第 j 个截面个体与第 i 个截面个体误差项之间的相关性;其他符号的含义同前。

由于 SEM 模型与时间序列中的序列相关问题类似,也被称为**空间自相关模型**(spatial autocorrelation model)或者**空间残差自回归模型**(spatial residual autoregressive model,SRAR)。

空间误差模型的经济意义在于,在某一个地区发生的冲击会随着这一特殊的协方差结构形式 $\boldsymbol{W}$ 而传递到相邻区域,而这一传递形式是具有很长的时间延续性并且是衰减的,也即是说,空间影响具有高阶效应。

3. 空间自回归—残差自回归模型

空间自回归—残差自回归模型(spatial autoregressive-residual autoregressive model)**同时描述空间实质相关和空间扰动相关**,是空间滞后模型和空间误差模型的综合。其模型表达式为

$$\begin{aligned} Y &= \rho W_1 Y + X\beta + \varepsilon \\ \varepsilon &= \lambda W_2 \varepsilon + \mu, \quad \mu \sim N[0, \sigma^2 I] \end{aligned} \tag{7.1.5}$$

式中,$\boldsymbol{W}_1$ 和 $\boldsymbol{W}_2$ 分别描述不同截面个体被解释变量之间的相关性和误差项之间的相关性。需要注意的是,在该模型中,通常 $\boldsymbol{W}_1 \neq \boldsymbol{W}_2$,否则便会遇到空间关系重复设定的问题。该类模型在应用中不太常见。

4. 空间残差移动平均模型

空间残差移动平均模型(spatial residual moving average model)**描述的是空间扰动相关和空间局部相关性**(spatially local dependence)。其模型表达式为

$$\begin{aligned} Y &= X\beta + \varepsilon \\ \varepsilon &= \lambda W\mu + \mu, \quad \mu \sim N[0, \sigma^2 I] \end{aligned} \tag{7.1.6}$$

注意该模型与模型(7.1.4)的区别,该模型误差项的空间相关性是采用移动平均结构描述,而模型(7.1.4)误差项的空间相关性是采用自回归结构描述。在实际应用中,模型(7.1.4)与模型(7.1.6)实际上很难区分,因为当利用统计量来检验模型(7.1.4)时,往往对于模型(7.1.5)也具有检验效力。所以,该类模型在应用中也十分少见。

5. 其他模型类型

除了上述截面数据模型外,对于面板数据模型,也存在空间效应问题。于是,空间面

板数据模型得到了发展与应用，包括空间残差相关固定系数（随机系数）模型、空间自回归固定系数（随机系数）模型、空间残差相关固定影响（随机影响）模型和空间自回归固定影响（随机影响）模型等。

同样，对于非经典的截面数据模型，例如第 4 章中讨论的离散被解释变量数据模型和受限被解释变量数据模型，也存在空间效应问题。于是，相应的空间计量模型也得到了发展和应用。

另外，与单方程空间模型对应的，还有空间联立方程模型（spatial simultaneous model）。

综上所述，空间计量经济学模型已经形成了完整的模型体系。在本章中，只对其中最基本的模型进行进一步讨论。

7.2 空间效应

空间效应的描述是空间计量经济学的核心，是正确设定空间计量经济学模型的基础。虽然空间效应包括空间相关性和空间异质性，因为空间异质性可以用传统的计量经济学方法进行处理，例如处理异方差性的方法，所以在本节中只关注空间相关性。

7.2.1 空间权重矩阵

以区域经济管理研究为例，将空间效应引入经济管理过程的研究，建立空间计量经济模型进行空间统计分析时，一般要用空间权重矩阵来表达空间相互作用。通常定义一个二元对称空间权重矩阵 $\boldsymbol{W}$ 来表达 n 个位置的空间区域的邻近关系，其形式如下

$$\boldsymbol{W}=\begin{bmatrix} w_{11} & w_{12} & \cdots & w_{1n} \\ w_{21} & w_{22} & \cdots & w_{2n} \\ \vdots & \vdots & & \vdots \\ w_{n1} & w_{n2} & \cdots & w_{nn} \end{bmatrix} \tag{7.2.1}$$

式中 w_{ij} 表示区域 i 与 j 的邻近关系。对于空间矩阵的构造，一直是一个有争议的问题。因为无法找到一个完全描述空间相关结构的空间矩阵，也就是说，理论上讲，不存在最优的空间矩阵。**一般讲，空间矩阵的构造必须满足“空间相关性随着‘距离’的增加而减少”的原则**。这里的“距离”是广义的，可以是地理上的距离，也可以是经济意义上合作关系的远近，甚至可以是社会学意义上的人际关系的亲疏。

1. 空间矩阵的常规设定

空间矩阵的常规设定有两种，一种是简单的二进制邻接矩阵，另一种是基于距离的二进制空间权重矩阵。**简单的二进制邻接矩阵**的第 i 行第 j 列元素为

$$w_{ij}=\begin{cases} 1 & \text{当区域 } i \text{ 和区域 } j \text{ 相邻接} \\ 0 & \text{其他} \end{cases} \tag{7.2.2}$$

基于距离的二进制空间权重矩阵的第 i 行第 j 列元素为

$$w_{ij}=\begin{cases}1 & \text{当区域 } i \text{ 和区域 } j \text{ 的距离小于 } d \text{ 时}\\ 0 & \text{其他}\end{cases} \tag{7.2.3}$$

在实际的区域分析中，空间权重矩阵的选择设定是外生的，原因是$(n\times n)$阶矩阵 $\mathbf{W}$ 包含了关于区域i 和区域j 之间相关的空间连接的外生信息，不需要通过模型来估计得到它。权重矩阵中对角线上的元素 w_{ii} 被设为 0。为了减少或消除区域间的外在影响，权重矩阵被标准化$\left(w_{ij}^{*}=w_{ij}/\sum_{j=1}^{n}w_{ij}\right)$，使得行元素之和为 1。

2. 基于邻近概念的空间权重矩阵

基于邻近概念的空间权重矩阵(contiguity based spatial weights)有一阶邻近矩阵和高阶邻近矩阵两种。

一阶邻近矩阵(the first order contiguity matrix)是假定两个地区有共同边界时空间关联才会发生，即当相邻地区 i 和 j 有共同的边界用 1 表示，否则以 0 表示。一般有 Rook 邻近和 Queen 邻近两种计算方法(Anselin,2003)。

Rook 邻近用仅有共同边界来定义邻居，而 Queen 邻近则除了共有边界邻区外还包括共同顶点的邻居。由此可见，基于 Queen 邻近的空间矩阵常常与周围地区具有更加紧密的关联结构(拥有更多的邻区)。当然，如果假定区域间公共边界的长度不同(如 10km 和 100km)，其空间作用的强度也不一样，则还可以通过将共有边界的长度纳入权重计算过程中，使这种邻近指标更加准确一些。

空间权重矩阵不仅仅局限于第一阶邻近矩阵，也可以计算和使用更高阶的邻近矩阵。Anselin & Smirnov(1996)提出了高阶邻近矩阵的算法。**二阶邻近矩阵**(the second order contiguity matrix)表示了一种空间滞后的邻近矩阵。也就是说，该矩阵表达了邻近的相邻地区的空间信息。当使用时空数据并假设随着时间推移产生空间溢出效应时，这种类型的空间权重矩阵将非常有用。在这种情况下，特定地区的初始效应或随机冲击将不仅会影响其邻近地区，而且随着时间的推移还会影响其邻近地区的相邻地区。当然，这种影响是几何递减的。

可以看出，邻近空间权重矩阵因其对称和计算简单而最为常用，适合于测算地理空间效应的影响。

3. 经济社会空间权重矩阵

除了使用真实的地理坐标计算地理距离外，还有包括经济和社会因素的更加复杂的权值矩阵设定方法。比如，根据区域间交通运输流、通讯量、GDP 总额、贸易流动、资本流动、人口迁移、劳动力流等确定空间权值，计算各个地区任何两个变量之间的距离。

7.2.2　空间相关性的指标

空间相关性除了可以用空间权重矩阵来表达外，也发展了一些用于表达空间相关性的指标（统计量）。当然，在空间计量模型中一般不采用这些指标，但这些指标与模型中采用的空间矩阵可以起到相互检证的作用。

1. 全局空间自相关指标

Moran 指数和 Geary 指数是两个用来度量空间自相关的全局指标。

(1) Moran 指数

Moran 指数反映的是空间邻接或空间邻近的区域单元属性值的相似程度。如果 x 是位置（区域）的观测值，则该变量的全局 Moran 指数 I，用如下公式计算：

$$I=\frac{n\sum_{i=1}^{n}\sum_{j=1}^{n}w_{ij}(x_i-\bar{x})(x_j-\bar{x})}{\sum_{i=1}^{n}\sum_{j=1}^{n}w_{ij}\sum_{k=1}^{n}(x_k-\bar{x})^2}=\frac{\sum_{i=1}^{n}\sum_{j\neq i}^{n}w_{ij}(x_i-\bar{x})(x_j-\bar{x})}{S^2\sum_{i=1}^{n}\sum_{j\neq i}^{n}w_{ij}} \tag{7.2.4}$$

式中，

$$S^2=\frac{1}{n}\sum_{i}(x_i-\bar{x})^2,\quad \bar{x}=\frac{1}{n}\sum_{i=1}^{n}x_i$$

如果引入如下记号：

$$S_0=\sum_{i=1}^{n}\sum_{j=1}^{n}w_{ij},\quad z_i=(x_i-\bar{x}),\quad \boldsymbol{z}^{\mathrm{T}}=[z_1,z_2,\cdots,z_n]$$

则全局 Moran 指数 I 的计算公式也可以进一步写成

$$I=\frac{n}{S_0}\frac{\sum_{i=1}^{n}\sum_{j=1}^{n}w_{ij}(x_i-\bar{x})(x_j-\bar{x})}{\sum_{i=1}^{n}(x_i-\bar{x})^2}=\frac{n}{S_0}\frac{\sum_{i=1}^{n}\sum_{j=1}^{n}w_{ij}z_iz_j}{\sum_{i=1}^{n}z_i^2}=\frac{n}{S_0}\frac{\boldsymbol{z}^{\mathrm{T}}\boldsymbol{W}\boldsymbol{z}}{\boldsymbol{z}^{\mathrm{T}}\boldsymbol{z}} \tag{7.2.5}$$

Moran 指数 I 的取值一般在[－1,1]之间，小于 0 表示负相关，等于 0 表示不相关，大于 0 表示正相关。越接近－1，则代表单元间的差异越大或分布越不集中；越接近 1，则代表单元间的关系越密切，性质越相似（高值聚集或低值聚集）；接近 0，则代表单元间不相关。

(2) Geary 指数

由于 Moran 指数不能判断空间数据是高值聚集还是低值聚集，Getis 和 Ord 于 1992 年提出了**全局 Geary 系数**。Geary 系数与 Moran 指数存在负相关关系。Geary 系数 C 计算公式如下：

$$C=\frac{(n-1)\sum_{i=1}^{n}\sum_{j=1}^{n}w_{ij}\ (x_i-x_j)^2}{2\sum_{i=1}^{n}\sum_{j=1}^{n}w_{ij}\sum_{k=1}^{n}\ (x_k-\bar{x})^2} \tag{7.2.6}$$

式中,C 为 Geary 系数;其他变量同上式。Geary 系数 C 的取值一般在[0,2]之间,大于 1 表示负相关,等于 1 表示不相关,而小于 1 表示正相关。也可以对 Geary 系数进行标准化:

$$Z(C)=(C-E(C))/\sqrt{\mathrm{Var}(C)}$$

式中,$E(C)$为数学期望,$\mathrm{Var}(C)$为方差。正的 $Z(C)$表示存在高值聚集,负的 $Z(C)$表示存在低值聚集。

2. 局部空间自相关指标

局部空间自相关分析方法包括:空间联系的局部指标(LISA)、G 统计量、Moran 散点图。

(1) 空间联系的局部指标

LISA 包括局部 Moran 指数(local Moran)和局部 Geary 指数(local Geary)。

局部 Moran 指数被定义为

$$I_i=\frac{(x_i-\bar{x})}{S^2}\sum_j w_{ij}(x_j-\bar{x}) \tag{7.2.7}$$

正的 I_i 表示该空间单元与邻近单元的属性相似("高—高"或"低—低"),负的 I_i 表示该空间单元与邻近单元的属性不相似("高—低"或"低—高")。

局部 Geary 指数由 Ord 和 Getis(1992)提出,是一种基于距离权重矩阵的局部空间自相关指标,能探测出高值聚集和低值聚集,计算公式为

$$G_i^*=\frac{\sum_j w_{ij}x_j}{\sum_k x_k} \tag{7.2.8}$$

在各区域不存在空间相关下,Getis 和 Ord 简化了 G_i^* 的数学期望和方差的表达式:

$$E(G_i^*)=\frac{\sum_j w_{ij}}{n-1}=\frac{W_i}{n-1},\quad \mathrm{Var}(G_i^*)=\frac{W_i(n-1-W_i)}{(n-1)^2(n-2)}\frac{Y_{i2}}{Y_{i1}^2}$$

式中,

$$Y_{i1}=\frac{\sum_j x_j}{n-1},\quad Y_{i2}=\frac{\sum_j x_j^2}{n-1}-Y_{i1}^2$$

将 G_i^* 标准化,得到

$$Z_i=\frac{G_i^*-E(G_i^*)}{\sqrt{\mathrm{Var}(G_i^*)}}$$

显著的正 Z_i 表示邻近单元的观测值高，显著的负 Z_i 表示邻近单元的观测值低。

(2) G 统计量

全局 G 统计量的计算公式为

$$G = \sum_i \sum_j w_{ij} x_i x_j / \sum_i \sum_j x_i x_j \tag{7.2.9}$$

G 统计量的标准化为：$Z(G)=(G-E(G))/\sqrt{\mathrm{Var}(G)}$。

对每一个区域单元的统计量为

$$G_i = \sum_j w_{ij} x_j / \sum_j x_j \tag{7.2.10}$$

G_i 的标准化为：$Z(G_i)=(G_i-E(G_i))/\sqrt{\mathrm{Var}(G_i)}$。

显著的正值 G_i 表示在该区域单元周围，高观测值的区域单元趋于空间集聚，而显著的负值 G_i 表示低观测值的区域单元趋于空间集聚。与 Moran 指数只能发现相似值（正关联）或非相似性观测值（负关联）的空间集聚模式相比，G 统计量具有能够探测出区域单元属于高值集聚还是低值集聚的空间分布模式。

(3) Moran 散点图

以(Wz, z)为坐标点的 Moran 散点图，常用来研究局部的空间不稳定性。它对空间滞后因子 Wz 和 z 数据对进行了可视化的二维图示。

全局 Moran 指数，可以看做是 Wz 对于 z 的线性回归系数，对异常值以及对 Moran 指数具有强烈影响的区域单元，可通过标准回归来诊断出。由于数据对(Wz, z)经过了标准化，因此，异常值可易由 2 * sigma 规则可视化地识别出来。

Moran 散点图的 4 个象限，分别对应于区域单元与其邻居之间 4 种类型的局部空间联系形式：第 1 象限代表了高观测值的区域单元被同是高值的区域所包围的空间联系形式；第 2 象限代表了低观测值的区域单元被高值的区域所包围的空间联系形式；第 3 象限代表了低观测值的区域单元被同是低值的区域所包围的空间联系形式；第 4 象限代表了高观测值的区域单元被低值的区域所包围的空间联系形式。

Moran 散点图与局部 Moran 指数相比，其重要的优势在于能够进一步具体区分区域单元和其邻居之间属于高值和高值、低值和低值、高值和低值、低值和高值之中的哪种空间联系形式。并且，对应于 Moran 散点图的不同象限，可识别出空间分布中存在着哪几种不同的实体。

7.2.3　实例

例 7.2.1　本例取自陈泓(2010)的研究论文。在探讨企业 R&D 投入的影响因素及其空间相关性时，以企业 R&D 投入(rd)为被解释变量，选取企业主营业务收入(sr)、企业科技活动人员数(ry)、企业 R&D 活动中的政府资金(zf)作为解释变量。采取截面数据，选取2008年我国31个省(区、市)的规模以上工业企业的相关数据进行分析，所有数据均来自《中国科技统计年鉴2009》。

按照Rook相邻规则确定空间权重矩阵，定义了我国31个省(区、市)之间的地理相邻关系。图7.2.1的Moran散点图是关于空间滞后因子(W_RD)和RD可视化的二维图，其中RD表示我国31个省(区、市)的企业R&D投入，W_RD表示这些省(区、市)与邻近地区之间的空间加权值。在Moran散点图中，若散点分布在第1象限及第3象限则代表观测值之间存在正的空间相关性。分布在第2和第4象限的散点则代表观测值之间呈现负的空间相关关系。如图所示，大多数地区落入第1象限和第3象限，说明了企业R&D投入高的区域被企业R&D投入高的区域包围(象限1)，同时企业R&D投入低的区域被企业R&D投入低的区域所包围(第3象限)，全局Moran指数等于0.4002，大于0，说明31个省(区、市)企业的R&D投入存在较明显的空间相关关系。

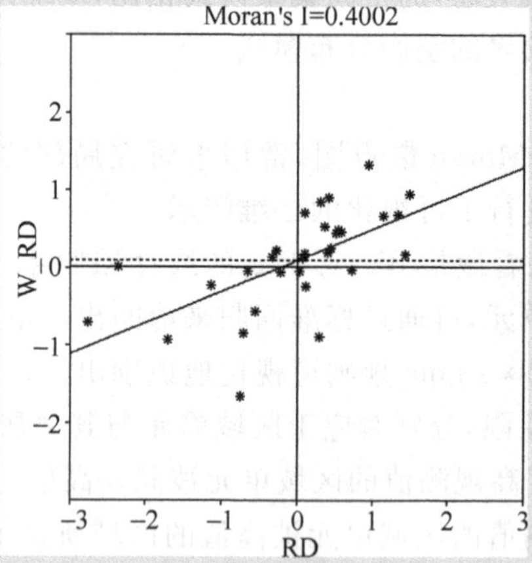

图7.2.1　2008年各地区企业R&D投入的Moran散点图

可以用图显示LISA指标(图略)，从中可看出，具有较高企业R&D投入的区域被同样具有较高企业R&D投入的区域所包围，形成高—高集聚区，该区域包括山东、江苏、上海、安徽、浙江、江西、福建等七个省市，说明这些省市的R&D投入较高，形成较显著的空间集聚效应。企业R&D投入较低的省份其周边区域的企业R&D投入也较低，形成低—低集聚区，该区域由新疆、西藏、青海等三个自治区组成，这三个自治区科技不发达，R&D投入较低。R&D投入较高的区域被R&D投入较低的区域所包围形成高—低集聚区，四川属于该区域，说明四川省的R&D投入较高，但周边的其他西部省份R&D投入较低，无法形成集聚效应。而低—高集聚的区域是海南省，实际上按地理相邻的法则，海南省与其他的30个省份并没有直接的地理相连关系，海南自身的R&D投入较低，而如广东省在内的周边省份经济较为发达，企业科技投入高，就形成了低—高集聚的现象。

7.3　空间计量经济学模型估计与检验

本节讨论空间计量经济学模型估计与检验。从建模过程上讲，应该是先检验，以确定空间模型的类型，然后进行估计。但是，所有检验统计量的构造，需要模型参数估计量，所以本节首先讨论估计，然后讨论检验。不同类型空间计量经济学模型的估计方法很多，本节并不是系统的讨论，只是选择若干模型的估计方法加以介绍。不同类型的空间模型分别描述了空间实质相关和空间扰动相关，那么检验是否存在空间实质相关时需要在空间扰动相关存在与否的假设下进行，反之亦然。所以，在本节模型检验部分，首先在各种假设下构造检验方法，最后提出一个判断准则。

7.3.1　空间滞后模型的 IV 和 ML 估计

描述空间实质相关的空间滞后模型（空间自回归模型）是应用最广泛的空间计量模型，它的估计方法受到较充分的研究。其模型表达式为

$$\boldsymbol{Y}=\rho\boldsymbol{WY}+\boldsymbol{X}\beta+\varepsilon\,,\quad \varepsilon\sim N[0,\sigma^2\boldsymbol{I}] \tag{7.3.1}$$

在模型的解释变量中出现随机变量，普通最小二乘估计（OLS）将不再适用，工具变量估计（IV）、广义矩估计（GMM）和最大似然估计（ML）是合适的估计方法。

1. 空间滞后模型 IV 估计

将模型（7.3.1）写成

$$\boldsymbol{Y}=[\boldsymbol{WY},\boldsymbol{X}][\rho,\beta']'+\varepsilon$$

并且进一步的简化写成

$$\boldsymbol{Y}=\boldsymbol{Z}\theta+\varepsilon$$

如果存在工具变量 $\boldsymbol{Q}$，满足条件：

$$E[\boldsymbol{Q}'\varepsilon]=0;\quad E[\boldsymbol{Q}'\boldsymbol{Z}]=\boldsymbol{M}_{QZ}$$

并且 $\boldsymbol{M}_{QZ}$ 为非奇异矩阵，则利用工具变量法得到的估计量为

$$\hat{\theta}_{IV}=[\boldsymbol{Q}'\boldsymbol{Z}]^{-1}\boldsymbol{Q}'\boldsymbol{Y} \tag{7.3.2}$$

如何选择工具变量？一种方法是对模型 $\boldsymbol{Y}=\boldsymbol{X}\beta+\varepsilon$ 进行 OLS 估计，利用 $\boldsymbol{W}\hat{\boldsymbol{Y}}$ 作为 $\boldsymbol{WY}$ 的工具变量。另外，也可以估计模型 $\boldsymbol{WY}=\boldsymbol{X}\beta+\varepsilon$，得到估计量 $\widehat{\boldsymbol{WY}}$ 作为 $\boldsymbol{WY}$ 的工具变量。Rey 和 Boarnet(2004)指出，利用 $\widehat{\boldsymbol{WY}}$ 的效果比利用 $\boldsymbol{W}\hat{\boldsymbol{Y}}$ 要好。但是这两种方法都不是十分令人满意，因为**所利用的仍然仅仅是样本信息**。

一种启发性的想法是，既然对于空间矩阵有若干种备选方案，**是否可以利用备选的空间矩阵作为工具变量**？例如，对于空间矩阵有两种方案 $\boldsymbol{W}_1$ 和 $\boldsymbol{W}_2$。如果设定模型为

$$\boldsymbol{Y}=\rho \boldsymbol{W}_1 \boldsymbol{Y}+\boldsymbol{X}\beta+\varepsilon$$

利用 $\widehat{\boldsymbol{W}_1 \boldsymbol{Y}}$ 作为工具变量进行估计，得到一个估计残差 e；然后利用 Moran'I 检验方法检验残差 e 基于空间矩阵 $\boldsymbol{W}_2$ 的相关性；如果这一检验没有通过（原假设为不存在相关性），则说明利用 $\boldsymbol{W}_2\boldsymbol{Y}$ 作为工具变量是可行的。

2. 空间滞后模型 ML 估计

（1）ML 估计量

在模型(7.3.1)中，令 $\boldsymbol{A}=\boldsymbol{I}-\rho\boldsymbol{W}$，将模型写成

$$\boldsymbol{AY}=\boldsymbol{X}\beta+\varepsilon \tag{7.3.3}$$

式中，$\varepsilon \sim N[0,\Omega]$。利用 ML 估计的一阶极值条件：

$$0=\boldsymbol{X}'\boldsymbol{B}'\Omega^{-1}\boldsymbol{BAY}-\boldsymbol{X}'\boldsymbol{B}'\Omega^{-1}\boldsymbol{BX}\beta$$

并且令 $\boldsymbol{B}=\boldsymbol{I}$，于是解一阶条件得到$\beta$的估计量为

$$\boldsymbol{b}=[\boldsymbol{X}'\Omega^{-1}\boldsymbol{X}]^{-1}\boldsymbol{X}'\Omega^{-1}\boldsymbol{AY} \tag{7.3.4}$$

该 ML 估计量等价于 GLS 估计量。

可以将式(7.3.4)进一步写成

$$\boldsymbol{b}=[\boldsymbol{X}'\Omega^{-1}\boldsymbol{X}]^{-1}\boldsymbol{X}'\Omega^{-1}\boldsymbol{Y}-\rho[\boldsymbol{X}'\Omega^{-1}\boldsymbol{X}]^{-1}\boldsymbol{X}'\Omega^{-1}\boldsymbol{WY}$$

定义：

$$\boldsymbol{b}_1=[\boldsymbol{X}'\Omega^{-1}\boldsymbol{X}]^{-1}\boldsymbol{X}'\Omega^{-1}\boldsymbol{Y}$$

$$\boldsymbol{b}_2=[\boldsymbol{X}'\Omega^{-1}\boldsymbol{X}]^{-1}\boldsymbol{X}'\Omega^{-1}\boldsymbol{WY}$$

显然，$\boldsymbol{b}_1$ 是模型 $\boldsymbol{Y}=\boldsymbol{X}\beta_1+\varepsilon$ 的 GLS 估计量，$\boldsymbol{b}_2$ 是模型 $\boldsymbol{WY}=\boldsymbol{X}\beta_2+\varepsilon$ 的 GLS 估计量。两个模型的估计残差分别为 $\boldsymbol{e}_1$ 和 $\boldsymbol{e}_2$，原模型的估计残差为 $\boldsymbol{e}=\boldsymbol{e}_1-\rho\boldsymbol{e}_2$。

（2）ML 估计步骤

为了简化，假设随机项协方差矩阵$\Omega=\sigma^2\boldsymbol{I}$。空间滞后模型 ML 估计步骤如下：

① 利用 OLS 方法估计模型 $\boldsymbol{Y}=\boldsymbol{X}\beta_1+\varepsilon$，得到估计量$\tilde{\boldsymbol{e}}_1$ 和$\tilde{\boldsymbol{b}}_1$；

② 利用 OLS 方法估计模型 $\boldsymbol{WY}=\boldsymbol{X}\beta_2+\varepsilon$，得到估计量$\tilde{\boldsymbol{e}}_2$ 和$\tilde{\boldsymbol{b}}_2$；

③ 将残差估计量代入似然函数：

$$\begin{aligned}\ln L=&-\frac{N}{2}\ln 2\pi-\frac{1}{2}\ln|\boldsymbol{I}-\rho\boldsymbol{W}|^{-2}\\&-\frac{N}{2}\ln\left[\frac{1}{N}(\tilde{\boldsymbol{e}}_1-\rho\tilde{\boldsymbol{e}}_2)'(\tilde{\boldsymbol{e}}_1-\rho\tilde{\boldsymbol{e}}_2)\right]\\&-\frac{1}{2}[(\boldsymbol{I}-\rho\boldsymbol{W})\boldsymbol{Y}-\boldsymbol{X}(\tilde{\boldsymbol{b}}_1-\rho\tilde{\boldsymbol{b}}_2)]'\left[\frac{1}{N}(\tilde{\boldsymbol{e}}_1-\rho\tilde{\boldsymbol{e}}_2)'(\tilde{\boldsymbol{e}}_1-\rho\tilde{\boldsymbol{e}}_2)*I\right]^{-1}\\&\times[(I-\rho W)Y-X(\tilde{\boldsymbol{b}}_1-\rho\tilde{\boldsymbol{b}})]\end{aligned}$$

得到一个估计量 $\hat{\rho}$：

④ 利用 $\hat{\rho}$，估计随机项协方差矩阵，得到：$\hat{\Omega}=\frac{1}{N}[\tilde{\boldsymbol{e}}_1-\hat{\rho}\tilde{\boldsymbol{e}}_2]'[\tilde{\boldsymbol{e}}_1-\hat{\rho}\tilde{\boldsymbol{e}}_2]*\boldsymbol{I}$，对模型

$Y=X\beta_1+\varepsilon$ 和 $WY=X\beta_2+\varepsilon$ 重新进行估计，得到估计量 b_1,e_1,b_2,e_2；

⑤ 将估计量 b_1,e_1,b_2,e_2 代入似然函数：

$$\ln L=-\frac{N}{2}\ln 2\pi-\frac{1}{2}\ln|I-\rho W|^{-2}-\frac{1}{2}\ln|\hat{\Omega}|$$
$$-\frac{1}{2}[(I-\rho W)Y-X(b_1-\rho b_2)]'[\hat{\Omega}]^{-1}[(I-\rho W)Y-X(b_1-\rho b_2)]$$

重新估计 $\hat{\rho}$；

⑥ 重复步骤(4)和(5)，直到收敛。

7.3.2 空间误差模型的ML估计

描述空间扰动相关的空间误差模型(空间残差自回归模型)也是应用最广泛的空间计量模型，模型的随机误差项出现了空间相关性，若直接采用OLS估计，虽然参数估计具有无偏一致性，但不是有效估计。应该采用ML估计或GMM估计。

在空间误差模型

$$Y=X\beta+\varepsilon,\quad \varepsilon=\lambda W\varepsilon+\mu,\quad \mu\sim N[0,\sigma^2 I] \tag{7.3.5}$$

中，令 $B=I-\lambda W$，则对数似然函数可以写成

$$\ln L=-\frac{N}{2}\ln 2\pi-\frac{1}{2}\ln\{|\Omega| * [|B|]^{-2}\}$$
$$-\frac{1}{2}[BY-BX\beta]'\Omega^{-1}[BY-BX\beta] \tag{7.3.6}$$

利用ML估计的一阶极值条件：

$$0=X'B'\Omega^{-1}BY-X'B'\Omega^{-1}BX\beta$$

于是解一阶条件得到β的估计量为

$$b=[X'B'\Omega^{-1}BX]^{-1}X'B'\Omega^{-1}BY \tag{7.3.7}$$

为了简化，假设随机项协方差矩阵$\Omega=\sigma^2 I$。从而得到估计量：

$$b=[X'B'BX]^{-1}X'B'BY,\hat{\Omega}=\frac{1}{N}[Be]'[Be]*I \tag{7.3.8}$$

式中，$e=Y-Xb$。将$\hat{\Omega}$，b 代入似然函数(7.3.6)，通过求解

$$\max_{\lambda}\left\{-\frac{N}{2}\ln 2\pi-\frac{1}{2}\ln\{|\hat{\Omega}| * [|B|]^{-2}\}-\frac{1}{2}[BY-BXb]'\hat{\Omega}^{-1}[BY-BXb]\right\}$$

得到估计量 $\hat{\lambda}$。可以进一步利用$\hat{B}=I-\hat{\lambda}W$，重新估计式(7.3.8)，并且反复迭代直到收敛。迭代过程与空间滞后模型ML估计类似，在此不再赘述。

从上面的讨论可以看出，**空间误差模型的ML估计，实际上等价于一个EGLS估计。**

7.3.3 空间计量经济学模型的LM检验

虽然在大样本情况下，Wald检验、LM检验以及LR检验是等价的，但是，由于Wald

检验与 LR 检验要求无约束条件(即存在空间效应)下的估计量,而在存在空间效应的情况下,由于需要考虑矩阵运算的问题,模型的 ML 估计过程本身已十分复杂,从而使得统计量的构造过程会更加复杂,所以计量经济学模型的检验主要是基于 LM 检验构造的。

1. 不存在空间自回归时空间残差相关的 LM 检验

该检验由 Burridge(1980)提出。不存在空间自回归时,空间残差相关检验的**原假设是模型残差不存在空间相关**,即 $H_0: \boldsymbol{Y}=\boldsymbol{X}\beta+\varepsilon$,其中 $\varepsilon \sim N[0,\sigma^2\boldsymbol{I}]$。利用对数似然函数(7.3.6),写出 Lagranian 函数为

$$l=-\frac{N}{2}\ln 2\pi-\frac{1}{2}\ln\{|\Omega| * [|\boldsymbol{B}|]^{-2}\}-\frac{1}{2}[\boldsymbol{BY}-\boldsymbol{BX}\beta]'\Omega^{-1}[\boldsymbol{BY}-\boldsymbol{BX}\beta]+\frac{1}{2}\gamma\lambda$$

通过一阶条件 $\frac{\partial l}{\partial \lambda}=0$,得到 $\gamma=\frac{1}{\sigma^2}\boldsymbol{e}'\boldsymbol{We}$。

通过 $\gamma=\frac{1}{\sigma^2}\boldsymbol{e}'\boldsymbol{We}$,利用三角方法构造的检验统计量为

$$\mathrm{LM}=\frac{(\boldsymbol{e}'\boldsymbol{We}/s^2)^2}{T} \sim \chi^2(1) \tag{7.3.9}$$

式中,$s^2=\frac{1}{N}\boldsymbol{e}'\boldsymbol{e}$,$T=\mathrm{tr}(\boldsymbol{W}'\boldsymbol{W}+\boldsymbol{W}^2)$。

该检验统计量有两个备择假设,即 $H_1: \varepsilon=\lambda\boldsymbol{W}\varepsilon+\mu$ 或者 $H_1: \varepsilon=\lambda\boldsymbol{W}\mu+\mu$。也就是说,**该统计量对于空间残差自相关和空间残差移动平均两种空间效应均有检验效力**。

2. 存在空间自回归时空间残差相关的 LM 检验

该检验是由 Bera 和 Yoon(1993)提出的 Robust 检验方法。存在空间自回归时,空间残差相关检验的**原假设仍然是模型残差不存在空间相关**,即 $H_0: \boldsymbol{Y}=\rho\boldsymbol{WY}+\boldsymbol{X}\beta+\varepsilon$,其中 $\varepsilon \sim N[0,\sigma^2\boldsymbol{I}]$。检验统计量的构造原理与前述类似。检验的统计量为

$$\mathrm{LM}=\frac{(\boldsymbol{e}'\boldsymbol{We}/s^2-T(R\tilde{J})^{-1}(\boldsymbol{e}'\boldsymbol{WY}/s^2))^2}{T-T^2(R\tilde{J})^{-1}} \sim \chi^2(1) \tag{7.3.10}$$

式中,$s^2=\frac{1}{N}\boldsymbol{e}'\boldsymbol{e}$,$(R\tilde{J})^{-1}=\left[T+\frac{(\boldsymbol{WX}\hat{\beta})'\boldsymbol{M}_X(\boldsymbol{WX}\hat{\beta})}{s^2}\right]^{-1}$,$\boldsymbol{M}_X=\boldsymbol{I}-\boldsymbol{X}(\boldsymbol{X}'\boldsymbol{X})^{-1}\boldsymbol{X}'$,$T=\mathrm{tr}(\boldsymbol{W}'\boldsymbol{W}+\boldsymbol{W}^2)$,$\hat{\beta}$ 是原假设中模型的 OLS 估计量。

同样,该检验统计量有两个备择假设,即 $H_1: \varepsilon=\lambda\boldsymbol{W}\varepsilon+\mu$ 或者 $H_1: \varepsilon=\lambda\boldsymbol{W}\mu+\mu$。也就是说,**该统计量对于空间残差自相关和空间残差移动平均两种空间效应均有检验效力**。

3. 不存在空间残差相关时空间自回归效应的 LM 检验

该检验由 Anselin(1988b)提出,旨在检验模型是否存在空间实质相关。在不存在空

间残差相关时，检验的原假设是 $H_0: \boldsymbol{Y}=\boldsymbol{X}\beta+\varepsilon$，备择假设是 $\boldsymbol{Y}=\rho\boldsymbol{WY}+\boldsymbol{X}\beta+\varepsilon$，其中 $\varepsilon \sim N[0,\sigma^2\boldsymbol{I}]$。如果原假设成立，则模型是经典单方程线性模型；**如果原假设被拒绝，则可以确定模型的设定形式为空间自回归模型。**

模型检验的对数似然函数为

$$\ln L=-\frac{N}{2}\ln 2\pi-\frac{1}{2}\ln\{|\sigma^2\boldsymbol{I}| * [|\boldsymbol{A}|]^{-2}\}-\frac{1}{2\sigma^2}[\boldsymbol{AY}-\boldsymbol{X}\beta]'[\boldsymbol{AY}-\boldsymbol{X}\beta]$$

根据受限优化问题，这里构造的检验统计量是

$$\mathrm{LM}=\frac{(\boldsymbol{e}'\boldsymbol{WY}/s^2)^2}{R\widetilde{J}} \sim \chi^2(1) \tag{7.3.11}$$

式中，$R\widetilde{J}=T+\frac{(\boldsymbol{WX}\hat{\beta})'\boldsymbol{M}_X(\boldsymbol{WX}\hat{\beta})}{s^2}$，$T=\mathrm{tr}(\boldsymbol{W}'\boldsymbol{W}+\boldsymbol{W}^2)$，$\boldsymbol{M}_X=\boldsymbol{I}-\boldsymbol{X}(\boldsymbol{X}'\boldsymbol{X})^{-1}\boldsymbol{X}'$，$s^2=\frac{1}{N}\boldsymbol{e}'\boldsymbol{e}$，$\hat{\beta}$ 是原假设中模型的 OLS 估计量。

4. 存在空间残差相关性时空间自回归效应的 LM 检验

Bera 和 Yoon(1992)提出了一个当模型存在空间残差相关性时的空间自回归效应的 Robust 检验方法。该模型检验的原假设是 $H_0: \boldsymbol{Y}=\boldsymbol{X}\beta+\lambda W\varepsilon+\mu$，其备择假设是 $\boldsymbol{Y}=\rho\boldsymbol{WY}+\boldsymbol{X}\beta+\lambda\boldsymbol{W}\varepsilon+\mu$，其中 $\mu \sim N[0,\sigma^2\boldsymbol{I}]$。如果原假设成立，则模型是空间残差自回归模型；**如果原假设被拒绝，则可以确定模型的设定形式为空间自回归—残差自回归模型**，模型不仅存在空间残差相关，也存在空间实质相关。检验的统计量是

$$\mathrm{LM}=\frac{(\boldsymbol{e}'\boldsymbol{WY}/s^2-\boldsymbol{e}'\boldsymbol{We}/s^2)^2}{R\widetilde{J}-T} \sim \chi^2(1) \tag{7.3.12}$$

式中各符号的含义与式(7.3.11)相同。

该检验原假设中模型的残差结构为空间残差自回归效应。Anselin(1994)指出，检验统计量(7.3.12)对于原假设中模型的残差结构为空间移动平均效应也同样适用。

5. 判别准则

上述检验都是在一定的假设前提下进行的。式(7.3.9)是在不存在空间自回归的假设下检验是否存在空间残差相关，式(7.3.10)是在存在空间自回归的假设下检验是否存在空间残差相关，式(7.3.11)是在不存在空间残差相关的假设下检验是否存在空间自回归效应，式(7.3.12)是在存在空间残差相关的假设下检验是否存在空间自回归效应。由于事先无法根据先验经验判断这些假设的真伪，那么就有必要构建一种判别准则，以决定哪种空间模型更加符合客观实际。

将(7.3.9)统计量称为 LMERR，(7.3.11)统计量称为 LMLAG，(7.3.10)统计量称为 R-LMERR(R 表示稳健，Robust)，(7.3.12)统计量称为 R-LMLAG。Anselin 和 Florax(1995)提出了如下判别准则：**如果在空间效应的检验中发现 LMLAG 较之 LMERR 在**

统计上更加显著，且 R-LMLAG 显著而 R-LMERR 不显著，则可以断定适合的模型是空间滞后模型；相反，如果 LMERR 比 LMLAG 在统计上更加显著，且 R-LMERR 显著而 R-LMLAG 不显著，则可以断定空间误差模型是恰当的模型。

7.3.4 空间残差相关性的 Moran'I 检验

以上的检验统计量都是基于 LM 检验而构造的。早在 1972 年，Cliff 和 Ord 应用 Moran 于 1948 年提出的检验统计量，给出了基于 Moran'I 统计量检验残差是否存在空间相关性的方法。由于该统计量具有较好的小样本性质，至今仍被广泛采用。

该检验的原假设是 $H_0: \boldsymbol{Y}=\boldsymbol{X}\beta+\varepsilon$，即模型不存在空间相关性。如果原假设成立，可以利用 OLS 方法（或者 IV 等其他估计方法）估计模型，得到一个估计残差 $\boldsymbol{e}$，$\boldsymbol{e}$ 是一个 $(N\times1)$ 的向量。如果怀疑模型存在以空间矩阵 $\boldsymbol{W}$ 表示的空间结构，则可以构造一个 Moran'I 算子，记为 $I=\dfrac{\boldsymbol{e}'\boldsymbol{We}/S}{\boldsymbol{e}'\boldsymbol{e}/N}$，其中 S 是空间矩阵 $\boldsymbol{W}$ 中所有元素的和。如果空间矩阵 $\boldsymbol{W}$ 进行了行标准化，则有 $S=N$，于是 I 简写成 $I=\dfrac{\boldsymbol{e}'\boldsymbol{We}}{\boldsymbol{e}'\boldsymbol{e}}$。可以看出，$I$ 相当于模型 $\boldsymbol{We}=\boldsymbol{e}\gamma+\mu$ 中系数 γ 的 OLS 估计量。如果原假设成立，则 $E[\hat{\gamma}]=E[I]=0$，从而有

$$\frac{I-E(I)}{\sqrt{\mathrm{Var}(I)}}\sim N(0,1) \qquad (7.3.13)$$

该检验称为 Moran'I 检验。

需要指出的是，利用 Moran'I 统计量进行假设检验不存在明确的备择假设。也就是说，只能够通过该统计量确定是否存在空间效应。而当原假设被拒绝时，不能够确定存在空间相关性的空间计量经济学模型的具体形式，从而无法利用 Moran'I 检验确定空间效应是空间自回归还是空间残差相关。

对于 Moran'I 统计量的另一种批评意见是，当存在空间效应时，通常的构造原理是将残差对于其空间滞后效应进行回归，即以 $\boldsymbol{We}$ 为被解释变量对 $\boldsymbol{e}$ 进行回归，而 Moran'I 统计量相当于将 $\boldsymbol{e}$ 对 $\boldsymbol{We}$ 进行回归。但实际上是利用了 $\mathrm{Cov}[(We)_i, e_i]=0$ 这一条件来构造的统计量，其中 $(We)_i$ 是列向量的第 i 个元素。

7.3.5 实例

例 7.3.1 在例 7.2.1 中已经对 2008 年我国省际企业 R&D 投入的空间影响问题的空间效应进行了分析，本例将根据前面介绍的 Anselin 判别准则选择适合的空间计量模型，并对模型进行估计。从表 7.3.1 的估计结果中能够发现，采用经典模型 OLS 估计的拟合优度不及空间模型的拟合优度，且 OLS 估计下的 AIC 和 SC 数据较大，应采取空间模型的最大似然估计。LMLAG 检验（$p=0.000\,334\,2$）较 LMERR 检验（$p=0.957\,588\,3$）更

加显著，且 R-LMLAG 检验（$p=0.000\,308\,8$）显著，而 R-LMERR（$p=0.697\,964\,5$）不显著，可以断定，采用 SLM 模型可以更好地反映我国 31 个省（区、市）的企业 R&D 投入是如何通过空间效应作用于其他地区的。

表 7.3.1 2008 年我国省际 R&D 影响因素的实证分析结果

模型	OLS	SLM	SEM
C	−2.620 127 (0.171 573 6)	−3.441 314 (0.009 497 0)	−0.843 242 4 (0.470 076 4)
lnsr	0.420 690 8 (0.071 552 0)	0.519 798 1 (0.001 109 9)	0.327 862 4 (0.019 761 1)
lnry	0.320 087 4 (0.256 632 2)	0.302 527 1 (0.109 536 2)	0.348 009 2 (0.044 751 5)
lnzf	0.414 439 8 (0.003 489 4)	0.196 894 8 (0.053 259 1)	0.249 054 9 (0.001 099 5)
R^2	0.955 162	0.974 524	0.974 560
Log$L$	−10.691 3	−1.950 16	−3.686 807
AIC	29.382 6	13.900 3	15.373 6
SC	35.118 6	21.070 2	21.109 563
空间依赖检验			
LM(lag)	12.868 256 6 (0.000 334 2)	R-LM(lag)	13.016 026 5 (0.000 308 8)
LM (error)	0.002 828 1 (0.957 588 3)	R-LM (error)	0.1505 981 (0.697 964 5)

因而针对企业 R&D 投入的空间滞后模型构造如下：

$$\text{lnrd} = \beta_0 + \rho \boldsymbol{W}\text{lnrd} + \beta_1 \text{lnsr} + \beta_2 \text{lnry} + \beta_3 \text{lnzf} + \mu$$

其中 $\boldsymbol{W}$ 是一个二元对称的矩阵。利用 GEODA 软件，对模型进行参数估计，结果如下：

$$\begin{aligned}\text{lnrd} = &-3.441\,314 + 0.119\,742\,7\,\boldsymbol{W}\text{lnrd} + 0.519\,798\,1\,\text{lnsr} \\ &\ (0.009\,497\,0)\quad (0.000\,001\,2)\qquad\quad (0.001\,1099) \\ &+ 0.302\,527\,1\,\text{lnry} + 0.196\,894\,8\,\text{lnzf} \\ &\quad (0.109\,536\,2)\qquad (0.053\,259\,1)\end{aligned}$$

从估计结果来看，R&D 投入的空间滞后项系数为 0.119 742 7，且结果相当显著，说明各个地区之间的企业 R&D 投入存在正的空间相关性。这个结论与 Moran 散点图一致，说明了邻近省份的企业 R&D 投入除了与地区经济发展水平相关外，还具备较明显的区域集聚特点。企业主营业务收入、科技活动人员数的系数分别通过 5%及 10%的显著性检验。企业主营业务收入的系数为 0.519 798，说明规模以上企业的盈利能力与企业的 R&D 投入是正相关关系，企业的主营业务收入对 R&D 投入具有很明显的推动作用。科技活动人员数的系数为 0.302 522 7，科技活动人员数对于 R&D 投入也有着较显著的积极影响,这主要是由于科技人员的创新产出使得企业不断地从创新中获得收益,进一步增强了企业R&D投入的动力,从而形成一个良性循环。R&D投入的政府资金的系数为0.196 894 8,系数为正,说明政府科技投入对于企业R&D投入会产生杠杆效应。

7.4 本章思考题与练习题

7.4.1 思考题

1. 从经济学和计量经济学模型方法的角度,说明空间计量经济学问题是如何提出的。

2. 为什么需要将计量经济学模型残差结构中存在的空间相关性加以参数化?

3. 空间实质相关和空间扰动相关的区别是什么?各自如何用模型加以描述?

4. 举例说明空间滞后模型和空间误差模型的经济意义。

5. 空间权重矩阵构造的一般原则是什么?有哪些常规设定方法?

6. Moran指数和Geary指数的用途是什么?全局Moran指数和Geary指数、局部Moran指数Geary指数是如何构造的?

7. G统计量和Moran散点图的用途分别是什么?

8. 为什么空间计量经济学模型不采用普通最小二乘估计方法进行估计?

9. 采用IV方法估计空间滞后模型时,如何选择工具变量?

10. 空间滞后模型ML估计的原理和步骤是什么?

11. 空间误差模型的ML估计的原理是什么?为什么说它实际上等价于一个EGLS估计?

12. 空间计量经济学模型LM检验的逻辑思路和判别准则是什么?

7.4.2 练习题

1. 选择一个简单的研究题目,分析不同的全局空间自相关指标的作用有哪些差异?以及分析不同的局部空间自相关指标的作用有哪些差异?

2. 选择一个简单的研究题目,利用空间计量经济学模型LM检验及判别准则进行模型选择,并对选择的模型进行估计。

3. 阅读本章关于企业R&D投入的影响因素及其空间相关性研究的例题,对该例进行评价。

参 考 文 献

1. 李子奈,叶阿忠编著.高等计量经济学[M].北京:清华大学出版社,2000.
2. 李子奈,潘文卿编著.计量经济学[M].第3版.北京:高等教育出版社,2010年3月.
3. 李子奈,等.计量经济学模型方法论[M].北京:清华大学出版社,2010年6月.
4. 高铁梅.计量经济分析方法与建模[M].第2版.北京:清华大学出版社,2009年5月.
5. 洪永淼著.赵西亮,吴吉林译.高级计量经济学[M].北京:高等教育出版社,2011年7月.
6. 李雪松.高级经济计量学[M].北京:中国社会科学出版社,2008年5月.
7. 王少平.宏观计量的若干前沿理论与应用[M].天津:南开大学出版社,2003年9月.
8. 叶阿忠.非参数计量经济学[M].天津:南开大学出版社,2003年7月.
9. 叶阿忠.非参数和半参数计量经济模型理论[M].北京:科学出版社,2008年1月.
10. 谢识予.高级计量经济学[M].上海:复旦大学出版社,2005年5月.
11. 朱建平,胡朝霞,王艺明.高级计量经济学导论[M].北京:北京大学出版社,2009年8月.
12. 张晓峒.计量经济分析[M].北京:经济科学出版社,2000年.
13. 马薇.协整理论与应用[M].天津:南开大学出版社,2004年2月.
14. 王新宇.分位数回归理论及其在金融风险测量中的应用[M].北京:科学出版社,2010年6月.
15. (西)曼纽尔·阿雷拉诺,等.面板数据计量经济学[M]朱平芳,徐伟民,译.上海:上海财经大学出版社,2008年10月.
16. D. Hendry,秦朵著.动态经济计量学[M].上海:上海人民出版社,1998年4月.
17. 孙洋,空间计量经济学模型的非嵌套检验方法及应用,清华大学博士学位论文,2009年6月.
18. William H. Greene, *Econometric Analysis* (Fifth Edition), Prentice-Hall Inc., 2003.
19. A. Colin Cameron, Pravin K. Trivedi, *Microeconometrics: Methods and Applications*, Cambridge University Press, 2005.
20. Jeffrey M. Woodldridge, *Econometric Analysis of Cross Section and Panel Data*, The MIT Press, 2001.
21. Cheng Hsiao, *Analysis of Panel Data* (2nd), Cambridge University Press, 2003.
22. Michael P. Murray, *Econometrics: A Modern Introduction*, Prentice Hall, 2006.
23. Hamilton, J. D, *Time Series Analysis*, Princeton University Press, 1994.
24. A. Colin Cameron, Pravin K. Trivedi, *Regression Analysis of Count Data*, Cambridge University Press, 1998.
25. Qi Li and Jeffrey Scott Racine. *Nonparametric Econometrics: Theory and Practice*[M]. Princeton University Press, 2007.
26. Anselin. L, *Spatial Econometrics: Methods and Models*, Dordrecht: Kluwer Academic Press, 1988.
27. Wand M. P. and Jones M. C., *Kernel Smoothing*, Chapman & Hall Press, 1995.
28. Damodar N. Gujarrati, *Basic Econometrics* (fourth edition), McGraw-Hill Higher Education, 2003.
29. Jeffrey M. Woodldridge, *Introductory Econometrics* (2E), Thomson, South-Western, 2003.

